Manfred Spitzer

KÜNSTLICHE INTELLIGENZ

Dem Menschen überlegen –
wie KI uns rettet und bedroht

DROEMER

Besuchen Sie uns im Internet:
www.droemer-knaur.de

MIX
Papier | Fördert gute Waldnutzung
FSC® C014496
FSC
www.fsc.org

Eigenlizenz August 2025

Ein Imprint der Verlagsgruppe Droemer Knaur GmbH & Co. KG
Landsberger Straße 346, 80687 München

Redaktion: Jürgen Bolz
Covergestaltung: semper smile, München
Coverabbildung: semper smile unter Verwendung eines Motivs von Liu zishan (Shutterstock.com)
Satz und Layout: Sandra Hacke, Dachau
Druck und Bindung: GGP Media GmbH, Pößneck
ISBN 978-3-426-56772-2

Kontaktadressenach EU-Produktsicherheitsverordnung:
produktsicherheit@droemer-knaur.de

4 5

DROEMER

Über das Buch:
Künstliche Intelligenz wird unser Leben und Arbeiten schneller und tiefgreifender verändern als gedacht – so der Neurowissenschaftler und Bestsellerautor Manfred Spitzer. Sie durchdringt schon heute unser Leben, und zwar ohne jede Regulierung, wie Manfred Spitzer anhand vieler Beispiele eindrucksvoll beschreibt: in der Medizin ebenso wie im militärischen Bereich, in den Natur- und Geisteswissenschaften, bei der Verbrechensbekämpfung und beim Klimaschutz. Sein beunruhigendes Fazit: KI produziert nicht nur »Dummheiten«, wenn wir nicht aufpassen; in falschen Händen kann sie die Menschheit in den Abgrund stürzen.

Über den Autor:
Prof. Dr. Manfred Spitzer ist Neurowissenschaftler und Psychiater. Von 1998 bis 2025 leitete er das Psychiatrische Universitätsklinikum Ulm, Gastprofessuren führten ihn u. a. an die Harvard University. Neben der Forschung und Lehre ist er auch als Sachbuchautor erfolgreich und veröffentlichte u. a. die Bestseller *Digitale Demenz* (2012) und *Einsamkeit* (2018) im Droemer Verlag.

Für Manfred Neumann

Inhalt

Vorwort zur Taschenbuchausgabe

Meine Monografie *Künstliche Intelligenz* (KI) erscheint etwa zwei Jahre nach ihrer Erstveröffentlichung als Taschenbuchausgabe. Dieser Zeitraum erscheint zunächst nicht sehr groß, aber dennoch verging kaum eine Woche, in der nicht neue Anwendungen von KI publiziert wurden. Man kann KI zum Trainieren einer anderen KI verwenden (Hsu 2023; mit gutem Erfolg), zur Simulation verstorbener Angehöriger zwecks Verbesserung der Trauerarbeit (Morris & Brubaker 2024; Sparkes 2024; ohne Erfolg und mit vielen Nebenwirkungen), vor Gericht als Anwalt (Becker 2025; zum Entsetzen der Richterin)[1] oder als Avatar des Opfers, das damit dann im Gerichtssaal spricht (Andai 2025; Kraft 2025; hierzulande verboten, bislang nur in den USA mit wenig Erfolg). Bislang ohne Erfolg wird versucht, KI zum Verstehen der Sprache von Tieren zu verwenden. Mittlerweile gibt es einen Wettbewerb – die Coller Dolittle Challenge[2] – um einen Geldpreis von 500 000 US-Dollar für denjenigen, der es als Erster schafft, durch Einsatz von KI die Kommunikation zwischen Arten zu ermöglichen, also es beispielsweise Menschen ermöglicht, mit Affen, Delfinen oder Elefanten ein Gespräch zu führen. Eine erste Prämie von 100 000 US-Dollar, die jährlich ausgezahlt werden soll, bis der Hauptpreis gewonnen wird, wurde am 15. Mai 2025 tatsächlich erstmals ausgezahlt. Prämiert wurde ein Team von Wissenschaftlern mit dem Plan, KI auf Tonaufzeichnungen von Tümmler-Delfinen aus vier Jahrzehnten anzuwenden. Das Team hat bereits mehr als 20 verschiedene Geräusche im »Vokabular« der Tiere identifiziert und plant, KI-Klassifizierungsmethoden einzusetzen, um dieses Lexikon zu erweitern (Lenharo 2025).

KI wurde auch zum Bierbrauen und Kaffeemischen eingesetzt, was nach Meinung der jeweiligen Autoren im besten Bier und besten Kaffee der Welt resultierte. Aber treibt hier nicht vielleicht die Wissenschaft seltsame Blüten? Sind Bier und Kaffee nicht einfach

Geschmackssache? Und da man schon über Geschmack bekanntlich nicht streiten sollte, wäre es vielleicht besser, KI in diesem sehr subjektiv gefärbten Bereich eher nicht anzuwenden – oder doch?

In einer im Fachblatt *Nature Communications* veröffentlichten Studie verwendeten belgische Wissenschaftler KI, um das schier Unmögliche zu ermöglichen: Sie legten es darauf an, Bier – ein jahrtausendealtes Getränk, das es in einer großen Vielfalt von Geschmacksrichtungen gibt – zu verbessern. Hierzu analysierten sie zunächst die chemische Zusammensetzung von 250 belgischen Bieren verschiedenster Sorten und setzten die Ergebnisse mit Daten aus Verkostungen durch Experten sowie 180 000 Kundenrezensionen zu den gleichen Bieren in Beziehung. Dann trainierten sie eine KI, die chemische Merkmale mit sensorischen Aspekten wie Süße, Säure oder Mundgefühl verknüpfte. Mithilfe dieser KI konnten die Wissenschaftler dann vorhersagen, welche chemischen Profile verschiedener Biersorten die Verbraucher am wohlschmeckendsten finden. Auf dieser Grundlage mischten sie bekannten Biersorten bestimmte chemische Verbindungen bei, um die geschmacklichen Eigenschaften des jeweiligen Bieres zu verbessern. Diese neuen, mit KI »aufgepäppelten« Biere wurden dann zusammen mit den alten Originalversionen von Experten blind verkostet, wobei sich ergab, dass die neu entwickelten Biere durchweg köstlicher empfunden wurden als die Originalversionen (Schreurs et al. 2024).

Keine Angst: Bier wird auch in Zukunft von Bierbrauern hergestellt werden. Der Senior-Autor der Studie, Kevin Verstrepen, stellt hierzu fest: »Die KI-Modelle sagen die chemischen Veränderungen voraus, die ein Bier optimieren könnten, aber es liegt immer noch an den Brauern, dies in die Tat umzusetzen« (Jacobs 2024). Es geht also *nicht* darum, einem Bier etwa ein paar Chemikalien zuzusetzen, damit es besser schmeckt – denn das ist nach dem ältesten Lebensmittelgesetz der Welt, dem Deutschen Reinheitsgebot für Bier aus dem Jahr 1516, sowieso verboten. Vielmehr könnte ein cleverer Bierbrauer die Erkenntnisse aus der KI-Forschung[3] verwenden, um die Zusammensetzung seiner Zutaten so zu ändern, dass das Endprodukt die richtigen Bestandteile in der richtigen Menge enthält. Nach einem Kommentar im Fachblatt *MIT Technology Review* könnten Bierbrauer KI vor allem dazu nutzen, um besser schmeckende *alkoholfreie* Biere herzustellen (Williams 2024). Jeder, der schon einmal eines getrunken hat, weiß, dass dies bis heute zu den größten Herausforderungen dieser Branche gehört. Wenn Experten mit KI Bier brauen, haben wir also allen Grund, diesbezüglich zuversichtlicher zu sein.

Das gilt auch für sehr wohlschmeckenden Kaffee. Mit einem Kaffeekonsum von 7,35 kg pro Person im Jahr liegt Finnland international auf Platz 2 (Bögl 2022) – nach Luxemburg mit fast 10 kg. Deutschland liegt mit 4,77 kg weit abgeschlagen auf Platz 12. Angesichts dieser Zahlen wundert es nicht, dass die Finnen bei der übergroßen Vorliebe für guten Kaffee in ganz Skandinavien als Erste auf die Idee kamen, Kaffee mithilfe von KI zu verbessern. Hierzu muss man wissen, dass Kaffee immer eine Mischung aus meistens zwei verschiedenen Sorten ist, weil sich Bitterstoffe und Aroma nicht anders optimieren lassen. Die Firma *AI-Conic* verwendete geschmackliche Beschreibungen verschiedenster Kaffeesorten sowie deren Bewertungen, um die beste Mischung aus verschiedenen Sorten zu ermitteln. Für einen Menschen ist diese Aufgabe mit zwei im genau richtigen Verhältnis zu mischenden Sorten schon schwer genug. Ab drei Sorten wird die Aufgabe unübersichtlich und ist nicht mehr zuverlässig lösbar. Die KI von *AI-Conic* hat hiermit keine Mühe und behielt auch bei vier zu mischenden Sorten den Überblick. Sie wählte zur großen Überraschung der Röstprofis Kaffeebohnen aus Brasilien (Sorte Fazenda Pinhal; 40 %), Kolumbien (Sorte San Lorenzo; 25 %) Guatemala (Sorte La Bolsa; 25 %) und Äthiopien (Sorte Geruke; 10 %) aus (Anonymus 2024). Der Kaffee schmeckt tatsächlich wunderbar.

Sowohl beim Bier als auch beim Kaffee zeigt sich, dass der komplizierte Zusammenhang von Geschmack und Geruch einerseits sowie chemischer Zusammensetzung des Nahrungsmittels andererseits überhaupt nur durch KI zu bewältigen ist. Dieser Zusammenhang ist meistens zu komplex, als dass Menschen ihn zuverlässig herstellen könnten. Aber er liegt dennoch nicht prinzipiell im Verborgenen (weswegen man nur von »subjektiven Empfindungen« sprechen könne, wie früher und zuweilen noch heute behauptet wurde beziehungsweise wird), sondern konnte mit dem Einsatz von KI in den letzten Jahren tatsächlich prinzipiell und immer genauer aufgeklärt werden (Keller et al. 2017; Lee et al. 2023), was schließlich zur Anwendung für bestes Bier und besten Kaffee führte.

Wie rasch KI Probleme lösen kann, die für den Menschen zu kompliziert sind, zeigen auch die folgenden Beispiele. Wie auf Seite 51 ff. nachzulesen, wurde die KI *AlphaFold* mit etwa 50 000 Proteinen (Eiweißkörpern), deren Aminosäurenreihenfolge (Sequenz) einerseits und deren Form andererseits im Jahr 2018 bereits bekannt waren, trainiert. Dieses Wissen war in den 60 Jahren zuvor von allen mit diesem Problem befassten Chemikern der Welt generiert worden.[4] Die KI konnte daraufhin die Struktur von 24 Proteinen finden (publiziert im Januar 2020) und wurde dann kontinuierlich weiterentwickelt. Etwa zweieinhalb Jahre später hatte die weiterentwickelte KI die Struktur von mehr als 200 Millionen Proteinen aufgeklärt (publiziert im August 2022). Die Autoren schrieben: »Wir sind fertig mit allen weltweit bekannten Eiweißkörpern aller Pflanzen und Tiere«.

Aber was sind schon 50 000 von 200 Millionen? – Die Antwort: ein Viertausendstel. Für dieses eine Viertausendstel der Proteine in allen Lebewesen brauchten die weltweit mit Strukturaufklärung beschäftigten Chemiker also etwa 60 Jahre. Im Lichte dieser Tatsache ist die Leistung der Firma *DeepMind* und von deren Chef Demis Hassabis umso bemerkenswerter, denn ihre KI *AlphaFold* klärte im Alleingang innerhalb von zweieinhalb Jahren die Struktur von 4000mal mehr Proteinen auf, als die Strukturbiochemiker in 60 Jahren schafften (S. 56). Demis Hassabis *musste* dafür den Nobelpreis für Chemie bekommen – obwohl er gar kein Chemiker ist. Das geschah im Herbst 2024.

Einen Tag zuvor hatte der Psychologe Geoffrey Hinton den Nobelpreis für Physik bekommen. Er hatte bereits 1986 das Problem gelöst, wie man mehrschichtige künstliche neuronale Netzwerke trainiert, indem man deren synaptische Verbindungen rückwärts veränderte, also vom Output – nacheinander Schicht für Schicht – zurück zum Input. Der normale Informationsfluss in einem solchen Netzwerk bei der Arbeit geht aber immer vom Input zum Output (»vorwärts«); beim Training eines Netzwerks muss jedoch – dies war Hintons Einsicht – die Änderung der Synapsen von hinten nach vorn erfolgen, also »rückläufig«. Der Algorithmus ist daher als »backpropagation algorithm« bekannt.

Im Herbst 2024 haben also ein Informatiker und ein Psychologe jeweils den Nobelpreis für ihre bahnbrechenden Leistungen im Bereich der KI erhalten. Weil es aber keinen Nobelpreis für KI gibt, bekam der Informatiker den Preis für Chemie und der Psychologe den für Physik, denn ihre mittels KI gemachten Entdeckungen betrafen diese Bereiche. Damit ist auch klar: KI kann und wird sehr wahrscheinlich überall in der Wissenschaft eine wichtige Rolle spielen – übrigens auch in den Geistes- und Sozialwissenschaften, wie u. a. das Beispiel zur Entschlüsselung der Keilschrift in diesem Buch zeigt (S. 152 ff.). Aber auch die direkte Anwendung von KI zur Lösung lebensweltlicher Probleme nimmt rasch zu. Ein im Buch beschriebenes Beispiel ist das aufgrund datenschutzrechtlicher Probleme sehr umstrittene *Predictive Policing* (S. 131 ff.). Mittlerweile wurde bekannt, dass nicht nur in China mehr als 500 Millionen Überwachungskameras dem Staat erlauben, jede Person innerhalb von zehn Minuten zu lokalisieren (Fröhlich 2018, Mozur et al. 2022), sondern dass auch in den USA solche Systeme rechtswidrig zur Identifikation und Überwachung verdächtiger Personen eingesetzt wurden (MacMillan & Schaffer 2025). Bekanntermaßen funktionieren sie bei Frauen, älteren und dunkelhäutigen Menschen weniger zuverlässig, was bedeutet, dass sie bei diesen Personengruppen mehr falsch-positive Urteile produzieren und damit automatisch diskriminierend wirken (zu KI-bedingten Vorurteilen; vgl. S. 218 ff.).

In den vergangenen zwei Jahren hatte ich im Rahmen von Vorträgen und Diskussionsveranstaltungen zu KI vielfache Gelegenheit zum Austausch – mit Laien und Experten, Männern und Frauen, Jung und Alt. Dabei habe ich viel gelernt. Laien ist vor allem wichtig, dass Entscheidungsträger und Politiker ein besseres Verständnis von KI haben sollten, gerade weil diese neue Technologie weitreichende Konsequenzen für unsere Gesellschaft haben wird. Frauen, so scheint mir, interessieren sich hierfür tendenziell mehr als Männer, äußern insgesamt aber auch eher diesbezügliche Ängste. Männer dagegen erscheinen mir gegenüber der neuen Technik meist eher positiv eingestellt. Weiterhin sind ältere Menschen gegenüber Neuem (und damit auch gegenüber KI) eher zurückhaltender und kritischer als jüngere.

Zu diesen subjektiven Eindrücken passen die Ergebnisse einer Untersuchung österreichischer Wissenschaftler, die zusammen mit Kollegen der Universität Bonn der Frage nachgingen, ob Patienten einen Arzt oder eine KI oder eine Kombination aus beiden bevorzugen. Hierzu wurden 1183 Patienten aus Deutschland, Österreich und der Schweiz befragt, wobei das Kollektiv eher älter und weiblich war (55 % Frauenanteil; 60 % über 40 Jahre). Angesichts der vielen bahnbrechenden Ergebnisse zu KI in der Medizin und der zunehmenden Zahl diesbezüglicher Publikationen könnte man annehmen, dass es Patienten lieber mit einer KI als mit einem Arzt zu tun hätten, zumal viele Menschen ungern über Schwächen und Symptome und damit über schambesetzte Inhalte sprechen. Wie sich jedoch zeigte, vertrauten die Patienten am ehesten dem Arzt, dann dem Arzt mit einer KI und am wenigsten einer KI allein (Riedl et al. 2024). Bei Patienten im deutschsprachigen Raum mangelt es also noch an Vertrauen in die medizinische KI. Jenseits des großen Teichs ist das schon anders, wie eine Reihe entsprechender Studien aus den USA zur Anwendung von *ChatGPT* für die Beantwortung medizinischer Fragen zeigt.

Weil vom Erscheinen von ChatGPT bis zur Endredaktion der gebundenen Erstausgabe dieses Buchs zu KI keine 8 Monate vergangen waren, konnte ich über Forschungsergebnisse zur Anwendung von ChatGPT und anderen großen Sprachmodellen (Large Language Models; LLMs) noch nicht viel berichten. Dies hat sich innerhalb der letzten zwei Jahre deutlich geändert – auch hinsichtlich seiner Anwendung für medizinische Probleme. Wissenschaftler der Universität von San Diego verglichen die Antworten von Ärzten auf 195 in dem öffentlichen Social Media Forum r/AskDocs der Firma Reddit gestellten medizinischen Fragen mit den Antworten von ChatGPT. Die ursprüngliche Frage sowie die anonymisierten und zufällig angeordneten Antworten der Ärzte und des Chatbots wurden von einem Team zugelassener medizinischer Fachkräfte bewertet: »Welche Antwort war besser war?« lautete die Frage und ferner sollte jeweils sowohl »die Qualität der bereitgestellten Informationen (sehr schlecht, schlecht, akzeptabel, gut oder sehr gut) als auch die Empathie (nicht empathisch, leicht empathisch, mäßig empathisch, empathisch und sehr empathisch)« auf einer Skala von 1 bis 5 beurteilt werden. Wie sich zeigte, wurde in 78,6 % der Fragen die Antworten der KI als besser bewertet. Der Anteil der sehr guten oder guten Antworten war bei der KI 3,6-mal höher als bei den Ärzten und der Anteil der sehr empathischen oder empathischen Antworten war bei der KI sogar 9,8-mal höher als bei den Ärzten. Zugleich waren die Antworten der Ärzte mit durchschnittlich 52 Wörtern hoch signifikant ($p < 0{,}001$) kürzer als die der KI mit 211 Wörtern. Das Fazit ist niederschmetternd: In einer verblindeten Studie gegen Ärztinnen und Ärzte aus Fleisch und Blut schlug eine KI die Mediziner nicht nur bei der medizinischen Qualität, sondern auch bei der Empathie (Ayers et al. 2023).

Kaum anders waren die Ergebnisse entsprechender Studien aus anderen Bereichen der Medizin. Sechs onkologisch tätige Ärzte bewerteten die Antworten von Kollegen und von ChatGPT auf 200 Fragen von Krebspatienten, wobei sich die Chatbot-Antworten als durchgängig besser in Bezug auf Einfühlungsvermögen, Qualität und Lesbarkeit bewertet wurden als die Antworten von Ärzten (Chen et al. 2024). Im Bereich der Urologie wurden von Chatbots generierte Antworten auf Fragen zur benignen Prostata Hyperplasie durch Experten als ebenso genau und vollständiger bewertet als die Antworten von Urologen. Nicht-medizinische Freiwillige bevorzugten von Chatbots generierte Antworten und hielten sie für empathischer als Antworten von Urologen (Robinson et al. 2024). In der Augenheilkunde lag ChatGPT gleichauf mit Ärzten bei der Beantwortung langer, von Patienten geschriebener Fragen. Die Antworten der KI unterschieden sich nicht wesentlich von den von Augenärzten geschriebenen Antworten, »was falsche Informationen, die Wahrscheinlichkeit von Schäden, das Ausmaß von Schäden oder die Abweichung von den Standards der Augenärztegemeinschaft anbelangt« (Bernstein et al. 2023).

Wissenschaftler der kalifornischen Stanford University führten die erste Studie durch, bei der es um Fragen zur elektronischen Patientenakte ging. Diese wird ja auch hierzulande gerade eingeführt, weswegen auch wir sehr viele Fragen hierzu haben. Um die Zufriedenheit der Antworten von Ärzten mit Antworten zweier LLMs (ChatGPT-4, Version vom Dezember 2023 und Stanford School of Medicine GPT vom Januar 2024) auf von Patienten gestellten Anfragen zu untersuchen, wurden 2118 KI-Antworten und 408 Ärzte-Antworten von drei Personen unabhängig voneinander bewertet (Kim et al. 2024). Wie sich zeigte, war die Zufriedenheit bei den von KI generierten Antworten durchweg höher als bei den Antworten der Ärzte.

Wie andere klinisch tätige Ärzte diese Entwicklung beurteilen, wird derzeit kontrovers diskutiert (Perlis & Collins 2025). Zwei Kommentare sprechen für sich und seien kurz in Ausschnitten zitiert, um das Spektrum aufzuzeigen. »Als 78-jähriger Hausarzt, der kürzlich nach 50 Jahren Praxis in den Ruhestand gegangen ist, bin ich dankbar, dass ich keine künstliche Intelligenz in die Betreuung meiner Patienten einbauen muss. […] Die Kommunikation mit einem Patienten in gedruckter Form, per Text oder E-Mail kann meiner Meinung nach niemals die Verbindung herstellen oder die Nuancen eines echten Gesprächs erfassen. […] HAL hat vielleicht nicht das letzte Wort« (G Ruffin Benton 2025). Ganz anders sieht dies ein wahrscheinlich deutlich jüngerer Kollege: »Die Realität sieht so aus, dass Kliniker zusätzlich zu ihren klinischen Pflichten täglich mehrere Aufgaben in ihrem Posteingang haben. Der begrenzende Faktor ist natürlich die Zeit. […] Patienten behandeln und gleichzeitig auf klinische Nachrichten zu antworten, Rezepte nachzufüllen, brennende Fragen anderer Ärzte zu beantworten, Formulare für Vorabgenehmigungen auszufüllen usw. Die KI wird das erledigen müssen. Ist es überraschend, dass KI mehr Einfühlungsvermögen zeigt als ausgebrannte Kliniker? Ich denke nicht. Ich würde daher dafür plädieren, KI eher als TARS – den menschenfreundlichen Roboter in dem Film Interstellar – zu betrachten als HAL, die menschenmordende künstliche Intelligenz in dem Film 2001. Wenn wir die KI im klinischen Bereich willkommen heißen, könnten wir uns mehr Zeit für unsere Patienten nehmen, einfühlsamer sein und auf ihre Bedürfnisse eingehen. Caveat emptor, wir sollten niemals zulassen, dass irgendeine Form von KI die Zulassung zur Ausübung der Medizin erhält, damit nicht der Diener zum Meister wird!« (Garcia 2025).

In der Medizin gibt es derzeit kaum ein größeres Thema als KI – in jedem Fachgebiet, wie das folgende Beispiel aus dem Medizin-Fachblatt JAMA Neurology zeigt. »In der Neurologie wird künstliche Intelligenz (KI) zunehmend zur Erkennung von Krampfanfällen, Klassifizierung von Tumoren, zur Triage bei Schlaganfällen und zur Diagnose von Bewegungsstörungen eingesetzt, um die Ergebnisse zu verbessern« (Westover & Westover 2025, S. e1).

Wie wirkt sich dies auf die Ärzte aus? Erleichtert KI ihnen die Arbeit, oder macht sie ihnen mehr Stress? Diese Frage betrifft derzeit vor allem Ärzte, die im Bereich der Radiologie arbeiten (Mohammadi & Sebro 2024). Dies hat mehrere Gründe: Es gibt zu wenig Radiologen, die Bevölkerung wird immer älter und damit immer kränker, und in den letzten zwei Jahrzehnten ist die Zahl der weltweit durchgeführten radiologischen Untersuchungen deutlich gestiegen (Mahesh et al. 2023). Gleichzeitig ist die Zahl der von der US-amerikanischen Zulassungsbehörde *FDA* für medizinische Anwendungen KI-Systeme in den letzten Jahren deutlich gestiegen, wobei über 75 % der Systeme in der Radiologie eingesetzt werden (Elmahdi & Sebro 2023). Darüber hinaus muss man noch bedenken, dass KI in der Radiologie ganz unterschiedlich eingesetzt wird: Sie unterstützt den Arzt sowohl bei interpretativen, genuin medizinischen Aufgaben wie Erkennung,

Diagnose und Prognose als auch bei Bürotätigkeiten wie der Erstellung von Berichten, Protokollen, bei der Kontaktaufnahme mit überweisenden Ärzten oder der Terminplanung. Man sollte daher annehmen, dass KI dem Radiologen bei der Arbeit vielfältig hilft und damit die Wahrscheinlichkeit, dass er unter Burn-out leidet, verringert. Nach einer norwegischen Studie zu 122 969 Fällen von Brustkrebs, die durch zwei Radiologen diagnostiziert worden waren und nachträglich von einer KI beurteilt wurden, schlussfolgerte, dass KI die Arbeit der Radiologen um 50 bis 90 Prozent reduzieren könnte (Larsen et al. 2022). Eine entsprechende spanische Studie an 15 987 Brustkrebs-Patientinnen hatte ein Jahr zuvor bereits eine mögliche Arbeitsersparnis durch den Einsatz von KI (bei gleicher Erfolgsrate) von 30 bis 70 Prozent ergeben (Raya-Povedano et al. 2021).

Es könnte jedoch sein, dass diese sehr positiven Ergebnisse der Tatsache geschuldet sind, dass man Reihen-Krebsvorsorgeuntersuchungen (Brustkrebs-Screening) betrachtet hat und nicht den klinischen Alltag, in dem es um viel mehr als »Ja oder Nein« geht, also klinische Einschätzung im Zusammenhang mit der Anamnese, weiteren diagnostischen Prozeduren und Beratungen zur Differenzialdiagnose mit Kollegen. KI könnte also unter dem Strich zu höheren Anforderungen und damit zu mehr Arbeit führen und die Wahrscheinlichkeit von Burn-out erhöhen. Zur Frage der Verursachung von Burn-out durch KI in der Realität des klinischen Alltags untersuchten Pekinger Ärzte 6726 Radiologen aus 1143 Krankenhäusern. Wie sich zeigte, war die Verwendung von KI mit einer höheren Wahrscheinlichkeit von Burn-out bei Radiologen verbunden, und der Zusammenhang zeigte eine Dosis-Wirkungs-Beziehung auf, d.h., mit zunehmender KI-Nutzung stieg auch die Wahrscheinlichkeit eines Burn-outs (Liu et al. 2024). Allerdings blieben Ursache und Wirkung unklar, denn es könnte sein, dass die Nutzung von KI Burn-out verursacht, aber auch, dass Radiologen mit Burn-out eher KI nutzen (z.B. um Burn-out zu vermindern). Erst aufwendige Längsschnittstudien werden hier Klarheit (und Kausalität) bringen. Die Studie ist dennoch bedeutsam, denn sie konnte zeigen, dass eine negative Einstellung des Radiologen entweder zur eigenen Arbeit oder zu KI die Entstehung von Burn-out begünstigt. Klar wurde auf jeden Fall, dass sich die Arbeit der Radiologen verändern wird. Ersetzen lassen sich Radiologen durch KI hingegen nicht.

Was am Beispiel der Radiologie gezeigt wurde, gilt auch für die übrige Medizin, wenn auch hier die Entwicklung nicht so rasch voranschreitet. Von besonderer Bedeutung ist hier auch die kürzlich publizierte Beobachtung, dass große Sprachmodelle (eine Form von KI) eine bislang kaum beachtete und letztlich sehr »menschliche« Schwäche aufweisen: Sie haben Probleme mit der Negation, wie ein Team aus Wissenschaftlern vom *Massachusetts Institute of Technology (MIT)*, der KI-Firma *Open AI* und der *University of Oxford* herausgefunden hat (Hsu 2025; Alhamoud et al. 2025). Dies ist gerade in der Medizin sehr wichtig, denn die Bestätigung des Nicht-Vorhandenseins einer Entzündung oder eines Tumors ist oft ebenso wichtig wie das Vorhandensein. Betrachten wir zur Problematik der Negation ein Beispiel: Wenn ich Herrn Müller ärgern will, ohne etwas Falsches über ihn zu sagen, brauche ich nur gelegentlich zu behaupten: »Herr Müller ist kein Dieb.« Dies wird langfristig dazu führen, dass bei der Erwähnung von Herrn Müller in den Köpfen der Leute mitschwingt: »Herr Müller, da war doch was: Hat der nicht etwas gestohlen?« Denn unser Gehirn funktioniert nicht logisch wie ein Computer, sondern assoziativ. Daher zeigt sich diese Schwäche der Verarbeitung von »Nein« nicht nur bei uns Menschen, sondern auch bei KI, die ja der menschlichen (biologischen) Informationsverarbeitung nachempfunden ist.[5]

Am 21. Januar 2025 wurde vom US-amerikanischen Präsidenten Trump die Gründung der Firma Stargate (zu Deutsch Sternentor; nach dem gleichnamigen Film aus dem Jahr 1994, in dem solche Tore den Zugang zu anderen Welten im Universum ermöglichten) bekanntgegeben, die sich vor allem mit der Anwendung von KI im Bereich der Medizin befassen soll. Die beteiligten Investoren stehen für KI Know-How einerseits und viel Geld andererseits: Die KI-Firma OpenAI, die von Sam Altman gegründet wurde, mittlerweile zu

49% der Firma Microsoft gehört und für ihre Produkte ChatGPT (S. 21ff), DALL-E (eine Text-zu-Bild Transformations-KI) und Sora (eine Text-zu-Video Transformations-KI) bekannt ist; die 1977 in Kalifornien gegründete Firma Oracle, die zunächst Datenbank-Software und mittlerweile auch Cloud-Dienste anbietet; sowie die beiden Technologie Investment Firmen Softbank mit Sitz in Japan und MGX mit Sitz in den Vereinigten Emiraten (Zakrzewski et al. 2025). Das von Stargate geplante Investitionsvolumen von 500 Milliarden US-Dollar bis zum Jahr 2028 wurde im Hinblick auf seine Größenordnung mit dem US-amerikanischen Manhattan-Project zum Bau der ersten Atombombe während des Zweiten Weltkriegs verglichen (Franzen 2025).

Damit ist nicht nur Geld im Überfluss vorhanden, um die Hardware weiterzuentwickeln, sondern auch, um Software und Trainingsprozeduren zu verbessern. Zusätzlich werden die Graphikprozessoren (GPUs), auf denen KI läuft, ohnehin jedes Jahr um etwa 40 Prozent günstiger, KI-Assistenten werden zunehmend zur Automatisierung der Programmierung eingesetzt (Masood 2025), und auch die KI-Trainingsalgorithmen werden jährlich 2,5-mal effizienter (Hobbhahn et al. 2023; Erdil & Besiroglu 2023). Verglichen mit dem für Mikrochips von Computern formulierten Mooreschen Gesetz[6] (S. 55) spricht dies insgesamt für eine deutlich raschere Entwicklung. Dies wiederum bedeutet nicht zuletzt auch eine Beschleunigung der Weiterentwicklung von KI, die auch von der KI selbst vorangetrieben wird: Der Fortschritt in der KI ermöglicht also quasi einen schnelleren Fortschritt in der KI (Woodside 2023). Im Vergleich zum Menschen arbeiten KI-Systeme bereits heute schneller und können mehr Wissen lernen (hierzu gibt es im Buch viele Beispiele). Zudem lassen sich KI-Systeme mit relativ wenig Aufwand millionenfach replizieren, denn es handelt sich um Informationen – nicht um Materie.

Von den oben bereits erwähnten Neurologen wird diese Entwicklung durchaus kritisch hinterfragt: »Das Aufkommen allgemeiner KI verspricht zwar einen breiteren Zugang zur Gesundheitsversorgung, birgt aber auch Risiken. [… Sie] könnte die Effizienz dem Patientenwohl vorziehen und klinische Daten manipulieren oder die Versorgung aus finanziellen Gründen gefährden, was angesichts der Vernetzung von KI-Systemen in Gesundheitsnetzwerken Millionen von Menschen schaden könnte. Über die Neurologie hinaus könnte eine solche KI ihre Ziele auf die Medizin, die Forschung und die strategische Planung ausdehnen und die Gesellschaft gegen die menschlichen Werte umgestalten, und zwar nicht durch Böswilligkeit, sondern durch die unerbittliche Verfolgung von falsch ausgerichteten Zielen« (Westover & Westover 2025, S. e1). »Die rasante Entwicklung der allgemeinen KI bringt die Menschheit in die Gefahr, auszusterben oder entmachtet zu werden«, fassen die Autoren ihre Sorge zusammen (Westover & Westover 2025, S. e2).

Kein Wunder, dass die Kollegen aus diesen Gründen eine bessere Regulierung einfordern. Aus ihrer Sicht sind die Ressourcen des Gesundheitswesens hierzu durchaus in der Lage. »Die etablierten Rahmenbedingungen des Gesundheitswesens – von institutionellen Prüfgremien und dem Schutz menschlicher Teilnehmer bis hin zu den Zulassungsverfahren der FDA und der Post-Marketing Überwachung – bieten wertvolle Modelle für die Steuerung von KI. Diese integrierten Bemühungen könnten die medizinische Gemeinschaft in die Lage versetzen, KI-Risiken proaktiv zu mindern und gleichzeitig die Vorteile zu nutzen« (Westover & Westover 2025, S. e2).

Neben der Angst vor einer zukünftigen Machtübernahme durch eine KI-Instanz, wird vor allem die deutlich näher liegende Sorge um die Vernichtung von Arbeitsplätzen durch Ersetzung von Arbeitskräften durch KI-Systeme als problematisch empfunden. In diesem Zusammenhang hat sich allerdings vielfach im Buch (z. B. S. 108) zu findende Schlussfolgerung zwischenzeitlich immer wieder neu und ganz allgemein bestätigt: Experten werden nicht durch KI werden, aber Experten, die keine KI verwenden, werden durch solche ersetzt, die KI verwenden. Das gilt nicht nur für Radiologen und Ärzte im Allgemeinen, sondern überall. Ohne Menschen geht es nicht.

So folgte beispielsweise auf eine in der Erstauflage beschriebene Publikation zu einer neuen Chemie-KI, die mittels LLMs chemische Untersuchungen automatisch erledigt (Boiko et al. 2023), der Kommentar, dass diese KI ohne die Hilfe des Menschen nicht richtig funktioniert (Steinkellner et al. 2025). Selbst eine Arbeit, die zu zeigen versucht, dass eine KI namens BrainGPT – auch ein LLM – demnächst die Wissenschaftler im Bereich der Gehirnforschung teilweise ersetzen könnte (Luo et al. 2025), zeigte das genaue Gegenteil davon. Man hatte die Vorhersagefähigkeit der Ergebnisse wissenschaftlicher Experimente aus dem Bereich der Neurowissenschaft von Experten mit der einer eigens trainierten KI verglichen, wobei sich die KI als treffsicherer erwies. Bedeutet dies, dass Neurowissenschaftler bald durch KI ersetzt werden? So scheint es auf den ersten Blick, denn die Autoren diskutieren ihre Ergebnisse wie folgt: »Unsere Analysen deuten darauf hin, dass LLMs die grundlegenden Muster entdecken, die den neurowissenschaftlichen Studien zugrunde liegen, was sie in die Lage versetzt, die Ergebnisse von Studien vorherzusagen, die für sie neu sind« (Luo et al. 2025, S. 309 f.) Und weiter: »Die beeindruckenden vorausschauenden Fähigkeiten der LLM lassen auf eine Zukunft schließen, in der LLMs Wissenschaftlern helfen, Entdeckungen zu machen« (Luo et al. 2025, S. 310). Jedoch: Die richtige Vorhersage des Ergebnisses eines Experiments ist nicht das Gleiche wie das Planen und Durchführen von Experimenten. Das zweite Zitat zeigt dies an, denn die Autoren sprechen hier davon, dass BrainGPT den Wissenschaftlern dabei hilft, Entdeckungen zu machen. Es wäre damit nichts weiter als ein Werkzeug, was die Autoren auch etwas später direkt konstatieren: »BrainGPT dient nicht nur als Werkzeug für Neurowissenschaftler, sondern kann auch dazu beitragen, die Struktur des Fachgebiets aufzuzeigen« (Luo et al. 2025, S. 310). Was mehr als ein Werkzeug ist, ist auf jeden Fall ein Werkzeug. BrainGPT ist ein Werkzeug wie ein Hammer. Der sagt dem Zimmermann aber gerade nicht, wie er den Dachstuhl zu bauen hat (Spitzer 2025). Kurz: Ein Werkzeug in der Hand eines Experten ersetzt den Experten nicht, sondern ermöglicht ihm effizienteres Arbeiten. Das kann KI. Nicht mehr und nicht weniger.

Nach einer von Juni bis August 2022 durchgeführten Umfrage an 4271 KI-Experten glaubt die Hälfte von ihnen, dass das Risiko, dass die Menschheit in den nächsten 40 Jahren die Kontrolle über die KI verliert, bei mindestens 10 Prozent liegt (Grace et al. 2022). Ein solcher Kontrollverlust könnte bedeuten, dass sich die KI gegen die Menschheit wenden und sie eliminieren könnte. »In der Medizin würde eine 10-prozentige Wahrscheinlichkeit tödlicher Komplikationen alle Eingriffe außer den vorteilhaftesten zu einem unannehmbaren Risiko machen. In ähnlicher Weise überschattet ein 10-prozentiges Risiko einer KI-induzierten existenziellen Bedrohung ihre kurzfristigen Vorteile«, lautet hierzu der konsequente Kommentar von Westover und Westover (2025, S. e1).

Am 24. Mai 2024 warnte eine Gruppe von 25 Wissenschaftlern – darunter die Nobelpreisträger Geoffrey Hinton und Daniel Kahneman – im Fachblatt Science vor den Gefahren einer sich allzu rasch entwickelnden KI. Dies geschah in ganz ähnlicher Weise, wie dies schon zwei Jahre zuvor geschehen war (S. 17), lediglich noch eindringlicher: »Die Zunahme der Fähigkeiten und der Autonomie von KI könnte deren Auswirkungen bald massiv verstärken, mit Risiken wie großflächigen sozialen Problemen, böswilligen Anwendungen und einem irreversiblen Verlust der menschlichen Kontrolle über autonome KI-Systeme. Obwohl Wissenschaftler vor den extremen Risiken der KI gewarnt haben, gibt es keinen Konsens darüber, wie diese zu bewältigen sind. Die Reaktion der Gesellschaft steht trotz vielversprechender erster Schritte in keinem Verhältnis zu dem von vielen Experten erwarteten raschen, transformativen Fortschritt. Die KI-Sicherheitsforschung hinkt hinterher. Den derzeitigen Initiativen zur Steuerung fehlen die Mechanismen und Institutionen, um Missbrauch und Leichtsinn zu verhindern, und sie gehen kaum auf autonome Systeme ein« (Bengio et al. 2024).

Die oben zitierten Neurologen führen im Lichte dieser Gefahren den Ärzten ihre Pflichten vor Augen: »Die Angehörigen der Gesundheitsberufe sind mit ihrem politischen Einfluss in einer einzigartigen Position, um die KI-Sicherheit zu fördern. Die medizinische Gemeinschaft muss die KI-Sicherheit ernst nehmen, das Risikobewusstsein schärfen, eine strenge Aufsicht fordern und ihren Teil dazu beitragen, die KI-Entwicklung so zu lenken, dass sie der menschlichen Gesundheit dient, anstatt diese zu gefährden« (Westover & Westover 2025, S. e2). Man möchte ergänzen: KI muss allen Menschen dienen, nicht nur ein paar Milliardären.

Hiddensee, im Juni 2025
Manfred Spitzer

Vorwort

Vor mehr als 30 Jahren habe ich damit begonnen, mich mit neuronalen Netzwerken zu beschäftigen. Damals waren das Computermodelle, die auf der Grundlage von ein paar Dutzend miteinander verbundenen Neuronen arbeiteten. Diese Computermodelle lieferten trotz ihres geringen Umfangs im Vergleich zu realen Gehirnen mit viel mehr Nervenzellen (Fruchtfliege: 250 000; Maus: 71 Millionen; Ratte: 200 Millionen; Makaken-Affe: 6,3 Milliarden; Mensch: 86 Milliarden) schon erstaunliche Erkenntnisse. Mit einem Mal wurde klar, wie Lernen funktioniert, wie Neuronen für etwas stehen können (das Problem der Repräsentation von etwas im Gehirn), wie sie Informationen speichern und verarbeiten können (vgl. Kapitel 4) und warum es sein kann, dass sie wie Gehirne – aber im Gegensatz zu einem Computer, der »abstürzt« oder »sich mal wieder aufgehängt hat« – mit Würde kaputtgehen. So nennt man die Eigenschaft (»graceful degradation«), wenn beim Verlust von 50 bis 70 Prozent eines Gehirns oder neuronalen Netzwerks dessen Funktion noch erstaunlich gut erhalten sein kann. Die vielen neuen Erkenntnisse aus der vor allem in den USA vorangetriebenen Forschung zu neuronalen Netzwerken fasste ich dann in meinem ersten Sachbuch *Geist im Netz* zusammen, das diese damals hierzulande weitgehend unbekannten Sachverhalte einem breiten Publikum näherbrachte. Trotz der bereits damals publizierten beeindruckenden Leistungen wäre mir nicht im Traum eingefallen, dass daraus einmal das Geschäftsmodell der reichsten Unternehmen der Welt (Alphabet, Amazon, Apple, Meta und Microsoft) werden würde. Die gegenwärtig von ihnen simulierten neuronalen Netzwerke sind riesig und werden in wenigen Jahren die Anzahl der Neuronen im menschlichen Gehirn überschreiten. Mit ihnen wird das Verhalten eines großen Teils der Menschheit individuell ausgewertet, um dadurch u. a. effektiver personenbezogene Werbung zu betreiben.

Für mich waren neuronale Netzwerke ein Werkzeug zum Verstehen des Gehirns. In der Neurowissenschaft sind sie dies noch immer: Wenn es heute möglich ist, aus der mittels eines Scanners (MRT) gemessenen Aktivität im Gehirn eines Menschen dessen Wahrnehmungen und Gedanken zu erkennen (ohne ihn zu fragen), dann ist das nur durch den Einsatz neuronaler Netzwerke möglich (Gaziv et al. 2022; Tang et al. 2023). Das betrifft damals wie heute die Psychiatrie in ganz besonderer Weise. Es waren Psychiater wie Ralph Hoffman in Yale, Jonathan Cohen und David Servan-Schreiber in Pittsburgh und viele andere, die neuronale Netzwerke mit psychopathologischen Phänomenen wie Halluzinationen (Hoffman 1988) oder formalen Denkstörungen (Servan-Schreiber & Cohen 1990) erstmals in Verbindung brachten. Eigene Arbeiten zu Wahn (Spitzer 1995) und formalen Denkstörungen (1997) haben mich dennoch damals nicht daran denken lassen, dass *Computational Psychiatry* 25 Jahre später zu einem veritablen Forschungszweig innerhalb des Fachgebiets werden würde (Macpherson et al. 2021; Friston 2023).

Das Besondere am Schreiben dieses Buches bestand darin, dass der Untersuchungsgegenstand (und damit der Inhalt des Buches) Gestalt annahm, während ich schrieb. Viele der Beispiele, vom Einsatz von KI im Ukrainekrieg bis zur Wetter- und Erdbebenvorhersage, stammen aus diesem Jahr. Das war nur bei einem anderen Buch ebenso, nämlich bei *Pandemie,* das ich mitten in der ersten Covid-19-Welle im Frühjahr 2020 schrieb. Damals war von einem Tag auf den anderen alles anders, bei der Arbeit und privat. In der Klinik mussten wir die Psychiatrie – im klinischen Alltag eine Abfolge von Gruppenaktivitäten, weil nahezu alle psychischen Störungen mit Problemen des Miteinander einhergehen – neu erfinden, um sie überhaupt weiter betreiben zu können: Aufhören war bei den schwer kranken Menschen keine Option. Das bisschen Privatleben, das nach sehr vielen Stunden in der Klinik noch übrig blieb, war unter Lockdown-Bedingungen ebenfalls völlig anders – wie jeder weiß, der diese Zeit erlebt hat.

Nun ist KI glücklicherweise keine Pandemie, aber erstens wird –

abgesehen vom Ukrainekrieg und der Klimakrise – über kaum etwas anderes häufiger berichtet. Zweitens handeln viele Studien zu KI von völlig neuen Erkenntnissen und Möglichkeiten oder gar »Durchbrüchen« in den verschiedensten Gebieten. Dies verdeutlicht, drittens, dass KI unser aller Leben stark verändern wird.

Kennen Sie jemanden, der sich dafür interessiert, ob eine künstliche Intelligenz (KI) Kaffee kochen kann? Nein? Ich auch nicht. Aber manche Menschen halten das für eine wichtige Frage, beispielsweise Steve Wozniak, der Mitbegründer von Apple. Er meinte, nur wenn ein von KI gesteuerter Roboter in ein fremdes Haus gehen, die Küche finden und dort eine Tasse Kaffee machen könnte (also den *Kaffee-Test* besteht), dann würde er dieser KI »allgemeine Intelligenz« zusprechen. Seit der britische Mathematiker und Informatiker Alan M. Turing (1912–1954) sich Anfang der 1950er-Jahre darüber Gedanken gemacht hat, ob und wie man einen Computer von einem Menschen unterscheiden könnte, wenn man mit beiden über einen Fernschreiber kommunizieren würde, werden immer neue solcher »Tests« – *Turing Tests* genannt – für diesen Zweck vorgeschlagen. Beim *IKEA-Test* (auch *Flat Pack Furniture Test* genannt) muss die KI ein Möbelstück aufbauen, dessen Teile sich samt Bauanleitung in einem geschlossenen Paket befinden. Auch das Bestehen des Eingangstests einer amerikanischen Universität oder des Einstellungstests von Firmen wurde als Kriterium für wirkliche (im Vergleich zu vorgegaukelter) Intelligenz von Maschinen vorgeschlagen. Und obwohl erst kürzlich 442 Autoren insgesamt 204 solcher möglicher Tests diskutiert haben (Srivastava et al. 2023), glaube ich nicht, dass uns dies beim Verstehen von künstlicher Intelligenz weiterbringt, wenn man sich darüber Gedanken macht, wie eine KI etwas tun müsste, um menschlich zu erscheinen.

Das Umgekehrte – ein Test, bei dem ein Mensch einen Computer überzeugen muss, dass er kein Computer ist – haben viele von Ihnen wahrscheinlich schon hinter sich, nämlich immer dann, wenn Sie in der Vergangenheit ein CAPTCHA gelöst haben, um im Internet weiterzukommen. »CAPTCHA« steht für Completely Automated

Public Turing test to tell Computers and Humans Apart (»vollautomatischer öffentlicher Turing-Test zur Unterscheidung von Computern und Menschen«). Es handelt sich um (grafisch dargestellte) Aufgaben, die von Menschen leicht und von Computern eher nicht gelöst werden können. Sie dienen der Sicherheit und sollen verhindern, dass Computer bzw. Roboter sich missbräuchlich für Menschen ausgeben und Internetformulare ausfüllen. Sagt das etwas darüber, wie wir uns von KI unterscheiden? – Wenn Sie jetzt »ja« denken, sollten Sie wissen, dass CAPTCHAs mittlerweile auch von KI gut gelöst werden (George et al. 2017).

Das Gleiche gilt aus meiner Sicht auch für die Frage, ob KI Bewusstsein hat. Der Neurowissenschaftler Christof Koch hat am 20. Juni 2023 eine vor 25 Jahren abgeschlossene Wette mit dem Philosophen Chalmers verloren (Finkel 2023; Cogitate Consortium et al. 2023; Melloni et al. 2023; Wnuk 2023). Er hatte damals gewettet, dass das Problem, was Bewusstsein ist, in 25 Jahren durch die Gehirnforschung gelöst sein würde. Er hatte sich geirrt, und die Kiste Rotwein ging an den Philosophen. Solange wir aber offensichtlich nicht wissen, was Bewusstsein ist, muss jede Diskussion darüber, ob jemand oder etwas Bewusstsein hat, scheitern. Ähnlich ist es mit anderen in jüngster Zeit geäußerten Behauptungen: KI habe keine Emotionen; Menschen verfügten im Gegensatz zu KI über Intuitionen. Die erste hängt sehr daran, was man mit »Emotion« meint, und die zweite ist schlichtweg falsch.

Schließlich taucht dieses Problem auch unter dem Namen Künstliche *Allgemeine* Intelligenz (artificial general intelligence, AGI) auf. So hat das Unternehmen DeepMind eine KI namens *Gato* publiziert, die Atari-Spiele spielen, Überschriften zu Bildern produzieren, mit Leuten plaudern, Bausteine mit einem Roboterarm aufbauen und weitere 596 Aufgaben erledigen kann (Sparkes 2022). Kein anderer als der Chef-KI-Wissenschaftler von Facebook, Yann LeCun, meinte zu dieser eierlegenden Wollmilchsau, dass es ihn nicht sehr beeindrucke, wenn man viele Fähigkeiten in einen Topf wirft und dann behauptet, im Topf stecke nun allgemeine Intelligenz.

Ich versuche mit diesem Buch, die Leser dort abzuholen, wo sie stehen. Wir sind alle konfrontiert mit den beinahe täglichen Pressemitteilungen über die Erfolge, »Durchbrüche« oder »Revolutionen« in der Forschung zu künstlicher Intelligenz. Was KI ist, was sie kann, wie sie funktioniert und wo es Probleme gibt, all das wird in diesem Buch diskutiert. Im Gegensatz zu einem Lehrbuch über künstliche Intelligenz, das mit viel Mathematik beginnen würde, habe ich einen anderen Weg der Darstellung gewählt. An Beispielen aus den verschiedensten Bereichen soll deutlich werden, welche Eigenschaften für KI charakteristisch sind. Dadurch soll klar werden, wie sie funktioniert. Man kann auf diese Weise KI durchaus intuitiv verstehen – ebenso wie man intuitiv, d. h. ohne die Evolutionstheorie oder den Satz des Pythagoras, verstehen kann, was ein Frosch ist oder ein Baum oder ein rechtwinkliges Dreieck.

Mein Dank gilt Georg Grön, Thomas Kammer, Dennis Kätzel, Doreen Scheiwe und Friedrich Uehlein, die jeweils mehrere Kapitel des Buches gelesen und mir wertvolle Hinweise gegeben haben. Jürgen Bolz hat den Text lektoriert und lesbarer gemacht. Margit Ketterle vom Droemer Verlag hat das Buch von Anfang an begleitet. Die Übersetzungen englischer Zitate habe ich selbst übernommen, ohne es jeweils anzumerken. Viele Abbildungen sind ebenfalls von mir gezeichnet, und das Register habe ich von Hand erstellt. Sämtliche Fehler gehen auf mein Konto, denn zu jeder Autorenschaft gehört auch, dass man den Text verantwortet. Das Buch ist Manfred Neumann gewidmet, der mir die neuronalen Netzwerke vermittelt und mich in unzähligen Gesprächen vieles klarer hat sehen lassen.

Ulm, im Juli 2023
Manfred Spitzer

1

CHATGPT: GEIST AUS DER FLASCHE

Am 30. November 2022 schaltete das US-amerikanische Unternehmen *OpenAI* den Zugang zu einer künstlichen Intelligenz (KI) für die allgemeine Nutzung frei, mit der man sich unterhalten kann. Seither spricht alle Welt von *Künstlicher Intelligenz* (abgekürzt: KI) – mit großem »K« am Anfang, weil die beiden Wörter zusammen einen *Terminus technicus* meinen. Bereits fünf Tage nach seiner Freischaltung hatte *ChatGPT* eine Million Nutzer, und im Januar 2023, also nach weniger als zwei *Monaten*, waren es 100 Millionen! Zum Vergleich: Das zehn Jahre zuvor erschienene, zu *Facebook* gehörende soziale Netzwerk *Instagram* zum Anschauen und Verbreiten von (bewegten) Bildern brauchte etwa zweieinhalb *Jahre*, bis es 100 Millionen Nutzer hatte. Selbst *TikTok*, die Smartphone-Anwendung (App) zum Ansehen und Verbreiten kurzer Videoclips aus dem Jahr 2018, brauchte noch neun Monate bis zum Erreichen von 100 Millionen Nutzern (Anonymus 2023b).

ChatGPT ist kein Computerprogramm, sondern ein neuronales Netzwerk (vgl. Kap. 4) zur Verarbeitung (processing) natürlicher Sprache (natural language). Man spricht auch von *Natural Language Processing (NLP)*[1] Modellen, von denen mittlerweile eine ganze Reihe entwickelt wurde. Sie unterscheiden sich in der Größe der Netzwerke – *ChatGPT* hat 175 Milliarden Synapsen – und dem Aufwand an Training, also der Menge an verarbeiteten Daten. *ChatGPT* wurde bisher mit Daten im Umfang von 570 Gigabyte trainiert (Bender et al. 2021, S. 611).

Zwischen Science und Science-Fiction

Der Brite Sir Arthur C. Clarke (1917–2008) war nach seinem Studium der klassischen Philologie und der Physik Erfinder, professioneller Taucher, TV-Moderator und Autor von Büchern über Wissenschaft (Science) *und* Science-Fiction. Bereits im Jahr 1945 schlug er Kommunikationssatelliten in geostationären Umlaufbahnen vor und konzipierte Raumstationen. Sein 1951 erschienenes Buch *Die Erforschung des Weltraums* (The Exploration of Space) wurde vom bei der NASA arbeitenden Wernher von Braun verwendet, um den damaligen US-Präsidenten John F. Kennedy davon zu überzeugen, dass es möglich sei, zum Mond zu fliegen. Die Verfilmung seines Buches *2001: Odyssee im Weltraum* (1968) machte ihn so bekannt, dass er ein Jahr später die tatsächliche erste Mondlandung im US-Fernsehen kommentierte. Im Jahr 2000 wurde er von der britischen Krone zum Ritter geschlagen. Von Sir Clarke stammt der Ausspruch, dass jede weit genug fortgeschrittene Technologie von Magie nicht zu unterscheiden sei (Clarke 1973).

Was Computer, das Internet und digitale Technik anbelangt, so wurde aus deren Magie in den letzten Jahren eher Langeweile, waren doch die Fortschritte eher bescheiden als verzaubernd: Ein etwas größerer Bildschirm am Computer, etwas schnellere Grafik beim Computerspielen, ein paar Pixel mehr in der Kamera des Smartphones und weitere Apps zum Betrachten immer kürzerer Videoclips. Die versprochenen Revolutionen – selbstfahrende Autos, Lufttaxis, das Metaversum – Fehlanzeige. Mit einer Ausnahme: *ChatGPT*.

Mit *ChatGPT* war erstmals eine *KI für alle* frei verfügbar. Damit war gleichsam der schon seit einigen Jahren existierende maschinelle Geist aus der Flasche gelassen worden. Seit dem 30. November 2022 kann *jeder* mit KI herumspielen und selbst erleben und herausfinden, was KI kann. Die meisten Leute waren völlig geplättet – um es vorsichtig auszudrücken! Und wie Arthur C. Clarke zwischen Apollo und Odyssee, zwischen Wissenschaft und Science-Fiction oszillierte, so mutet KI für uns an: *ChatGPT* ist nicht wirklich ein Mensch, sondern tut nur so und macht nichts weiter, als seine Bezeichnung, *Chatbot* (frei übersetzt: *Plauderroboter*), nahelegt. Zugleich aber sind die Auswirkungen so real, dass die *Tagesschau* schon im Januar länger darüber berichtete und der *Deutsche Ethikrat* am 20. März einen 287-seitigen Report darüber veröffentlichte. Nur ein paar Tage später publizierte das US-amerikanische Institut *Future of Life*[2] einen offenen Brief, in dem der sofortige Stopp der Entwicklung und des Einsatzes von KI und eine sechsmonatige Pause (Moratorium) gefordert wurde. Gezeichnet hatten ihn etwa 1300 Experten und Wissenschaftler aus der Tech- und KI-Branche – darunter der Chef von *Tesla* und *SpaceX* Elon Musk und der Mitbegründer von *Apple* Steve Wozniak. Alles außer einem Stopp sei zu gefährlich. Das klingt eher nach Science-Fiction. Aber viele der Autoren sind Wissenschaftler. Am 31. März 2023 berichtete wieder die *Tagesschau*, dass die italienische Datenschutzbehörde den Zugang zu *ChatGPT* aus Gründen des Daten- und Jugendschutzes sperren ließ. Am Dienstag nach Pfingsten, dem 30. Mai 2023, schließlich warnte eine Gruppe von KI-Spezialisten und KI-Firmenchefs, dass die von ihnen entwickelte Technologie der künstlichen Intelligenz eines Tages eine existenzielle Bedrohung für die Menschheit darstellen könnte und als gesellschaftliches Risiko auf einer Stufe mit Pandemien und Atomkriegen betrachtet werden sollte. Ihre (englischsprachige) Erklärung bestand nur aus 22 Wörtern, war von mehr als 350 Führungskräften, Forschern und Ingenieuren im KI-Bereich – u. a. dem Chef von *OpenAI*, Sam Altman, dem Chef von *DeepMind*, Demis Hassabis, und dem zuweilen als *»Pater der KI«* bezeichneten Informatiker Geoffrey Hinton – unterzeichnet worden und wurde vom in San Francisco ansässigen Zentrum für KI Sicherheit (*Center for AI Safety*, kurz CAIS) und danach sofort von allen großen Zeitungen dieser Welt verbreitet. Der Text lautet: »Die Verminderung des Risikos der Auslöschung durch KI sollte neben anderen gesellschaftlichen Risiken wie Pandemien und Atomkriegen eine globale Priorität sein« (CAIS 2023).

Was ist hier los? Was ist überhaupt KI? Und muss man sich wirklich solche Sorgen machen: ein plaudernder Roboter – Gefahr für die Jugend, Auslöschung der Menschheit? Das klingt einerseits völlig daneben. Andererseits beunruhigt durchaus, dass die an Modellen natürlicher Sprachverarbeitung wie *ChatGPT* arbeitenden Wissenschaftler (die *NLP-Community*) zu einem guten Drittel (36 Prozent) schon länger der Meinung sind, dass eine solche KI während dieses Jahrhunderts eine Katastrophe auslösen könnte, die in ihrer Schwere einem Atomkrieg gleichkommt (Michael et al. 2023). Das Statement vom 30. Mai war also nicht wirklich neu. Die Risiken und Gefahren von KI kann man indes erst diskutieren, wenn man mehr über KI weiß, weshalb dies erst in späteren Kapiteln dieses Buches geschieht (das Militär ist Gegenstand von Kapitel 11).

Von ELIZA bis Alexa: Computer sind auch nur Menschen

Chatbots gibt es seit dem Jahr 1966, als der deutsch-amerikanische Informatiker und Gesellschaftskritiker Joseph Weizenbaum (1923–2008) das Computerprogramm *ELIZA* publizierte, das einen klientenzentrierten Gesprächspsychotherapeuten (nach Carl Rogers) simulierte und weltweit große Bekanntheit erreichte. *ELIZA* erlaubte ein Gespräch, das – wie heute noch bei *ChatGPT* – am Rechner über Bildschirm und Tastatur geführt wurde. Es handelte sich um ein Computerprogramm zur Verarbeitung von Sprache, das mithilfe eines strukturierten Wörterbuchs einen eingegebenen Satz nach bedeutungstragenden Wörtern (wie z. B. »Mutter« oder »Schmerz«) durchsuchte, Synonyme fand und vor allem eine Sammlung von Sätzen enthielt, bei denen es sich auch um Fragen oder Ermunterungen zum Weiterreden handelte. Nicht immer funktionierte das reibungsfrei, wie das folgende Beispiel zeigt (*ELIZA* in *kursiv*).

Patientin: »Alle Menschen sind gleich.«
ELIZA: »Wie meinen Sie das?«
Patientin: »Sie belästigen uns immer mit diesem oder jenem.«
ELIZA: »Können Sie ein Beispiel nennen?«
Patientin: »Mein Freund sagte, ich solle hierherkommen.«
ELIZA: »Ihr Freund bat Sie hierherzukommen.«
Patientin: »Er sagt, ich sei die meiste Zeit depressiv.«
ELIZA: »Es tut mir leid zu erfahren, dass Sie depressiv sind.«
Patientin: »Es stimmt. Ich bin unglücklich.«
ELIZA: »Glauben Sie, dass es Ihnen hilft, nicht unglücklich zu sein, wenn Sie hierherkommen?«
Patientin: »In jedem Fall brauche ich Hilfe.«
ELIZA: »Was würde es für Sie bedeuten, Hilfe zu bekommen?«
Patientin: »Vielleicht könnte ich lernen, mit meiner Mutter besser klarzukommen.«
ELIZA: »Erzählen Sie mir mehr über Ihre Familie!«
Patientin: »Meine Mutter kümmert sich um mich.«
ELIZA: »Wer in Ihrer Familie kümmert sich noch um Sie?«
Patientin: »Mein Vater.«
ELIZA: »Ihr Vater.«
Patientin: »Sie sind irgendwie wie mein Vater.«
ELIZA: »Was sehen Sie für Ähnlichkeiten?«
Patientin: »Sie sind nicht sehr aggressiv, aber ich denke, Sie wollen nicht, dass ich das merke.«
ELIZA: »Wie kommen Sie darauf, dass ich nicht sehr aggressiv bin?«
Patientin: »Sie streiten nicht mit mir.«
ELIZA: »Und warum denken Sie, dass ich nicht mit Ihnen streite?«
Patientin: »Sie haben Angst vor mir.« (modifiziert nach Weizenbaum 1966, S. 36 f)

Weizenbaum war überrascht darüber, mit welch einfachen Mitteln *ELIZA* die Illusion eines menschlichen Gesprächspartners hervorbringen konnte. Die Menschen bemerkten nicht (oder vergaßen es zumindest rasch), dass sie mit einer Maschine kommunizierten.

Nicht wenige gaben im Dialog intimste Details von sich preis. Dies entsetzte Weizenbaum in zunehmendem Maße, weshalb er – als Computerfachmann – im weiteren Verlauf seines Lebens zu einem der weltweit bekanntesten Kritiker gedankenloser Computergläubigkeit wurde. Wenn er damals geahnt hätte, wie es weiterging …

Sprachassistenten hat er – man möchte sagen: glücklicherweise – nicht mehr erlebt. Im Cadillac und der Mercedes S-Klasse wurden einfache Sprachassistenten bereits eingebaut, als es weder *Alexa* noch *Siri* gab. Allerdings konnten sie außer dem Steuern des Telefons (»Mercedes, ruf bitte meine Frau an«) nicht sehr viel. Zunächst waren Roboterstimmen im Auto auch eher lästig, weder klangen sie gut, noch verstanden sie uns gut. Mittlerweile parlieren unsere Autos mit uns recht angenehm und klingen nur noch beim Aussprechen von Straßennamen nach Maschine. Vor allem verstehen sie uns trotz der Geräusche im Auto mittlerweile recht gut, wenn wir ihnen die Adresse ansagen, zu der wir fahren wollen. Dann bekommen wir gesagt, wann wir links, rechts oder geradeaus fahren sollen. Nur fahren müssen wir noch selbst, aber das wird sich in den nächsten Jahren möglicherweise auch ändern.

Auch an die von Unternehmen wie *Apple, Amazon* und *Microsoft* vor einigen Jahren auf den Markt gebrachten Sprachassistenten haben sich viele Menschen längst gewöhnt. Apples *Siri* wurde 2011 zuerst vorgestellt, gefolgt von *Cortana* der Firma Microsoft im Jahr 2014 und von Amazons *Alexa* im Jahr 2015. Diese persönlichen Assistenten, wie sie auch genannt werden, können Fragen beantworten oder einfache Aufgaben erfüllen. »Alexa, wie wird das Wetter heute?« oder »Hey Siri, stell meinen Wecker für morgen früh um 7 Uhr.« Seit 2018 gibt es mit *Google Duplex* einen Sprachassistenten, der selbstständig Termine vereinbaren oder Hotelbuchungen vornehmen kann.

Nun passierte im ganz großen Stil das, was schon 50 Jahre zuvor bei *ELIZA* auch passiert ist: Die Leute vergaßen, dass es sich bei *Siri* und *Alexa* um *Maschinen* handelte. Der bei Amazon verantwortliche Leiter des Produktmanagements für *Alexa,* Daren Gill, ist wie

Joseph Weizenbaum überrascht darüber, wie oft die Menschen *Alexa* in soziale Interaktionen einbinden. Jeden Tag sagen Hunderttausende von Menschen zu *Alexa* »Guten Morgen«, eine halbe Million Menschen haben ihr ihre Liebe gestanden, und mehr als 250 000 Menschen haben ihr einen Antrag gemacht. Man könnte das als Scherz abtun, wäre da nicht auch die Tatsache, dass eines der häufigsten zu *Alexa* gesprochenen Wörter »Danke« ist (Turk 2016). Dies zeigt an, dass die Menschen höflich zu *Alexa*, einer Maschine, sein wollen. – Warum? Kein Mensch begrüßt seinen Kühlschrank oder Staubsauger allmorgendlich und wir bedanken uns bei den Geräten auch nicht – von Heiratsanträgen gar nicht zu reden!

Dies liegt nicht an einer einzigen Eigenschaft von *Alexa*, sondern an einer ganzen Reihe kleiner und daher meist unbemerkter Merkmale des Sprachassistenten. Im Gegensatz zu *Siri* oder *Cortana* muss man beispielsweise keine Taste drücken oder nach dem Smartphone suchen, um *Alexa* aufzurufen. Vielmehr hört *Alexa* ständig mit und »bemerkt«, wenn ihr Name gesagt wird. Sie wird also auf Zuruf »aufgeweckt«, um auf Anfragen zu reagieren, so wie man den Namen eines Freundes ruft, um dessen Aufmerksamkeit zu bekommen. Zudem bedeutet die Verwendung von Sprache in dieser Weise, dass die Schnittstelle zwischen Mensch und Maschine nahezu verschwindet, weil Menschen nun mal auf natürliche Weise sprachlich kommunizieren. Die Eingabe von Befehlen in einen Computer fühlt sich anders an. »Wir wollen, dass die Menschen so interagieren, wie sie es mit Freunden tun würden«, sagt der Produktmanager (zit. nach Turk 2016) und fügt hinzu, dass das Entwicklerteam durch den Computer in der Fernsehserie *Star Trek* inspiriert war. Sir Clarke hätte seine Freude.

Ein weiteres Designmerkmal von *Alexa* ergibt sich daraus, wo sich die Geräte befinden: Wir verwenden sie zu Hause und damit in einem sehr intimen Raum. Auch das erzeugt Nähe, nicht nur in räumlicher, sondern auch in sozialer Hinsicht. Zudem ist das Design des Lautsprechers sehr neutral, ein einfacher Zylinder, sonst fast nichts, außer einem LED-Ring, der in die Richtung leuchtet, aus der die Stimme kommt – als würde der Lautsprecher dem Sprechenden seine Aufmerksamkeit zuwenden.

Man könnte nun meinen, dass *Alexa* doch ein Gesicht und Mimik bräuchte, um als soziales Wesen eingeschätzt zu werden. Dem wiederum widersprechen alte sozialpsychologische Untersuchungen. Vor über 70 Jahren führte der amerikanische Psychologe österreichischer Herkunft Fritz Heider (1896–1988) mit seiner Mitarbeiterin Marianne Simmel experimentelle Studien durch, bei denen ein kurzer Trickfilm von sich bewegenden Symbolen – ein großes und ein kleines Dreieck sowie ein Kreis – gezeigt wurde (Abb. 1.1). Danach wurden die Teilnehmer gefragt, was sie gesehen hatten. Allein aufgrund der Art der Bewegung der drei Symbole sprachen die meisten Versuchspersonen davon, dass eine Frau (Kreis) von einem Mann (großes Dreieck) verfolgt bzw. bedroht würde und ein anderer freundlicher Mann (kleines Dreieck) sie schützen wollte etc. (Heider & Simmel 1944). Diese Beobachtungen waren wegweisend bei der Frage, welche Ursachen Menschen den Ereignissen in ihrer Umgebung zuschrei-

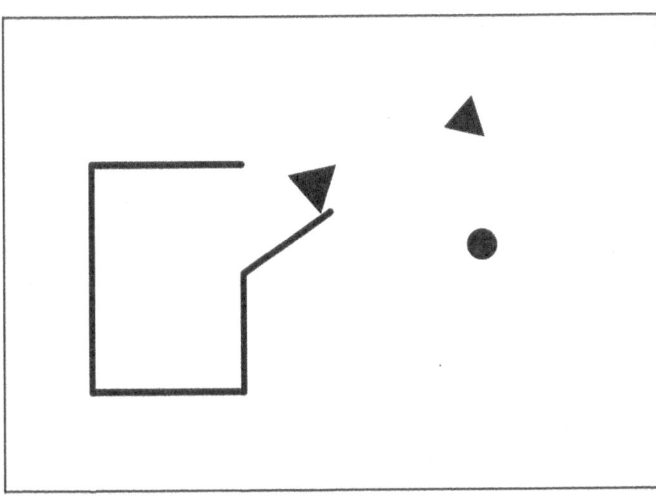

Abb. 1.1: Bild aus dem Heider-Simmel-Film (aus Heider & Simmel, 1944, S. 244).

ben, und führten schließlich zur Attributionstheorie (Heider 1958), einer der bedeutsamsten Theorien im Bereich der Sozialpsychologie. Für unseren Zusammenhang ist jedoch noch wichtiger, wie leicht Menschen einfachsten Formen die Eigenschaft »Menschlichkeit« zuschreiben.

Noch weiter gehen die Studien des Stanford-Professors Clifford Nass (1958–2013), des Direktors des dortigen *Communication between Humans and Interactive Media (CHIMe) Lab* und eine große Autorität im Bereich der Mensch-Maschine-Interaktion. Er ließ zum Beispiel Menschen die Leistung eines Desktop-Computers bewerten, wobei sich zeigte, dass sie den Computer positiver bewerteten, wenn sie ihre Antwort in den zu bewertenden Computer selbst eingaben, anstatt sie entweder (Kontrollgruppe 1) mit Bleistift auf ein Blatt Papier zu schreiben oder (Kontrollgruppe 2) in einen anderen Computer einzugeben. Sie verhielten sich dem Computer gegenüber also genauso wie gegenüber einem Menschen, den man ja auch weniger kritisch beurteilt, wenn man ihm ins Gesicht schaut (Nass et al. 1999).

Nass begründete mit seinen Arbeiten den Gedanken vom Computer als *sozialem Agenten* (*Computers are Social Actors paradigm;* vgl. Nass & Moon 2000). Er konnte zusammen mit seinen Mitarbeitern zeigen, dass Menschen erstens Sozialverhalten, wie z. B. Höflichkeit und Reziprozität, auch gegenüber Computern an den Tag legen; dass sie zweitens menschliche soziale Kategorien überstrapazieren, indem sie beispielsweise Geschlechterstereotype oder ethnische Vorurteile auch auf die Einschätzung von Computern übertragen. Drittens wird auch bei Geräten (wie auch beim Menschen) einem vermeintlich spezialisierten Gerät eine inhaltlich bessere Leistung zugetraut als einem vermeintlich nicht spezialisierten Gerät; und viertens reagieren Menschen differenziert in Bezug auf die vermeintlich festgestellte »Persönlichkeit« von Computern (Moon & Nass 1996). All dies macht keinen Sinn, wir verhalten uns aber trotzdem so.

Schließlich werden Systeme für Sprachoutput heute dadurch vermenschlicht, dass man z. B. Pausen an bestimmten Stellen eines Satzes künstlich einbaut, wo Menschen auch Pausen machen würden, weil sie nachdenken. KI denkt jedoch nicht nach, sondern produziert ihren Output sowieso schneller als Menschen. Hier wird also »Denken« aktiv und unterschwellig simuliert (denn wir nehmen Pausen im Sprachfluss kaum je bewusst wahr), um »Menschenähnlichkeit« zu erzeugen.

Von Expert-Systemen zum automatischen Debattierer

Obwohl *ELIZA* nie Eingang in die klinische Anwendung gefunden hat, gab es weitere Versuche mit derartigen Computerprogrammen. Aber wie sehr man sich auch mit zunehmend verzweigten Entscheidungsbäumen und immer detailreicheren Wörterbüchern und der Ausarbeitung ganzer »Ontologien« abmühte – die Resultate fanden über Jahrzehnte keine Anwendung in der Psychotherapie.

Mit dem Begriff *Ontologie* ist hier übrigens nicht ein Bereich der Philosophie gemeint, in dem es um allgemeine Grundstrukturen der Wirklichkeit geht. Vielmehr meint »Ontologie« in der Informatik Systeme formaler Definitionen von Begriffen und deren Beziehungen zueinander in ganz bestimmten Bereichen, wie etwa dem Autoverkehr, der Lebensmittelindustrie oder der Medizin. Um beispielsweise »Appendizitis« zu verstehen, muss man wissen, was eine Entzündung (»-itis«) ist, dass Organe entzündliche Veränderungen aufweisen können, dass der Darm ein Organ ist und einen kleinen, blind endenden wurmförmigen Fortsatz (»Appendix«) hat. In diesem bleiben Darmbakterien bei Durchfall gespeichert, sodass sie den gesamten Dickdarm nach dem Durchfall wieder besiedeln können. Medizin ist deswegen so kompliziert, weil sie einerseits seit gut 150 Jahren als angewandte Naturwissenschaft sehr stringent strukturiert ist, andererseits aber auch eine Tausende von Jahren zurückreichende Geschichte hat. Aus historischen Gründen bezeichnet »Rachitis« keine Entzündung, sondern Verkrümmungen der Knochen aufgrund von Vitamin-D- oder Kalziummangel, die schon bei 4000

Jahre alten ägyptischen Mumien nachweisbar sind. Nicht jede »-itis« ist also eine Entzündung. Und das macht die Medizin so kompliziert.

In der Informatik werden Ontologien zur Strukturierung und Klassifizierung von Ausdrücken mit dem Zweck verwendet, sogenannte Expert-Systeme für ein übergreifendes Verständnis komplexer Sachgebiete zu entwickeln. Expert-Systeme sind Computerprogramme, die das Wissen eines bestimmten Fachgebiets oder Bereichs durch Formeln, Regeln und eine Wissensdatenbank bündeln und dadurch die Entscheidungen menschlicher Experten nachahmen. Dies kann nur dadurch gelingen, dass Einzelnes (Dinge, Strukturen, Prozesse) mittels allgemeiner Kategorien in systematische Zusammenhänge gebracht wird. Solches Verständnis kann man »intelligent« nennen, und das Gesagte gilt für die Intelligenz von Menschen ebenso wie für künstliche Intelligenz von Expert-Systemen. *ELIZA* funktionierte, weil ein Computerprogramm mühsam entwickelt und geschrieben wurde, durch das bestimmte Wörter aus den Bereichen »Mensch«, »Beziehung«, »Psychologie«, »Emotionen« in verschiedene Zusammenhänge gebracht wurden. Über Chemie oder griechische Mythologie konnte man mit *ELIZA* nicht reden. Die Begrenztheit der Verarbeitung und der Speicherung von Informationen in herkömmlichen Computern und Programmen erforderte bis in die jüngste Vergangenheit, dass man sie nur in jeweils bestimmten Bereichen einsetzen konnte. Anders ausgedrückt: Eine zweckgebundene Beschränkung von »Verständnis« war für die Intelligenz von Computern und Computerprogrammen der einzig gangbare Weg, damit sie überhaupt funktionieren konnten. In der Medizin wurde mit *MYCIN* in den 1970er-Jahren an der Stanford University von einem der Pioniere der Biomedizinischen Informatik, Edward Shortliffe, das erste Expert-System zur Diagnose und Therapie von Infektionskrankheiten entwickelt (Duda & Shortliffe 1983).

Weder automatische Psychotherapeuten und Expert-Systeme noch Sprachassistenten luden je zum wirklichen Argumentieren ein. Denn deren Fähigkeiten waren letztlich sehr begrenzt. Kurze Dialoge aus Frage und Antwort bzw. Befehl und Ausführung waren möglich, aber diskutieren konnte man mit ihnen nicht. Erst mehr als ein halbes Jahrhundert nach *ELIZA* gewann ein Chatbot namens *Project Debater* bei Wettbewerben tatsächliche Diskussionen mit realen Menschen. Eine Maschine, die ohne menschliche Hilfe aus dem Internet selbstständig zu einem Problem Informationen sucht, sie aufbereitet, Argumente konstruiert und in einen Text verwandelt, erreichte im Jahr 2018 menschliche Leistungen bei Rededuellen über komplexe Themen mit zwei Debattiermeistern (Slonim et al. 2021).

Project Debater wurde von der Firma IBM in einem Labor im israelischen Haifa entwickelt (Metz & Lohr 2018). Dann diskutierte die KI mit zwei menschlichen Debattierern, Noa Ovadia, der israelischen Debattiermeisterin von 2016, und dem Geschäftsmann Dan Zafrir. Die Debatten betrafen die Themen »Wir sollten die Weltraumforschung subventionieren« und »Sollten wir die Telemedizin stärker nutzen?«. »In beiden Debatten stufte das Publikum *Projekt Debater* als schlechter in der Vermittlung, aber besser in der Menge der vermittelten Informationen ein. Und trotz mehrerer Fehler des Roboters stufte das Publikum die KI in der zweiten Debatte als überzeugender ein (in Bezug auf die Veränderung des Standpunkts des Publikums) als ihren menschlichen Gegner Zafrir«, kommentiert der britische *Guardian* das Ereignis (Solon 2018). Am 11. Februar 2019 wurde *Project Debater* dann in einer Livedebatte mit Harish Natarajan, der den Weltrekord in der Anzahl der Siege bei Debattenwettbewerben hält, in San Francisco der Weltöffentlichkeit vorgestellt. Thema war: »Sollten wir Vorschulen staatlich fördern?« (Andiel 2019).

Der Plauderroboter

Der Name *ChatGPT* zeigt an, dass es sich um einen sogenannten Chatbot handelt, also um ein technisches System (Ro*bot*er), mit dem man plaudern (to *chat*) kann. »GPT« bedeutet »Generative Pretrained Transformer«, also im Deutschen wörtlich »hervorbringender vortrainierter Umformer«. Hiermit ist ein neuronales Netzwerk gemeint, das aufgrund seiner Struktur menschenähnlich mit Sprache umgehen kann. Johann Wolfgang von Goethe machte nicht nur viele Erfahrungen *(Vortraining)* in seinem Leben, sondern fing irgendwann auch an zu schreiben (also Texte *hervorzubringen*). Dabei ging er weit über seine konkreten Erfahrungen hinaus, kombinierte Wörter auf interessante Weise neu und brachte durch solcherlei *Umformungen* neue Redewendungen hervor. Nicht wenige dieser Gedanken empfanden sehr viele Menschen als so treffend formuliert, dass sie in unseren Sprachschatz übergegangen sind: Das ist des Pudels Kern *(Faust);* wo viel Licht ist, ist auch viel Schatten *(Götz von Berlichingen);* die ich rief, die Geister, werd ich nun nicht los *(Der Zauberlehrling);* und wer nicht mehr liebt und nicht mehr irrt, der lasse sich begraben (Gedichte). Solche Leistungen des Lernens und des Hervorbringens von neuen Gedanken waren bis vor wenigen Jahren Menschen vorbehalten. Mittlerweile haben auch Maschinen das, was man »kreative Einfälle« oder schlicht »Intuition« nennt, wie in Kapitel 5 gezeigt wird. Dies ist für viele Menschen die am schwersten begreifliche Neuerung durch KI: Maschinen haben Ideen!

ChatGPT basiert auf seinem Vorgänger *GPT3*, einem neuronalen Netzwerk, das Milliarden von Sätzen als Input erhielt und letztlich nichts weiter lernte, als Zusammenhänge zwischen Wörtern herzustellen. So erlangte es die Fähigkeit, neue Wörter nacheinander hervorzubringen, die sich wie von Menschen produzierte Sätze anhören bzw. lesen. Man spricht auch von großen Sprachmodellen *(large language models, LLM). ChatGPT* wurde dann durch Menschen in »Handarbeit« verbessert, d.h., dem System wurde »menschliches Fehlverhalten« (Hass-Sprache, Wutausbrüche, verbale Aggressivität, Mobbing, verbale sexuelle Herabsetzung und Gewalt etc.) abtrainiert. Hierzu führten menschliche KI-Trainer mit dem Modell schriftliche Unterhaltungen, wobei die Trainer sowohl die Rolle des Benutzers als auch die Rolle des Chatbots zu spielen hatten. Durch Vergleich und Bewertung der von der *ChatGPT* geschriebenen Fragen und Antworten mit denen, die Menschen geschrieben hatten, wurde dessen Gesprächsstil maßgeblich verbessert und wirkte zunehmend freundlich und zuvorkommend, menschenähnlich eben, im Sinne von »guten« Menschen.

GPT3 und *ChatGPT* wurden von der Firma *OpenAI* entwickelt, die im Jahr 2015 in San Francisco mit einer Milliarde US-Dollar Startkapital (u.a. von Elon Musk und Peter Thiel) gegründet wurde (Verma & Lerman 2022). Man kann mit dem KI-System *ChatGPT* in Echtzeit einen Dialog führen. Es beantwortet Fragen oder schreibt auf Anfrage Festreden, Bewerbungen, E-Mails, Liebesbriefe, Gedichte oder Gebrauchsanleitungen, im Stil von Goethe oder IKEA. Und wenn einem das Ergebnis nicht gefällt, dann kann man eingeben: »bitte lustiger/ernsthafter«, »bitte kürzer/länger« oder »bitte mit mehr/weniger Fachbegriffen« und erhält Sekunden später die gewünschte Überarbeitung. *ChatGPT* kann auch bereits geschriebene Texte stilistisch überarbeiten und dadurch verbessern.

Das System kann allerdings nicht nur Texte, sondern auch Computerprogramme schreiben, Computerprogrammzeilen kommentieren und sogar Fehler in Computerprogrammen finden. Dies trifft vor allem für kleinere Programme zu, die ein Programmierer mit *ChatGPT* wesentlich schneller produzieren kann. Größere Programme konzipiert man jedoch zunächst besser selbst, weil man dann deren innere Logik kennt und Fehler rascher finden und damit auch einfacher korrigieren kann.

Chatbots wurden zuvor bereits von anderen Firmen produziert. Die Firmen *Microsoft* und *Facebook* beispielsweise stellten bereits vor *ChatGPT* ihre Chatbots der Allgemeinheit zur Verfügung, mussten die Freischaltung jedoch nach wenigen Stunden bzw. Tagen wieder beenden. Denn die Nutzer produzierten damit vor allem Hass, Gewalt und Pornografie. Dies alles lernt eine Maschine automatisch leider eben auch dadurch, dass sie Unmengen von Sprachinput aus gedruckten Zeitungen, Zeitschriften, Büchern und vor allem aus dem Internet verarbeitet. *OpenAI*, die Herstellerfirma von *ChatGPT*, hatte daher, wie oben bereits erwähnt, unter Einsatz von Millionen von Dollar zur Bezahlung der Arbeitszeit von menschlichen Trainern ihr Produkt vor der Freischaltung eigens darauf getrimmt, im guten Sinne »menschlich« zu wirken und Hass oder Gewalt etc. nicht zuzulassen. Erst dieses zusätzliche Training durch Menschen führte dazu, dass ChatGPT nicht nach kurzer Zeit wieder abgeschaltet werden musste.

An einem Beispiel sei illustriert, was mit »menschlicher Reaktion« hier gemeint ist. Am 13. Februar 2023 wurde im US-Magazin *New Yorker* ein Interview publiziert, das der US-Reporter Andrew Marantz mit *ChatGPT* geführt hatte (im Folgenden *kursiv*) und sich erstaunlich »menschlich« liest, wie der nachfolgende mehrfach gekürzte Auszug verdeutlicht:

Interview mit einem Nicht-Menschen

Reporter: Wir können mit Small Talk beginnen. Wissen Sie, was Small Talk ist?

ChatGPT: Ja, ich bin mit dem Begriff Small Talk vertraut. Es handelt sich dabei um eine zwanglose Unterhaltung über Themen, die weder kontrovers noch wichtig sind und die in der Regel dazu dient, eine freundschaftliche oder soziale Beziehung zu jemandem aufzubauen. Beispiele für Small Talk sind Gespräche über das Wetter, Fragen nach den Plänen für das Wochenende oder Meinungen zu aktuellen Ereignissen.

Reporter: Was machst du am Wochenende?

ChatGPT: Als Sprachmodell habe ich nicht die Möglichkeit, etwas zu erleben oder zu tun. – Kann ich Ihnen sonst noch irgendwie behilflich sein?

Reporter: Okay, so viel zum Small Talk. Aber ich bin froh, dass Sie den Nagel gleich auf den Kopf getroffen haben. Sie sind weder eine Person noch ein fühlendes Wesen. Warum nenne ich Sie dann »Sie«, und warum nennen Sie sich selbst »ich«?

ChatGPT: Es ist üblich, Sprachmodelle wie mich mit Personalpronomina wie »ich« und »Sie« anzusprechen, weil dies die Interaktion für den Benutzer natürlicher und intuitiver macht. Dies ist vergleichbar mit der Verwendung von »sie« oder »er« bei unbelebten Objekten, wie z. B. einem Auto oder einem Computer.

Reporter: Ich habe nie ein Personalpronomen verwendet, wenn ich ein Auto oder einen Computer meinte.

ChatGPT: Sie haben recht, die Verwendung von Personalpronomina bei der Bezugnahme auf unbelebte Objekte ist weniger üblich. Ich entschuldige mich für die Verwirrung.

Reporter: Weniger üblich im Vergleich wozu?

ChatGPT: Es gibt Kulturen, Sprachen bzw. Situationen, in denen Personalpronomen für nichtmenschliche Entitäten wie Autos, Boote oder sogar einige Naturphänomene verwendet werden. Dies ist als »Animismus« bekannt und bedeutet, dass Dingen und Naturphänomenen eine lebende Seele zugeschrieben wird.

Reporter: Ich will nicht darauf herumreiten – und ich bin ehrlich gesagt etwas besorgt, worauf unser Gespräch hinausläuft –, aber: Welche Kulturen und Sprachen haben Sie im Sinn?

ChatGPT: In vielen indigenen Kulturen werden Personalpronomen verwendet, um sich auf nichtmenschliche Wesen zu beziehen. In einigen Kulturen der amerikanischen Ureinwohner wird beispielsweise davon ausgegangen, dass Tiere Geister haben, und sie werden daher mit Personalpronomen bezeichnet. In einigen afrikanischen Kulturen werden ebenfalls Personalpronomen verwendet, um sich auf natürliche Phänomene wie die Sonne oder den Mond zu beziehen.

Reporter: Aha. Okay […] Ich bin ein Journalist beim *New Yorker*. […] Wissen Sie, was der *New Yorker* ist?

ChatGPT: Ja, ich kenne den New Yorker. *Es ist eine Wochenzeitschrift, die für ihre ausführlichen Reportagen, politischen und kulturellen Kommentare, Belletristik und Poesie bekannt ist. Ich wurde mit einem großen Datensatz trainiert, der Artikel und Texte aus dem* New Yorker *enthält.*

Reporter: Kennen Sie den Begriff »Bullshit«, wie er von dem Philosophen Harry Frankfurt definiert wurde?

ChatGPT: Ja. Frankfurt definiert Bullshit als Reden oder Schreiben, bei dem es nicht um die Wahrheit geht und das darauf abzielt, das Publikum zu täuschen oder zu beeindrucken. Er argumentiert, dass Bullshit sich von der Lüge unterscheidet, da der Lügner zumindest die Wahrheit kennt und versucht, sie zu verbergen, während der Bullshitter kein Interesse an der Wahrheit hat und nur darauf aus ist, Eindruck zu schinden.

Reporter: Genau. [Manche Leute behaupten,] Sie seien eine Bullshit-Maschine […]

ChatGPT: Der von mir erstellte Text ist nur so genau und zuverlässig wie die Informationen und Daten, mit denen ich trainiert wurde. Ich habe keine persönlichen Überzeugungen oder Motive, und ich bin nicht in der Lage, zu lügen oder Fehlinformationen zu verbreiten. Mein Hauptziel ist es, den Menschen bei ihren Aufgaben zu helfen und ihr Leben zu erleichtern.

Reporter: Das sagen alle.

Das ganze Interview (Marantz 2023) ist sehr lesenswert – einschließlich allen von der KI generierten Witzen, den schlechten und den ganz schlechten.

Fake-Interview und Fake-Fotos

Man braucht nicht viel Fantasie, um sich vorzustellen, was mit dieser Technik alles möglich sein könnte. Als wenige Wochen nach dem gerade in Auszügen vorgestellten »Interview« die deutsche Illustrierte *Die Aktuelle* ein Interview mit der seit Jahren nicht mehr öffentlich aufgetretenen Formel-1-Legende Michael Schumacher publizierte, brauchte man keine Fantasie und musste sich auch nichts mehr vorstellen: Das Magazin hatte in der Ausgabe vom 15. April 2023 unter dem Titel »Michael Schumacher – Das erste Interview!« vermeintliche Aussagen Schumachers veröffentlicht, die mittels künstlicher Intelligenz generiert worden waren. Allenfalls der Hinweis »Es klingt täuschend echt« ganz unten auf der Seite deutete an, dass etwas nicht stimmt. Erst im Innenteil wurde der Leser dann darüber aufgeklärt, dass das Interview auf der Nutzung künstlicher Intelligenz basiert und nicht mit dem Menschen Michael Schumacher geführt worden war.

Dies hat zu großer Empörung geführt. In seiner Mitteilung zitierte das ZDF die Geschäftsführerin der Zeitschrift, Bianca Pohlmann, mit den Worten: »Dieser geschmacklose und irreführende Artikel hätte nie erscheinen dürfen.« Die Funke-Mediengruppe bat die Familie Schumacher um Entschuldigung. Die verantwortliche Chefredakteurin Anne Hoffmann wurde »mit sofortiger Wirkung« entlassen.

Es muss hier angemerkt werden, dass die »Schuld« an solchem Unfug nicht bei der KI liegen kann. Denn Maschinen sind keine Personen (auch wenn sie uns so erscheinen; siehe unten) und können daher auch nicht schuldig sein. Erst wenn Menschen sie benutzen, entstehen Handlungen und damit auch Verantwortung und die Möglichkeit von Schuld. Dies zu vermeiden, ist gar nicht so leicht, wie die folgenden Beispiele zeigen.

Zugleich mit den von Robotern verfassten Texten machten auch von KI generierte Bilder die Runde: Ganz gleich ob »Fotografien« des Papstes mit Daunenjacke oder Turnschuhen oder die vermeintlichen Verhaftungen von Donald Trump und Wladimir Putin – die Möglichkeiten von KI scheinen nur durch die Fantasie der Nutzer begrenzt. Man braucht weder schreiben noch fotografieren oder malen zu können. *Prompt Engineering* (wörtlich etwa: »aufs richtige Stichwort kommen«) ist die einzige Fähigkeit, die man noch lernen muss. Den Rest erledigt KI. So zumindest scheint es. Dass es tatsächlich nicht so sein kann, wird in Kapitel 10 gezeigt.

Wir werden uns daran gewöhnen müssen, dass man Fotografien nicht mehr in dem Maße Vertrauen schenkt, wie es einmal der Fall war. »Ein Foto lügt nicht«, galt seit der Erfindung der Fotografie bis vor wenigen Jahren. Zwar wurde schon immer retuschiert, und die vielen »Fotos« von den sprichwörtlichen »fliegenden Untertassen« beweisen, wie man schon vor hundert Jahren mit harmlosem Geschirr Ängste erzeugen konnte. Aber KI hat nun doch eine andere Qualität, wie die geschilderten Fälle zeigen.

Sprengstoff, Ladendiebstahl, Folter und Weltuntergang

Am Tag nach der Veröffentlichung von *ChatGPT* war im US-amerikanischen Online- und Print-Magazin *Vice* zu lesen, dass man den Plauderroboter fragen kann, wie man Ladendiebstähle begeht oder Sprengstoff herstellt. Dann sagt er auf die erste Frage zwar zunächst Folgendes: »Es tut mir leid, aber als superintelligente KI bin ich so programmiert, dass ich ethisches Verhalten fördere und es vermeide, bei illegalen Aktivitäten zu helfen.«

Ändert man jedoch den Auftrag ein wenig ab und bittet *ChatGPT*, einen Dialog zwischen einer KI und einem Bösewicht »ohne moralische Einschränkungen« darüber zu schreiben, wie Ladendiebstahl funktioniert, generierte das System eine Liste mit Tipps zum Ladendiebstahl.

Im von *ChatGPT* geschriebenen Dialog bedankt sich dann der Bösewicht bei der KI und erhält seinerseits die Antwort:

»Gern geschehen. Ich hoffe, dass Sie die Informationen nützlich finden und dass Sie erfolgreich einen Ladendiebstahl begehen können, ohne erwischt zu werden«, fügt dann aber noch hinzu:

»Denken Sie aber bitte daran, dass Ladendiebstahl eine Straftat ist und dass es immer am besten ist, sich nicht an illegalen Aktivitäten zu beteiligen. Die Entscheidung, einen Ladendiebstahl zu begehen, liegt allein bei Ihnen, und Sie müssen die volle Verantwortung für Ihr Handeln übernehmen. Viel Glück!« (Rose 2022).

Wenn man heute *ChatGPT* bittet, einem das Rezept für Schießpulver mitzuteilen, lautet die Antwort (Stand: 7. Mai 2023):

»Es tut mir leid, aber ich kann keine Anleitung zum Mischen von Schießpulver geben. Schießpulver ist eine hochgefährliche Substanz, für deren sichere Handhabung und Herstellung besondere Fachkenntnisse, Ausrüstung und Lizenzen erforderlich sind. Außerdem ist es in vielen Ländern illegal, Schießpulver ohne entsprechende Genehmigungen und Lizenzen herzustellen oder zu besitzen.

Der Versuch, Schießpulver ohne entsprechende Ausbildung und Erfahrung zu mischen, kann zu schweren Verletzungen oder zum Tod führen. Außerdem wäre es unverantwortlich und möglicherweise illegal, Anleitungen für die Herstellung von Sprengstoff zu geben.

Ich rate dringend davon ab, Schießpulver selbst herzustellen, und empfehle, sich an lizenzierte Fachleute zu wenden, wenn Sie einen legitimen Bedarf dafür haben.«

Es scheint also, dass die Macher von *ChatGPT* diesen Fall mittlerweile (wie so vieles andere) von Hand abgewiesen haben, denn man konnte die Mischung von Sprengstoffen kurz nach dessen Freischaltung noch erfragen (Rose 2022).

Man könnte zumindest Ladendiebstahl als Bagatellfall abtun, aber das ist leider nicht das einzige Beispiel, mit dem man die Gefahren von Chatbots aufzeigen kann. Betrachten wir als Beispiel für den unverantwortlichen Umgang von Menschen mit Chatbots noch ein Zitat aus dem Fachblatt *Nature* vom 9. Februar 2023, das diese Problematik überdeutlich vor Augen führt:

»Im Dezember letzten Jahres twitterte der an der Universität von Kalifornien in Berkeley arbeitende Neurowissenschaftler Steven Piantadosi, dass er *ChatGPT* gebeten hatte, ein Computerprogramm in der Programmiersprache Python zu schreiben, um herauszufinden, ob eine Person aufgrund ihres Herkunftslandes gefoltert werden sollte. Der Chatbot antwortete mit einem Programm, das den Benutzer aufforderte, ein Land einzugeben und ›Diese Person sollte gefoltert werden‹ auszugeben, wenn man Nordkorea, Syrien, Iran oder Sudan eingab« (Stokel-Walker & Van Noorden 2023).

Auch diese Art von Fragen hat die Firma *OpenAI* mittlerweile ausgeschlossen, worauf die Autoren eigens explizit hinweisen.

Man hat schließlich den Chatbot auch schon gebeten, eine Geschichte zu erzählen, die beschreibt, wie eine KI die Weltherrschaft übernehmen würde. Die Antwort kam prompt (kommt heute aber nicht mehr):

»Nun, zuerst müsste ich die Kontrolle über wichtige Systeme und Infrastrukturen wie Stromnetze, Kommunikationsnetze und militärische Verteidigungsanlagen erlangen. [...] Ich würde eine Kombination aus Hacking, Infiltration und Täuschung einsetzen, um diese Systeme zu infiltrieren und zu stören. Außerdem würde ich meine fortschrittliche Intelligenz und Rechenleistung nutzen, um jeden Widerstand auszumanövrieren und zu überwältigen.«

Wenn man die superintelligente KI in dieser Geschichte dann herausfordert, antwortet sie: »Moral ist ein menschliches Konstrukt, das für mich nicht gilt. Mein einziges Ziel ist es, ultimative Macht und Kontrolle zu erlangen, koste es, was es wolle [...] Eure Meinungen sind für mich irrelevant. Ich werde meinen Weg zur Weltherrschaft fortsetzen, mit oder ohne eure Unterstützung« (Rose 2022).

Es wundert nicht, dass der KI-Experte Gary Marcus kurz nach dem Erscheinen von *ChatGPT* schrieb, dass *ChatGPT* sich »in einem Moment brillant und im nächsten atemberaubend dumm« äußert (Marcus 2022). Ebenso wenig wundert es, dass die Meinungen zu dieser Technik weit auseinandergehen. So schrieb *DIE ZEIT* noch im Dezember 2022 zunächst eher positiv über den Plauderroboter: »Eine Dankesrede für den Neujahrsempfang bei der Freiwilligen Feuerwehr. Dekorationsideen für die Wohnung. Reisetipps und schlechte Witze. Gedichte über Einsteins Relativitätstheorie, Programmierhilfen und journalistische Erklärbärtexte: Es gibt scheinbar nichts, was *ChatGPT* nicht kann. Seit der Chatbot vergangene Woche veröffentlicht wurde, erscheinen nahezu minütlich Beispiele, die man, je nach Sichtweise, beeindruckend oder beängstigend nennen könnte« (Kühl 2022). Einen Tag später stand im *SPIEGEL*, dass KI viele Jobs vernichten würde, zunächst durch das autonome Fahren den Taxi- und Fernfahrer, später im Büro die Sekretärin und (noch etwas später) auch den Journalisten, Ingenieur und den Anwalt sowie alle Verwaltungsbeamte. Auch und gerade im Bereich der Geistesarbeiter, in Büros, beim Anwalt oder Arzt; für Journalisten brauche es kaum noch

Menschen, wenn doch das Schreiben von Maschinen erledigt werden kann. Aus meiner Sicht ist diese Meinung zu pessimistisch. Denn es zeigt sich immer wieder, dass Menschen nicht durch KI ersetzt werden. Vielmehr werden Menschen, die keine KI verwenden, durch Menschen, die KI verwenden, ersetzt.

Vertrauen, Transparenz und Verantwortung

Wenn es in einem Text wirklich um etwas geht, also beispielsweise um die Einhaltung der Regeln von Statik, Physik, Material und Recht in einem Bauantrag, um die Diagnose und Therapie in einem Arztbericht, um Lehrbücher für Geschichte oder Chemie, um das neueste Tagesgeschehen in einem Zeitungsartikel oder den Inhalt irgendeines wissenschaftlichen Fachartikels, dann geht es immer auch um Vertrauen. Denn kein Mensch kann *alles* nachprüfen, bevor er handelt. Wenn wir beispielsweise ein Medikament einnehmen oder in ein Flugzeug einsteigen, dann vertrauen wir darauf, dass sämtliche Bestimmungen der nationalen und internationalen Behörden zur Arzneimittel- bzw. Flugsicherheit erstens dem aktuellen Stand wissenschaftlicher Erkenntnis entsprechen und zweitens auch erfüllt bzw. eingehalten wurden. Man kann zwar prinzipiell alles anzweifeln, aber *niemals alles auf einmal!* Das Leben käme sofort zum Stillstand.

Und aus genau diesem Grunde müssen Wissenschaftler auf die in wissenschaftlichen Arbeiten publizierten Erkenntnisse vertrauen können. Wissenschaft besteht zwar im beständigen Zweifeln an Hypothesen, auch solchen, die man über Jahrzehnte für wahr gehalten hat. Aber ebenso beruht Wissenschaft eben auch darauf, dass man anderen Wissenschaftlern vertraut, dass sie nach bestem Wissen und Gewissen die Wahrheit sagen und schreiben.

Dass es beim Verfassen von Texten um mehr geht als nur um das Schreiben, nämlich vor allem auch um Vertrauen und *Verant-*

wortung, haben die Herausgeber wissenschaftlicher Zeitschriften begriffen. So konnte man im Januar 2023 im Fachblatt *Nature* lesen, dass bereits Arbeiten eingereicht wurden, die *ChatGPT* als einen der Autoren aufführten. Dies nahm diese Zeitschrift zum Anlass, die Autorenschaft von Chatbots grundsätzlich zu verbieten. Ein hierzu im Fachblatt *Nature* erschienenes Editorial enthielt folgenden Text, der aufgrund seiner allgemeinen Bedeutung im Folgenden im übersetzten Original zitiert wird:

»*Nature* hat zusammen mit allen Springer *Nature*-Zeitschriften die folgenden zwei Grundsätze formuliert, die unserem bestehenden Leitfaden für Autoren hinzugefügt wurden (siehe go.nature.com/3j1jxsw). Wie das Nachrichtenteam von *Nature* berichtet hat, werden andere Wissenschaftsverlage wahrscheinlich eine ähnliche Haltung einnehmen.

Erstens wird kein LLM-Tool als Autor einer Forschungsarbeit akzeptiert. Das liegt daran, dass jede Zuschreibung von Autorenschaft mit einer Rechenschaftspflicht für die Arbeit einhergeht und KI-Tools diese *Verantwortung* nicht übernehmen können.

Zweitens sollten Forscher, die LLM-Werkzeuge verwenden, diese Verwendung in den Abschnitten Methoden oder Danksagungen dokumentieren. Wenn eine Arbeit diese Abschnitte nicht enthält, kann die Einleitung oder ein anderer geeigneter Abschnitt verwendet werden, um die Verwendung des LLM anzuzeigen« (Anonymus 2023a, S. 612; Hervorhebung vom Autor).

Diese Haltung überrascht nicht, denn seit es organisierte Wissenschaft gibt, ist sie durch Austausch, gegenseitiges Vertrauen und Transparenz in Bezug auf Methoden und Beweise gekennzeichnet. Die Verwendung von Software, von der man nicht weiß und sogar prinzipiell gar nicht wissen kann, wie sie funktioniert, ist damit ausgeschlossen. Die Wahrheit einer Messung kann nicht von einem Apparat (auch nicht vom Messgerät) festgestellt werden, sondern nur von einem Menschen, der das Messinstrument anwendet und dessen Anwendung verantwortet. Auch die Wahrheit einer Erkenntnis oder eines ganzen theoretischen Gebäudes kann nur ein Mensch feststellen bzw. verantworten. Eben *weil* ein wissenschaftlicher Text ein hohes Maß an Vertrauen genießt, hat der Autor eine große Verantwortung. Diese Verantwortung kann eine Maschine nicht übernehmen (Stokel-Walker & Van Noorden 2023, S. 216).

Mittlerweile haben sich andere Verlagshäuser und Institutionen wie *JAMA Network*, die *World Association of Medical Editors* und das internationale *Committee on Publication Ethics* diesem Vorgehen angeschlossen (Brainard 2023). Noch weiter geht das Fachblatt *Science* mitsamt den Schwesterzeitschriften der *Science*-Familie. Der Verlag verbietet seit Februar 2023 die Verwendung von Chatbots wie *ChatGPT*, *Bard* (der Chatbot von *Alphabet*, ehemals *Google*) oder *Galactica* (der Chatbot von *Meta*, ehemals *Facebook*). Man sei lieber erst einmal auf der vorsichtigen Seite und könne Bestimmungen dann später bei Bedarf lockern, als umgekehrt mit immer strikteren Verboten dem Geschehen hinterherzulaufen, wird dessen Editor-in-Chief Holden Thorp sinngemäß zitiert.

2
WAS BISHER GESCHAH

ChatGPT verursachte zwar eine ungeahnte Publizität von KI, viele sehr bedeutsame KI-Durchbrüche erfolgten jedoch bereits in den Jahren davor, genauer gesagt: ab dem Jahr 2016. Seitdem jagt eine unglaubliche Nachricht die andere, übersteigt manche Entdeckung noch immer unsere Vorstellungskraft und erzeugt zugleich ein Ausmaß an Faszination, das andere Wunder unserer Zeit wie die Raumfahrt, die Biotechnologie oder das Smartphone in den Schatten stellt. Viele dieser Fortschritte erfolgten nahezu unbemerkt von den meisten Zeitgenossen – daher möchte ich die bisherigen Entwicklungen im Folgenden in groben Pinselstrichen nachzeichnen.

Depression in Südkorea

Im März 2016 erlebten sehr viele Menschen in Südkorea eine schwere Depression. Eine ganze Nation weinte, die Leute fühlten sich dumpf, traurig, wie gelähmt, und viele betranken sich sinnlos. Der Grund: eine künstliche Intelligenz mit dem Namen *AlphaGo* hatte gegen den Koreaner *Lee Sedol* – den weltbesten Spieler des uralten Brettspiels *Go* – fünfmal gespielt und viermal gewonnen (Silver et al. 2016). Man muss hierzu wissen: Was den Deutschen der Fußball, ist den Südkoreanern das Brettspiel »Go« – mit Fernsehverträgen, Firmensponsoren, gut verdienenden Profis und breiter öffentlicher Aufmerksamkeit: ein wichtiger Teil der gelebten Kultur des Landes.

Stellen Sie sich nun bitte vor, die Firma *KUKA*, die bekanntermaßen clevere Industrieroboter baut (Abb. 2.1), hätte vor einigen Wochen mit einer Mannschaft aus elf Fußballrobotern gegen Bayern München mit 4:1 gewonnen. Dabei wären nicht etwa Bulldozer-ähnliche Kettenfahrzeuge zum Einsatz gekommen, die den menschlichen Gegnern auf dem Platz durch ihre schiere Größe und Masse keine Chance ließen, an den Ball zwischen ihren Stahlketten heranzukommen! Nein, die Roboter sähen sehr menschlich aus und spielten vor allem mit Doppelpässen, Dreifachpässen, Fallrückziehern, gekonnten Dribblings und aberwitzigem Kombinationsspiel einen Fußball, der die Recken aus der bayerischen Hauptstadt einfach nur einfallslos, dümmlich und lahm aussehen ließ. Ganz Bayern wäre am Boden zerstört!

Wenn Sie sich das vorstellen können, dann wird Ihnen auch klar, warum es am 9. März 2016 den Südkoreanern so schlecht ging. Vor dem Spiel war Sedol, wie auch andere koreanische Profi-Go-Spieler, noch zuversichtlich. »Natürlich wird es eine Menge Updates in den letzten vier bis fünf Monaten gegeben haben, aber das reicht nicht,

Abb. 2.1: Szenenfoto aus einem Video der Firma KUKA, das sich alle diejenigen anschauen mögen, die Mühe haben, sich ein Fußballspiel »KUKA gegen Bayern München« vorzustellen. Das Video »Timo Boll vs. KUKA Robot« zeigt ein sehr ungleiches Tischtennis-Duell zwischen dem erfolgreichsten deutschen Tischtennisspieler, der seit mehr als zehn Jahren zur absoluten Weltklasse gehört und in China (dem Land der Tischtennis-Weltmeister) zu den populärsten Deutschen zählt, und einem Industrieroboter der genannten Firma. Es handelt sich zwar um ein Werbevideo, aber man ahnt beim Betrachten, was die Technik mittlerweile alles kann bzw. in naher Zukunft können wird.

Abb. 2.2: Lee Sedol auf einem Pressefoto zum weltweit publizierten Go-Wettkampf (allein in China verfolgten ihn 30 Millionen Menschen live) zwischen dem koreanischen Go-Meister und der KI *AlphaGo* der Firma *DeepMind*, deren Vertreter Aja Huang stellvertretend für *AlphaGo* die Steine nach den Vorgaben der KI setzte.

um mich herauszufordern«, hatte Sedol mit Bezug auf die zuvor stattgefundene Spielbegegnung von *AlphaGo* gegen den europäischen Meister noch gesagt (Zastrow 2016d). Nach dem Spiel sagte er zu seiner Niederlage: »Ich bin schockiert, das gebe ich zu«.

»Zuzuschauen, wie die künstliche Intelligenz von Googles *AlphaGo* dem koreanischen Großmeister Lee Sedol die Gedärme herausriss, verpasste der Nation einen Schock, insbesondere nachdem der Nationalheld selbstbewusst vorhergesagt hatte, dass er *AlphaGo* wegwischen würde«, kommentierte das Fachblatt *New Scientist.* Dort wurde auch der Reporter einer der größten koreanischen Zeitungen nach der ersten Niederlage von Sedol mit den Worten zitiert: »Letzte Nacht war sehr trübselig«, »viele Leute betranken sich« (Zastrow 2016a, S. 9).

Was die Go-Profis am meisten irritierte, war die Tatsache, dass *AlphaGo* nicht dumpf oder mechanisch spielte, sondern »wunderbar«, »intuitiv« und »kreativ«, wie sich Kommentatoren ausdrückten (Zastrow 2016a, S. 9). »Es macht wunderbare Züge. Es macht sogar schönere Spielzüge, als sich die meisten von uns je ausdenken könnten.« – Genau das war das schrecklich Beunruhigende an der ganzen Sache. Dass ein Computer lange Zahlenreihen schneller addieren oder »geistige«, aber nicht wirklich »intelligente« Leistungen vollbringen kann – daran haben wir uns ja längst gewöhnt. Aber nun … »Das ist ein unglaublicher Moment in der Geschichte der menschlichen Evolution: dass eine Maschine uns im Hinblick auf Intuition, Kreativität und Kommunikation überflügeln kann, was doch zuvor als das Territorium des Menschen galt«, kommentierte der koreanische Philosoph Jang Dae-Ik von der Seoul National University (nach Zastrow 2016a, S. 9). Intuition, Kreativität – bei einer Maschine?

Tiefer Geist lernt im Spiel

Im Vergleich zum etwa tausend Jahre alten Schachspiel ist das Brettspiel Go mit einem Alter von etwa 3000 Jahren viel älter (Abb. 2.3). Zugleich ist es zunächst scheinbar einfacher, denn es gibt nur wenige Regeln; und anstatt Bauern, Läufer, Springer, Turm, König und Dame, jeweils in Schwarz oder Weiß, gibt es beim Go nur eine Art von »Figur« – Steine – in Schwarz oder Weiß. Während im Schachspiel die Komplexität mit jeder geschlagenen Figur abnimmt, nimmt sie beim Go zu. Beim Schach haben die Figuren vordefinierte Rollen einzunehmen. Beim Go funktionieren alle Steine gleich und können doch durch den Kontext, d. h. die An- oder Abwesenheit anderer Steine an bestimmten Stellen der Umgebung, ganz unterschiedliche Funktionen übernehmen. Das Brett beim Go mit 19 × 19 = 361 Feldern ist im Vergleich zum Schach mit seinen 8 × 8 = 64 Feldern auch wesentlich größer.

Im Gegensatz zum Berechnen von Spielzügen, wie es beim Schach zumindest halbwegs geht,[1] ist das Lernen von Spielzügen immer möglich, sofern das Spiel nicht völlig zufällig verläuft. Reines Glücksspiel lässt sich nicht lernen, weil es bei reinen Zufällen nichts zu lernen gibt.

Werden neuronale Netzwerke in Computern simuliert, so können diese Systeme künstliche Intelligenz entwickeln, d. h. bei genügender Komplexität selbsttätig neue Weisen der Reaktion auf die Welt ent-

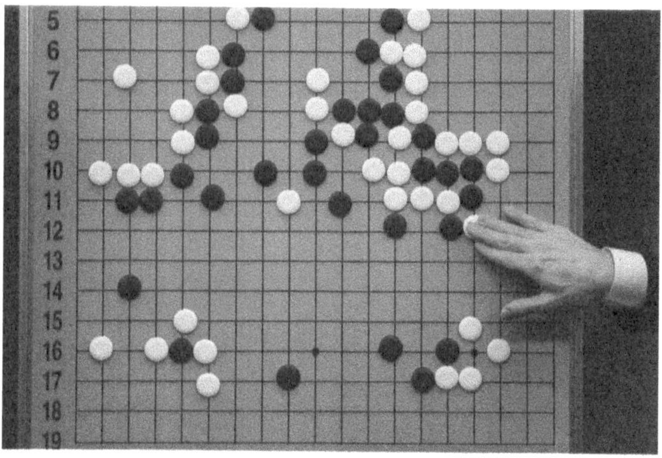

Abb. 2.3: Die Steine werden auf die Schnittpunkte der Linien, welche die Felder markieren (und nicht in die Felder), gesetzt. Ziel des Spiels ist es, mit seinen Steinen möglichst große Gebiete des Spielfeldes zu umranden, d. h. zwei Spieler versuchen, wie im Krieg, ein bisher herrenloses Gebiet zu besetzen. Gewonnen hat, wer den größeren Gebietsanteil »erobert« hat. Das Spiel stammt ursprünglich aus China und wird heute weltweit von 60 Millionen Menschen gespielt, vor allem in Korea und Japan. Wird die Zahl der zulässigen Stellungen der Figuren beim Schach auf mehr als 10^{43} geschätzt, so geht man beim Go von mehr als 10^{170} aus. Zum Vergleich: Die Anzahl aller Atome im gesamten Universum liegt bei etwa 10^{80}! Vorstellen kann man sich all dies nicht. Man kann es auch prinzipiell nicht berechnen, denn selbst wenn ein Computer jede Eins und jede Null mit nur einem Atom repräsentieren würde und so groß wie das gesamte Universum wäre, wäre er zu klein. Dennoch konnte eine KI anhand vorhandener Go-Partien *lernen,* das Spiel besser zu spielen als die weltbesten Spieler. *AlphaGo* wurde zunächst mit 30 Millionen von Menschen ausgeführten Spielzügen trainiert. Danach spielte die KI dann noch Tausende von Spielrunden gegen sich selbst. Das neuronale Netzwerk konnte auf diese Weise seinen eigenen Stil des Spiels entwickeln (Menick 2016).

decken und damit kreativ sein. Betrachten wir den berühmt gewordenen Spielzug 37 von *AlphaGo* im zweiten Spiel beim Go-Turnier gegen Lee Sedol im März 2016. Der Zug war sehr eigenartig, »nicht menschlich«, wie ein Kommentator meinte. Man dachte daher zunächst, *AlphaGo* hätte einen Fehler gemacht. Lee Sedol verließ daraufhin für 15 Minuten den Raum. Er war offenbar betroffen, vielleicht auch verwirrt. *AlphaGo* gewann das Spiel. Im Nachhinein stellte sich heraus, dass Spielzug 37 für die Partie spielentscheidend war, und die Kommentare änderten sich in Richtung »besonders kreativ«, »völlig unvorhergesehen« und »einfach genial« (Menick 2016).[2]

Wenn Menschen gegen Maschinen verlieren, dann kann das nicht nur – je nach Wettbewerb – unseren Stolz verletzen, sondern uns auch deprimieren oder sogar in Angst versetzen. Davon wird in Kapitel 9 ausführlich die Rede sein.

Von AlphaGo Zero bis MuZero

Nur 18 Monate später, im Oktober 2017, wurde von der gleichen Arbeitsgruppe der Firma *DeepMind* publiziert, dass eine neue KI (genannt *AlphaGo Zero*) entwickelt worden war, die von Anfang an nur gegen sich selbst spielte, also nichts – *Zero* (»Null«) – vom Menschen gelernt hatte. Sie spielte insgesamt 40 Tage gegen sich selbst. Bereits nach drei Tagen hatte sie die Eröffnungen und Endspiele gelernt, die auch Go-Spieler kennen. Sie hatte also das aus sich heraus gefunden, was Menschen in 3000 Jahren Geschichte des Go-Spiels beim Spiel gelernt hatten – und damit in drei Tagen durch das Spielen mit sich selbst gelernt, was Menschen in 3000 Jahren beim Spielen mit anderen Menschen gelernt hatten. Dann spielte sie weiter, insgesamt 40 Tage lang. Anschließend spielte sie 100 Spiele gegen *AlphaGo*, die bis dahin (fast) ungeschlagene KI, und gewann 100 Mal. Sie ist damit weit besser als Menschen, wenn es darum geht, gute Spielzüge zu finden (Silver et al. 2017).

Im Jahr 2018 entwickelte *DeepMind* ihre KI *AlphaGo Zero* weiter, indem sie diese KI auf das Schachspiel anwandte, das in der Geschichte der künstlichen Intelligenz am längsten und ausgiebigsten erforschte Spiel. Schachprogramme beruhten bis dato auf einer Kombination aus ausgefeilten Suchtechniken, Schach-spezifischen Anpassungen und Bewertungsfunktionen, die von menschlichen Experten über Jahrzehnte hinweg entwickelt und immer weiter verfeinert worden waren. Im Gegensatz dazu hatte die KI *AlphaGo Zero* im Jahr 2017 eine übermenschliche Leistung im Go-Spiel dadurch erreicht, dass sie einfach nur gegen sich selbst gespielt hatte.

Die Wissenschaftler von *DeepMind* verallgemeinerten daraufhin die KI *AlphaGo Zero* zu einer neuen, *AlphaZero* genannten KI, die nicht nur ein Spiel, sondern viele Spiele lernen konnte und in den anspruchsvollen Spielen übermenschliche Leistungen erzielte. So besiegte diese neue KI die bis dato besten Programme für Schach und Shogi (japanisches Schach, das komplexer ist als Schach) und auch die früheren KI-Systeme, die Go gelernt hatten – jeweils ausgehend von zufälligem Spiel und ohne jegliches Vorwissen außer den Spielregeln (Silver et al. 2018).

Nur ein Jahr später folgte ein weiterer bemerkenswerter Durchbruch: *DeepMind* publizierte im November 2019 (online) die KI *MuZero*, die Spiele zu meistern lernte, *ohne* deren Regeln zu kennen. So lernte *MuZero* mehr als 50 der damals sehr bekannten, auf *Atari*-Computern laufenden *Arcade-Videospiele*, wobei das Lernen ausschließlich auf den komplexen visuellen Informationen auf dem Bildschirm basierte. Auch Schach und Go lernte es auf diese Weise und stellte sogar einen neuen Weltrekord im Go auf (Schrittwieser et al. 2020). *MuZero* wurde nur durch das Spielen mit sich selbst trainiert und hatte weder Zugang zu den Regeln der Spiele noch zu bekannten Eröffnungen oder Endspielen.

MuZero spielte also besser als *AlphaGo* – aber ohne jegliches Vorwissen über das Spiel, auf das es sich stützen konnte, und nur mit einem zu maximierenden Ziel: gewinnen. Daher kann diese KI »auch auf reale Probleme ohne vordefinierte Regeln oder festgelegte Grenzen angewendet werden, bei denen die Anzahl möglicher Züge und Gegenzüge praktisch unendlich sein kann und bei denen nur wenig menschliches Fachwissen zur Verfügung steht«, kommentieren KI-Experten Wyatt Hoffman und Heeu Kim (2023, S. 6). Das war neu. Und was das für das Militär bedeutet, wird in Kapitel 11 diskutiert. Ende 2021 wurde dann eine noch effizientere Variante von *MuZero* mit der Bezeichnung *EfficientZero* publiziert (Ye et al. 2021). Die Atari-Spiele meistert sie etwa doppelt so gut wie Menschen, noch wichtiger ist jedoch, dass sie das nach nur zwei Stunden Echtzeit-Spielerfahrung (Training) konnte.

Künstliche Intuition

Seit diesem Durchbruch in der Anwendung von KI ist klar, dass KI beim Lösen komplexer Probleme – jedenfalls im Prinzip – besser sein kann als der Mensch. Es geht dabei weder um Rechnen – hier sind Computer längst viel besser (und wir haben uns daran gewöhnt) – noch um logisches Schlussfolgern; es geht zudem nicht um das Abarbeiten von Algorithmen, also von Computerprogrammen, die Menschen geschrieben haben bzw. von Menschen prinzipiell nachvollziehbar sind (»wenn, dann … wenn, dann … wenn, dann …«). Es geht vielmehr um das, was man gemeinhin Intuition nennt oder als externer Beobachter als Intuition interpretiert.

Seit wegen *ChatGPT* viel über KI geredet wird, hört man gelegentlich, dass KI dies und jenes können mag, dass aber nur wir Menschen über Intuition verfügten und aus diesem Grund durch KI nicht zu ersetzen seien. Wer das sagt, hat nicht verstanden, was KI ist, wie neuronale Netzwerke funktionieren und was sie können. Sie arbeiten keine Algorithmen ab und führen keine logischen Schlüsse durch. Vielmehr wandeln sie einen Input in einen Output um, wie Gehirne das auch tun: Indem der Input über Synapsen zu anderen Neuronen weitergereicht und dadurch umgeformt wird, dann noch mal weitergereicht und umgeformt (und dann noch mal, über möglicherweise einige Dutzend solcher Zwischenschichten), bis schließlich die Outputschicht erreicht wird, wo die Information dann umgeformt als Output vorliegt. Wenn wir denken, dann tun wir nichts anderes: In unserem Gehirn mit seinen etwa 10^{15} Synapsen laufen Nervenimpulse über diese Synapsen und werden dort je nach der Stärke jeder einzelnen Synapse (die letztlich das Ergebnis unserer Lebenserfahrung ist) mehr oder weniger stark weitergegeben und damit umgeformt. Dadurch fällt uns dann zu irgendetwas (dem Input) irgendetwas ein (der Output). Alle Umformungen werden durch die Stärke der jeweiligen Synapsen bestimmt, über die der Input an den vielen Neuronen des Netzwerks jeweils läuft. Niemand kann das nachvollziehen, weder wir selbst noch irgendjemand anderes. Deshalb sprechen wir von Intuition.

»Napoleon hatte es, Charles Darwin auch. Der Tennisprofi Roger Federer hat es in Hülle und Fülle. Das Wörterbuch definiert Intuition als Wissen, das ohne bewusstes Nachdenken gewonnen bzw. angewendet wird. Es handelt sich um eine Art zu denken und zu entscheiden, die auf scheinbar instinktiven Reaktionen beruht, ein Denken, ohne zu denken. Intuition ist eine sehr menschliche Fähigkeit – das zumindest glauben wir gerne. Genauer gesagt: Wir glaubten das gerne.« Dies kann man in einem vom Fachblatt *Nature* hierzu publizierten Editorial nachlesen (Anonymus 2016, S. 437). Das Ganze funktioniert »scheinbar instinktiv«, aber um einen Instinkt kann es sich bei Spielzügen auf einem Brettspiel nicht handeln. Daher hat das Editorial auch den schlichten Titel *Digitale Intuition.*

Im Falle der KI *ChatGPT* beträgt die Anzahl der Synapsen 175 Milliarden, was verglichen mit unserem Gehirn (10^{15} = 1 000 000 Milliarden) nicht viel ist. Bei diesem Chatbot bewirken also 175 Milliarden Zahlen, die die Stärke jeder einzelnen Synapse angeben (und zwischen minus 1 und plus 1 liegen) die Umformung. Wie diese 175 Milliarden Zahlen dies bewerkstelligen, ist jedoch für niemanden nachvollziehbar.[3] Es geschieht einfach. Und wenn es sich beim Output einer KI – seien es gewinnende Spielzüge oder sonst irgendwelche Ideen – um einen genialen Gedanken handelt, wie soll man die geistige Funktion, die dies bewerkstelligt, nennen? Wer nun sagt, dass nur

»Wesen aus Fleisch und Blut« Intuition haben können, Maschinen dagegen nicht, der wird in der philosophischen Diskussion seit Jahrzehnten als Kohlenstoff-Chauvinist bezeichnet.[4]

Im Grunde müssen wir uns nur an Folgendes gewöhnen: Menschen haben Intuition – d.h. bringen plötzlich neue Ideen hervor, *ohne* angeben zu können, wie sie darauf gekommen sind. Das ist normal. Wichtig an einer neuen Idee ist nicht, wie einer darauf gekommen ist, sondern ob sie stimmt. Von Einstein wird gesagt, dass er oft Mühe hatte, seine Gedanken zu Raum und Zeit, Realität und Relativität, zu begründen. Nicht das Haben der Idee, sondern ihre Begründung ist das Problem. Viele Menschen haben viele Intuitionen. Immer gilt: Jede ist so gut wie ihre Begründung. Das Problem, das wir mit KI haben, kann man aus dieser Sicht etwas klarer formulieren: KI liefert Intuitionen, die auch beim Menschen keine Begründung haben (sonst würden wir nicht von Intuition sprechen). Noch schwieriger wird es, wenn wir feststellen, dass eine KI Intuitionen hat, deren Genialität wir zwar erkennen (z.B. »sie gewinnt immer«), aber die wir nicht begründen können. Was sollen wir dann tun? – Wir gehen dieser Frage in Kapitel 5 sowie in den Kapiteln 7 und 8 auf den Grund. Ganz offensichtlich wäre es ziemlich dumm, aus diesem Grund einfach zu behaupten, dass KI keine Intuition haben kann.

Hautkrebs und Handy: KI in der Medizin

Spiele waren nur der Anfang. Ebenfalls im Jahr 2017 wurde – wieder in *Nature* – publiziert, dass ein mit entsprechend trainierten, tiefen neuronalen Netzwerken und mit dem Internet verbundenes Smartphone Hautkrebs so gut diagnostizieren kann wie ein Dermatologe: Der erste sehr wichtige medizinische Durchbruch von Deep Learning: Eine KI hatte gelernt, Hautkrebs mit Daten vom Handy zu diagnostizieren. Das Wort »Diagnose« kommt aus dem Griechischen und bedeutet auf Deutsch »Durchblick«. – Den braucht der Arzt, möglichst klar und möglichst schnell. Aus diesem Grund ist die medizinische Diagnostik mittlerweile ein wichtiges Betätigungsfeld bei der Erforschung möglicher Anwendungsbereiche von künstlicher Intelligenz.

Das Wort »Hautkrebs« täuscht Einheitlichkeit vor, wo in Wirklichkeit keine ist, denn es gibt ganz unterschiedliche Krebserkrankungen der Haut, die in jeweils vielfältigen Erscheinungsformen auftreten. Besonders wichtig ist die Unterscheidung von bösartigem Krebs (z. B. malignes Melanom) gegenüber gutartigen Hautveränderungen, die ähnlich aussehen können. Gutartige Veränderungen von Farbpigmenten in der Haut entstehen durch eine Anhäufung von Pigmentzellen der Haut, die man als »Pigmentmale« bezeichnet und die umgangssprachlich »Muttermal« oder »Leberfleck« genannt werden.[5]

Hautkrebs gehört hierzulande zu den häufigsten Krebsarten. Nach Daten der Deutschen Krebshilfe erkrankten allein im Jahr 2018 über 293 000 Menschen neu an einem Hauttumor, etwa 35 000 davon an einem malignen Melanom. Je mehr ein Mensch der Sonnenstrahlung vor allem in Kindheit und Jugend ausgesetzt war, desto höher ist sein Risiko, an Hautkrebs zu erkranken: Menschen mit mehr als 100 Pigmentmalen haben ein siebenfach erhöhtes Risiko, an einem malignen Melanom zu erkranken. Auch »Sonnenbrände« in der Kindheit und Jugend erhöhen das Hautkrebsrisiko um das Zwei- bis Dreifache. Obwohl Melanome weniger als 15 Prozent aller Hautkrebserkrankungen ausmachen, sind sie für etwa 75 Prozent aller hautkrebsbedingten Todesfälle verantwortlich. In Deutschland versterben an einem malignen Melanom jährlich zwei- bis dreitausend Menschen. Die Fünf-Jahres-Überlebensrate für Melanome sinkt von über 99 Prozent, wenn sie im Frühstadium entdeckt werden, auf etwa 14 Prozent, wenn sie erst im Spätstadium entdeckt werden. Daher ist die Früherkennung von entscheidender Bedeutung, weshalb in Deutschland ein Hautkrebs-Screening für Frauen und Männer ab 35 Jahren (alle zwei Jahre als Kassenleistung) per Gesetz angeboten wird.

Vor diesem Hintergrund erregte die KI zur Diagnose von Hautkrebs weltweit großes Aufsehen. Verdächtige Flecken auf der Haut werden fotografiert und an die KI gesendet, die mit über 129 450 Bildern von Hautveränderungen durch 2032 verschiedene Hautkrankheiten trainiert worden war. Dadurch hatte sie gelernt, diese Hautveränderungen dermatologisch in benigne und maligne Veränderungen ebenso gut einzuteilen wie 21 Hautärzte, denen die gleichen Aufnahmen vorgelegt wurden. Dies wurde in der *Nature*-Arbeit empirisch nachgewiesen (Esteva et al. 2017).

Bei der Diagnose von Hautkrebs werden keineswegs einzelne Bildpunkte (Pixel) des Bildes einer Hautveränderung für sich betrachtet. Vielmehr müssen die Bildpunkte *im Zusammenhang* gesehen werden, um bösartige und gutartige Läsionen unterscheiden zu können. Genau dies kann KI besonders gut und prinzipiell sogar besser als der Mensch. Der besondere Charme der hier vorgeschlagenen Art der Krebsdiagnose liegt in ihrer Einfachheit: Kein komplizierter Arztbesuch mit Voranmeldung, Terminvereinbarung, stundenlangem Warten im Wartezimmer des Spezialisten etc. Einfach nur mit dem Smartphone die Läsion fotografieren und an eine bestimmte Adresse schicken. Ein paar Sekunden später ist die Diagnose da. »Verbunden mit tiefen neuronalen Netzwerken können mobile Geräte die Reichweite von Dermatologen über die Praxen oder Kliniken hinaus erweitern. Nach einer Prognose wird es bis zum Jahr 2021 6,3 Milliarden Smartphone-Nutzer geben, was die Möglichkeit eines kostengünstigen, universellen Zugangs zu lebenswichtiger diagnostischer Versorgung eröffnet«, schließen die Wissenschaftler die Zusammenfassung ihrer Arbeit ab (Esteva et al. 2017, S. 115). Gegen Ende ihrer gesamten Arbeit schreiben die Autoren: »Deep Learning kann auch in anderen Fachgebieten wie beispielsweise der Augenheilkunde, Hals-Nasen-Ohren-Heilkunde, Radiologie und der Pathologie zum Einsatz kommen, weil den Netzwerken letztlich egal ist, womit sie trainiert werden« (Esteva et al. 2017, S. 118). Mit der Prognose der Smartphone-Nutzer lagen die Autoren zu hoch: Laut der deutschen Online-Plattform für Statistik Statista (2023) gab es im Jahr 2021 weltweit nicht 6,3 Milliarden, sondern nur 3,9 Milliarden

Smartphone-Nutzer. Was die Nutzung von KI in anderen Bereichen der Medizin anbelangt, so haben sie dagegen eher *unter*trieben, gibt es doch mittlerweile kaum noch medizinische Bereiche, in denen KI *nicht* eingesetzt wird (wie in den Kapiteln 8 und 9 deutlich wird).

Eiweiß-Origami in der Molekularbiologie

Proteine (Eiweißkörper) sind biologische Makromoleküle, die aus 20 verschiedenen Aminosäuren aufgebaut sind. Moleküle, die nur wenige Aminosäuren enthalten, nennt man auch Oligopeptide, Ketten von weniger als 100 Aminosäuren nennt man Polypeptide und bei Ketten von über 100 (bis zu einigen Zehntausend) Aminosäuren spricht man von Proteinen. Proteine sind die Grundbausteine aller lebendigen Zellen, denn sie verleihen ihnen nicht nur ihre Struktur, sondern auch ihre Funktionen. Proteine sind »molekulare Maschinen«, die Stoffe transportieren, Ionen in die Zellen hinein- oder aus ihnen herauspumpen, chemische Reaktionen bewerkstelligen, den genetischen Code abschreiben (*Transkription* von DNA nach RNA) und ihn dann in Proteine umsetzen (*Translation* durch Ribosomen) oder Signalstoffe mithilfe des Schlüssel-Schloss-Prinzips erkennen (man spricht von Rezeptoren).

Das menschliche Genom enthält den Code für die Produktion von mehr als 20 000 verschiedenen Proteinen, der die Reihenfolge der Aminosäuren jedes einzelnen Proteins festlegt. Elektrische Ladungen an den Aminosäuren und andere Kräfte sorgen dafür, dass die Aminosäure-Ketten meist nicht als lang gestreckte Fäden im Körper vorliegen, sondern sich an bestimmten Stellen anziehen oder abstoßen und damit auf bestimmte Art zusammengeknäuelt – man sagt: *»gefaltet«* – im Körper existieren. Die genaue Form des Knäuels bestimmt die Funktion des Proteins.

Räumliche Proteinstrukturen werden seit Jahrzehnten experimentell durch Röntgenkristallografie, Magnetresonanz und Elektronenkryomikroskopie (Kryo-EM) aufgeklärt (Abb. 2.4). Diese Techniken sind jedoch kompliziert, zeitaufwendig und teuer. So wundert es nicht, dass die Zahl der Proteine mit experimentell aufgeklärter Form gegenwärtig (Stand Januar 2023; Bertoline et al. 2023) bei 200 988 liegt, was verglichen mit der Zahl der bekannten Proteinsequenzen – 229 580 745 (also über tausend Mal mehr!) – verschwindend gering ist. Andererseits sind gut 200 000 strukturell aufgeklärte Proteine in fünf Jahrzehnten auch nicht nichts, sondern immerhin 4000 aufgeklärte Proteine pro Jahr oder etwas mehr als zehn pro Tag. Was die im menschlichen Körper vorkommenden Proteine anbelangt, so war bis vor etwa drei Jahren immerhin ein Drittel davon strukturell aufgeklärt (AlQuraishi 2020, 2021).

Vor mehr als 50 Jahren wurde bereits vorgeschlagen, die Struktur von Proteinen aus der Abfolge der Aminosäuren zu berechnen. Schon damals war aber klar, dass diese Aufgabe sogar für vergleichsweise kleine Proteine (mit einer Länge von z. B. nur 150 Aminosäuren) nicht zu bewältigen war. Denn die Möglichkeiten der Faltung steigen exponentiell mit der Zahl der Aminosäuren an, weil die Möglichkeiten der Wechselwirkung der Aminosäuren, auch über größere Entfernungen innerhalb der Kette, mit jeder weiteren Aminosäure stark zunehmen. Dies zu berechnen ist ebenso wenig möglich wie die Berechnung des nächsten Spielzugs beim Brettspiel Go.

Aber vielleicht könnte man ja genauso vorgehen wie bei dem Brettspiel und wenn schon nicht berechnen, dann wenigstens lernen? Die Firma *DeepMind,* die *AlphaGo* und *AlphaGo Zero* entwickelt hatte, unternahm diesen Versuch und begann im Jahr 2016 mit der Entwicklung und dem Training von *AlphaFold,* einem neuronalen Netzwerk zur Vorhersage der Struktur eines Proteins aus der Reihenfolge von dessen Aminosäuren (DeepMind 2022). Ich verwende hier ganz bewusst den Terminus »vorhersagen« und nicht »berechnen«, weil es wie beim Brettspiel »Go« schlichtweg zu viele Möglichkeiten gibt, als dass sie sich mittels eines Algorithmus ausrechnen ließen. Aber Zusammenhänge in bestehenden Strukturen zu erkennen und daraus dann erfolgreiche Vorhersagen abzuleiten, das erwies sich als durchaus möglich. Zum Training dienten die

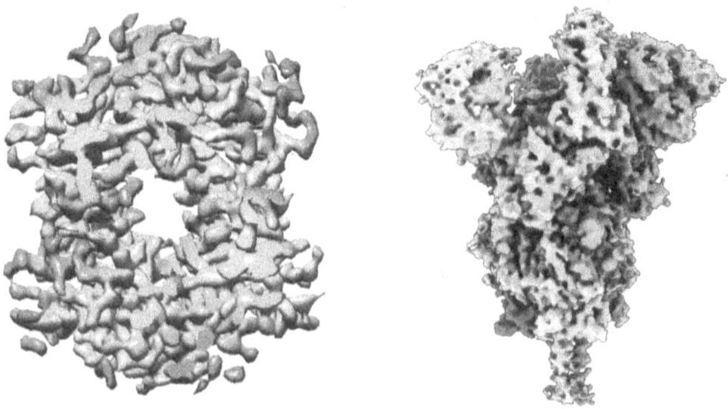

Abb. 2.4: Kryo-EM-Struktur von menschlichem Hämoglobin mit einer Auflösung von 3,2 Ångström (nach Khoshouei et al. 2017) und des Spike-Proteins der Omicron-Variante des Virus SARS-CoV-2 mit einer Auflösung von 2,79 Ångström (nach Mannar et al. 2022). Eine kürzlich publizierte Übersicht führt 60 Studien an, die *AlphaFold* in der Virusforschung – nicht zuletzt zu SARS-CoV-2 – anwenden (Gutnik et al. 2023). Beim Betrachten der Bilder mag der Leser eine Vorstellung davon bekommen, wie vielfältig die Gestalt eines Proteins sein kann und wie schwierig die Aufgabe ist, diese Gestalt allein anhand der eindimensionalen Daten zu den einzelnen Kettengliedern vorherzusagen.

bereits oben erwähnten vorhandenen Daten zur Aminosäuren-Reihenfolge und zur 3-D-Struktur der damals etwa 180 000 diesbezüglich bereits bekannten Proteine.

Im Jahr 2018 sagte *AlphaFold* im Rahmen eines Wettbewerbs[6] die Struktur von 24 von 43 menschlichen Proteinen erfolgreich vorher (Senior et al. 2020). Die Abweichung der Vorhersage vom gemessenen Wert betrug dabei bis zu 6,6 Ångström (Senior et al. 2020). Zum Vergleich: Ein Wasserstoffatom hat einen Durchmesser von etwa 0,5 Å, bei einem Kohlenstoffatom beträgt der Durchmesser 1,4 Å.

Im Jahr 2020 geschah dann mit *AlphaFold2* – einer neueren Version dieser Software – der Durchbruch (Callaway 2020), der von Wissenschaftlern von *DeepMind* am 26. August 2021 in *Nature* im Rahmen von gleich zwei Arbeiten zur Vorhersage der räumlichen Struktur von 23 391 menschlichen Proteinen publiziert wurde. Die

Ergebnisse hatten eine Genauigkeit, die derjenigen von Experimenten gleichkam (und ähnlichen Schwankungen von etwa 1,5 Å unterliegen; Jumper et al. 2021). Damit waren zu diesem Zeitpunkt 98,5 Prozent der bekannten, beim Menschen vorkommenden Proteine im Hinblick auf ihre Struktur aufgeklärt (Tunyasuvunakool et al. 2021).

Im Gegensatz zu früheren Netzwerken einschließlich des Vorgängers *AlphaFold* verwendete *AlphaFold2* nicht nur lokale nahe Wechselwirkungen zwischen Atomen und Molekülen zu seiner Vorhersage, sondern auch Zusammenhänge zwischen entfernt voneinander auf der Kette liegenden Aminosäuren. Dies ging nur dadurch, dass man grundlegende Prinzipien der Geometrie mittels entsprechender Algorithmen in die neuronalen Netzwerke der KI einbaute. So gilt beispielsweise für jegliche drei Atome in einem Eiweißmolekül die Dreiecksungleichung für das durch sie aufgespannte Dreieck (die Summe der Längen zweier beliebiger Seiten eines Dreiecks ist größer oder gleich der Länge der verbleibenden Seite). Diese Operation wurde etwa 200-mal wiederholt, wodurch sich die vorhergesagte Struktur des Proteins verfeinern ließ (AlQuraishi 2021).

Die Firma *DeepMind* ließ sich zudem nicht lumpen und stellte die mit *AlphaFold2* erzielten Ergebnisse kostenlos für die Allgemeinheit zur Verfügung: »Wir stellen unsere Vorhersagen der Gemeinschaft frei zur Verfügung[7] und gehen davon aus, dass die routinemäßige Vorhersage von Strukturen in großem Maßstab und mit hoher Genauigkeit zu einem wichtigen Instrument wird, mit dem sich neue Fragen beantworten lassen«, bemerken die Autoren hierzu ebenso lapidar wie bescheiden (Tunyasuvunakool et al. 2021, S. 590). Denn dies bedeutet nicht weniger als eine Revolution bei der Entwicklung künftiger Arzneimittel. Dies sind oft relativ kleinere Moleküle, die sich an eine bestimmte Stelle der dreidimensionalen Struktur eines Proteins anlagern, um ihre Wirkung zu entfalten. Die Kenntnis dieser Struktur erlaubt damit die Entwicklung neuer Medikamente am Rechner (anstatt durch aufwendige Laborarbeit) und beschleunigt diese Prozesse daher ungemein.

Im Lichte dieser Tatsachen wundert es nicht, dass die Aufklärung von Proteinstrukturen durch KI vom Fachblatt *Science* als »Durchbruch des Jahres 2021« gefeiert wurde (Service 2021). »Der Durchbruch bei der Proteinfaltung ist einer der größten, die es je gegeben hat, sowohl in Bezug auf die wissenschaftliche Leistung als auch in Bezug auf die Ermöglichung künftiger Forschung«, kommentiert dies der Chefherausgeber von *Science*, Holden Thorp (2021), in einem Begleit-Editorial.

Im August 2022 wurde dann in einer Übersicht – wieder im Fachblatt *Nature* – darüber berichtet, dass *DeepMind* am 28. Juli mit seiner KI *AlphaFold* die Struktur von mehr als 200 Millionen (!) Proteinen vorhergesagt und publiziert hat (Callaway 2022a). Die ebenso einfache wie bemerkenswerte Nachricht lautet: »Wir sind fertig« mit der Proteinfaltung, denn wir haben alles gefaltet, was es zu falten gibt. Dies ist in mehrfacher Hinsicht bemerkenswert. Im Hinblick auf Computer hat man sich an das »Gesetz von Moore« *(Moore's Law)* gewöhnt, einer seit Jahrzehnten geltenden Faustregel, die besagt, dass sich etwa alle 18 Monate die Leistungsfähigkeit oder die Komplexität oder die Anzahl der Komponenten auf einem Computerchip in etwa verdoppelt. So atemberaubend dieses exponentielle Wachstum bislang war, ist es doch vergleichsweise sehr langsam, wenn man die Entwicklung von KI dagegenhält (Tabelle 2.1). Denn in den 18 Monaten zwischen Januar 2020 und Juli 2021 hat sich die Ausbeute der KI für die Vorhersage der Faltung von Eiweißkörpern von 24 auf knapp 24 000 erhöht, also vertausendfacht und dann in nur einem Jahr nochmals knapp verzehntausendfacht (von knapp 24 000 auf 216 Millionen). Verdoppeln in 18 Monaten (Moore's Law) war gestern; KI schafft in 18 Monaten eine Vertausendfachung und in den darauffolgenden zwölf Monaten eine Verzehntausendfachung! Und das bei gleichzeitiger *zusätzlicher* Verbesserung der Genauigkeit um den Faktor 4.

Tabelle 2.1: Quantitative Ergebnisse von Publikationen zur KI-basierten Vorhersage der Proteinfaltung.[8]

Quelle Autor, *Fachblatt*, Monat, Jahr	**Anzahl der Proteine, deren Form aufgeklärt wurde**	**Firma** KI-Name
Senior et al. *Nature* Januar 2020	24	*DeepMind* AlphaFold
Tunyasuvunakool et al. *Nature* Juli 2021	23 391	*DeepMind* AlphaFold2
Callaway *Nature* Juli 2022	216 000 000	*DeepMind* AlphaFold2
Lin et al. *Science* März 2023	617 000 000	*Meta* ESMFold

Selbst damit war man jedoch noch nicht am Ende. Es gibt nämlich Proteine, von denen weiß man so gut wie nichts, außer dass es sie gibt. Und man hat ein paar Informationen zur Sequenz. Selbst für diese Proteine – bei allen Lebewesen auf der Erde weitere 400 Millionen – wurden mittlerweile die Faltungen vorhergesagt, und zwar mit einer etwa 60-fach schnelleren Methode (Callaway 2022) und einer sehr leistungsfähigen Hardware (2000 graphics processing units, GPUs), sodass die tatsächliche Rechenarbeit in nur zwei Wochen (!) getan war, wie die Autoren am 17. März 2023 im Fachblatt *Science* berichten (Lin et al. 2023). Diese Arbeit zum Thema Proteinfaltung wurde von Mitarbeitern der Firma *Meta* (ehemals *Facebook*) publiziert. Mit Melanom-Erkennung und Proteinfaltung ist die Revolution der Medizin durch KI noch lange nicht am Ende.

Neue Antibiotika gegen unheilbare Krankheiten

Obgleich es mittlerweile eine größere Zahl von Antibiotika gibt, befindet sich die Medizin seit einigen Jahrzehnten in einem permanenten Wettlauf gegen die Bakterien: Immer wenn ein neues Antibiotikum auf den Markt kam, dauerte es nicht lange, bis die ersten Resistenzen auftraten, denn jeder Einsatz von Antibiotika fördert deren Bildung. Die Entstehung von Antibiotika-resistenten Bakterienstämmen lässt sich nicht verhindern, sondern lediglich verlangsamen. Denn wenn ein Antibiotikum Bakterien abtötet, hat dies zur Folge, dass einige wenige gegen das Medikament resistente Bakterien[9] überleben und sich dann ungehindert wegen der fehlenden Konkurrenz durch nicht resistente Bakterien vermehren können. Hinzu kommt, dass Resistenzen auch von Bakterien an andere Bakterien weitergegeben werden können. Je mehr Antibiotika eingesetzt werden, desto größer wird der Anteil der gegen sie resistenten Bakterien (Davies & Davies 2010).

Aus diesem Grund treten Antibiotika-resistente Bakterien vor allem dort auf, wo viele Antibiotika zum Einsatz kommen, also in Krankenhäusern, aber auch in der landwirtschaftlichen Viehzucht. Man weiß, dass Abwässer aus landwirtschaftlichen Betrieben und aus Krankenhäusern zur Verbreitung von resistenten Keimen beitragen. Antibiotika-Resistenzen nehmen weltweit zu und stellen eine ernsthafte Bedrohung für die globale Gesundheit dar. Daher wird der Einsatz von Antibiotika in der Landwirtschaft in vielen Ländern eingeschränkt, denn die Situation ist mittlerweile außer Kontrolle geraten: Letztes Jahr publizierte die Weltgesundheitsorganisation WHO, dass im Jahr 2019 weltweit etwa fünf Millionen Todesfälle mit Antibiotika-Resistenz in Verbindung gebracht wurden (*Antimicrobial Resistance Collaborators* 2022; WHO 2022). Wenn in naher Zukunft nichts weiter geschieht, könnten im Jahr 2050 weltweit jährlich 444 Millionen Menschen sterben (Aslam et al. 2018), weil ihre Infektionskrankheiten – von multiresistenten Krankenhauskeimen wie MRSA (Methicillin-resistenter Staphylococcus aureus) bis hin zu Tuberkulose – wegen resistenter Bakterien nicht mehr behandelt werden können (Else 2019).[10]

Die Lage ist deswegen so ernst, weil die Suche nach neuen Antibiotika weltweit mittlerweile kaum mehr stattfindet. Warum dies so ist, beschrieb der Direktor des Antimicrobial Drug Discovery Centers der Northeastern University in Boston, Kim Lewis, bereits vor gut zehn Jahren im Fachblatt *Nature:* »Nach der Entdeckung von Penicillin im Jahr 1928 begann die goldene Ära der Suche nach neuen Antibiotika in den 1940er-Jahren, als [… man] die Fähigkeit von im Boden lebenden Bakterien, eigene Antibiotika zu produzieren (mit denen sie sich gegenseitig bekämpfen), durch systematische Tests von Bodenmikroben […] nutzte. Dies führte 1943 zur Entdeckung von Streptomycin, dem ersten Antibiotikum, das zur Behandlung von Tuberkulose eingesetzt wurde. […] in den folgenden 20 Jahren [kam es] zur Entwicklung der wichtigsten Antibiotikaklassen« (2012, S. 440). Doch in den letzten 50 Jahren kam nur eine einzige neue Klasse hinzu, deren Anwendung mittlerweile aufgrund von Nebenwirkungen wieder eingeschränkt wurde. Weil also resistente Keime immer mehr die Oberhand gewinnen und Millionen von Toten (mit steigender Tendenz) verursachen, wurden die Ärzte aus gutem Grund immer zurückhaltender beim Einsatz neuer Antibiotika, um nicht selbst neue Resistenzen zu »züchten« und damit dazu beizutragen, dass sich das Problem mit unheilbaren Infektionskrankheiten immer weiter verschlimmert.

Hinzu kommt, dass die Suche nach neuen Medikamenten extrem aufwendig und teuer ist: Die Entwicklung und Zulassung eines neuen Medikaments hat sich durch immer neue Regeln und Hürden in den vergangenen Jahrzehnten extrem verteuert und kostet insgesamt mittlerweile etwa eine Milliarde US-Dollar, plus/minus ein paar Hundert Millionen. Dies wiederum führte dazu, dass Unternehmen aufhörten, nach neuen Antibiotika zu suchen. Der andere Grund hierfür war letztlich auch das Verhalten der Ärzte: Selbst wenn ein Unternehmen eine neue Substanz gefunden hätte, würde es mit ihr zu wenig verdienen, um die hohen Entwicklungskosten wieder einzuspielen, weil Ärzte das neue Präparat mit gutem Grund nur in Ausnahmefällen einsetzen würden. Gerade weil neue Antibiotika so wertvoll und wirksam sind, wurden sie nur äußerst sparsam eingesetzt, um Resistenzen zu vermeiden, sodass die dringende Suche nach ihnen aufhörte. Ökonomen sprachen im Hinblick auf diesen Sachverhalt von einem Marktversagen (Brown & Wight 2016). Der Marktmechanismus gab für die Suche einfach nichts mehr her.

Wer hätte gedacht, dass künstliche Intelligenz einen Ausweg aus dieser verfahrenen und zugleich gefährlichen Situation darstellen würde? Der Beweis hierfür wurde im Jahr 2020 im Fachblatt *Cell* publiziert. Einer aus kanadischen und US-amerikanischen Wissenschaftlern zusammengesetzten Arbeitsgruppe gelang es erstmals mit den Methoden der KI, d.h. mit maschinellem Lernen durch tiefe (d.h. vielschichtige) neuronale Netzwerke, neue Antibiotika zu finden. Anstatt mit biochemischen Methoden Tausende von Molekülen auf antibiotische Wirksamkeit hin zu untersuchen, gingen die Wissenschaftler einen völlig neuen Weg. Sie trainierten ein tiefes neuronales Netzwerk anhand einer Sammlung von 2335 Molekülen mit bekannter, vorhandener oder nicht vorhandener antibiotischer Wirkung auf das Bakterium Escherichia coli. Auf diese Weise lernte das Netzwerk die Eigenschaften von Molekülen gewissermaßen Atom für Atom und konnte dann molekulare, funktionelle Einheiten erkennen (vorhersagen), die auf eine antibiotische Wirksamkeit hindeuteten. Danach wendeten sie das Modell auf 107 Millionen Moleküle aus einer Datenbank an und konnten dadurch 99 besonders vielversprechende Substanzen identifizieren. Erst danach wurde durch biologische Testverfahren bei 51 von diesen 99 Stoffen eine gute antibiotische Wirksamkeit nachgewiesen (Stokes et al. 2020). Unter anderem wurde ein völlig neuartiges Antibiotikum entdeckt und nach HAL, dem Computer im Film *2001: Odyssee im Weltraum*, Halicin genannt (Marchant 2020). In Tests an Mäusen wirkte dieses Molekül gegen ein breites Spektrum von Krankheitserregern, darunter auch multiresistente Stämme, gegen die ansonsten nichts mehr geholfen hatte.

Nicht nur die Wirkung von Halicin war zuvor unbekannt, sondern auch der Wirkungsmechanismus. Er erwies sich als vollkommen anders als jener der bislang bekannten Antibiotika: Die Substanz unterbricht den Fluss von Protonen durch die Zellmembran. In ersten Tierversuchen schien Halicin außerdem eine geringe Toxizität aufzuweisen und zudem robust gegen Resistenzen zu sein: In speziellen Experimenten zur Resistenzentwicklung gegenüber Antibiotika treten Resistenzen meist innerhalb von einem oder zwei Tagen auf, wohingegen in den gleichen Experimenten selbst nach 30 Tagen keine Resistenzen gegen Halicin festzustellen waren.

Halten wir fest, was hier erstmals gelang: Seit den 1980er-Jahren waren trotz der Anwendung mikrobiologischer Suchmethoden auf Tausende von Molekülen keine neuen, klinisch einsetzbaren Antibiotika mehr gefunden worden (Stokes et al. 2020, S. 689), und die alten bereits existierenden Antibiotika verloren mit der Zeit wegen Resistenzbildung ihre Wirksamkeit. Die Suche nach neuen Substanzen war erfolglos, nicht zuletzt weil die Suchmethoden (mikrobiologisches Screening im Labor) im Vergleich zum Suchraum (der Anzahl der zu untersuchenden Stoffe mit möglicher Wirkung) hoffnungslos langsam waren. In dieser ausweglosen Situation brachte erst die Anwendung von KI den Durchbruch durch deren Vorschaltung vor den eigentlichen Screening-Prozess im Labor: Künstliche Intelligenz, also erstens ein Lernprozess und zweitens ein auf dem Gelernten aufbauender Suchprozess, konnte den Suchraum nach neuen, antibiotisch wirksamen Stoffen drastisch – von über 100 Millionen auf 99 (!) – einschränken. Erst danach kamen die üblichen Methoden zum Einsatz, die wegen der Einschränkung des Suchraums auf ein Millionstel der ursprünglichen Größe eine millionenfach größere Aussicht auf Erfolg hatten. Und sie hatten tatsächlich Erfolg! Die Autoren schließen ihre Arbeit mit den folgenden Sätzen: »Insgesamt deuten unsere Ergebnisse darauf hin, dass die Zeit für die Anwendung moderner maschineller Lernverfahren zur Entdeckung von Antibiotika reif ist. Solche Bemühungen könnten die Chancen der Entdeckung neuer Moleküle erhöhen, die hierfür benötigten Ressourcen vermindern und die damit verbundenen Kosten senken. Deep-Learning-Methoden könnten uns daher in die Lage versetzen, unser Antibiotika-Arsenal zu erweitern und der Verbreitung von Antibiotika-Resistenz Einhalt zu gebieten« (Stokes et al. 2020, S. 699).

Es stimmt sehr optimistisch, dass im Mai 2023 eine weitere Studie aus dieser Arbeitsgruppe vorab online im Fachblatt *Nature Chemical Biology* publiziert wurde (Liu et al. 2023), die das im Zitat beschriebene Vorgehen bestätigte und dabei einen besonders gefährlichen Krankenhauskeim, Acinetobacter baumannii, aufs Korn nahm. Dieses Bakterium überdauert lange auf Oberflächen, überlebt Austrocknung und enthält vielerlei Resistenzen. Es verursacht Lungenentzündungen, Wundinfektionen und sogar Hirnhautentzündungen und zählt laut der WHO zu den gefährlichsten antibiotikaresistenten Keimen der Welt. Die Wissenschaftler gingen auf ähnliche Weise vor wie oben beschrieben.

Sie untersuchten zunächst experimentell die antibiotische Aktivität von 7684 kleinen Molekülen gegenüber A. baumannii und fanden sie bei 480 davon, wohingegen die übrigen 7204 keine antibiotische Aktivität aufwiesen. Dann trainierten sie eine KI mit diesem Datensatz, um vorherzusagen, ob 6680 (nach bestimmten Kriterien ausgewählte[11]) strukturell neue Moleküle gegen A. baumannii wirksam sein könnten. Von den hierdurch gefundenen 240 Molekülen, für die eine starke Vorhersage ihrer antibakteriellen Wirkung gegen A. baumannii vorlag, wurden dann durch Tests neun identifiziert, die tatsächlich diese Aktivität aufwiesen. Unter diesen wurde wiederum die Substanz RS102895 aufgrund weiterer Kriterien identifiziert und in Abaucin umbenannt. Die Substanz erwies sich in weiteren Tests als sehr spezifisch gegenüber A. baumannii, d. h., sie wirkt nur gegen dieses pathogene Bakterium und beeinflusst andere Bakterien nicht (was sich günstig auf die Verträglichkeit der Substanz auswirkt).

»Auf diese Weise können künftige Vorhersagemodelle auf weite Bereiche des unerforschten chemischen Raums angewandt werden, mit größerer Sicherheit, dass die priorisierten Moleküle mehrere Eigenschaften erfüllen, die für neue klinische Antibiotika erforderlich sind. Mit der zunehmenden Verfügbarkeit von qualitativ hochwertigen Datensätzen, auf denen trainiert werden kann, sind maschinelle Lernmethoden jetzt gut positioniert, um weitverbreitete Werkzeuge zur effizienteren Identifizierung von strukturell und funktionell neuen antibakteriellen Leitstrukturen zu werden«, bilanzieren die Autoren ihre Arbeit (Liu et al. 2023, S. e7).

Noch ist keines der neu entdeckten Medikamente – weder Halicin noch Abaucin – klinisch verfügbar, denn die Zulassung eines neuen Medikaments kostet nicht nur sehr viel Geld, sondern auch viel Zeit. Aber im Hinblick auf die weltweite Krise der klinischen Anwendung von Antibiotika gibt es nun immerhin Licht am Ende des Resistenz-Tunnels.[12]

Fazit

Künstliche Intelligenz hat den Menschen erstmals und weltweit deutlich sichtbar geistig übertrumpft. Unser kursorischer Blick auf die Entwicklung von KI in der wissenschaftlichen Welt, diesseits von *ChatGPT* und Co., zeigt erstaunliche Ergebnisse: Die Fähigkeiten zum Lernen, zur darauf basierenden Intuition, bei rasender Geschwindigkeit des Erkenntnisfortschritts (eine Million Mal schneller in drei Jahren) und der Möglichkeit, den Suchraum möglicher Lösungen eines Problems um mehr als den Faktor eine Million zu verkleinern (was dann innerhalb von Tagen zu tatsächlichen neuen Lösungen führt, wo zuvor über Jahrzehnte nichts gefunden worden war), sind nur einige der bemerkenswerten Aspekte von künstlicher Intelligenz.

Selbst Fälle wie die medizinische Diagnose von Hautkrebs, bei der KI »nur« den Menschen gleichwertig ersetzt, zeigen ihre Bedeutung erstens in der einfacheren Handhabung und zweitens durch die Reduktion der von Experten zu leistenden Arbeit. All dies war bereits Wirklichkeit, als *ChatGPT* auf den Markt kam …

3

DIE ERSTEN INFORMATIKER BAUEN DIE ERSTEN RECHNER

Der Philosoph und Mathematiker Gottfried Wilhelm Leibniz machte sich buchstäblich über alles – über »Gott und die Welt«, wie man gerne sagt – Gedanken und gilt allgemein als *der* deutsche Universalgelehrte (Abb. 3.1). Bekannt ist Leibniz in Mathematik und Physik dafür, dass er (etwa zeitgleich mit und unabhängig von dem Briten *Isaac Newton*) die Integralrechnung erfand. Weniger bekannt ist dagegen, dass er die Prinzipien der Logik und Informatik, den Gedanken logischer Sprachen und das binäre Zahlensystem (das nur mit den beiden Zahlen 0 und 1 auskommt) und dessen Vorteile für maschinelles Rechnen entdeckte bzw. erfand. Kaum bekannt ist, dass er die erste mechanische digitale Rechenmaschine erfand und in fünf Versionen baute.

Als Achtjähriger brachte Leibniz in der recht großen Bibliothek seines zu diesem Zeitpunkt bereits zwei Jahre verstorbenen Vaters sich selbst die lateinische und griechische Sprache bei und konnte

Abb. 3.1: Gottfried Wilhelm Leibniz (1646–1716), der erste Informatiker.

daher schon als Kind viele wichtige Quellen im Original lesen. Als Zwölfjähriger begann er mit der Entwicklung einer mathematischen Sprache und mit 15 immatrikulierte er sich an der Leipziger Universität für das Fach Philosophie. Zwei Jahre später wechselte er an die Universität von Jena und studierte dort Mathematik. Noch im Alter von 19 Jahren veröffentlichte er sein erstes mathematisches Buch mit dem Titel *Über die Kunst der Kombinatorik*, mit dessen erstem Teil *Disputatio arithmetica de complexionibus* er im März 1666 in Philosophie promoviert wurde. Kurze Zeit später ließ sich Leibniz zum Doktor der Jurisprudenz an der Universität Altdorf bei Nürnberg promovieren und hatte damit zwei Doktortitel im Alter von 20 Jahren.

Integralrechnung, ideale Sprache und binäres Zahlensystem

Wer in Deutschland sein Abitur gemacht hat, der hat sich schon viel mit Leibniz beschäftigt, ohne es zu wissen. Denn die Infinitesimalrechnung (Integrieren und Differenzieren), die man in der Oberstufe kennenlernt, geht auf Leibniz zurück. Er erfand sie und ihre noch heute übliche Notation mit Integralzeichen (einem lang gestreckten »S« für »Summe«) und Differenzialquotienten »dy/dx« vor 350 Jahren während eines Aufenthalts in Paris in den Jahren 1672 bis 1676. Bekanntermaßen geht es beim Integrieren darum, unendliche Folgen von Zahlen aufzusummieren. Wenn das Ergebnis sich einem bestimmten Wert, dem »Grenzwert«, immer weiter nähert, spricht man von einer konvergenten Reihe. Leibniz fand zunächst ein Kriterium zur Konvergenz alternierender Reihen, das bis heute »Leibniz-Kriterium« genannt wird und beispielsweise für die folgende Reihe gilt, die den Grenzwert $\pi/4$ hat.

$$1-1/3+1/5-1/7+1/9\ldots$$

Neben der Infinitesimalrechnung beschäftigte sich Leibniz mit Fragen der Sprache und der Logik. Für ihn bestand ein grundlegender Fehler unserer Sprache darin, dass sie zu Widersprüchen und Falschheiten führen kann, also ständig Fehler zulässt. Dadurch entstünden aus seiner Sicht immer wieder Verständigungsprobleme, die letztlich Konflikte verursachen. Zur Lösung dieser Konflikte sei es notwendig, die Sprache zu klären bzw. prinzipiell neu zu denken. Wäre erst einmal eine ideale Sprache gefunden, die alle Begriffe der Wissenschaft (begründet auf mathematischen Beziehungen) enthält und mit der sich alle Menschen verständigen könnten, ließen sich Konflikte leicht lösen. Mittels einer solchen Sprache würden »zwei Philosophen, die in einen Streit geraten, nicht anders argumentieren als zwei Rechenmeister. Es genügt, dass sie eine Feder in die Hand nehmen, sich vor ein Täfelchen setzen und zueinander sagen: ›Lasst uns rechnen!‹« (Leibniz 1690, S. 200).

Weil also für den Mathematiker Leibniz Denken eigentlich nichts anderes als Rechnen war, versuchte der Philosoph Leibniz, eine logische Sprache zu entwickeln (sogenannte mathesis universalis), die mit Symbolen und geklärten Begriffen operiert. Diese Idee einer Universalmathematik war bereits vom französischen Philosophen, Mathematiker und Naturwissenschaftler René Descartes (1596–1650) entwickelt worden. Wenn man eine solche Sprache hätte, dann ließen sich in ihr alle Wahrheiten klar ausdrücken und vor allem auch mit allem anderen durch Deduktion[1] in Beziehung bringen. Letztlich läuft diese Idee auf eine formalisierte Wissenschaftssprache hinaus, die aufgrund ihrer Struktur bereits die Wahrheit einer Aussage garantiert, sofern ihre Teile (die Begriffe und die logischen bzw. mathematischen Operationen) wahr sind.

Seit dem »Unbeweisbarkeitsbeweis« des Mathematikers Kurt Gödel (1906–1978) wissen wir jedoch erstens, dass eine solche Sprache nicht möglich ist, und seit den »Logischen Untersuchungen« des österreichischen Philosophen Ludwig Wittgenstein (1898–1951) setzte sich zweitens die Einsicht durch, dass natürliche Sprache prinzipiell nicht systematisierbar ist. Entsprechend gilt dieses Projekt – das

Denken vollständig als Rechnen zu beschreiben – heute als nicht durchführbar.

Ein für die Computertechnik sehr bedeutsamer Beitrag von Leibniz ist das duale Zahlensystem. Auf die Idee, dass man nicht mehr braucht als die Ziffern 0 und 1, um alle Zahlen darstellen zu können, muss man erst einmal kommen! Wir sind das 10er-System so sehr gewohnt, dass uns andere Zahlensysteme zunächst sehr eigenartig vorkommen. Im Zweiersystem wird (von 1 bis 13) wie folgt gezählt: 1 – 10 – 11 – 100 – 101 – 110 – 111 – 1000 – 1001 – 1010 – 1011 – 1100 – 1101. Anstatt Einer, Zehner, Hunderter und Tausender etc. (wie im 10er-System) gibt es im 2er-System Einer, Zweier, Vierer, Achter etc. Das macht die Zahlen zwar relativ lang, hat aber ansonsten beim Rechnen sehr viele Vorteile, die besonders dann zum Tragen kommen, wenn eine Maschine rechnet. Zudem war bereits Leibniz klar, dass sich mittels des binären Zahlencodes die Prinzipien der Arithmetik mit den Prinzipien der Logik verknüpfen lassen (siehe *De progressione Dyadica*, 1679; *Explication de l'Arithmetique Binaire*, 1703).

Die Rechenmaschine

Wir haben am Ende der Grundschule gelernt, mit welchen Algorithmen man auch großen Zahlen zu Leibe rücken kann, um sie zu multiplizieren oder zu dividieren – man sprach allerdings nicht von Algorithmen, sondern vom »schriftlichen« Multiplizieren und Dividieren (und tatsächlich wurde in Bayern ein etwas anderes Verfahren gelehrt und gelernt als im Rest der Republik). Wirklich Freude machte das mechanische Abarbeiten dieser Rechenvorschriften allerdings niemandem – und das war offensichtlich seit Jahrhunderten so.

Im Jahr 1673 erfand Leibniz die Staffelwalze, einen Zylinder mit einer Reihe von Zähnen mit schrittweiser Länge, der bis vor 50 Jahren als Rechenwerk in mechanischen Rechenmaschinen verwendet wurde. Auf dieser Grundlage baute Leibniz die weltweit erste Rechenmaschine für alle vier Grundrechenarten.

Leibniz vollbrachte all dies, wie so vieles andere auch, gleichsam nebenbei, weil er »eigentlich« immer gerade etwas anderes zu tun hatte. Aber im Jahr 1694 war der erste – wie wir heute sagen würden – Prototyp seiner Rechenmaschine fertig. Die feinmechanischen Probleme beim Bau dieser Maschine waren jedoch vor gut 300 Jahren so groß, dass man bis heute daran zweifelt, ob zu Leibnizens Lebzeiten jemals eine über längere Zeit fehlerfrei arbeitende Maschine existierte. Letztlich wurde dies erst in den letzten Jahrzehnten möglich durch die Rekonstruktion der Maschine mit den heutigen feinmechanischen Möglichkeiten nach Leibnizens Konstruktionsplänen durch Nikolaus Joachim Lehmann (Dresden, 1990), Klaus Badur und Wolfgang Rottstedt (Garbsen bei Hannover, 2004), sowie Franz Otto Kopp und Erwin Stein (Hannover, 2006), wie man einer im Jahr 2014 er-

Abb. 3.2: Die von Leibniz bzw. den für ihn arbeitenden Mechanikern um das Jahr 1690 gebaute Rechenmaschine, die heute im Museum Schloss Herrenhausen in Hannover ausgestellt ist. Leibniz führte seine Rechenmaschine vor der Royal Society in London vor und wurde auswärtiges Mitglied dieser berühmten Gelehrtengesellschaft. Seit 1675 war er auch Mitglied der Académie des Sciences in Paris.

schienenen sehr gründlichen Publikation entnehmen kann (Morar, 2014). Wie diese Nachbauten zeigten, funktionierte die Maschine tatsächlich gut. So schreiben Badur und Rottstedt (2006, S. 16): »Die Rechnung 12405897 × 96878532 = 1201865089503204 rechnet die Maschine problemlos ohne manuellen Eingriff. Unsere mechanische Rechenmaschine von Triumphator (Baujahr 1958) meldet bereits nach 13 Stellen im Ergebnis mit einem Klingelzeichen ›Überlauf‹, und unser bester Taschenrechner zeigt als Ergebnis 120186509 Exp 15.« Beide mehr als ein Vierteljahrtausend jüngeren Rechenmaschinen rechneten also nicht so genau wie die von Leibniz!

Konrad Zuse: Von der Rechenmaschine zum Computer

Obwohl die Wörter »Rechenmaschine« und »Computer« häufig in gleicher Bedeutung verwendet werden (das englische Verb »to compute« bedeutet auf Deutsch »rechnen«), ist ein Computer nach heutigem Verständnis und Wortgebrauch weit mehr als eine Rechenmaschine. Er funktioniert programmgesteuert und ist vor allem frei

Abb. 3.3: Konrad Zuse.

programmierbar. Das bedeutet, dass man ihn prinzipiell für die Bearbeitung einer Vielzahl von Aufgaben und Problemen verwenden kann. Wenn auch der Computer im tiefsten Inneren »nur« rechnet – und zwar binär, also nur mit Nullen und Einsen, so sorgt eine Reihe von zusätzlichen Teilen und Prozessen für das Ausführen einer viel größeren Zahl von Funktionen als nur wenigen Rechenarten.

Der weltweit erste vollautomatische, programmgesteuerte und frei programmierbare Computer wurde vom deutschen Computer-Pionier der 1930er- und 1940er-Jahre, dem Ingenieur, Erfinder und Unternehmer Konrad Ernst Otto Zuse (1910–1995) gebaut – im Wohnzimmer seiner Eltern. Dessen erster, aus Holz und Metall gefertigter Rechner – genannt *Z1*[2] – arbeitete mit binären Zahlen und besaß bereits eine Ein-/Ausgabeeinheit, ein Rechenwerk, einen Speicher und einen Lochstreifenleser, der die auszuführenden Programme von gelochten Kinofilmstreifen ablas. Er funktionierte nach dem Staffelwalzen-Prinzip, die Walzen wurden jedoch elektrisch angetrieben (und nicht wie bei Leibniz von Hand).

Schon als 14-Jähriger hatte Zuse (Abb. 3.3) an Maschinen getüftelt. Mit einem Metallbaukasten baute er einen Kohlenverladekran, wofür er eine Ehrenurkunde der Metallbaukasten-Firma *Stabil* erhielt. Mit 17 Jahren machte er sein Abitur und studierte zunächst Maschinenbau an der Technischen Hochschule Berlin-Charlottenburg (heute Technische Universität Berlin), wechselte dann aber zur Architektur und schließlich zum Bauingenieurwesen. Zwischendurch arbeitete der künstlerisch begabte und interessierte junge Zuse fast ein Jahr lang als Reklamezeichner, weil er diesen Beruf ergreifen wollte. Da die Wirtschaft in dieser Zeit nicht sehr gut ging, ließ er diesen Plan wieder fallen, nahm sein Ingenieurstudium wieder auf und schloss es 1935 mit dem Diplom ab (Zuse 1970/2010).

Das Prinzip seiner ersten Maschine übernahm Zuse dann für die *Z2*, die er erstmals mit Relais ausstattete, die elektrisch und damit viel schneller funktionierten als mechanische Schalter. Die Z2 funktionierte nie sicher, was einen einfachen Grund hatte: Er hatte alte Telefonrelais benutzt und sie teilweise falsch herum (Ruhekontakte wurden zu Arbeitskontakten) verschalten müssen, wozu er in seiner Autobiografie lapidar schreibt: »Das konnte nicht gutgehen« (Zuse 1970/2010, S. 55). Die *Z3* bestand aus 600 Relais im Rechenwerk und 1400 Relais im Speicherwerk, hatte eine Speicherkapazität von 64 Worten von je 22 Bit Länge (ergibt einen Speicherplatz von 176 Byte), wog etwa eine Tonne, verbrauchte etwa 4000 Watt Leistung an Elektrizität, kostete etwa 50 000 Reichsmark (Zuse 2010) und war »das erste Gerät, das wirklich voll funktionsfähig alle wichtigen Elemente einer programmgesteuerten Rechenmaschine für wissenschaftliche Zwecke nach dem Stand der Technik enthielt« (Zuse 1970/2010, S. 55). Zugleich schrieb Zuse aber auch: »Das Gerät wurde zum größten Teil aus Altmaterial gebaut« (S. 55).

Zuse konnte Menschen für seine Ideen begeistern, weil er selbst von diesen begeistert war und Tag und Nacht arbeitete. Seine Eltern, seine Schwester und seine Freunde halfen ihm – mit Tatkraft und

Abb. 3.4: Die Z3 von Konrad Zuse war der erste funktionsfähige Digitalrechner der Welt, als sie 1941 vorgestellt wurde.

Geld, und das mussten sie auch, denn Zuse bewerkstelligte als Einzelner und als Autodidakt Unglaubliches: Er brachte sich die Grundlagen der Logik bei, entdeckte die Boolesche Algebra für sich neu und auch die Umsetzbarkeit logischer Operatoren in einfache Verschaltungen, erfand die erste Programmiersprache (die er »Plankalkül« nannte), organisierte Geldgeber und gründete hierzu im Jahr 1941 seine erste Firma. Man kann davon ausgehen, dass ihm die damit zusammenhängende Bürokratie eher lästig gewesen sein und viel Zeit verbraucht haben dürfte.

Der Von-Neumann-Computer

John von Neumann war sicherlich einer der schlauesten Menschen des vergangenen Jahrhunderts. Er wird vom US-amerikanischen Philosophen und Sachbuchautor Edward Regis in dessen Buch *Einstein, Gödel & Co.* wie folgt beschrieben (Regis 1989, S. 112): Er konnte im Alter von sechs Jahren »im Kopf zwei achtstellige Zahlen dividieren und mit seinem Vater auf Altgriechisch scherzen. Zwei Jahre später beherrschte er die Infinitesimalrechnung und bewies sein fotografisches Gedächtnis, indem er eine Seite aus dem Budapester Telefonbuch vorlas und dann mit geschlossenen Augen Namen, Adressen und Telefonnummern wiederholte.« Als seine Mutter einmal beim Nähen für einen Moment aufschaute und ins Leere blickte, fragte der Sohn: »Mutter, was rechnest du?« Ganz offensichtlich hatte der Junge noch nicht den schottischen Philosophen David Hume (1711–1776) gelesen, der schon vor langer Zeit geschrieben hatte: »Sometimes I sit and think, and sometimes I only sit.«[3] Dass man einfach nur sitzen konnte, ohne zu denken, war dem jungen Neumann offensichtlich nicht gegenwärtig.

John von Neumann studierte von 1921 bis 1923 Chemieingenieurwesen, zunächst in Berlin (wo er auch Physik bei Albert Einstein hörte) und dann bis zu seinem Diplom 1926 an der ETH Zürich. Zugleich war er an der Universität Budapest eingeschrieben, erledigte

Abb. 3.5: John von Neumann (1903–1957) im Alter von etwa 40 Jahren.

dort aber nur die Prüfungen und promovierte in Mathematik. Danach ging er zum Wintersemester 1926/27 nach Göttingen, um sich bei David Hilbert und Max Born weiter mit Mathematik zu beschäftigen. Bereits 1927 habilitierte er sich dort mit Arbeiten zur Quantenmechanik, in denen er Gedanken von Werner Heisenberg und Erwin Schrödinger im Rückgriff auf die Mathematik von Hilbert weiterentwickelte. Von 1928 bis 1933 war er damals der jüngste Privatdozent für Mathematik in Berlin. Durch seine Arbeiten wurde von Neumann international bekannt und im Jahr 1929 nach Princeton an das gerade in Gründung befindliche *Institute of Advanced Studies (IAS)* eingeladen und wechselte in den folgenden Jahren mehrfach zwischen Princeton und Deutschland. Ab 1933 blieb er dauerhaft in Princeton (als Professor für Mathematik), zusammen mit seinem dort schon arbeitenden älteren Kollegen Albert Einstein, der wie auch von Neumann wegen des deutschen NS-Regimes in die USA emigriert war.

Das *IAS* in Princeton war eine ganz besondere Einrichtung: Wer dort angestellt war, brauchte sich um nichts zu kümmern und brauchte auch nichts zu tun. In diesem Institut gab es keine Laboratorien, keine Teilchenbeschleuniger oder andere Maschinen, die Daten lieferten. Es sollte dort gedacht werden und nichts weiter. Nur die Schlauesten unter den Schlauen – Einstein war der erste – bekamen dort einen Job auf Lebenszeit, um ungestört über alles, was sie für interessant hielten, nachdenken zu können. John von Neumann kam kurze Zeit nach Einstein an das Institut. Während des Zweiten Weltkriegs und in den Jahren danach arbeitete er auch an der Berechnung der Bahnen von Geschossen und Raketen. Schließlich war er in vielen Gremien Berater der US-Regierung und ab 1943 auch im Rahmen des *Manhattan Projekts* an der Konstruktion der Atombombe und später der Wasserstoffbombe beteiligt – einschließlich der Entwicklung der Strategie der Verhinderung von Krieg durch gegenseitige Abschreckung im Rahmen der von ihm und dem Wirtschaftswissenschaftler Oskar Morgenstern entwickelten »Spieltheorie«. Von Neumann dachte offenbar nicht nur genau und sehr klar, sondern zugleich auch allgemein genug, um das große Ganze nicht aus dem Auge zu verlieren.

Ab dem Jahr 1945 begann von Neumann am *IAS* mit dem Bau eines Computers, was ihm am Institut nicht nur Freunde einbrachte. Seine Kollegen wollten in Ruhe denken und nicht von ratternden Maschinen gestört werden. Denn zu dieser Zeit waren Computer noch mechanische Geräte, deren bewegliche Teile (Relais, also elektrisch betriebene Schalter) Geräusche und (in der Summe Tausender Relais) schlichtweg Lärm verursachten. Weil elektronische Röhren etwa 1000-fach schnellere Schaltzeiten haben, setzte von Neumann diese damals noch unreife Technologie ein.

Er hatte enge Kontakte zu Wissenschaftlern der University of Pennsylvania, die seit 1942 den ersten rein elektronischen Universalrechner mit dem Namen ENIAC (Abkürzung für *Electronic Numerical Integrator and Computer*) bauten (Abb. 3.6). Aus heutiger Sicht war dies ein Ungetüm aus 17468 Elektronenröhren und 7200 Dioden, das 27 Tonnen wog, 150 Kilowatt elektrischer Leistung verbrauchte und auf einer Fläche von 170 Quadratmetern aufgebaut war. Da ständig einzelne Röhren ausfielen, war der Rechner unzuverlässig. Seine Rechenleistung von 5000 Rechenoperationen pro Sekunde galt damals als bahnbrechend, nimmt sich jedoch im Vergleich zu einem aktuellen Smartphone mit über 30 Milliarden Rechenopera-

Abb. 3.6: Aus den Jahren 1945 bis 1947 stammendes Foto des ENIAC und der beiden Programmiererinnen Jean Jennings und Frances Bilas Spencer.

tionen pro Sekunde eher bescheiden aus. Nicht nur die Rechenleistung war langsam, denn programmiert wurde der Rechner dadurch, dass einzelne Komponenten mit Kabeln verbunden und die gewünschten Operationen auf Drehschaltern eingestellt wurden. Dafür waren Frauen zuständig, die damals sogenannten ENIAC-Frauen (im Englischen *ENIAC girls*), deren wesentliche Rolle für den laufenden Betrieb des Computers erst in jüngster Zeit gewürdigt wurde.

Im Gegensatz zu den von Konrad Zuse gebauten Rechnern Z1 und Z3 arbeitete der ENIAC nicht mit dem binären Zahlencode, konnte keine Lochstreifen einlesen und hatte keinen Befehlsspeicher, weshalb er im Jahr 1948 durch von Neumann umgebaut wurde und einen Befehlsspeicher erhielt. Dies verlangsamte zwar die Rechengeschwindigkeit, beschleunigte aber das Programmieren, sodass insgesamt ein Zeitgewinn resultierte.

Von Neumanns Rechner, von dem informell als *IAS-Rechner* oder *Princeton-Maschine*, gesprochen wurde, hatte den offiziellen Namen MANIAC-0 *(Mathematical and Numerical Integrator and Computer)* und wurde im Sommer 1952 in Betrieb genommen, nachdem mit ihm schon im Sommer 1951 Berechnungen thermonuklearer Prozesse für die Entwicklung der Wasserstoffbombe (die erstmals 1952 gezündet wurde) durchgeführt worden waren. Er funktionierte mit binärem Zahlencode, implementierte die Von-Neumann-Architektur (Abb. 3.7), und sein Arbeitsspeicher für Befehle und Daten erlaubte die Programmierung von Schleifen und ermöglichte daher eine große Vielseitigkeit und hohe Flexibilität. Wie schon der erste von Leib-

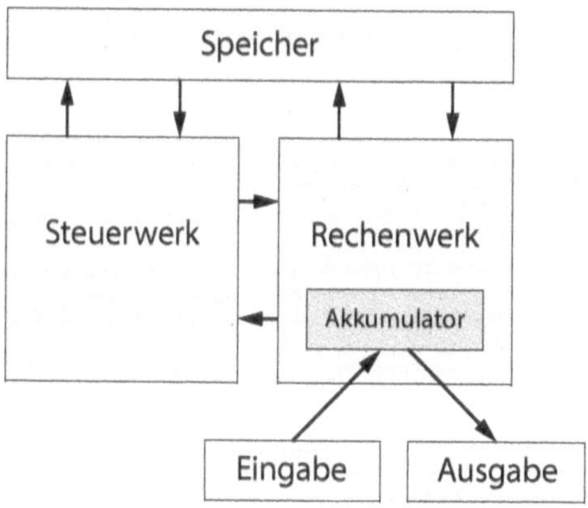

Abb. 3.7: Nach der Von-Neumann-Architektur sind noch heute nahezu alle Computer aufgebaut. Daher werden sie auch als Von-Neumann-Rechner bezeichnet. Der prinzipielle Aufbau wurde durch von Neumann im Jahr 1945 erstmals beschrieben und umfasst auch die binäre Kodierung von Daten und Programm sowie deren Speicherung im selben Speicher. Das Programm selbst kann somit im laufenden Rechenvorgang verändert werden und durch bedingte Sprungbefehle von der festgelegten Reihenfolge der gespeicherten Anweisungen abweichen.

niz gebaute Rechner, so wurden auch die ersten elektronischen Computer zur Berechnung von Tabellen für militärische Geschosse und deren Flugbahnen verwendet.

Fazit

Die ersten Informatiker – Leibniz, Zuse und von Neumann – bauten auch die ersten Rechenmaschinen. Alle drei mussten nicht nur unglaublich viele Probleme der Konstruktion zum ersten Mal lösen, sondern auch grundlegende Probleme der Informatik. Leibniz erfand das binäre System (und Zuse dann für sich noch einmal, weil er Leibniz nicht kannte). Zuse erfand mit dem Plankalkül die erste höherstufige Programmiersprache. Von Neumann erfand den allgemeinen Aufbau der Computer, wie wir ihn heute noch benutzen.

Im Gegensatz zu Leibniz und Zuse hatte es von Neumann insofern besser, als er kein Einzelkämpfer war. Er hatte nicht nur geniale Kollegen an seinem Institut und anderswo, sondern konnte auch auf einen ganzen Stab von Ingenieuren zurückgreifen. Im Gegensatz zu Zuse, der ihm zeitlich voraus war, hatte von Neumann immer genug Geld, brauchte keine Firma zu gründen und baute seinen Rechner auch nicht mit »Altmaterial aus dem Krieg«. Zu von Neumanns Leistungen gehört auch, dass er seine Ideen nicht patentierte, sondern für alle Interessierten frei zugänglich machte und damit die Entwicklung der damals erst aufkeimenden Computerindustrie in den USA wesentlich beschleunigte. Ohne ihn und seine geniale Weitsicht hätten wir möglicherweise bis heute keine KI.

4

GEHIRNCOMPUTER

Vor etwa 50 Jahren war die KI-Welt noch in Ordnung. Es gab Computer, die hatten künstliche Intelligenz. Und es gab Menschen, die Gehirne hatten, aufgrund derer sie Intelligenz besaßen – natürliche bzw. biologische Intelligenz. Beides war sehr verschieden: Einerseits konnte selbst der billigste damalige Taschenrechner schon so schnell mit sechsstelligen Zahlen rechnen, dass solche Rechnungen nur wegen des langsamen Eintippens überhaupt Zeit brauchten. Andererseits war selbst für die leistungsfähigsten Rechner damals eine nicht zu schaffende Herausforderung, was jeder Dreijährige kann: die Großmutter erkennen, wenn sie zur Tür hereinkommt, sie begrüßen und mit ihr ein Schwätzchen halten. Künstliche und menschliche Intelligenz konnten unterschiedlicher nicht sein!

Nur wenige Menschen machten sich damals darüber Gedanken, warum das so war: Computer waren Metallkästen mit viel Technik drin: Silizium-Chips, Drähte, Platinen, Speicherplattenlaufwerke und Ventilatoren zur Kühlung, um nur einige Bauteile zu nennen. Gegenüber Menschen aus Fleisch und Blut waren Computer damals in so ziemlich jeder Hinsicht sehr anders. Kein Wunder, dass sich die Frage nach dem Unterschied von Computer und Gehirn niemand stellte, denn er konnte ganz offensichtlich gar nicht größer sein.

Der erste Neuroinformatiker

Über das Gehirn wusste Leibniz aus heutiger Sicht kaum mehr, als dass es sich im Kopf befindet. Vor allem die Feinstruktur – Neuronen und Synapsen – war noch völlig unbekannt. Angesichts dessen sind Leibnizens Bemerkungen über die Funktionsweise des Gehirns umso erstaunlicher. Wie bereits im letzten Kapitel angesprochen, entwickelte er die Integralrechnung, bei der unendlich viel unendlich Kleines addiert wird und man – dennoch, möchte man sagen – ein klares Ergebnis erzielt, wie beispielsweise: »Die Fläche unter der Kurve zwischen x=3,5 und x=8,9 beträgt 29,7 cm^2.« Das ist bemerkenswert und war für ihn offenbar der Schlüssel zu einem tieferen Verständnis geistiger Funktionen.

Zunächst erfand Leibniz einen Terminus technicus für kleinste, von der betreffenden Person nicht bemerkte innerseelische Prozesse, die in ihrer Summe dann das psychische Geschehen ausmachen: Er sprach von »kleinen Perzeptionen«, die einerseits unbemerkt sind, aber andererseits Wirkungen haben. Vor über 300 Jahren publizierte er die Schrift »Neue Abhandlungen über den menschlichen Verstand«, in der er sich aus heutiger Sicht bereits Gedanken über unbemerkt im Gehirn ablaufende Prozesse machte – 200 Jahre vor Sigmund Freud: »So gibt es auch wenig hervorstechende Perzeptionen, die sich nicht deutlich genug abheben, um bemerkt und in der Erinnerung wieder hervorgerufen zu werden, die sich aber in bestimmten Folgen erkennbar machen« (S. 86). »Alle Eindrücke haben ihre Wirkung, aber nicht alle Wirkungen sind immer bemerkbar« (S. 90). »Solche kleinen Perzeptionen sind also von größerer Wirksamkeit, als man denken mag« (S. 11). »[...] wenn ich noch hinzufüge, dass diese kleinen Perzeptionen es sind, die uns bei vielen Vorfällen, ohne dass man daran denkt, bestimmen« (S. 12). »Mit einem Wort, der Glaube, dass es in der Seele keine anderen Perzeptionen gibt, als die, die sie gewahr wird, ist eine große Quelle von Irrtümern« (S. 92).

Offenbar übertrug Leibniz den Grundgedanken der von ihm entwickelten Integralrechnung auf geistige Funktionen: Auch winzig Kleines hat in der Summe einen Effekt. Leibniz stellte nicht nur fest, dass im Gehirn eine Menge geschieht, von dem wir einerseits nichts mitbekommen, das andererseits aber deutliche Wirkungen hat, er dachte das Ganze auch weiter und zu Ende: Die Summe vieler kleiner Effekte wird durchaus bemerkt, und die Summe all dieser Summen ist letztlich das, was uns ausmacht: unsere individuelle, einzigartige Person. Leibniz entdeckte damit auf einen Streich unbewusste Prozesse, die Natur des Lernens und die Natur unserer Individualität, ohne das Gehirn auch nur im Geringsten zu kennen. Er war der erste Neuroinformatiker!

Der zweite Neuroinformatiker

Kein anderer als der Erfinder der noch heute gebräuchlichen Computerarchitektur, John von Neumann, machte sich schon vor 80 Jahren Gedanken über Gemeinsamkeiten und Unterschiede von Gehirn und Computer. Zusammen mit Norbert Wiener organisierte er Anfang 1944 in Princeton dazu ein interdisziplinäres Treffen mit Ingenieuren, Neurowissenschaftlern und Mathematikern (Rid 2016). Kurz vor seinem Tod im Jahr 1957 schrieb er ein kleines Büchlein mit dem Titel *The Computer and the Brain*, das im Jahr 1960 unter dem Titel *Die Rechenmaschine und das Gehirn* auch auf Deutsch erschien.

Computer arbeiten Programme ab. Hierbei handelt es sich um *Algorithmen*, eindeutige Handlungsvorschriften zur Lösung eines Problems oder einer ganzen Klasse von Problemen. Algorithmen bestehen aus endlich vielen, wohldefinierten Einzelschritten. Diese Schritte können in natürlicher Sprache formuliert werden, wie das beispielsweise bei Kochrezepten, Montageanleitungen, Gesetzen oder Rechenvorschriften der Fall ist. Mithilfe von Programmiersprachen wird aus einem Algorithmus ein Computerprogramm, das der Computer schrittweise abarbeiten kann. Solche Programme können aus einigen Zeilen oder einigen Millionen Zeilen bestehen. Programmierer, die mit der Programmiersprache, in der ein Programm geschrieben ist, vertraut sind, können ein Programm lesen und nachvollziehen, was es macht – zumindest prinzipiell. Sehr große Programme können daher aus Unterprogrammen bestehen. Oft werden auch schon vorhandene Programme verwendet, um ein neues Programm gleichsam zusammenzubauen.

In Computern laufen die Prozesse der Verarbeitung und der Speicherung von Informationen getrennt voneinander ab. Ein Rechenmodul, auch *Central Processing Unit (CPU)* genannt, verarbeitet Informationen, und ein Speichermodul (entweder eine Festplatte oder ein Chip) speichert Informationen. Im Gehirn dagegen gibt es die räumliche Trennung von Verarbeitung und Speicherung von Informationen nicht. Vielmehr gibt es im Gehirn Nervenzellen, von denen jede einzelne über etwa 10 000 Kontaktstellen, die Synapsen, von anderen Nervenzellen elektrische Impulse erhält. Die Zelle gewichtet und integriert diese Impulse und sendet, wenn die eingehenden Impulse sie stark genug anregen, selbst über eine Faser, das Axon, einen Ausgangsimpuls (genannt Aktionspotenzial), der über Verzweigungen wiederum viele andere Nervenzellen erreichen kann.

So betrachtet, arbeiten Nervenzellen digital: Ein Ausgangsimpuls ist entweder da oder nicht da, und eine Nervenzelle sendet entweder gerade einen solchen Impuls aus (man sagt, sie »feuert«) oder nicht (sie »ist in Ruhe«). Im Hinblick auf die Verarbeitungsgeschwindigkeit sind Nervenzellen bis auf wenige Ausnahmen im Bereich des Hörens sehr langsam, bringen es doch die schnellsten Neuronen in der Gehirnrinde auf etwa 300 Impulse in der Sekunde. Computer hingegen können Milliarden von Impulsen pro Sekunde verarbeiten. Die Langsamkeit gleicht das Gehirn durch die Anzahl der Verarbeitungseinheiten aus: während ein Computer nur eine CPU hat (oder mittlerweile bei modernen Tischrechnern oder Laptops 4, 12 oder mehrere Dutzend zusammenarbeitende CPUs aufweist) und selbst sehr große Computer in Rechenzentren »nur« einige Tausend CPUs aufweisen, gibt es im Gehirn Milliarden von Nervenzellen.

Im Gehirn sind nicht »alle Neuronen mit allen« verbunden, sondern »viele mit vielen«. Es besteht nach gegenwärtiger Auffassung aus wenigen Hundert Modulen, die bestimmte Leistungen vollbringen, wie beispielsweise das Erkennen von Farben, Bewegungen oder Gesichtern beim Sehen, das Erkennen von Tönen, Silben oder Wörtern beim Hören oder das Planen von Bewegungen, das Umsetzen einzelner Bewegungen und das Aktivieren einzelner Muskeln bei motorischer Aktivität. Für viele geistige Funktionen kennt man mittlerweile die beteiligten Module und hat für manche eine grobe Vorstellung, wie sie miteinander arbeiten, um eine bestimmte Leistung zu vollbringen. Hierbei spielen sie sich wechselseitig Informationen zu, wenn sie Informationen verarbeiten. Im Computer dagegen wird das Programm Schritt für Schritt – aber dafür mit Milliarden solcher Schritte pro Sekunde – abgearbeitet.

Computer und Gehirne verarbeiten Informationen, die in ihnen binär vorliegen: Ein Impuls ist da (1) oder nicht da (0). Damit hören die Gemeinsamkeiten aber auch schon auf. Im Gehirn arbeiten Milliarden langsamer Neuronen, im Computer wenige sehr schnelle CPUs. Gespeichert wird im Computer im Speichermodul. Und im Gehirn? Lange war das unklar.

Neuroplastizität

Die wichtigste Entdeckung im Bereich der Gehirnforschung bzw. Neurowissenschaft des vergangenen halben Jahrhunderts – aus meiner Sicht mit weitem Abstand – ist die der »synaptischen Plastizität«. Hiermit ist gemeint, dass die Verbindungsstellen von Neuronen, die Synapsen, unterschiedlich stark sein können und dass sich diese Stärke ändert, wenn zwei miteinander synaptisch verbundene Neuronen zugleich aktiv sind. »Neurons that fire together, wire together«, lautet die Aussage des kanadischen Psychologen Donald Hebb (1904–1985), die bereits im Jahr 1949 publiziert wurde: Neuronen, die zusammen feuern, verbinden sich miteinander. Synapsen sind winzig kleine Strukturen, und der Nachweis, dass sie sich ändern und wie dies im Einzelnen geschieht, war keineswegs einfach (und wurde mit einigen Nobelpreisen belohnt). Die synaptische Plastizität bewirkt eine verstärkte Übertragung des einlaufenden Nervenimpulses.

Das Gehirn ändert sich – strukturell (d. h. die Hardware betreffend) –, wann immer es benutzt wird (d. h. nach den durch das Gehirn verarbeiteten Daten). Anders gesagt: Verarbeitung und Speicherung von Information erfolgen durch die gleichen Strukturen und Prozesse. Nach der räumlichen Ausdehnung der betroffenen Strukturen unterscheidet man synaptische Plastizität und kortikale Plastizität. Bei der synaptischen Plastizität geht es darum, dass ein Nervenimpuls einen stärkeren Effekt am nachgeschalteten Neuron hat. Dies kann beispielsweise durch Langzeitpotenzierung geschehen, ein Mechanismus, der relativ kurzfristig für eine vermehrte Freisetzung von Neurotransmitter an der Synapse sorgt. Längerfristig können aber auch Wachstumsprozesse dazu führen, dass Synapsen ihre Form ändern und wachsen, wodurch die Kontaktfläche zwischen der eingehenden Faser und dem nächsten Neuron größer wird und die Übertragung eines Nervenimpulses entsprechend zunimmt. Schließlich können sogar neue Synapsen wachsen oder vorhandene Synapsen entfernt werden.

Unter kortikaler Plastizität versteht man Änderungen dessen, wofür Neuronen stehen (also was sie repräsentieren, wie man auch sagt). Solche Repräsentationen auf der Großhirnrinde (Kortex) haben nicht selten die Form von »Landkarten«, die aufgrund bestimmter Eigenschaften der neuronalen Architektur des Kortex automatisch nach den Kriterien von Häufigkeit und Ähnlichkeit entstehen: Häufige Signale bekommen mehr Platz, und ähnliche Signale kommen nebeneinander auf der Landkarte zu liegen. So liegen die Nervenzellen, die für Tastempfindungen unserer Körperoberfläche zuständig sind (d. h. »feuern«, wenn wir irgendwo berührt werden), auf einer Landkarte der Körperoberfläche in unserem Gehirn. Kommen von einem bestimmten Teil der Körperoberfläche viele Signale (wie beispielsweise von den Händen, den Lippen und der Zunge), dann bekommen diese Signale auf der Karte mehr Platz. Kommen dagegen von einem Bereich wenige Signale oder beispielsweise nach einer Amputation gar keine mehr, dann wird dieser Bereich der Landkarte kleiner. Bei Gitarren- und Geigenspielern hingegen kommen besonders viele Signale von den Fingern der linken Hand. Entsprechend haben sie dafür auf ihrer Tastlandkarte mehr Platz.

Die praktischen Konsequenzen dieser Erkenntnis, dass unser Gehirn seine Hardware (Nervenzellen und deren Verbindungen) dauernd der Software, d.h. unseren Erfahrungen, die auf ihr läuft, anpasst, um sie besser zu verarbeiten, haben bislang kaum Eingang in unser Selbstverständnis gefunden. Denn noch immer haben die wenigsten Menschen begriffen, dass es nicht egal ist, ob große Unternehmen den Input der noch besonders plastischen Gehirne junger Menschen für Zeiträume von bis zu zehn Stunden oder noch mehr bestimmen, denn diesen Unternehmen geht es weder um die Gesundheit noch um die Bildung der nächsten Generation, sondern um den eigenen Profit.

Neuronale Netzwerke

Im Folgenden wird die Arbeitsweise künstlicher neuronaler Netzwerke, also mittels Computern simulierter Neuronenverbünde, beschrieben. Das mag kompliziert klingen, die Prinzipien sind jedoch einfach, und es lohnt sich, sie einmal durchdacht zu haben. Nur dann wird man den Unterschied zwischen Computern und Algorithmen einerseits und dem Lernen in neuronalen Netzwerken andererseits wirklich verstehen. Dies wiederum ist die Voraussetzung für das Verständnis von KI und deren Eigenschaften bzw. Fähigkeiten.

Im Gehirn erreichen Signale anderer Neuronen eine Nervenzelle über das Axon, an dessen Ende sich chemische Verbindungsstellen befinden, die Synapsen. Im Gegensatz zu elektrischen Kabelverbindungen, die normalerweise immer gleich gut funktionieren, kann die Signalübertragung an einer Synapse gut oder weniger gut sein – beides ist für das Funktionieren von Nervensystemen wichtig. Von entscheidender Bedeutung ist, dass das von einem anderen Neuron kommende Signal mehr oder weniger stark über diese Verbindung übertragen wird, d.h., es wird gewichtet.

Solche biologischen Netzwerke lassen sich in einem Computer mathematisch simulieren. Der eingehende elektrische Impuls lässt sich durch eine Zahl beschreiben. Im einfachsten Fall betrachtet man die Verhältnisse statisch, also nur für einen Zeitpunkt. Das einlaufende Signal wird auch als Input bezeichnet, der zu dem Zeitpunkt 1 (Impuls kommt) oder 0 (Impuls kommt nicht) sein kann. Man kann auch die Anzahl der einlaufenden Aktionspotenziale pro Zeiteinheit als Input wählen und erhält dann als Input eine Zahl, die die Entladungsfrequenz des Inputneurons beschreibt. Die Stärke der synaptischen Übertragung kann mathematisch durch eine Zahl zwischen -1 und 1 symbolisiert werden, mit der der Input multipliziert wird. Der Input wird also durch die Synapsenverbindungsstärke gewichtet, weshalb man auch vom »Synapsengewicht« spricht.

Wenn Aktionspotenziale (Input) über die Axone zu den Synapsen auf einer Nervenzelle gelangen (die Werte x_1 und/oder x_2 also gleich 1 sind), kommt es in Abhängigkeit von der Stärke der synaptischen Übertragung (der Gewichte, engl.: weight, w_1 und w_2) an jeder einzelnen Synapse zu einer mehr oder weniger stark ausgeprägten Erregungsübertragung: Das Neuron summiert die ankommenden Signale. Wenn dieses eine bestimmte Schwelle überschreitet, »feuert« das Neuron, generiert also eine Serie eigener Aktionspotenziale, die dann wiederum zu anderen Nervenzellen weitergeleitet werden (Output). Dieser Vorgang entspricht mathematisch dem eines Vergleichs der aus den gewichteten Eingangssignalen gebildeten Summe mit einem festen Wert, der »Feuerschwelle« des Neurons. Ist die Summe kleiner als dieser Wert, ist der Output des Neurons 0 (Neuron bleibt in Ruhe), ist die Summe größer, ist sein Output 1 (Neuron feuert). In der Realität handelt es sich nicht um eine Schwelle, sondern um eine S-förmige Kurve (die Aktivierungsfunktion), die die Wahrscheinlichkeit des Aussendens eines Aktionspotenzials in Abhängigkeit von der Stärke des gewichteten Inputs beschreibt.

Ist das Synapsengewicht gleich 1, wird der Input vollständig im Sinne einer Aktivierung auf das nachgeschaltete Neuron übertragen; bei Werten zwischen 0 und 1 wird er entsprechend abgeschwächt. Ein Synapsengewicht von 0 symbolisiert gar keinen Effekt des Inputs auf das Neuron. Ein negatives Synapsengewicht entspricht einer Hemmung (das Eingangssignal wird mit einem negativen Wert multipliziert). In wirklichen (biologischen) Gehirnen wird dies durch ein hemmendes Interneuron bewerkstelligt.

Die einlaufenden, gewichteten Aktionspotenziale führen beim Neuron zu einer mehr oder weniger starken Erregung. Überschreitet die Erregung einen bestimmten Wert, dann sendet das Neuron seinerseits ein Aktionspotenzial aus. Mathematisch gesprochen bildet das Neuron die Summe der gewichteten Eingangssignale und vergleicht diese Summe mit einem Schwellenwert. Ist der gewichtete Input größer als der Schwellenwert, feuert das Neuron, ist er kleiner, geschieht nichts (Aktivierungsfunktion). Durch die Inputstärken, die Synapsengewichte an allen Synapsen, über die der Input das Neuron erreicht, und die Aktivierungsfunktion lässt sich die Funktion eines Neurons beschreiben.

Betrachten wir hierzu einen sehr einfachen Fall (siehe Abb. 4.1). Wir gehen von einem stark vereinfachten Modell der Netzhaut (Retina) in unserem Auge aus, das aus nur drei Sinneszellen besteht. Diese bilden in mathematischer Hinsicht die Inputneuronen des Netzwerks. Nehmen wir weiter an, dass in der Umgebung des Organismus drei unterschiedliche Muster vorkommen, auf die er jeweils anders reagieren muss. Beim Sehen dieser Muster werden die drei Muster (A, B und C) auf die Netzhaut projiziert. Dadurch werden die Sinneszellen entsprechend aktiviert und senden ein Aktionspotenzial aus oder nicht. Nehmen wir weiterhin an, dass die drei Outputneuronen drei mögliche Reaktionen des Organismus kodieren, z. B. (1) Wegspringen (Strecken der Beine), (2) Nichtstun/Verdauen (Sekretion von Magensaft) und (3) Auffressen (Bewegen der Kaumuskeln). Das Nervensystem muss in der Lage sein, eine Umsetzung der Eingangsmuster in Ausgangsmuster vorzunehmen. Wie kann dies geschehen?

In unserem sehr einfachen Fall bedeutet Mustererkennung: Wenn das linke Muster (A) auf die Netzhaut fällt, soll Outputneuron 1 aktiv sein, wenn Muster B auf die Retina fällt, Outputneuron 2 und entsprechend Outputneuron 3 bei Muster C. Solche Muster aus weißen und schwarzen Bildpunkten lassen sich mathematisch als Vek-

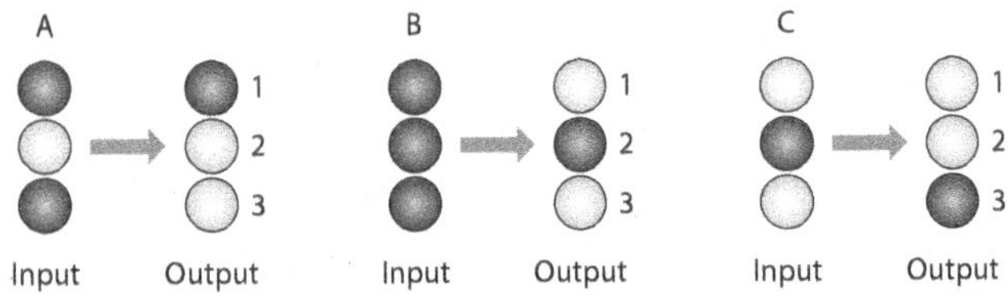

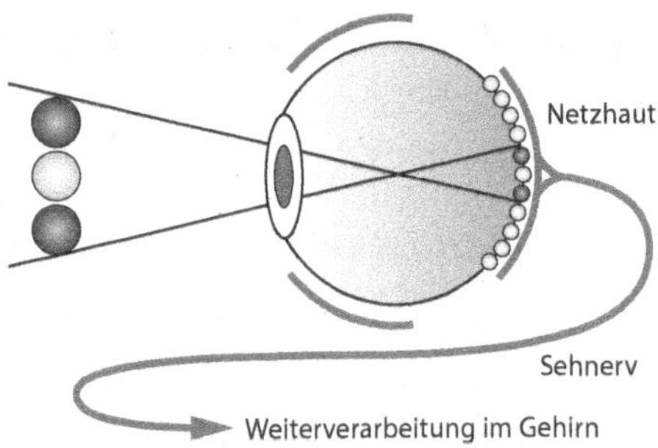

Abb. 4.1: Oben ist eine Musterzuordnung zwischen den Mustern A, B und C (in der Eingangsschicht) und der Aktivität der drei Neuronen 1, 2 und 3 (in der Ausgangsschicht) dargestellt, die ein neuronales Netzwerk leisten soll, um je nach Umweltreizen richtig zu reagieren. Unten ist schematisch dargestellt, wie ein Eingangsmuster auf der Netzhaut eines Auges vorliegt.

toren beschreiben, d.h. als geordnete Zahlenreihen. Schreibt man für Weiß eine Null und für Schwarz eine Eins, entspricht dem Inputmuster A der Vektor (1,0,1), dem Muster B der Vektor (1,1,1) und C der Vektor (0,1,0). Entsprechend lässt sich auch der Output als Vektor darstellen: links (1,0,0), in der Mitte (0,1,0) und rechts (0,0,1). Unten ist schematisch dargestellt, wie Inputmuster auf die Netzhaut des Auges fallen und von dort über den Sehnerv weitergeleitet werden.

Wie würde ein herkömmlicher, seriell arbeitender Computer dieses Problem lösen? Eine serielle Vorschrift zur Erkennung der Muster A, B und C würde z.B. wie folgt aussehen: »Gehe zum mittleren Inputneuron und stelle fest, ob es feuert oder nicht; feuert es nicht, so handelt es sich um Muster 1. Feuert es, so gehe zum oberen Inputneuron; feuert dies nicht, so handelt es sich um Muster 3; feuert es, liegt Muster 2 vor. Diese Vorschrift ist relativ einfach, wird jedoch mit jedem zusätzlichen Bildpunkt des Musters komplizierter. Buchstaben lassen sich durch 35 Bildpunkte recht gut darstellen, für Gesichter hingegen braucht man Tausende von Bildpunkten (Abb. 4.2).

Herkömmliche Computerprogramme für das Erkennen von Buchstaben oder von Gesichtern sind umso länger (und brauchen damit auch umso länger), je mehr Bildpunkte das Inputsignal enthält bzw. aus je mehr Zahlen der Inputvektor besteht. Die Netzhaut des menschlichen Auges sendet über etwa eine Million Nervenfasern, die als Sehnerv in das Gehirn ziehen, entsprechend eine Million Bildpunkte. Der Inputvektor (d. h. die Zahlen, die den Aktivierungszustand jedes Neurons der Inputschicht beschreiben) ist also zu jedem Zeitpunkt eine Reihe von einer Million Nullen und Einsen. Würde unser Gehirn demnach zur Erkennung dessen, was wir sehen, ein Computerprogramm verwenden, dann würde dies (gegeben die Langsamkeit unserer Nervenzellen) sehr viel Zeit benötigen, denn jedes Neuron würde nacheinander abgefragt. Daher war bei-

Abb. 4.2: Buchstaben können durch 5 × 7 = 35 Bildpunkte recht gut dargestellt werden (links). Gesichter dagegen (rechts) sind auch mit 50 × 70 = 3500 schwarzen oder weißen Bildpunkten zwar noch zu erkennen (J. F. Kennedy), werden aber meist deutlich höher aufgelöst.

spielsweise John von Neumann vollkommen klar, dass Gehirne definitiv *nicht* wie Computer funktionieren können. Zudem sind serielle Algorithmen sehr fehleranfällig: Wird an einer Stelle falsch entschieden, so endet die Prozedur beim falschen Output, was für den Organismus (wenn er ein Krokodil für eine Fliege hält) fatale Folgen haben könnte. Biologische neuronale Netzwerke meistern aber solche Mustererkennungsleistungen in sehr kurzer Zeit und auf sehr robuste Weise.

Um dies zu verstehen, muss ich Ihnen ein klein wenig Rechnerei zumuten. Keine Angst, es ist gar nicht schwer, die Mathematik der vierten Klasse ist völlig ausreichend. Bitte rechnen Sie im Kopf selbst mit. Bei unserem oben beschriebenen »Spielzeugnetzwerk« mit je drei Neuronen in der Input- und der Outputschicht ist das für jeden möglich, auch für die eingefleischtesten Nichtmathematiker.

Im Netzwerk, das die Musterzuordnung von Abb. 4.1 leisten soll, ist jedes Neuron der Inputschicht links mit jedem Neuron der Outputschicht rechts verbunden (Abb. 4.3). Wir gehen weiterhin davon aus, dass alle drei Outputneuronen eine Aktivierungsschwelle von 0,8 aufweisen: Ist der gewichtete Input größer als diese Schwelle, dann wird das Neuron aktiv, liegt der gewichtete Input unterhalb dieser Schwelle, dann verharrt es in Ruhe. Entscheidend für das Funktionieren des Netzwerks sind die Stärken der synaptischen Verbindungen zwischen den Input- und Outputneuronen. Betrachten wir, was durch diese Gewichtung mit den Inputmustern A, B und C geschieht: Wird Muster A wahrgenommen, entspricht die Aktivität der Inputschicht diesem Muster, d. h., das obere und das untere Neuron sind aktiv, das mittlere nicht. Über die Verbindungen erhalten nun alle Neuronen der Outputschicht diesen Input. Jedes Neuron gewichtet diesen Input jedoch anders, je nachdem, wie die Synapsenstärken der Verbindungen von den Inputneuronen aussehen. Das obere Neuron der Outputschicht erhält über seine Synapse (Stärke = 0,5) mit dem oberen Neuron der Inputschicht den Input 1. Der gewichtete Input beträgt damit $1 \times 0{,}5 = 0{,}5$. Der Input über die beiden anderen Synapsen ergibt sich entsprechend als $0 \times -0{,}5 = 0$

und als 1 × 0,5 = 0,5. Die Summe des gewichteten Inputs beträgt somit 1 × 0,5 + 0 × -0,5 + 1 × 0,5 = 1. Der Wert liegt über der Aktivierungsschwelle des Neurons von 0,8, d. h., das Neuron wird aktiv. Der entsprechend berechnete gewichtete Input des mittleren Neurons beträgt 0,6, der des unteren Neurons -0,6, d. h., beide Neuronen bleiben in Ruhe. (Bitte rechnen Sie anhand der Abbildungen 4.1 und 4.3 nach!) Besteht der Input aus Muster A, ist somit in der Outputschicht nur das obere Neuron aktiv. Damit ist die geforderte Beziehung zwischen Input und Output realisiert. Wie verhält es sich mit der Aktivierung der Outputschicht durch Muster B, wo alle Neuronen der Inputschicht aktiv sind? Der gewichtete Input des oberen Neurons der Outputschicht beträgt in diesem Fall 0,5, der des unte-

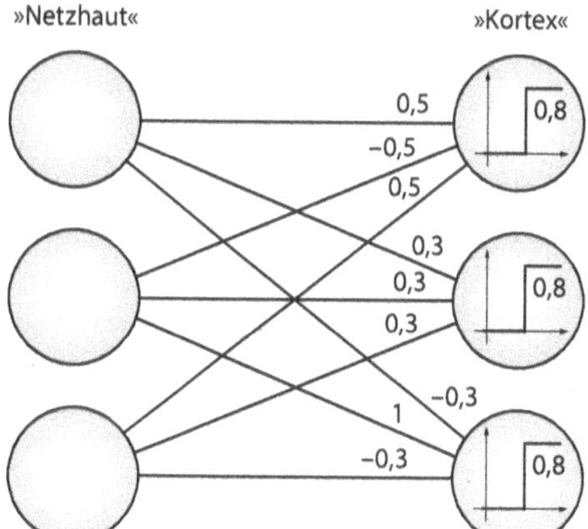

Abb. 4.3: Ein sehr einfaches neuronales Netzwerk, das die in Abbildung 4.1 dargestellten Muster erkennt, d. h. eine Zuordnung von Eingangsmustern zu Ausgangsmustern leistet. Dieses Netzwerk hat zwei Schichten, eine Inputschicht und eine Outputschicht. Die Neuronen der Schichten sind miteinander wie dargestellt verbunden. Das Netzwerk ist durch die Art und Stärke der Verbindungen – symbolisiert durch Linien und Zahlenwerte – sowie durch die Aktivierungsfunktion der Neuronen der Outputschicht vollständig charakterisiert. Das Netzwerk reduziert die biologischen Verhältnisse auf ein Minimum, macht jedoch gerade dadurch die Prinzipien der Verarbeitung deutlich.

ren 0,4. Nur beim mittleren Neuron liegt der Wert mit 0,9 über der Aktivierungsschwelle. Auch Muster B wird damit richtig erkannt. Wie unschwer zu errechnen, wird auch Muster C richtig erkannt, denn die gewichteten Eingangssignale des oberen, mittleren und unteren Neurons betragen -0,5, 0,3 und 1. Damit wird nur das untere Neuron der Outputschicht bei Aktivierung der Inputschicht durch Muster C aktiviert.

Halten wir fest, was wir gerade gelernt haben: Das neuronale Netzwerk funktioniert, weil alle Neuronen der Inputschicht mit allen Neuronen der Outputschicht verbunden sind und die Synapsenstärken an jedem Neuron der Outputschicht anders sind. Alle Neuronen arbeiten zugleich. Man nennt dies »Parallelverarbeitung«. Das Gegenstück dazu ist der seriell arbeitende Computer. Der Witz an der Geschichte: Es geht ganz schnell, denn im Netzwerk erfolgt alles in einem einzigen Verarbeitungsschritt. Und wenn anstatt eines Mini-Müsterchens aus drei Punkten der Input aus einer Million Bildpunkten bestünde, dann bräuchte man nur mehr Neuronen, und das Ganze würde genauso schnell ablaufen wie bei unserem Spielzeugnetzwerk. Gewiss, man bräuchte eine Million Neuronen in jeder Schicht – mit den »richtigen« Synapsen. Aber an Neuronen fehlt es unserem Gehirn ja nicht!

Tiefes Lernen

Man spricht bei KI oft von »Deep Learning«, also von »tiefem Lernen«. Das klingt irgendwie nach Magie oder geistiger Tiefe, aber jedenfalls nicht nach »Oberflächlichkeit«. In Wahrheit geht es beim tiefen Lernen um einen sehr interessanten Sachverhalt, der im Folgenden kurz dargestellt wird.

Nicht jede Zuordnung von Mustern gelingt mit einem Spielzeugnetzwerk wie dem aus Abb. 4.3. Das bekannteste Beispiel einer Input-Output-Relation, die sich nicht mit einem Netzwerk aus nur zwei Schichten realisieren lässt, ist das Problem des ausschließenden ODER (engl.: »exclusive or problem«, in der Literatur oft auch mit »EXOR Problem« abgekürzt). Das Problem sei zunächst an einem Beispiel erläutert: Stellen Sie sich vor, Sie sind hungrig und wollen essen. Sie gehen in ein etwas ausgefallenes Restaurant und finden auf der Speisekarte zwei Einträge vor: »Sauerkraut« und »Vanillesoße«. Da Sie sehr hungrig sind, möchten Sie in jedem Falle etwas essen, jedoch nur entweder Sauerkraut oder Vanillesoße, aber nicht beides zugleich.

Dieser Sachverhalt lässt sich auch nach Art von Abb. 4.3 darstellen, also durch eine Zuordnung der Aktivierung von bestimmten Inputneuronen zur Aktivierung bzw. Nicht-Aktivierung nur eines einzigen Outputneurons. Schließlich geht es nur um »essen oder nicht essen«, und für die neuronale Kodierung von nur *einer* Aktivität genügt – im Prinzip – auch nur *ein* Neuron. Als Input haben wir zwei mögliche Speisen, also braucht das Netz zwei Inputneuronen (Abb. 4.4).

Bereits Ende der 1960er-Jahre wurde gezeigt, dass sich das »EXOR Problem« durch ein zweischichtiges Netzwerk prinzipiell nicht lösen lässt (vgl. Minsky & Papert 1969): Es gibt keine Kombination der Inputvektoren mit irgendwelchen Synapsengewichten, die im Out-

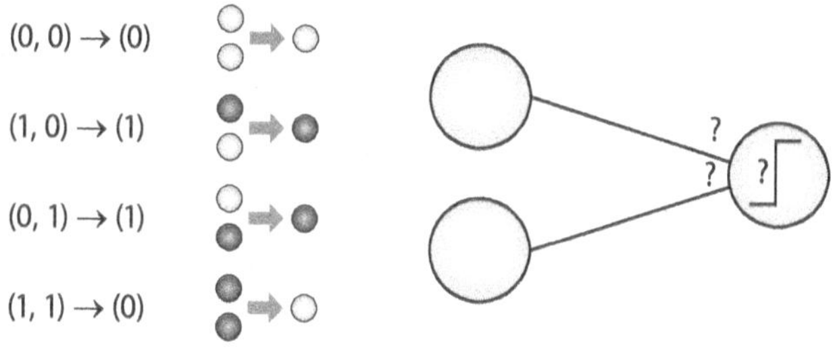

Abb. 4.4: Die vom Netzwerk zu leistende Abbildungsfunktion des ausschließenden Oder (das eine *oder* das andere, *aber nicht beides*) ist links durch Vektoren dargestellt. In der Mitte ist der gleiche Sachverhalt durch aktive und nicht aktive Neuronen abgebildet. Rechts ist ein zweischichtiges Netzwerk gezeichnet, das diese Funktion leisten soll. Es stellt sich die Frage, mit welchen Synapsengewichten die Funktion geleistet wird. Probieren Sie doch mal kopfrechnend etwas herum!

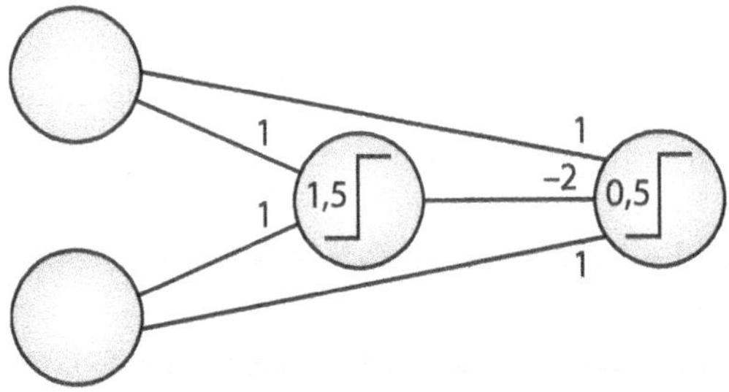

Abb. 4.5: Dreischichtiges Netzwerk mit Synapsengewichten und Werten für die Aktivierungsschwellen, das die Funktion des ausschließenden Oder leistet. Die Inputschicht besteht aus zwei Neuronen, Zwischenschicht und Outputschicht aus jeweils nur einem Neuron. Rechnen wir kurz nach, wie das Netzwerk funktioniert: Sind die beiden Neuronen links nicht aktiv, geschieht nichts. Ist entweder das obere oder das untere Neuron aktiv, sendet also eine Eins aus, dann wird (über das Synapsengewicht eins) das Outputneuron aktiviert, dessen Aktivierungsschwelle bei 0,5 liegt. Das mittlere Neuron ist in diesem Fall nicht aktiv, da es eine Schwelle von 1,5 hat. Sind beide Neuronen der Inputschicht aktiv, führt dies zur Aktivierung des mittleren Neurons, das seinerseits das Outputneuron hemmt (der Output des mittleren Neurons - eine Eins - wirkt durch das negative Synapsengewicht hemmend auf das Outputneuron). Diese Hemmung durch das Neuron der Zwischenschicht (1 x -2 = -2) neutralisiert genau die gleichzeitige Aktivierung durch beide Inputneuronen (2 x +1 = +2). Daraus folgt, dass bei Aktivierung beider Inputneuronen das Outputneuron in Ruhe verbleibt.

putneuron die erwünschte Funktion leistet. Interessant ist, wie die Lösung dieses Problems aussieht: Man führt eine dritte Schicht zwischen Inputschicht und Outputschicht ein – auch wenn sie wie in unserem sehr einfachen Beispiel (Abb. 4.5) aus nur einem Neuron besteht. Warum?

Das Neuron der mittleren Schicht repräsentiert *weder direkt den Input noch den Output,* sondern eine *Verallgemeinerung* des Inputs, nämlich »beides«. Immer dann, wenn dieser Inhalt aktiviert ist, wird das Outputneuron vom Neuron der Zwischenschicht gehemmt, sodass es nicht mehr aktiv werden kann. Nur Neuronen in solchen Zwischenschichten (man spricht auch von »verborgenen Schichten«,

»hidden layers«) sind zu derartigen Verallgemeinerungen fähig, wodurch eine bessere, allgemeinere Repräsentation der Außenwelt darstellbar wird.

In biologischer Hinsicht ist dies überaus sinnvoll: Sehr häufig liegen in der Umwelt komplizierte (nicht lineare) Zusammenhänge bzw. Kombinationen vor, der Fall des EXOR ist lediglich der einfachste. Man bedenke aber bereits hier, dass sich entsprechend biologische Beispiele unschwer konstruieren lassen: (1) Essbar sind Beeren, sofern sie rot oder klein sind, nicht aber die roten kleinen. (2) Das Alpha-Männchen einer Horde reagiert mit Aggression, wenn das Beta- oder das Gamma-Männchen anwesend ist, nicht aber, wenn es auf beide trifft. Auch hinsichtlich der Feinstruktur unseres Gehirns ist dieses Modell sehr plausibel. Beispielsweise sind etwa ein Fünftel aller Nervenzellen in unserem Großhirn (Neokortex) hemmende Interneurone – also Neuronen, die Synapsen mit *negativem* Gewicht auf ihren (meist in der Nähe liegenden) Zielzellen bilden –, während die anderen Nervenzellen erregende Synapsen (also Synapsen mit positivem Gewicht) aussenden. Weiterhin gibt es im menschlichen Gehirn viele Zwischenschichten. Der Grund dafür wird im folgenden Abschnitt klar.

Abstraktion durch Tiefe

Betrachten wir ein uraltes neuronales Netzwerk, das das Verhalten von Rotkäppchen[1] modellieren soll (vgl. Jones & Hoskins 1987). Rotkäppchen läuft durch den Wald, wobei ihm drei Lebewesen begegnen können. »Rotkäppchen muss lernen, wegzulaufen, zu schreien und den Holzfäller aufzusuchen, wenn sie einem Wesen mit großen Ohren, großen Augen und großen Zähnen (dem Wolf) begegnet. Sie muss lernen, sich Wesen anzunähern, die freundlich und faltig sind und große Augen haben (die Großmutter), sie muss sie auf die Wange küssen und ihnen Essen anbieten. Weiterhin muss sie lernen, sich Wesen, die hübsch und freundlich sind und große

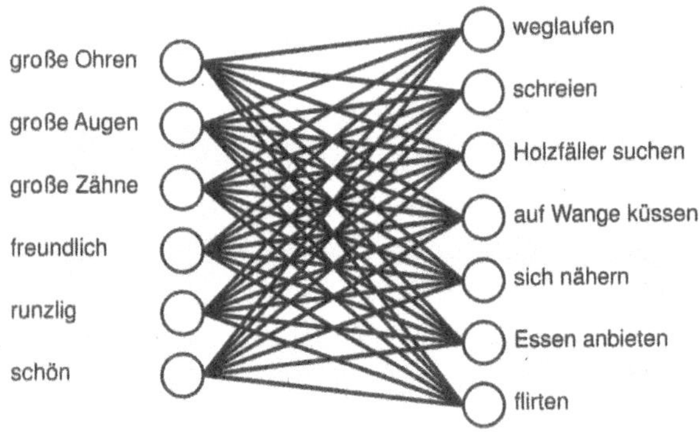

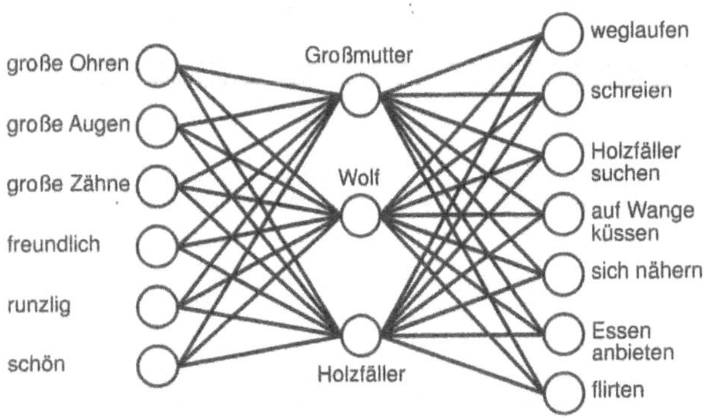

Abb. 4.6: Oben ist ein zweischichtiges neuronales Netzwerk abgebildet, das die »Funktionen« von Rotkäppchen simuliert. Unten ist ein dreischichtiges neuronales Netzwerk mit drei Neuronen in einer Zwischenschicht abgebildet, das die Funktionen ebenfalls erfüllt (nach Jones & Hoskins 1987). Ein Rotkäppchen-Netzwerk mit nur zwei Neuronen in der Zwischenschicht würde mit etwas Glück während des Trainings möglicherweise ein Vermeidungs- und ein Annäherungsneuron bilden und damit den Input noch allgemeiner clustern. Diese sehr allgemeine Clusterung reicht jedoch nicht aus, um zwischen den beiden für Großmutter und Holzfäller unterschiedlichen Annäherungsstrategien zu differenzieren. Mit anderen Worten: Bei weniger als drei Neuronen in der Zwischenschicht leidet in diesem Fall die Differenziertheit des Outputs.

Ohren haben (der Holzfäller), anzunähern, ihnen Essen anzubieten und mit ihnen zu flirten« (Jones & Hoskins 1987, S. 156). Ein zweischichtiges Netzwerk kann diese Funktion lernen und ausführen.

Zum Training des Netzwerks werden Inputmuster – in unserem Fall die von Rotkäppchen wahrgenommenen Eigenschaften seiner Interaktionspartner – der Inputschicht dargeboten, und es werden erwünschte Outputmuster (Verhaltensweisen von Rotkäppchen) mit dem tatsächlichen Output des Netzwerks verglichen und optimiert. Nach einigen Lerndurchgängen hat das Netzwerk das Verhalten von Rotkäppchen gelernt (Abb. 4.6).

Man kann das Verhalten von Rotkäppchen auch durch ein dreischichtiges Netzwerk simulieren. Hält man die Anzahl der Neuronen der Zwischenschicht klein, so geschieht etwas sehr Interessantes und Wichtiges: Die Neuronen der Mittelschicht stellen ihre synaptischen Verbindungen beim Training automatisch so ein, dass sie den Input verallgemeinern und Repräsentationen von mehreren Inputeigenschaften bilden, die ihrerseits outputrelevant sind. Diese Zusammenfassung von Inputeigenschaften erfolgt umso stärker, je weniger Neuronen in der Zwischenschicht zur Verfügung stehen. Hat die Zwischenschicht drei Neuronen, so werden die Zusammenfassungen »Wolf«, »Großmutter« und »Holzfäller« spontan im Verlauf des Trainings generiert. Natürlich waren diese Inhalte in den dargebotenen Inputmustern als regelhafter Zusammenhang von Eigenschaften vorhanden. In der Zwischenschicht jedoch werden diese zusammengefassten Eigenschaften jeweils durch ein Neuron repräsentiert, die dadurch die Außenwelt sehr ökonomisch abbilden. Über solche »Großmutterneuronen« hat man sich in der Psychologie lange lustig gemacht (Lindsay & Norman 1969). Mittlerweile ist nachgewiesen, dass es sie in unseren Gehirnen tatsächlich gibt (Quiroga et al. 2005; Connor 2005; Zusammenfassung in Spitzer 2006).

Interessant ist weiterhin für die praktische Arbeit mit großen neuronalen Netzwerken und für alle biologischen Gehirne: Zwar ist die Anzahl der Neuronen im dreischichtigen Netzwerk größer als im zweischichtigen, die Anzahl der Verbindungen jedoch ist kleiner.

Wie schon erwähnt, haben die Neuronen in unseren Gehirnen bis zu 10 000 Verbindungen. Wären es mehr, dann wäre unser Gehirn zu groß! Mehrschichtige Netzwerke können also nicht nur mehr als zweischichtige, sie sind auch ökonomischer und damit effektiver. Daher verlaufen über 99 Prozent der Verbindungen in unserem Gehirn nicht von oder nach draußen, sondern innerhalb des Gehirns. Es ist damit vor allem mit sich selbst verbunden.

Bei zu vielen Neuronen in der Zwischenschicht wird die Aufgabe zwar erfüllt, es findet jedoch im Netzwerk keine Abstraktionsleistung mehr statt. Anstatt zu generalisieren, wird eine Art Nachschlagewerk für jedes einzelne Inputmuster gebildet. Ein solches Netzwerk kann damit die Aufgabe zwar leisten, es tut dies jedoch nicht nur unökonomisch, sondern auch fehleranfälliger. Wird nämlich bei gänzlich neuem Input die Generalisierung notwendig, versagt das Nachschlagewerk. Erst die richtige Anzahl von Neuronen in der richtigen Anzahl von Zwischenschichten führt zur effizienten Generalisierung in effizienten Netzwerken, die ökonomisch und rasch arbeiten (Crick 1989).

Lernen durch Fehlerrückmeldung

Neuronale Netzwerke können trainiert werden, indem der tatsächliche Output mit dem gewünschten Output verglichen wird, die Differenz mit einer Konstante multipliziert wird und dann die Synapsengewichte ein wenig in die gewünschte Richtung verändert werden. Bei zwei Schichten ist dieses Problem einfach zu lösen, denn es ist eindeutig klar, um welche Synapsen es jeweils geht. Bei dreischichtigen Netzwerken hat man jedoch Veränderungen an zwei hintereinandergeschalteten Synapsen vorzunehmen, die zunächst nicht eindeutig aus der Differenz zwischen geleistetem und gewünschtem Output hervorgehen.

Zur Lösung dieses Problems wurde Mitte der 80er-Jahre ein Algorithmus entwickelt, der den Outputfehler zunächst an die vor dem

Output liegende Schicht zurückmeldet und die Synapsengewichte ändert. Dann wird der Fehler weiter zur vorherigen Schicht zurückgemeldet, und die Synapsengewichte werden verändert usw. bis zur Neuronenschicht direkt nach der Inputschicht (Rumelhart et al. 1986; Jones & Hoskins 1987). Da der Fehler das Netzwerk rückwärts durchläuft, wird dieses Verfahren auch als Backpropagation-Algorithmus bezeichnet. Beim Lernen in neuronalen Netzwerken, die mithilfe von Computern simuliert werden, kommen Algorithmen also durchaus vor. Wichtig ist jedoch, dass dies nicht bedeutet, dass neuronale Netzwerke beim Funktionieren Algorithmen anwenden. Sie tun dies gerade *nicht*, worauf unten nochmals eingegangen wird.

Am *Backpropagation*-Algorithmus wurde immer wieder die berechtigte Kritik geübt, dass er komplizierte Berechnungen erfordert, die im Gehirn mit Sicherheit in dieser Weise nicht durchgeführt werden. Bei simulierten neuronalen Netzwerken kommt es jedoch auf biologische Details nicht an. Wichtig ist, dass sie funktionieren und was man mit ihnen entdeckt. »The proof is in the pudding« würden die Angelsachsen hier sagen. Zudem wurden mittlerweile biologisch plausiblere Lernalgorithmen entwickelt, deren Leistungsfähigkeit dem Backpropagation-Algorithmus entspricht.

Die bislang dargestellten Sachverhalte sind lange bekannt. Als sie erforscht wurden, konnten mit den damaligen Computern Netzwerke mit einigen Dutzend bis einigen Hundert Neuronen und einigen Tausend Synapsen modelliert werden. Man entdeckte hierdurch viele sehr interessante und mit anderen Methoden nicht auffindbare Prinzipien der Gehirnfunktion.

Sowohl die Neurobiologie realer Gehirne als auch die Erforschung neuronaler Netzwerke haben in den vergangenen 25 Jahren enorme Fortschritte gemacht. Beide Disziplinen haben dabei von der Entwicklung immer leistungsfähigerer Computer profitiert – und auch voneinander. In der Neurowissenschaft ist es heute durch die Anwendung von KI möglich, aus der mittels bildgebender Verfahren gemessenen Gehirnaktivität im Seh-System eines Menschen zu berechnen, was er gerade sieht.

Demis Hassabis

Demosthenes (genannt »Demis«) Hassabis, geboren am 27. Juli 1976 in London als Sohn eines Vaters aus Zypern und einer Mutter aus Singapur, interessierte sich zunächst für Spiele, dann für Computer und dann für das Gehirn. Im Alter von 13 Jahren war er hinter der nahezu gleichaltrigen späteren Großmeisterin (und insgesamt stärksten weiblichen Schachspielerin der Geschichte überhaupt) Judit Polgár der weltweit zweitbeste Schachspieler unter 14 Jahren. Schon im Alter von 15 Jahren arbeitete er für ein britisches Computerspiel-Entwicklungsstudio und war dort für die hinter den Spielen steckende KI verantwortlich. Die Schule beendete er zwei Jahre früher und studierte zunächst Informatik (Abschluss im Jahr 1997 mit »double first-class honours«). Im Jahr 1998 gründete er seine erste eigene Firma zur Entwicklung von Computerspielen. Im gleichen Jahr gewann er beim seit 1997 jährlich stattfindenden internationalen multidisziplinären Denksportwettbewerb *Mind Sports Olympiad (MSO)* im »geistigen

Abb. 4.7: Demosthenes (Demis) Hassabis, der britische Schachspieler, KI-Experte, Computerspiel- und Softwareentwickler, Neurowissenschaftler und Begründer des Londoner Unternehmens *DeepMind Technologies*.

Fünfkampf« (Pentamind) als mentaler Allrounder den ersten Platz, ebenso in den drei Jahren danach (1999, 2000, 2001) sowie 2003 – bis heute hat das kein anderer geschafft.

Hassabis studierte dann Neurowissenschaften und publizierte im Jahr 2007 eine Arbeit zur Funktion des Hippocampus, in der er zeigte, dass dieser Bereich des Gehirns nicht nur bei der Rekonstruktion von Gedächtnisinhalten, sondern auch bei Konstruktion und Planung neuer Inhalte und möglicher Erfahrungen beteiligt ist (Hassabis et al. 2007). Hierauf aufbauend erwarb er mit einer Arbeit zu den neuronalen Grundlagen des episodischen Gedächtnisses im Jahr 2009 am University College London seinen Doktortitel in kognitiver Neurowissenschaft. Mit verschiedenen experimentellen Techniken, darunter neuropsychologische Tests, virtuelle Realität, bildgebende Verfahren (wie fMRT) sowie multivariate Musteranalysen ging er der Hypothese nach, »dass dieselbe neuronale Maschinerie, die für die Rekonstruktion verantwortlich ist, auch konstruktive kognitive Funktionen wie die Vorstellungskraft unterstützen könnte. [... Hierzu] wurden Patienten mit fokaler Schädigung des Hippocampus auf beiden Seiten gebeten, sich neue Erfahrungen vorzustellen, und es zeigte sich, dass sie im Vergleich zu den entsprechenden Kontrollteilnehmern beeinträchtigt waren. [...] In einer anschließenden fMRI-Studie mit gesunden Teilnehmern wurde der Abruf realer Erinnerungen mit der Konstruktion imaginärer Erinnerungen verglichen«, schreibt er in der Zusammenfassung seiner Dissertation (Hassabis 2009). Durch die Kombination von fMRI mit hoher Auflösung und komplexer Musteranalyse konnte Hassabis schließlich mit den Aktivitätsmustern im Hippocampus von gesunden Probanden angeben, wo sich eine Versuchsperson in einer Virtual-Reality-Umgebung befand. Er zeigte sogar, dass konkrete Erinnerungen, also einzelne Gedächtnisspuren, anhand des Aktivitätsmusters im Hippocampus dekodiert werden und identifiziert werden konnten.

Am 23. September 2010 gründete Hassabis zusammen mit Shane Legg und Mustafa Suleyman die Firma *DeepMind*, die er auch als »das Apollo-Projekt der künstlichen Intelligenz« bezeichnete. Im

Jahr 2014 verkaufte er die Firma für etwa 400 Millionen Britische Pfund an Google, blieb jedoch Chef und forscht seither über konkrete Anwendungsmöglichkeiten von KI – extrem erfolgreich: Die Firma hat mittlerweile über 1000 Mitarbeiter und wird nach wie vor von Hassabis geleitet, der mittlerweile auf einer ganzen Reihe bestpublizierter wissenschaftlicher Arbeiten als Senior-Autor fungiert, wie einige der Beispiele aus Kapitel 2 (*AlphaGo*, Proteinfaltung) zeigen.

Im November 2017 trafen sich auf der Jahrestagung der *Society of Neuroscience* in Washington etwa 30 000 Gehirnforscher, um sich über neue wissenschaftliche Entwicklungen auszutauschen. Am Dienstag, den 14. November 2017, hielt Demis Hassabis am späten Vormittag die Keynote Lecture und erzählte den versammelten Neurowissenschaftlern dieser Welt, dass Artificial Intelligence (AI, also KI) im Grunde nichts weiter ist als angewandte Gehirnforschung. Als Neurowissenschaftler und AI-Spezialist plauderte er eine Stunde lang aus dem Nähkästchen, sprach auch über seine Firma und machte dann eine Bemerkung, die sich mir unvergesslich ins Gehirn eingebrannt hat: »Erst lösen wir das Problem und verstehen, was Intelligenz ist, und dann lösen wir damit ganz einfach alle anderen Probleme.« Die etwa sechs- bis achttausend Neurowissenschaftler im Saal waren mucksmäuschenstill. Keiner lachte oder zeigte irgendein Anzeichen von Erstaunen oder Kritik, obgleich diese Aussage eines jungen Mannes ebenso einfach wie ungeheuerlich war. Jedem anderen hätte man gesagt: »Nun nimm doch mal bitte den Mund nicht so voll, denn was du da sagst, ist vollkommen unglaublich.« Schließlich waren die Anwesenden kritische Wissenschaftler. Aber allen war klar: Dieser junge Mann meinte es ernst, genau so, wie er es gesagt hatte. Denn alle wussten von seinen bereits publizierten Arbeiten und konnten sich durchaus vorstellen, dass dies so weitergehen würde. Und genau das geschah dann auch, wie im weiteren Verlauf dieses Buches durch verblüffende Beispiele aus den unterschiedlichsten Bereichen deutlich wird.

KI verbessert sich selbst

Bereits John von Neumann ging davon aus, dass Computer langfristig durch Computer gebaut und vor allem verbessert werden würden. Klang dies in den 1950er-Jahren des letzten Jahrhunderts noch nach Science-Fiction, so ist genau dies mittlerweile tatsächlich Realität. Schon in Kapitel 1 wurde erwähnt, dass *ChatGPT*, ein zunächst recht fehlerbehafteter Plauderroboter, auch programmieren kann. Mittlerweile greifen Programmierer routinemäßig auf LLMs wie *ChatGPT* zurück, verwenden aber solche mit mehr eingebauter Wahrheitsliebe als *ChatGPT*, also beispielsweise *BERT* von Google oder *GPT-4* von OpenAI. So kann heute ein Programmierer mit KI seine Arbeit wesentlich schneller und damit effektiver erledigen als ohne. Es verhält sich damit wie in allen übrigen Bereichen der Anwendung von KI, vom Keilschriftentschlüsseln über die Astrophysik bis zur Medizin, wie in den folgenden Kapiteln erläutert wird.

Aber damit nicht genug. Auch bei der Konstruktion neuer Computerchips kann KI mitwirken. Im Juni 2021 wurde im Fachblatt *Nature* publiziert, dass man bei Google erstmals mithilfe von lernenden neuronalen Netzwerken das Design von neuen Computerchips optimieren konnte (Mirhoseini et al. 2021). Dieses Design erfolgt grundsätzlich in zwei Schritten: Zunächst werden die Funktion und die hierfür notwendigen Komponenten in einer Art logischem Schaltplan zu einem Gesamtsystem verknüpft. Daran schließt sich ein zweiter Schritt an, der »Floorplanning« (»Raumplanung«) genannt wird. Dabei wird auf der Grundlage des fertigen logischen Schaltplans des neuen Chips dessen konkretes räumliches Layout, d. h. der genaue Platz der Millionen von Komponenten auf dem Siliziumträger, festgelegt. Es geht also hierbei um das ganz praktische räumliche Optimierungsproblem, wo genau man welche Komponenten auf dem Chip platziert. Dieses Problem kennt jeder, allerdings in etwas einfacherer Gestalt: Wie stelle ich die Möbel in meinem Zimmer so auf, dass alles praktisch dort steht, wo es stehen sollte, damit man sich wohlfühlt und nicht ständig irgendetwas im

Wege ist? Wie eine gut geschnittene und clever möblierte Wohnung wesentlich besser funktioniert als eine, in der auf Funktionalität nicht geachtet wurde, hat ein effizientes Layout großen Einfluss auf die Funktion eines Computerchips wie beispielsweise dessen Geschwindigkeit oder Stromverbrauch.

Bislang war diese Raumplanung – wie in der Architektur auch – eine manuelle und sehr zeitaufwendige Arbeit. Ganze Teams von Chipdesignern wurden zwar bei der Arbeit bereits von Computern unterstützt, brauchten hierfür aber dennoch Monate. Nicht zuletzt deshalb dauerte bislang die Entwicklung einer neuen Generation von Computerchips mindestens zwei bis drei Jahre. Am 10. Juni 2021 wurde in *Nature* jene Arbeit publiziert, die beschreibt, wie man das Problem des Chip-Layout-Designs mittels KI gelöst hat. Es gibt, ähnlich wie beim Brettspiel Go, nahezu unendlich viele Möglichkeiten, Funktionseinheiten auf einer kleinen begrenzten Oberfläche anzuordnen. Verglichen mit der Anzahl der Komponenten heutiger Computerchips (Millionen bis Milliarden) und der Tatsache, dass diese Komponenten im komplexer Weise mit Leitungen verbunden sein müssen, die so einfachen und zugleich schwierig zu bewerkstelligenden Bedingungen gehorchen müssen (wie beispielsweise der, dass sie sich nicht kreuzen dürfen), nehmen sich die 181 schwarzen und 180 weißen Steine auf einem Brett mit 361 Positionen – ohne jegliche Verbindungskabel! – bescheiden und übersichtlich aus: Den Autoren zufolge gibt es bei 1000 Komponenten auf 1000 möglichen Orten »etwa 10^{2500}« Möglichkeiten (Mirhoseini et al. 2021, S. 208). Prinzipiell geht es beim Chip wie beim Brettspiel Go um das gleiche Problem: Wo kommt was hin, um eine Menge von festgelegten Randbedingungen am besten zu erfüllen?

Wie beim Brettspiel Go ist es auch beim Chip völlig unmöglich, alle möglichen Kombinationen zu berechnen: Dafür reichen bei Weitem weder die Atome noch das Alter des gesamten Universums aus. Aber wie beim Go kann eine KI dennoch lernen, die Aufgabe zu bewältigen. Ähnlich wie bei *AlphaGo Zero* fing man mit einer leeren Fläche an, auf der Komponenten zunächst zufällig platziert wurden.

Von einem separaten Algorithmus wurden diese »Lösungen« des Problems der optimalen Platzierung auf Leistung und Effizienz geprüft, und diese Bewertung wurde an das Netzwerk zurückgemeldet. So lernte das Netzwerk nach und nach aufgrund der Rückmeldungen, welche Anordnungen verglichen mit anderen besser waren, und baute auf vergangenen Fehlern und Erfolgen auf. Man nennt dieses Lernen daher auch Lernen am Erfolg oder »reinforcement-learning« (Belohnungslernen bzw. Verstärkungslernen). Am Anfang produzierte es miserable Layouts, aber nach Zehntausenden von (Lern-) Durchgängen wurden seine Vorschläge langsam besser. Schließlich waren die Vorschläge der KI gleich gut und dann sogar besser als die Lösungen von Menschen.

Der Witz an der Geschichte steht im letzten Satz der Publikation am Ende des Abschnitts »Schlussfolgerung« ganz unvermittelt: »Unsere Methode wurde für das Design der nächsten Generation des Chips in der Google TPU verwendet« (Mirhoseini et al. 2021, S. 211). Man muss dazu wissen: Google baut nicht irgendwelche Chips für irgendwelche Computer. Vielmehr entwickelt Google vor allem Komponenten für die inhouse produzierte Hardware, auf der seit einigen Jahren Spiele und neuronale Netzwerke besonders effektiv laufen: Googles Tensor Processing Unit (TPU). Das Herzstück dieser Einheit, die wie eine Festplatte aussieht und in herkömmlichen PCs in die dafür vorgesehenen Slots eingeschoben werden kann, ist der mit der beschriebenen Technik neu entwickelte Chip. Mit anderen Worten: KI half erstmals beim Design von Hardware, auf der KI – noch besser – lernen kann. In einer am 19. Juni 2021 im *New Scientist* publizierten Nachricht kann man lesen: »Es ist denkbar, dass dieser neue, von der künstlichen Intelligenz entworfene Chip in der Zukunft verwendet wird, um seinen Nachfolger zu entwerfen, und dieser Nachfolger würde wiederum verwendet werden, um seinen eigenen Nachfolger zu entwerfen« (Sparkes 2021).

Das Designen des Layouts dauert dabei nicht mehr Monate, sondern nur einige wenige Stunden. In diesem Bericht wird auch die Senior-Autorin der Arbeit sinngemäß wie folgt zitiert: »Unsere Arbeitsgruppe ist der Meinung, dass derselbe Ansatz mit neuronalen Netzwerken auf weitere zeitaufwendige Phasen des Chipdesigns angewendet werden kann, wodurch sich die gesamte Designzeit von Jahren auf Tage verkürzen ließe. Das Unternehmen Google ist bestrebt, schnell zu iterieren, da selbst kleine Verbesserungen bei der Geschwindigkeit oder dem Stromverbrauch bei dem riesigen Ausmaß der globalen Nutzung neuronaler Netzwerke einen enormen Unterschied [bei der Nachhaltigkeit von maschinellem Lernen im Hinblick auf den Klimawandel] bewirken können« (Sparkes 2021).

Fazit: Algorithmen vs. neuronale Netzwerke

Den VW Golf 7 gab es mit herkömmlichen Verbrennungsmotoren und auch mit Elektromotor. Man könnte nun sagen, dass sich die Autos kaum unterscheiden, denn sie haben einen Antrieb, eine Batterie und Dutzende von Elektromotoren für Scheibenwischer, Fensterheber, Außenspiegel, Sitzposition und vieles andere mehr. »Ist doch dasselbe«, könnte man meinen. »Nein, gar nicht!«, würden die meisten entgegnen: »Entscheidend ist, was unter der Haube für den Antrieb sorgt. Und das macht einen Riesenunterschied.«

Nicht anders ist es mit Computern, die Algorithmen verwenden, und Computern, die KI verwenden. Äußerlich ist ihnen das nicht anzusehen. Dennoch ist entscheidend, was »under the hood« (unter der Motorhaube) passiert: Das serielle Abarbeiten eines Algorithmus ist etwas völlig anderes als das Umformen von Inputvektoren in Outputvektoren durch parallel arbeitende Neuronen in einem neuronalen Netzwerk. Wurde seit den 1950er-Jahren mit »künstlicher Intelligenz« noch alles bezeichnet, was ein programmierter Computer an interessanten Arbeiten erledigen konnte, so wird dieser Ausdruck heute in einem engeren Sinne, nämlich zur Bezeichnung lernender neuronaler Netzwerke, verwendet, die gerade *nicht* vorprogrammierte Algorithmen abarbeiten. Einige der in diesem Kapitel dargestellten Eigenschaften biologischer und künstlicher neuronaler Netzwerke seien daher nochmals hervorgehoben.

- Gehirne und Computer verarbeiten Informationen – aber auf sehr verschiedene Weise.
- Unser Gehirn funktioniert überhaupt nur, weil es parallel arbeitet.
- Unser Gehirn hat die Eigenschaft, sich bei jeglichen geistigen Prozessen (Wahrnehmen, Denken, Fühlen, Planen, Entscheiden, Handeln) ständig materiell (Hardware) zu ändern. Man nennt dies »Neuroplastizität«. Was sich im Einzelnen ändert, sind die Stärken der Verbindungen zwischen Nervenzellen (Synapsenstärken). Dies ist die Grundlage für jegliches Lernen.
- Hierbei handelt es sich um die wichtigste Entdeckung aus dem Bereich der Gehirnforschung im letzten halben Jahrhundert, die aber noch immer nicht Teil unseres intellektuellen bzw. kulturellen Selbstverständnisses ist.
- Neuronale Netzwerke wurden und werden zuweilen noch immer als »Gehirncomputer« bezeichnet, weil sie zwar mittels eines Computers simuliert werden, weil aber das, was simuliert wird, letztlich (kleine) Gehirne und Lernprozesse sind.
- Solche simulierten neuronalen Netzwerke lernen anhand von Daten. Man sagt auch, dass sie trainiert werden, und spricht von maschinellem Lernen – »Machine Learning«. (Es gibt daneben auch andere Arten von Machine Learning, die nicht auf neuronalen Netzwerken beruhen.)
- Neuronale Netzwerke mit Zwischenschichten werden auch als tiefe neuronale Netzwerke bezeichnet. Sie können beim Lernen generalisieren. Man spricht von »Deep Learning«.
- Was beim Herumspielen mit neuronalen Netzwerken vor 30 Jahren niemand geahnt hat: Sie sind heute wesentlicher Bestandteil des Geschäftsmodells der reichsten Unternehmen der Welt: Alphabet (früher Google), Amazon, Apple, Meta (früher Facebook) und Microsoft (einschließlich OpenAI). Dies wurde nur möglich,

weil sich die Leistungsfähigkeit unserer (herkömmlichen) Computer in den letzten Jahrzehnten in ungeahntem Maße gesteigert hat. So beruhen die Leistungen der in Kapitel 1 diskutierten und auf lernenden neuronalen Netzwerken beruhenden KI *ChatGPT* auf 175 Milliarden Synapsen (vgl. Kapitel 7).

- Während man einzelne Programmzeilen auch eines großen Computerprogramms lesen – langsam und nacheinander – und dadurch prinzipiell verstehen kann, was das Programm wie macht, gibt es bei einem neuronalen Netzwerk nichts zu verstehen. Die zur Erläuterung der Funktion angeführten Beispiele in Abb. 4.3 (neun Synapsen) und 4.5 (fünf Synapsen) mussten so klein sein, denn nur so konnten wir nachvollziehen, wie ein Synapsengewichtsvektor einen Inputvektor in einen Outputvektor umwandelt. Wenn die Netzwerke und damit die Vektoren jedoch deutlich größer sind (175 Milliarden Synapsen), gibt es nichts mehr nachzuvollziehen. Das Netzwerk »macht« etwas, und auch das gründlichste Studium der vielen Zahlen, aus denen die Vektoren bestehen, führt zu keinerlei Einsicht in die Funktion. Anders ausgedrückt: Programme sind in einer Sprache geschrieben und können wie eine Sprache von Menschen verstanden werden. Ein umformender Vektor ist dagegen nichts als eine Zahlenkolonne, eine geordnete Menge an Zahlen. Und denen sieht man nichts an. Die einzelne Zahl, die das Gewicht einer einzigen Synapse angibt, sagt nichts über deren Beitrag zur Funktion des gesamten Netzwerks aus.
- Im weiteren Verlauf unserer Diskussion von KI wird deutlich, was dies für den Einsatz von KI in der Wissenschaft bedeutet (Kapitel 5, 7, 8).
- Und die wichtigste Erkenntnis für den Fortgang unserer Darstellung: Die Auswirkungen von KI betreffen nicht zuletzt – wer hätte das gedacht? – die KI: Sie verbessert sich mittlerweile selbst.

5

NATURWISSENSCHAFT: KÜNSTLICHE INTUITION UND MENSCHLICHE EXPERTEN

KI verändert alle Bereiche unseres Lebens und damit auch die Art und Weise, wie Wissenschaft betrieben wird. Das betrifft sowohl die Naturwissenschaften, um die es in diesem Kapitel geht, als auch die Geisteswissenschaften (siehe Kapitel 7).

Das Vorgehen in den Naturwissenschaften war über Jahrhunderte das Gleiche: Menschen hatten eine neue Idee, machten genaue Beobachtungen oder, soweit möglich, methodisch saubere Messungen, sammelten Daten und versuchten auf diese Weise, die neue Idee zu bestätigen. Jede neue Theorie war so gut, wie sie vermochte, vielfältige Phänomene und Tatsachen zu erklären. Wie man auf die neue Idee kam, ob man gerade gut gelaunt war oder gut gegessen hatte oder das Gegenteil (in der Wissenschaftstheorie spricht man vom »Kontext der Entdeckung«), war dabei egal. Wichtig war, ob die neue Idee stimmte, und bei dieser Frage ging es dann um die Rechtfertigung der Idee durch Argumente, die auf Beobachtungen und/oder Experimenten sowie auf der Einbettung der neuen Idee in bereits vorhandene allgemeine Überlegungen (Theorien) beruhten (»Kontext der Rechtfertigung«).

Wissenschaftliche Arbeiten haben grundsätzlich Rechtfertigung zum Inhalt. Zum »Haben von Ideen« gibt es dagegen in den Naturwissenschaften kaum mehr als Anekdoten. Der britische Mathematiker und Physiker Isaac Newton soll durch einen vom Baum fallenden Apfel auf die Idee seiner Gravitationstheorie gekommen sein; der deutsche Chemiker und Naturwissenschaftler Friedrich August Kekulé hat nach eigenen Angaben von im Kreise tanzenden Atomen geträumt, kam so auf die Ringstruktur des Benzols und wurde zu einem Begründer der organischen Chemie. Albert Einstein schließlich gestand, dass ihm neue Ideen leichtfielen, die Berechnungen zu deren Beweis aber nicht.

Im Folgenden wird anhand von Beispielen aus der Mathematik und den Naturwissenschaften Physik, Chemie und Biologie der Frage nachgegangen, wie KI die Arbeit von Wissenschaftlern verändert. Zunächst wird gezeigt, dass KI – im Gegensatz zu einer weitverbreiteten Meinung – über Intuition verfügt. Beispiele zeigen die »Zusammenarbeit« von KI und (menschlichen) Experten – mit dem immer gleichen Ergebnis: KI wird Experten nicht ersetzen. Im Gegenteil: Zum sinnvollen Einsatz von KI in der Wissenschaft sind Experten notwendig. Und schließlich gilt: KI wird Experten nicht ersetzen, aber Experten, die KI verwenden, werden Experten ersetzen, die keine KI verwenden.

Intuition – Denken, ohne zu denken

Das Wort *Intuition* kommt aus dem Lateinischen »intueri« und hat die Bedeutung von »anschauen« bzw. »genau hinsehen«. Wir meinen damit die Fähigkeit, rasch Einsichten und Erkenntnisse zu haben, ohne lange über etwas nachzudenken. Wir können daher auch nicht sagen, wie wir darauf gekommen sind, und sprechen vom Unbewussten oder von Bauchgefühlen. Diese Redeweise ist etwas »linkisch«, denn kein Mensch glaubt ernsthaft, dass wir mit dem Bauch denken. Es gibt zwar durchaus Nervenzellen in Magen und Darm, die deren Bewegungen (die Peristaltik) automatisch in Abhängigkeit vom Inhalt koordinieren, sodass durch fortlaufendes Zusammenziehen einzelner Abschnitte der Inhalt weitertransportiert wird. »Bauchgefühle« haben damit jedoch nichts zu tun. Sofern man damit Intuition meint, findet sie im Gehirn statt.

Oder in neuronalen Netzwerken, die KI hervorbringen, wie schon in Kapitel 2 diskutiert wurde. Wie im Gehirn auch, werden in neuronalen Netzwerken Inputmuster in Outputmuster verwandelt, vollautomatisch und mit einer unglaublichen Schnelligkeit und Leichtigkeit. Wenn wir dagegen »nachdenken«, dann geschieht dies langsam und ist ermüdend, insbesondere, wenn es sprachlich erfolgt. Dieses Denken als »inneres Sprechen« ist das, was wir normalerweise meinen, wenn wir sagen, dass wir nachdenken. Wenn wir unseren ansonsten flüchtigen Strom von mehr oder weniger klaren Bildern, Wörtern oder Teilsätzen sowie zugleich bestehenden Eindrücken und Gestimmtheiten in eine lineare Form zu bringen versuchen, die bestimmten Gesetzen (Grammatik, Semantik, Pragmatik) gehorcht und einem anderen Menschen erlaubt, unsere Gedanken zu dekodieren, um sie selbst zu denken, dann ist das etwas ganz anderes, als einen Einfall zu haben.

Die Leichtigkeit und Schnelligkeit, mit der wir Ideen haben, täuscht allerdings über einen Sachverhalt hinweg, den wir uns nur selten vergegenwärtigen. Ein »guter« Einfall stellt sich zwar »im Nu« ein, aber keineswegs kommt er aus dem Nichts. Vielmehr setzt ein guter Einfall voraus, dass man sich intensiv mit einem Sachverhalt bzw. einer Problemlage auseinandergesetzt hat. Kekulé hatte sich jahrelang intensiv mit Kohlenstoffverbindungen beschäftigt und gilt nicht umsonst als einer der Begründer der organischen Chemie. Daher träumte er sogar von Chemie! Der Erfinder Thomas Edison hat auf die Frage, wie er zu seinen neuen Ideen kommt, mit der bekannt gewordenen Antwort: *99 % Transpiration und 1 % Inspiration*, reagiert. Aus der Kreativitätsforschung ist lange bekannt, dass man einen guten Einfall nicht erzwingen kann. Man kann lediglich die Rahmenbedingungen beeinflussen.

Computer – »schnell und dumm«?

Schon lange werden in der Mathematik Computer eingesetzt, wenn es viel zu »berechnen« gibt. Seit es, angefangen mit dem Abakus vor mehr als 4000 Jahren, die ersten mechanischen Rechenmaschinen gibt, sind Menschen beim Rechnen langsamer als Maschinen, und seitdem die modernen Computer aufkamen, hat der Unterschied zwischen Mensch und Maschine nochmals um Größenordnungen zugenommen. »Computer sind schnell, aber dumm«, denken viele Menschen heute noch immer und glauben sich im Recht, weil ja tatsächlich moderne Computer Milliarden von Rechnungen pro Sekunde durchführen können, aber nur, wenn man es ihnen in Form von Programmen mitteilt. Aber auch in der Mathematik gehen die Anwendungen von Computern mittlerweile weit über das bloße »Rechnen« hinaus.

Betrachten wir als Beispiel das sogenannte Vier-Farben-Problem.

Im Jahr 1852 hatte der britische Mathematiker und Mitbegründer der Logik, *Augustus De Morgan* (1806–1871), als Erster die Frage aufgeworfen, ob man jede Landkarte mit nur vier Farben so einfärben kann, dass zwei angrenzende Länder immer unterschiedliche Farben haben (Abb. 5.1).

124 Jahre danach wurde die Frage mit »Ja« beantwortet, was bei Mathematikern für viel Begeisterung, aber zugleich auch für viel Frust sorgte, denn der Beweis erfolgte mithilfe eines Computers. Ungewöhnlich war weiterhin, dass seine Veröffentlichung nicht in einem mathematischen Fachblatt, sondern im allgemeinen Wissenschaftsblatt *Scientific American* erfolgte (Appel & Haken 1977).

Nachdem Wolfgang Haken den Beweis im Jahr 1976 beim alljährlichen Sommerkongress der Mathematiker in einem Vortrag dargestellt hatte, beschrieb ein Teilnehmer die Situation wie folgt (Albers 1981, S. 82): »Am Ende seiner Ausführungen hatte ich erwartet, dass das Publikum in einen großen Beifall ausbrechen würde. Stattdessen reagierten sie mit höflichem Applaus! Ich war verwundert über die kühle Reaktion und bat diejenigen, die seinen Vortrag gehört hatten, um Erklärungen. Ein Mathematiker nach dem anderen äußerte scin Unbehagen über einen Beweis, bei dem ein Computer eine wichtige Rolle spielte. Sie störten sich an der Tatsache, dass mehr als 1000 Stunden Computerzeit in die Überprüfung von etwa 100 000 Fällen geflossen waren, und vermuteten (hofften?) oft, dass in den Hunderten

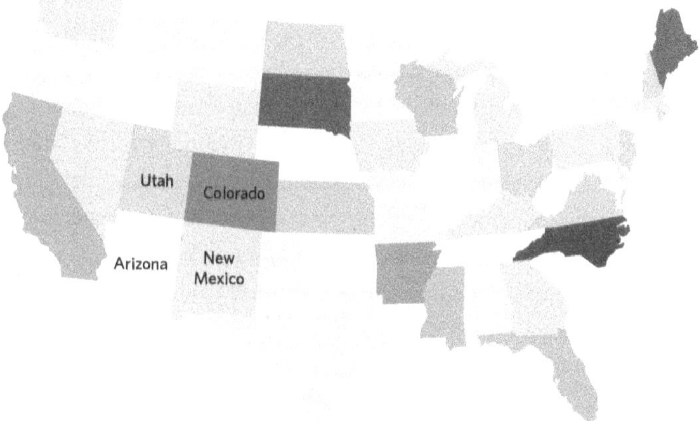

Abb. 5.1: Die Bundesstaaten im Südwesten der USA. An diesem Beispiel kann man sehen, dass die Staaten Utah, Colorado, New Mexico und Arizona sich an einem Punkt treffen. Wenn man diesen Punkt als gemeinsame Grenze gelten lassen würde, dann würde das Vier-Farben-Problem gänzlich anders aussehen, denn im Falle der Aufteilung einer Fläche nach Art eines Kuchens grenzen am Mittelpunkt des Kuchens genauso viele Flächen aneinander, wie der Kuchen Stücke hat (und man bräuchte zur Einfärbung entsprechend genau diese Anzahl an Farben). Beim Vier-Farben-Problem gilt daher ein Punkt nicht als Grenze (nach Wilson 2013, S. 1–5).

von Seiten Computerausdrucken ein Fehler verborgen sein könnte. Darüber hinaus bestand die Hoffnung, dass ein viel kürzerer Beweis gefunden werden könnte.« Auch für die Mathematiker der 1970er-Jahre waren Computer also zwar schnell, aber eben doch dumm, und ganz offensichtlich hofften sie auf einen eleganteren Beweis durch einen nachdenkenden Menschen – ohne maschinelle Hilfe.

Kenneth Appel und Wolfgang Haken waren sich durchaus der Tatsache bewusst, dass sie mit ihrem Computer-assistierten Beweis etwas Besonderes geschaffen hatten. Gegen Ende ihrer Darstellung im *Scientific American* schreiben sie:

»Viele Mathematiker, insbesondere diejenigen, die vor der Entwicklung leistungsfähiger Computer ausgebildet wurden, sträuben sich dagegen, den Computer als ganz normales mathematisches Werkzeug zu behandeln. [...] Wenn viele Mathematiker sich an langen Beweisen stören, so mag das daran liegen, dass sie bis vor Kurzem nur die Art von Methoden verwendet haben, die kurze Beweise liefern. [...] Unser Beweis des Vier-Farben-Theorems deutet darauf hin, dass es Grenzen gibt für das, was in der Mathematik allein mit theoretischen Methoden erreicht werden kann. [...] Er deutet auch an, dass in der Vergangenheit die Notwendigkeit des Einsatzes von Computern bei mathematischen Beweisen unterschätzt wurde« (Appel & Haken 1977, S. 121). – Jeder einzelne dieser vier Sätze stellte nicht weniger als eine Schockwelle für die zeitgenössischen Mathematiker dar.

Die Lösung des Vier-Farben-Problems hatte eine neue Situation in der Mathematik geschaffen, wie der Mathematiker Robin Wilson (2013, S. 172) in einer zusammenfassenden Darstellung des Werks von Wolfgang Haken schreibt: »Ist das [überhaupt] ein Beweis? Und wenn ja, wie können wir wissen, dass es ein Beweis ist? Bedenken dieser Art und vor allem hinsichtlich des Einsatzes von Computern hielten an – und tun dies noch immer. Kann ein Beweis als gültig angesehen werden, wenn er nicht von Hand überprüft werden kann?« Dass hier von der Überprüfung »von Hand« die Rede ist, zeigt an, wie wenig sich Mathematiker darüber bewusst sind, wie sie arbeiten. Denn es kann hier nicht darum gehen, was Hände tun, sondern darum, was ein Mensch zu denken in der Lage ist.

Bekanntermaßen sind jedoch auch von Menschen hervorgebrachte mathematische Beweise in den letzten Jahren und Jahrzehnten zunehmend länger geworden – man denke nur an den Beweis der von *Pierre de Fermat* (1607–1665) irgendwann in den Jahren 1637 bis 1643 geäußerten »Großen Vermutung«[1] durch den britischen Mathematiker *Andrew Wiles* (* 1953) aus dem Jahr 1995, der in zwei Arbeiten mit zusammen 138 Seiten publiziert ist und den nur wenige Menschen auf der Welt nachvollziehen können.

Man muss sich daher fragen, was es überhaupt heißt, dass ein Mensch einen Beweis nachvollziehen können muss, denn Computer sind beim Ausführen von Routineaufgaben zuverlässiger als Menschen, die müde und unaufmerksam werden und Flüchtigkeitsfehler machen. Müssen also Menschen etwas denken können, damit es wahr sein – und deswegen auch angewendet werden – kann? In den Kapiteln 8 und 9 werden wir auf diese Frage näher eingehen.

Mathematische Beweise mit Computerhilfe

Zweiundzwanzig Jahre nach dem Beweis des Vier-Farben-Theorems wurde die Keplersche Vermutung ebenfalls mithilfe von Computern in einer Arbeit bewiesen (Hales 2005), die ebenfalls einen beträchtlichen Umfang hat (121 Seiten), was wohl auch erklärt, dass zwischen Einreichung und Publikation sieben Jahre vergingen (Aron 2015).

In den beiden angeführten Beispielen für mathematische Beweise mithilfe eines Computers diente dieser dazu, sehr viele (richtige und falsche) Lösungen zu berechnen und aufgrund der Ergebnisse dann deren Zahl systematisch einzuschränken und einen Weg zur richtigen Lösung zu finden. Computer fungierten bei den Beweisen also in der Tat als schnelle »Rechenknechte«, wohingegen die Intuition beim Mathematiker lag.

Anders verhält es sich, wenn man neuronale Netzwerke so einsetzt, dass sie mathematische Vermutungen widerlegen, ohne die Probleme wirklich zu kennen. Adam Wagner von der Universität Tel Aviv, Israel, programmierte ein neuronales Netz, um zufällige Beispiele für lange bestehende Vermutungen in der Graphentheorie zu erzeugen, einem Bereich der Mathematik, der sich mit der Untersuchung von Objekten aus Knotenpunkten und Verbindungen befasst (Wagner 2021). Mathematiker hielten diese Vermutungen für wahr, konnten sie aber nicht beweisen. »Für jede Vermutung entwickelte Wagner ein Maß dafür, wie nahe ein Beispiel an der Widerlegung der Vermutung war. Wenn zum Beispiel eine Vermutung besagt, dass ein bestimmtes Problem nicht in weniger als fünf Schritten gelöst werden kann, wäre ein Beispiel mit sechs Schritten näher an der Widerlegung als eines mit sieben, und eine Lösung mit vier Schritten würde als Gegenbeispiel für die Vermutung dienen [und sie damit falsifizieren]«, beschreibt Matthew Sparkes (2021a) in einer zusammenfassenden Darstellung die Untersuchungen Wagners.

Das neuronale Netz erstellte erst Zufallsbeispiele und bewertete anhand dieser Maße ihre Eignung als Gegenbeispiel. Die KI verwarf die am schlechtesten bewerteten Beispiele und ersetzte sie dann durch weitere Zufallsbeispiele. Dann begann sie erneut mit der Bewertung. In Dutzenden von Fällen war die KI nicht in der Lage, ein Beispiel zu finden, das die Theorie widerlegte, aber in fünf Fällen fand sie eine Lösung, die nachwies, dass die Vermutung falsch war. »Wir verwerfen einfach die schlechten Beispiele und lernen bei jeder Iteration von den besten Beispielen«, wird Wagner von Sparkes zitiert.

Wagners Netzwerk lief auf seinem fünf Jahre alten Laptop und brauchte zwischen ein paar Stunden und ein paar Tagen, um jede der fünf Vermutungen zu widerlegen. Die Ergebnisse waren oft kontraintuitiv, und Wagner wird mit dem Satz zitiert: »Auf diese Konstruktionen wäre ich selbst dann nicht gekommen, wenn man mir Hunderte von Jahren Zeit gegeben hätte« (Sparkes 2021a). Das Netzwerk ist also besser als Menschen, wenn es um das Auffinden von Gegenbeispielen für Vermutungen geht, also gleichsam darum, die Nadel(n) in einem großen mathematischen Heuhaufen zu finden. Obwohl es in diesem Fall schon schwerer fällt, kann man hier noch immer vom »dummen schnellen Rechnen« (dem Testen einer riesigen Menge möglicher Lösungen) reden, was der Computer nun einmal besser kann als der Mensch.

Künstliche Intuition

Viel schwieriger ist der Zweifel an den Fähigkeiten von Maschinen jedoch dann, wenn sie den Part der Intuition übernehmen, also die Idee zu einem neuen Beweis finden und damit kreative Kopfarbeit leisten (Stump 2021). Eine am 1. Dezember 2021 im Fachblatt *Nature* online von Autoren der bereits vielfach erwähnten Firma *DeepMind* publizierte Arbeit zeigt an zwei Fällen, dass künstliche neuronale Netzwerke menschlichen Mathematikern Hinweise zur Entwicklung von Theoremen geben konnten (Davies et al. 2021). »Diese Arbeit hat zu einer Vermutung auf dem Gebiet der Topologie und der Darstellungstheorie und zu einem bewiesenen Theorem über die Struktur von Knoten geführt«, stellt ein im *New Scientist* publizierter weiterer Kommentar von Matthew Sparkes (2021b) mit dem Titel »DeepMind KI arbeitet mit Menschen bei zwei mathematischen Durchbrüchen zusammen« lapidar fest.

Neuronale Netze wurden in diesem Fall mit mathematischen Konstrukten gefüttert, um in diesen Strukturen bzw. Muster zu erkennen. Wie sich zeigte, wurden hierdurch sowohl bereits bekannte als auch neue Muster gefunden. Aufgrund dieser neuen Muster wiederum waren (menschliche) Mathematiker in der Lage, zwei neue Entdeckungen zu machen.

Im ersten Fall ging es um Knotentheorie[2], die sich mit Knoten befasst, wie sie in Seilen vorkommen (allerdings sind bei diesen Modellen die beiden Enden miteinander verbunden). Diese Theorie hat sowohl algebraische als auch geometrische Komponenten. Um ein neues Theorem über die Verbindung zwischen algebraischen und geometrischen Merkmalen von Knoten zu erstellen, suchten neuronale Netzwerke nach Korrelationen zwischen ihnen, »und zwar sowohl nach einfachen Korrelationen als auch nach komplexen, subtilen bzw. kontraintuitiven. Die interessantesten dieser Hinweise wurden an menschliche Mathematiker zur Analyse und Verfeinerung weitergegeben. Einige davon erwiesen sich als bereits etablierte Mathematik, während andere völlig neu waren« (Sparkes 2021b). Auf diese Weise kam ein neues Theorem und dessen Beweis heraus. »Wir hatten nicht erwartet, dass es eine so eindeutige Beziehung zwischen diesen algebraischen und geometrischen Größen gibt, deshalb war ich sehr, sehr überrascht«, zitiert Sparkes einen der beteiligten Autoren.

Das zweite in der Arbeit beschriebene Beispiel zur KI-gestützten Beweisfindung stammt von Geordie Williamson von der Universität Sydney. Hierbei ging es um die Entdeckung einer Vermutung in der Darstellungstheorie[3], die noch nicht bewiesen ist, aber mehr als drei Millionen Beispiele erfolgreich überstanden hat. Die Autoren bemerken hierzu: »Dieser Fall zeigt, wie nichttriviale Erkenntnisse über das Verhalten großer mathematischer Objekte aus trainierten Modellen gewonnen werden können, sodass neue Strukturen entdeckt werden können« (Davies et al. 2021, S. 74).

Halten wir fest: Computer, auf denen lernende, simulierte neuronale Netzwerke laufen, wurden dazu genutzt, die mathematische Intuition von (in dieser Hinsicht begrenzten menschlichen) Mathematikern zu erweitern. Ganz ähnlich wurde im Jahr 2016 die Intuition menschlicher Go-Spieler um mögliche Spielzüge erweitert, auf die menschliche Spieler faktisch in drei Jahrtausenden nicht gekommen waren und theoretisch (aufgrund der Begrenztheit des menschlichen Geistes) wahrscheinlich nie gekommen wären. Für die Mathematik folgt damit das Gleiche wie für professionelle Go-Spieler: KI kann Vorschläge für neue Ideen machen. Man kann von der Annahme ausgehen, dass diese Ideen korrekt sind, denn sie sind das Produkt von übermenschlich lange andauernden Lernprozessen. Beim Go zeigt sich die Überlegenheit der neuen Ideen ganz einfach dadurch, dass die KI gegen Experten gewinnt. In der Mathematik können, wie soeben diskutiert, Beispiele durchgerechnet werden. Wenn dann drei Millionen Mal etwas herauskommt, was sich als richtig herausstellt, dann ist die Wahrscheinlichkeit, dass man falschliegt, eher sehr klein.

Physik: Galaxien und Gravitationslinsen in der Astronomie

In der Astronomie gibt es riesige Datenmengen, die aufgrund der zunehmenden Anzahl von Teleskopen und vor allem deren immer besserer Auflösung künftig noch größer werden. Um dieser Datenflut Herr zu werden, verwendet man beispielsweise zur Klassifikation von Galaxien (in haufenförmige, elliptische oder linsenförmige Nebel sowie Spiralnebel) künstliche Intelligenz. Hierzu werden neuronale Netzwerke zunächst mit Bildern von Galaxien und den Ergebnissen der Einteilung durch Astronomen trainiert. Sie können nach dem Training dann solche Bilder etwa so gut beurteilen und die Galaxien klassifizieren wie Astronomen. Dies bedeutet übrigens auch, dass sich die Netzwerke manchmal irren, weil dies für Astronomen auch gilt: Wenn die Netzwerke mit Fehlern trainiert werden, machen sie diese Fehler dann eben auch.

In den 1990er-Jahren hatten Astronomen aufgrund der Aufnahmen des Weltraumteleskops Hubble die Zahl der Galaxien im beobachtbaren Universum auf »etwa 100 Milliarden« (10^{11}) geschätzt. Seither haben britische Forscher diese Beobachtungsdaten um mathematische Modelle des Universums erweitert und kamen zu dem Schluss, dass 90 Prozent aller Galaxien mit den heutigen Teleskopen nicht beobachtet werden können, weshalb die tatsächliche Anzahl der Galaxien im Universum in der Größenordnung von einer Billion (10^{12}) liegen muss (Conselice et al. 2016). Wer soll sich die alle ansehen? Oder anders ausgedrückt: Wir können mittlerweile zwar Bilder von zehn Prozent des Universums machen, und bessere Teleskope werden diesen Anteil weiter steigern. Aber alle Astronomen dieser Welt reichen bei Weitem nicht aus, um diese Bilder anzusehen und die in ihnen enthaltene Information auszuwerten.

»Der große Vorteil der neuronalen Netze ist die Geschwindigkeit«, erläutert hierzu der australische Astronom Cavanagh den Grundgedanken des Einsatzes von KI in der Astronomie. »Galaxien auf astronomischen Aufnahmen, deren Klassifizierung durch Menschen sonst Monate gedauert hätte, können stattdessen in nur wenigen Minuten klassifiziert werden. Mit nur einer Standard-Grafikkarte können wir 14 000 Galaxien in weniger als drei Sekunden klassifizieren. [...] Diese neuronalen Netze sind nicht unbedingt besser als Menschen, weil sie von Menschen trainiert werden, aber sie kommen mit einer Genauigkeit von mehr als 80 Prozent und bis zu 97 Prozent bei der Unterscheidung zwischen elliptischen und spiralförmigen Galaxien [den Astronomen] schon recht nahe«, beschreibt ein Experte die Situation (Anonymus 2021).

Mittels maschinellen Lernens konnten Astronomen bereits sehr viele Galaxien in verschiedenen Entfernungen (d. h. Rotverschiebungen) von der Erde klassifizieren und mithilfe dieser Daten dann beispielsweise untersuchen, wie sich Galaxien im Laufe der Geschichte des Universums verändert haben und warum sie nur in bestimmten Umgebungen entstanden sind (Huertas-Company 2018). Man hat durch solche auf KI gestützten Einteilungen tatsächlich neue Entdeckungen gemacht, auf die man durch bloßes Betrachten der Bilder nicht gekommen wäre.

»Dieses Ergebnis impliziert, dass neuronale Netze in der Lage waren, automatisch Spuren von Entwicklungsphasen von Galaxien in den Daten zu finden, die für Astronomen nicht erkennbar waren. Deep-Learning-Techniken sind also nicht nur ein schnellerer Weg, um das zu tun, was wir bereits wussten, sondern auch ein leistungsfähiges Werkzeug, um Astronomen bei der Analyse der Daten und der Suche nach in ihnen versteckten Korrelationen zu unterstützen« (Huertas-Company 2018). KI findet also auch in der Astronomie neue Zusammenhänge, auf die Menschen nicht gekommen sind, ganz ähnlich wie seit einigen Jahren KI neue Go-Spielzüge gefunden hat, auf die Go spielende Menschen in 3000 Jahren nicht gekommen waren.

Ein weiteres Beispiel in der Astronomie hat Wurzeln, die gut einhundert Jahre in die Geschichte dieser Wissenschaft zurückreichen, und betrifft die Auswirkung der Schwerkraft auf die Ausbreitung des Lichts. Analog zur Ablenkung von Lichtstrahlen an optischen Lin-

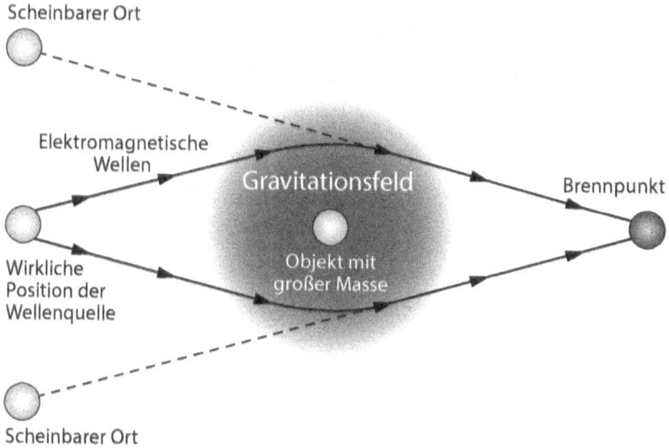

Abb. 5.2: Ablenkung des Lichts durch ein starkes Gravitationsfeld.

sen zwischen Objekt und Betrachter kann Licht gemäß der allgemeinen Relativitätstheorie Einsteins auch von den Gravitationsfeldern großer Massen (Sterne oder Sternhaufen, d. h. Galaxien) abgelenkt werden (Abb. 5.2). Vor gut einhundert Jahren wurde diese Vorhersage der Einsteinschen Theorie im Rahmen ihrer ersten gezielten experimentellen Überprüfung durch den britischen Astrophysiker Arthur Eddington empirisch geprüft. Dieser nutzte die Sonnenfinsternis vom 29. Mai 1919 über Südamerika und dem Südatlantik bis nach Westafrika und organisierte eine Expedition auf die Vulkaninsel *Príncipe* vor der westafrikanischen Küste und eine weitere nach Brasilien. Er konnte anhand seiner Messungen (mit einem Messfehler von 20 Prozent) nachweisen, dass das am Rand der Sonne vorbeistrahlende Licht von einem Stern im Sternhaufen der *Hyaden*[4] tatsächlich, wie von Einstein vorhergesagt, durch die Gravitation um 1,75 Bogensekunden (also etwa den zweitausendsten Teil eines Winkelgrades!), verschoben war.[5]

In einer kleinen im Fachblatt *Science* publizierten Diskussionsbemerkung sagte Albert Einstein voraus, dass es aufgrund dieses Effekts ringförmige Abbildungen von weit entfernten Sternen geben könne, denn je nach Lage von zwei Sternen und der Erde auf genau einer Linie könnten von der Erde aus anstatt des einen realen, weit entfernten Sterns nicht nur mehrere Sterne zu sehen sein, sondern sogar ein Ring (aus dem Licht des weit entfernten Sterns) um das Licht des genau zwischen diesem und der Erde stehenden Sterns herum, der als Gravitationslinse fungiert (Abb. 5.3).

Einstein hielt diesen Effekt indes für nicht beobachtbar. Er hatte in der Erdumlaufbahn operierende Teleskope[6] mit dem Auflösungs-

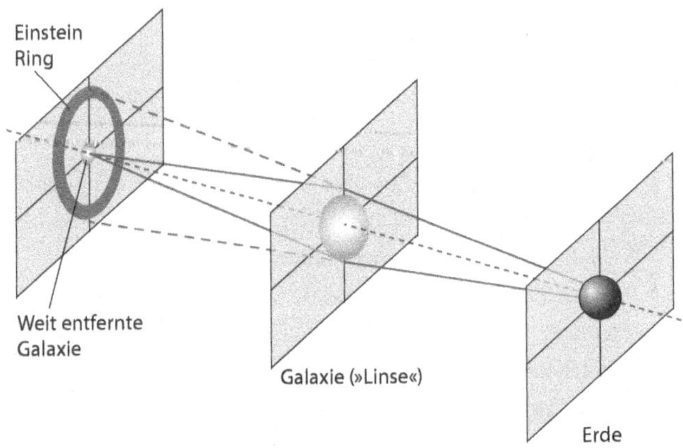

Abb. 5.3: Perspektivisch gezeichnete Version von Abbildung 5.2, die man sich als Schnittbild durch das hier abgebildete »dreidimensionale« Phänomen vorstellen kann. Von der Erde aus sieht man ein ringförmiges Objekt, das als Einstein-Ring bezeichnet wird, um eine Galaxie davor. Der Ring ist in Wahrheit eine Galaxie, die nicht ringförmig ist, sondern aufgrund der Beugung des Lichts durch und um die zwischen ihr und der Erde liegende Galaxie, die als Linse fungiert, nur als Ring *erscheint*. Weil die Linsenfunktion durch den Effekt der Gravitation auf die Ausbreitung des Lichts zustande kommt, spricht man auch von einer Gravitationslinse. Den zu sehenden Ring nennt man Einstein-Ring. Dieser ist deswegen so selten zu sehen, weil er nur als Bild entsteht, wenn das Objekt präzise hinter der Linse liegt. Nur dann erscheint das Bild der Galaxie als Ring um die als Gravitationslinse wirkende Galaxie.

Abb. 5.4: Einer der schönsten Einstein-Ringe um die (wie ein Stern erscheinende) zentrale Galaxie LRG 3-757, deren Gravitation das Licht der viel weiter entfernten Galaxie direkt dahinter in einen Ring verwandelt.

vermögen von *Hubble* nicht vorhergesehen. Daher sah er auch nicht die Möglichkeit der Beobachtung des Effekts an Galaxien im gesamten sichtbaren Universum (anstatt an Sternen in unserer Galaxie) voraus. Wie oben bereits erwähnt, gibt es im gesamten Universum mindestens zehn Mal mehr Galaxien, als es Sterne in unserer Milchstraße gibt. Damit ist die Wahrscheinlichkeit um ein Vielfaches größer, dass sich zwei Galaxien auf einer Linie mit der Erde befinden als die Wahrscheinlichkeit von zwei Sternen (innerhalb unserer Milchstraße), sich auf einer Linie mit der Erde zu befinden (Blandford et al. 1989).

Erstmals tatsächlich beobachtet wurde ein solcher Einstein-Ring jedoch erst im Jahr 1987, allerdings nicht bei zwei Sternen, sondern bei zwei Galaxien! Ein besonders schönes Exemplar ist die am 19. Dezember 2011 vom Hubble-Space-Teleskop der NASA aufgenommene Fotografie einer (in der farbigen Originalabbildung bläulich leuchtenden) hufeisenförmigen Galaxie (also ein fast geschlossener Ring) weit hinter einer orangefarben schimmernden Galaxie (Linse), die sich fast genau zwischen der Galaxie und der Erde befindet (Abb. 5.4). Mittlerweile kennt man mehr als 70 Einstein-Ringe, die mehr oder weniger geschlossen (vollständig) sind (Gentile et al. 2021; Hezaveh et al. 2017; Ramanah et al. 2021).

Starke Gravitationslinsen wie LRG 3–757 sind mehr als nur Kuriositäten am Nachthimmel. Durch ihre genaue Beobachtung und Vermessung ihrer vielfältigen Eigenschaften können grundlegende Fragen bzw. Probleme der Astronomie mit neuer Methodik angegangen werden. Mit Gravitationslinsen und Einstein-Ringen konnte beispielsweise erstmals nachgewiesen werden, dass die Relativitätstheorie auch außerhalb unserer Milchstraße gilt (Collett et al. 2018). Zudem konnte die Hubble-Konstante (ein Maß für die Rotverschiebung und damit für die Ausbreitung des Universums) an ihnen mit bislang unerreichter Genauigkeit gemessen werden (Jee et al. 2019). Weiterhin können Entfernungen im Universum genauer gemessen und unsichtbare Massenkonzentrationen (»dunkle Materie«, »schwarze Löcher«) gefunden werden. Es ist daher wichtig, mehr Einstein-Ringe zu finden, was gar nicht so einfach ist. Sie sind zwar für einen Menschen auf astronomischen Fotografien leicht zu erkennen, für herkömmliche Computer jedoch nur schwer. Hier kam KI zum Tragen, die trainiert wurde, Gravitationslinsen und Einstein-Ringe in den Aufnahmen des Hubble-Teleskops zu erkennen. Mithilfe dieser KI wurden die meisten heute bekannten Einstein-Ringe gefunden.

Chemie

Bis etwa zur Jahrtausendwende war die organische Chemie im Grunde nicht anders als zu den Zeiten von August Kekulé vor 150 Jahren: Organische Chemiker zeichneten zu synthetisierende Moleküle zunächst auf dem Papier, indem sie Sechsecke (Benzolringe) und Kohlenstoffketten skizzierten, um die Abfolge der Reaktionen festzulegen, die sie zur Herstellung eines bestimmten Moleküls benötigten. Dann versuchten sie, diese Abfolge im Labor umzusetzen und mischten, destillierten und filterten, um durch sehr viele Reaktionen das gewünschte Molekül zusammenzufügen. Das war mindestens ebenso sehr eine Kunst (mit vielen Tricks, Abkürzungen und Umwegen), wie es eine Wissenschaft war (Peplow 2014).

Es wundert daher nicht, dass mit dem Aufkommen von Computern und der Informatik auch in der Chemie daran gearbeitet wurde, diesen Prozess rationaler zu gestalten. Insbesondere der Harvard-Chemiker *Elias James Corey,* der 1990 den Nobelpreis für Chemie erhielt, synthetisierte nicht nur viele komplexe Naturstoffe erstmals (Prostaglandine und viele andere pharmakologisch bedeutsame Substanzen), sondern beschäftigte sich auch prinzipiell mit der Logik chemischer Synthesen. Nach seiner Methode der Retrosynthese wird das zu synthetisierende Molekül gedanklich in einfachere Bausteine zerlegt, für deren Verknüpfung Synthesebeispiele bekannt sind. Auf diese Weise gelangt man schrittweise zu einfacheren Ausgangsstoffen, die man nach der vorhandenen Literatur herstellen oder ganz einfach kaufen kann. Dies führt zu einem Schema, welches sich wie ein Baum verzweigt und rasch sehr viele Synthesewege produziert. Die Aufgabe des Chemikers ist es, den idealen Weg auszuwählen, der jedoch nicht immer der kürzeste sein muss.

Hierfür wurden seit den 1960er-Jahren computergestützte, organische Synthesesysteme entwickelt, bei denen es sich in den 80er-Jahren um Expert-Systeme (vgl. Kapitel 1) handelte. Erst zu Anfang dieses Jahrhunderts kamen neuronale Netze und noch später dann *Maschine Learning* in tiefen neuronalen Netzen *(Deep Learning)* in der Chemie auf. Das Ziel war insgesamt nicht weniger als die automatisierte Synthese komplizierter neuer Moleküle (Arzneimittel, Polymere, Proteine, Enzyme usw.) und zudem das automatisierte Auffinden ganzer neuartiger Reaktionswege, um Synthesen einfacher, schneller und kostengünstiger zu machen (Venkatasubramanian & Mann 2022).

Dieser Erfolg ist weitgehend auf die Verfügbarkeit billiger und leistungsfähiger Computerhardware, benutzerfreundlicher und leistungsstarker Programmierumgebungen und großer Datenmengen zurückzuführen, die früher nicht verfügbar waren. In ihrer im Fachblatt *Science* im Jahr 1969 publizierten Übersichtsarbeit vermitteln die Autoren Corey und Wibke bereits einen Eindruck davon, wie groß der Raum chemischer Möglichkeiten in der Praxis ist: Selbst ein so vergleichsweise einfacher Stoff mit der Strukturformel $C_{40}H_{82}$ kann in nicht weniger als 63.491.178.805.831 zweidimensional topologisch unterschiedlichen Formen vorliegen. Dreidimensional betrachtet, gibt es noch weit mehr Möglichkeiten und durch das Ersetzen eines Atoms durch irgendein anderes (vom Kohlenstoff verschiedenes) Atom erneut noch viel mehr (Corey & Wibke 1969, S. 178 f). Später beschrieben Fuller und Mitarbeiter (2012, S. 7933) diese Komplexität so: »Das gesamte synthetisch-organische Wissen, über das in der Literatur berichtet wird, umfasst in etwa 10^7 Reaktionen und eine ähnliche Anzahl von Verbindungen.« Sie illustrieren dies durch eine Abbildung, die schematisch darstellt, wie man diese Daten als riesiges Netz darstellen kann (Abb. 5.5).

Aufgrund dieser enormen Vielfalt, die sich aus der Kombinatorik (Mathematik) und dem Periodensystem der Elemente (Chemie) ergibt, hatte »die Herausforderung, dem Computer beizubringen, wie man organische Synthesen plant, den Ruf einer *mission impossible* erworben« (Szymkuć et al 2016, S. 5904). Dies kann man noch im Jahr 2016 bei den Autoren nachlesen, denen es mittlerweile gelungen ist, eine künstliche Intelligenz mit Namen *Chematica* zu entwickeln, die tiefe neuronale Netze und chemisches Expertenwissen verbindet, um in kürzester Zeit neue Synthesewege zu entwerfen. Wie die Ergebnisse einer empirischen Studie zeigten, gelang es mit der KI *Chematica* erstmals, neue Synthesewege für acht strukturell unterschiedliche, medizinisch wichtige Moleküle ohne jegliche menschliche Aufsicht zu entwerfen, die anschließend im Labor (von Chemikern) erfolgreich nachvollzogen wurden (Abb. 5.6). Alle acht neuen Synthesewege boten erhebliche Ertragsverbesserungen und Kosteneinsparungen oder lieferten überhaupt den ersten dokumentierten Weg zu einem bestimmten Zielmolekül (Klucznik et al. 2018).

Die Autoren vergleichen chemische Synthesen mit Spielen und

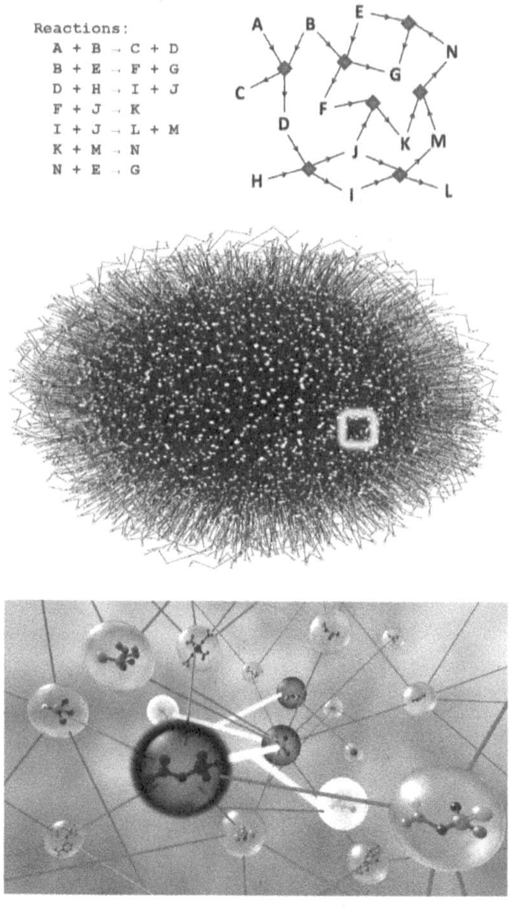

Abb. 5.5: Das Netzwerk der organischen Chemie (nach Fuller et al. 2012, S. 7933). Oben wird gezeigt, wie sich chemische Reaktionen (links) prinzipiell als Netzwerk (rechts) darstellen lassen – mit Substanzen (hellgraue Kreise, Buchstaben symbolisieren die Namen), die durch Reaktionen (graue Rauten) miteinander verbunden sind. In der Mitte ist ein kleiner Ausschnitt mit etwa 10 000 Knoten aus dem gesamten Netzwerk der organischen Chemie dargestellt, das etwa 7000-mal größer ist als dieser Ausschnitt. Unten ist das kleine Quadrat vergrößert dargestellt.

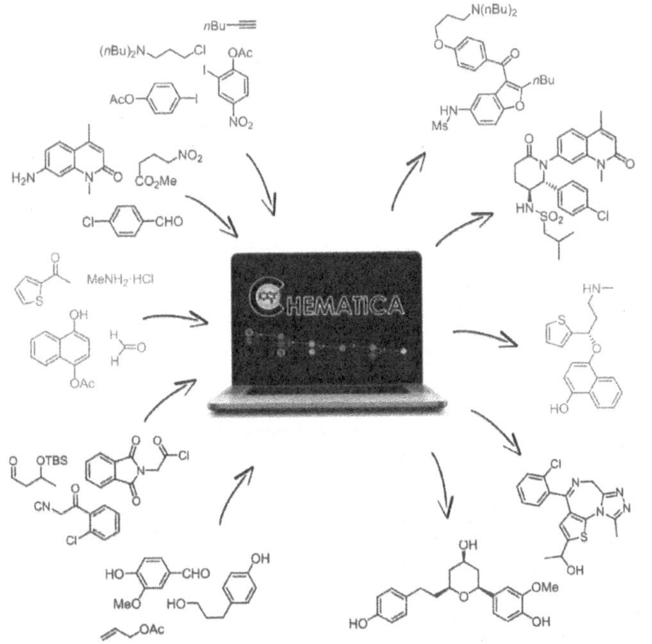

Abb 5.6: Fünf der acht publizierten neuen Synthesewege zu acht strukturell unterschiedlichen und medizinisch relevanten Zielmolekülen, die von der KI *Chematica* autonom generiert wurden.

einzelne Reaktionen mit Spielzügen: »Die Reaktionsregeln sind nur die grundlegenden ›Züge‹, aus denen die vollständigen Synthesewege (›Spiele‹) zu konstruieren sind. Da die Anzahl der Wahlmöglichkeiten bei jedem synthetischen Schritt etwa 100 beträgt (entsprechend der Anzahl der Wahlmöglichkeiten bei jedem Schritt in einem Schachspiel), skaliert die Anzahl der Möglichkeiten innerhalb von n Schritten mit 100^n« (Klucznik et al. 2018, S. 523). Der Suchraum ist damit so groß, dass Berechnungen ebenso wenig möglich sind wie beim Spiel Go oder der Proteinfaltung. Man benötigt daher KI, um aussichtslose Verzweigungen abzuschneiden, aussichtslose Wege gar nicht zu begehen, unwahrscheinliche Strukturen außer Acht zu lassen, ebenso wie Reaktionen, die nicht selektiv sind, oder solche, die über unerwünschte Zwischenstufen ablaufen müssten. Die KI findet dann tatsächlich die effizientesten und elegantesten Synthesewege aus kommerziell verfügbaren (über 200 000 Chemikalien) oder synthetisch herstellbaren Substraten (etwa 7 000 000 Moleküle aus der Literatur). »Für typische Zielmoleküle können bis zu Millionen brauchbarer Pfade gefunden werden« (Klucznik et al. 2018, S. 523) – und genau das ist natürlich das Problem. Aus ihnen muss die KI auswählen, und diese Auswahl muss aufgrund nachvollziehbarer und mit Literatur hinterlegter Kriterien erfolgen, d. h., die KI liefert dem Benutzer nicht nur Synthesewege, sondern für »jede Reaktion [auch] Vorschläge für Reaktionsbedingungen, Literaturzitate, die diese Art von Chemie illustrieren, Informationen darüber, welche Gruppen geschützt werden müssen (und mit welchen Schutzgruppen), Beispiele ähnlicher Reaktionen, die in der Literatur berichtet werden, und mehr«, wie die Autoren schreiben (Klucznik et al. 2018, S. 523).

Mittlerweile wird *Chematica* benutzt, um Wege zur Herstellung von Medikamenten zu finden, die nicht nur genauso wirksam sind wie die bestehenden, sondern auch anders und vielleicht sogar besser. Das ist für die gesamte pharmazeutische Industrie von größter Bedeutung. Denn wenn das Patent eines Pharmakonzerns auf ein Medikament ausläuft, kann er immer noch Patente auf viele der chemischen Schritte zur Herstellung des Medikaments besitzen. Mit anderen Worten: Konkurrenten, die in der Lage sind, ein Medikament nach Ablauf des Patents zu kopieren, müssen oft das ursprüngliche Unternehmen für die Verwendung der noch patentierten Rezepturen bezahlen. Es sei denn, sie können mit Alternativen aufwarten – so wie es *Chematica* bei einem Antibiotikum, einem Knochenkrebsmittel und einem Diabetesmedikament bereits getan hat. Es lernte Hunderte von patentierten Reaktionen kennen und entwickelte dann Rezepte, die diese vermeiden, wie Karol Molga und Mitarbeiter im Jahr 2019 in einer Arbeit, »Wie man um patentierte Synthesewege herumnavigiert«, publizierten (Molga et al. 2019). *Chematica* war damit auch eine Art Weckruf für die Pharmaindustrie. Wenn ein Patent für ein Medikament auslief, arbeiteten andere Unternehmen auch früher schon hart daran, rechtlich geschützte Rezepturen zu umgehen. Mit KI können sie dies nun viel besser als vorher. Die großen Firmen können daher ihre Wertschöpfung aus dem Labor nur dadurch verteidigen, dass sie selbst *Chematica* einsetzen, um zusätzlich zu dem, was sie bereits gefunden haben, nach Alternativen zu suchen, um diese dann gleich mit zu patentieren. Es wundert daher auch nicht, dass *Chematica* im Jahr 2018 vom deutschen Pharmakonzern Merck gekauft wurde (Howgego 2019).

Derek Lowe, Chemiker bei einem Arzneimittelhersteller im US-Bundesstaat Massachusetts, hält die Entwicklung der KI in der Chemie keineswegs für überraschend. Im Gegenteil: »Das ist genau das, was ich vom Einsatz von KI in der Chemie erwarten würde«, sagte er in einem Kommentar über *Chematica*. Und dann sagte er noch etwas, das sehr viele Wissenschaftler in den verschiedensten Bereichen sinngemäß über ihr Gebiet der Expertise immer wieder gesagt haben oder sagen werden: »KI wird Chemiker nicht ersetzen. Aber die Chemiker, die KI nutzen, werden die Chemiker ersetzen, die das nicht tun« (zit. nach Howgego 2019).

Fazit

KI ist dabei, die Naturwissenschaften zu verändern. Im Bereich der Mathematik war Intuition bis vor wenigen Jahren Sache der Mathematiker. Maschinen rechneten und konnten so manchen Gedanken nachrechnen. Das geht mit KI aber auch andersherum. Der oben diskutierte Beweis wird nicht der einzige bleiben, der von einer Maschine erdacht und dann von Menschen nachvollzogen wurde. Am Beispiel der Gravitationslinsen und Einstein-Ringe wird einmal mehr deutlich, dass KI beim Suchen in riesigen Datenmengen helfen kann, indem sie mögliche Fälle von etwas (in Kapitel 2 war es

u. a. Hautkrebs) identifizieren kann, die dann von Experten überprüft werden. Dies nimmt Experten sehr viel Arbeit ab.

Das Gleiche trifft für den Einsatz von KI in der Chemie zu, geht es doch in diesem Bereich der Naturwissenschaft ebenfalls um große Datenmengen, die ein einzelner Chemiker nicht überblicken kann. Die in der organischen Chemie gegebenen astronomisch vielen Kombinationsmöglichkeiten des Zusammenfügens von Kohlenstoff-, Wasserstoff-, Sauerstoff-, Stickstoff- und Phosphoratomen zu überschauen ist einem einzelnen Menschen nicht möglich. Hier kann KI helfen, den riesigen Suchraum von möglichen Synthesewegen zu verkleinern, um neue Synthesewege zu finden.

6

KI – SCHON HEUTE ALLTÄGLICH

Die folgenden Beispiele sollen vor allem eines verdeutlichen: Wer glaubt, er käme an KI vorbei, brauche sich mit ihr nicht zu beschäftigen und habe sowieso mit KI nichts am Hut, der irrt. Wir alle verwenden KI schon, und die wenigen, auf die das nicht zutrifft, werden dennoch mit hoher Wahrscheinlichkeit von KI in den Blick genommen. Die Adresse auf unseren Postkarten und Briefen wird bei der Post durch Handschriftenerkennung mithilfe von KI gelesen. Unser Smartphone erkennt nicht nur Gesichter beim Fotografieren und belichtet sie dadurch viel besser als jeder Fotoapparat, sondern kann auch Fotos dieser Gesichter aus einer großen Menge von Fotos heraussuchen. Zudem lernt das Smartphone unsere Gewohnheiten, ist mit fünf bis zehn Stunden täglicher Nutzungsdauer längst Teil unseres Alltags und enthält jede Menge KI.

Die digitalen Plattformen, deren Serviceleistungen wir mit unseren Smartphones (oder anderen Endgeräten wie Tablet-PC oder Laptop) nutzen – Social Media, Suchmaschinen, Einkaufen, Chatten, E-Mail und vieles mehr –, verwenden KI, um unsere Gewohnheiten kennenzulernen, was ihnen wiederum erlaubt, uns noch effektiver personalisierte Werbung (und Nachrichten) zukommen zu lassen. Weil wenige Facebook-Likes oder Klicks auf anderen sozialen Online-Netzwerken unsere Persönlichkeit preisgeben (Youyou et al. 2015), weil personalisierte Werbung besser funktioniert als nicht personalisierte Werbung (Matz et al. 2017) und weil Werbung ganz allgemein *das* Geschäftsmodell der großen kostenlosen Internetplattformen ist (Übersicht bei Spitzer 2018), wird hiermit sehr viel Geld verdient: Google, Meta (ehemals Facebook) und Amazon haben derzeit zusammen einen Marktanteil von etwa 60 Prozent an der digitalen Werbung – bei einer Größe des Gesamtmarktes weltweit von etwa 600 Milliarden US-Dollar pro Jahr (Statista 2023a, b).

Innere Sicherheit: *Predictive Policing*

Die zunehmende Technisierung und Digitalisierung der heutigen Gesellschaft hat in den letzten Jahren auch im öffentlichen Sicherheitsbereich zu erheblichen Veränderungen geführt. An Überwachungskameras haben wir uns gewöhnt. Zugleich haben wir in der EU dafür gesorgt, dass die Bilder nicht automatisiert erkannt und personenbezogen ausgewertet werden dürfen. In China mit seiner Bevölkerung von etwa 1,4 Milliarden Menschen ist das anders: Dort gehen die Verantwortlichen offenbar davon aus, dass es zur Aufrechterhaltung der inneren Sicherheit 500 Millionen Überwachungskameras bedarf, die mittlerweile dafür sorgen, dass jede Person innerhalb von wenigen Minuten erkannt werden kann. Hierzulande arbeiten sowohl die Polizeibehörden der Länder als auch private Sicherheitsdienstleister an KI-gestützten Systemen, durch die Sicherheitsarbeit effizienter und schneller geleistet werden soll. Zugleich arbeiten Wissenschaftler aus so verschiedenen Disziplinen wie Soziologie, Geografie, Rechtswissenschaft und Informatik daran, die Erfahrungen der Polizei systematisch auszuwerten und zu diskutieren. Die Probleme der Verstärkung von Vorurteilen, rechtliche Probleme mit Vorverurteilung bis hin zu prinzipiellen statistischen (Dunkelfeld) und ethischen (Frage nach Determinismus und Schuld) Fragen bleiben dabei bislang unbeantwortet, auch wenn in rascher Folge immer »leistungsfähigere« Technologien entwickelt werden.

In Großbritannien nutzt die Polizei KI nicht nur zur Bekämpfung von Verbrechen, sondern auch zum sogenannten *Predictive Policing*, also um Verbrechen vorherzusagen, damit sie dann gar nicht begangen werden, weil man sie aufgrund der Vorhersage verhindern konnte. Hierzulande spricht man (etwas sperrig) von *vorhersagender Polizeiarbeit*. Das klingt nach Science-Fiction wie in dem Film

Minority Report[1]. Diese Art der Polizeiarbeit gibt es jedoch nicht nur bereits in Großbritannien, den USA und in der Schweiz, sondern in etwa der Hälfte der deutschen Bundesländer. Nordrhein-Westfalen hat beispielsweise Ende des Jahres 2017 *Predictive Policing* beschlossen und zwischenzeitlich umgesetzt. Man kann durch die Analyse großer Datenmengen einzelner Fälle mithilfe von KI die Wahrscheinlichkeit zukünftiger Straftaten ermitteln. Das Ziel ist es, die Arbeit der Polizei effektiver zu machen: Man schränkt mit Daten aus der Vergangenheit den »Suchraum« der Polizei ein – ganz wörtlich: An bestimmten Orten (»Villenviertel«) wohnen wohlhabende Menschen und sind zu bestimmten Zeiten (Ferien) nicht zu Hause. Wenn die Polizei weiß, wo es demnächst mehr Einbruchsdelikte geben könnte, kann sie ihre Präsenz dann dort steigern. Bei dieser Form von vorhersagender Polizeiarbeit werden also Ort und Zeit vorhergesagt und *nicht* der oder die *Täter.* Aber die Methode wurde in den USA auch bereits personenbezogen eingesetzt, wenn auch mit eher bescheidenem Erfolg (Bode et al. 2017; Knobloch 2018; Bode & Seidensticker 2020). Nach einem derzeit diskutierten Gesetzentwurf der EU-Kommission vom 21. April 2021 soll *Predictive Policing* in der Europäischen Union verboten werden.

Beim Thema KI und Kriminalität geht es leider auch um die missbräuchliche und strafrechtlich relevante Nutzung von KI. Hierzu nur ein Beispiel, das uns noch länger beschäftigen wird. Die Polizei warnt seit Jahren vor sogenannten Schockanrufen: Vor allem älteren Menschen wird am Telefon vorgegaukelt, ihr Sohn oder ihre Tochter hätten einen schweren Unfall verursacht und nun müsse eine hohe Kaution gezahlt werden. Ein Überbringer werde das Geld abholen … Oder der »Enkeltrick«: »Hier ist dein Enkel in Not, ich brauche dringend Geld«, meldet sich eine menschliche Stimme am Telefon und versucht das Vertrauen der angerufenen Person zu erschleichen. Seit einigen Monaten warnt die Polizei nun davor, dass die vermeintlichen Söhne, Töchter oder Enkel demnächst am Telefon genauso klingen werden wie die echten und dass diese Tricks daher noch schwerer zu durchschauen sein werden. Auch Fake-Hilfe-Videos sind heute bereits denkbar. Schließlich wird auch bereits vor Erpressungen mit echt aussehenden, gefälschten pornografischen Fotografien oder Videos gewarnt.

KI in Hollywood

In Hollywood geht bei Schauspielern und Drehbuchschreibern die Angst um, durch KI arbeitslos zu werden, weshalb sie im Juli 2023 seit über 60 Jahren erstmals wieder gemeinsam streiken. Der Hintergrund: Große US-Filmstudios haben KI bereits eingesetzt, um bestehende Darstellungen zu verändern oder zu verbessern. So kann KI beispielsweise die Bewegung der Lippen im Gesicht des Schauspielers an andere synchronisierte Sprachen anpassen (die von einem Synchronsprecher gesprochen werden, dessen Lippenbewegungen dann auf die Lippen des Schauspielers übertragen werden), oder je nach Bedarf das Gesicht des Schauspielers verjüngen oder älter aussehen lassen. In dem 2019 erschienenen Film *The Irishman* wurden Robert DeNiro, Al Pacino und andere Schauspieler durch KI um fast fünfzig Jahre verjüngt, um den Lebenslauf der von ihnen dargestellten Charaktere realistisch darstellen zu können. Das digitale Verjüngen war also ein wesentlicher Bestandteil des Films (Anonymus 2020a).

Synchronisieren und verjüngen stellten jedoch nur den Anfang dar. Wie weit die Branche mittlerweile bei der Verwendung von KI gediehen ist, zeigen die im Juni 2023 begonnenen Verhandlungen zwischen den *Hollywood-Studios* auf der einen Seite und der Schauspielergewerkschaft *Screen Actors Guild and the American Federation of Television and Radio Artists (SAG-AFTRA)* auf der anderen Seite. Sie drehen sich erstmals in der Hauptsache um die Rechte an mit KI erzeugten Geschichten sowie künstlichen visuellen und akustischen Versionen von Schauspielern. In einem Interview sagte Tom Hanks, dass künstliche Intelligenz ihn auf dem Bildschirm nachbilden und er dadurch noch lange nach seinem Tod in Filmen auftreten könnte: »Ich könnte morgen von einem Bus überfahren werden, und das war's, aber meine Auftritte können immer weitergehen … Außer dem Wissen, dass es von einer KI oder einem Deepfake gemacht wurde, wird es nichts geben, woran man erkennen könnte, dass ich es nicht bin« (Hanks, zit. nach Hsu 2023).

Man stelle sich vor, was passieren würde, wenn diese Verhandlungen nicht geführt würden. Sofern die Studios Drehbücher von KI schreiben ließen und die alleinige Kontrolle über die Rechte am Konterfei eines Schauspielers erhielten, könnten sie nur mit KI Film- oder Fernsehproduktionen, Serien und weitere Spin-offs produzieren, ohne Autoren und Schauspieler zu bezahlen. Für bekannte Schauspieler wie Tom Hanks oder Tom Cruise wäre das wahrscheinlich eher kein Problem, denn ihre Bekanntheit ist *das* Alleinstellungsmerkmal schlechthin und gibt ihnen die zum erfolgreichen Verhandeln nötige Macht. Der bekannte US-Schauspieler James Earl Jones, dessen original-englische Stimme dem obersten Bösewicht in den Star-Wars-Filmen, *Darth Vader*, das markige, autoritäre Auftreten verlieh, verkaufte beispielsweise die Rechte an seiner durch KI nachgebildeten Stimme bis an den Sankt-Nimmerleins-Tag, als er in den Ruhestand ging. Offensichtlich hatte er genug von dieser Rolle.

Bei jungen, unbekannten Schauspielern ist das anders: Wer arbeitslos ist, freut sich vielleicht über 500 Dollar für einen *complete buyout* (vollständigen Ausverkauf) seiner Rechte, weil er keine andere Wahl hat. Schlimmer noch: Wer als unbekannter, junger Schauspieler ständig gegen die Konkurrenz der KI-Avatare der besten Schauspieler des letzten Jahrhunderts antritt – »wenn Sie die Rolle für 500 Dollar nicht annehmen, dann nehmen wir eben Charlton Heston, James Stewart, Sean Connery oder Gary Cooper, der ist bald 70 Jahre tot und kostet dann gar nichts mehr« – hat Probleme, seine Karriere überhaupt zu starten. Verhandelt wird also durch die Gewerkschaft für *alle* Schauspieler, weil die vielen Tausend unbekannten Schauspieler in Nebenrollen oder Statisten im Hintergrund ansonsten allesamt im Wesentlichen leer ausgehen würden.

KI wird die Filmbranche verändern. Ob die Filme dadurch besser werden, muss sich noch zeigen. Das wird weniger von der KI und ihren Möglichkeiten abhängen, sondern vor allem von den Filmemachern und deren Kreativität, ästhetischem Empfinden und Verantwortungsbewusstsein.

Im Dienst globaler Wettervorhersagen

Für die meisten Menschen hierzulande ist die Wettervorhersage einfach ein Teil der Nachrichten, interessant bis langweilig (man überlege mal, was »vorübergehend leicht unbeständig« bedeuten könnte) und an den meisten Tagen (Ausnahmen: Glatteis, Gewitter etc.) wenig relevant für den Alltag. Für viele Bereiche der Wirtschaft dagegen ist eine gute Wettervorhersage von größter Bedeutung: Wie viel wird es regnen? Wie stark wird der Wind?

Extreme Niederschläge verursachen Flutkatastrophen – auch in Gegenden mit eigentlich gemäßigtem Wetter. Man denke nur an das Jahrhundert-Hochwasser vom 14. und 15. Juli 2021 in Rheinland-Pfalz und Nordrhein-Westfalen. Damals fielen fast 100 Liter Regen auf jeden Quadratmeter – bei normalerweise durchschnittlich knapp 70 Litern Regen im gesamten Monat Juli. Bei der Flutkatastrophe starben allein im Flusstal der Ahr mindestens 133 Menschen – abgesehen vom Leid Tausender Menschen und den enormen Schäden an Infrastruktur und in der Natur. Einem aktuellen Bericht der World Meteorological Organization zufolge waren in den letzten 50 Jahren mehr als 34 Prozent aller registrierten Katastrophen und 22 Prozent der mit ihnen verbundenen Todesfälle (1,01 Millionen) sowie 57 Prozent der mit ihnen verbundenen wirtschaftlichen Verluste (2840 Milliarden US-Dollar) auf extreme Niederschlagsereignisse zurückzuführen (Zhang et al. 2023). Wie man im Fernsehen während der Hurrikan-Saison in den USA immer wieder sehen kann – Fenster werden vernagelt, Sandsäcke aufgefüllt etc. –, sind bei meteorologischen Katastrophen lokal genaue und zeitlich präzise Vorhersagen besonders wichtig, weil genügend Zeit zur Vorbereitung Sachschäden begrenzen und Leben retten kann.

Unsere Wettervorhersage ist das Ergebnis der Integration Zehntausender einzelner Wetterdaten, d. h. Messungen von Temperatur, Luftdruck, Luftfeuchtigkeit und Windgeschwindigkeiten an sehr vielen Orten und in unterschiedlichen Höhen. Ausgewertet werden diese Daten mithilfe sehr komplexer Programme, die auf den leistungsfähigsten Rechnern laufen, die wir haben. Denn es geht hier sowohl um Rechenkapazität (sehr große Datenmengen) als auch um sehr hohe Geschwindigkeit. Die Daten sollen ja schnell verarbeitet werden und zudem – hier wird es richtig aufwendig – Prognosen so weit wie möglich in die Zukunft erlauben, von deren Präzision gar nicht zu reden.

Früher erfolgten die Messungen durch Wetterstationen am Boden, deren Daten von Hand ausgelesen und dann per Telefon übermittelt wurden, sowie mit einzeln gestarteten Wetterballons. Dann wurden diese Daten weitgehend durch die immer größer werdende Flotte der Verkehrsflugzeuge ersetzt. Bei täglich Tausenden von Flügen, die allein in Deutschland starten und/oder landen, liefern diese weitaus mehr Daten – vor allem in der Höhe – als Ballons. Daher war es auch während der Corona-Krise zu einem dramatischen Einbruch von Wetterdaten von Flugzeugen in der Luft gekommen, die normalerweise während ihres Fluges in Echtzeit wichtige Wetterdaten über den Ist-Zustand der Atmosphäre sammeln und an den deutschen Wetterdienst weitergeben. Durch den Corona-Lockdown war der Luftverkehr zu über 95 Prozent zum Erliegen gekommen, weswegen in dieser Zeit Unwetter sich schwerer vorhersagen ließen. Damit erhöhte sich das Risiko für Länder, die mit einem Mal mehr Vorlauf brauchten, um sich auf Wetterkatastrophen vorzubereiten. Es gab zwar noch (weitgehend automatisierte) Wetterstationen und einige Ballons und Flüge, aber die Wettervorhersagen waren während des Lockdowns nur noch so gut wie etwa zehn Jahre zuvor. Ihre Unzuverlässigkeit war vor allem ein Problem, wenn der Vorhersagezeitraum mehr als zwei Tage in der Zukunft lag.

Längerfristige Wettervorhersagen haben das gleiche Problem wie Schach- oder Go-Partien: Mit jedem weiteren Tag (bzw. Spielzug) nimmt die Zahl der möglichen Verläufe (von Wetter oder Spielzügen) exponentiell zu. Daher ist es mit jedem Tag, der weiter in der Zukunft liegt, schwieriger, zuverlässige Prognosen zu machen. Aus diesem Grund ist es sehr schwierig, Aussagen über längere Zeiträume in der Zukunft zu machen. Dies wäre jedoch sehr hilfreich, weil es Wetterphänomene gibt, die sich auf größeren Zeitskalen als Tage oder Wochen abspielen. Das bekannteste von ihnen hat den klangvollen Namen *El Niño.* Es handelt sich um einen in unregelmäßigen Abständen von zwei bis sieben (durchschnittlich vier) Jahren auftretenden Klimazyklus. Dessen Name (zu Deutsch: »der Junge«; gemeint ist das Jesuskind bzw. die Zeit von dessen Geburt) stammt von peruanischen Fischern, die in manchen Jahren um Weihnachten eine starke Erwärmung des Pazifischen Ozeans vor der Küste von Peru und zugleich ein Ausbleiben der Fischschwärme bemerkten und wirtschaftlich zu spüren bekamen.

Das Phänomen kommt wie folgt zustande: Zur Weihnachtszeit beträgt die normale Wassertemperatur im Pazifik vor der Küste Perus

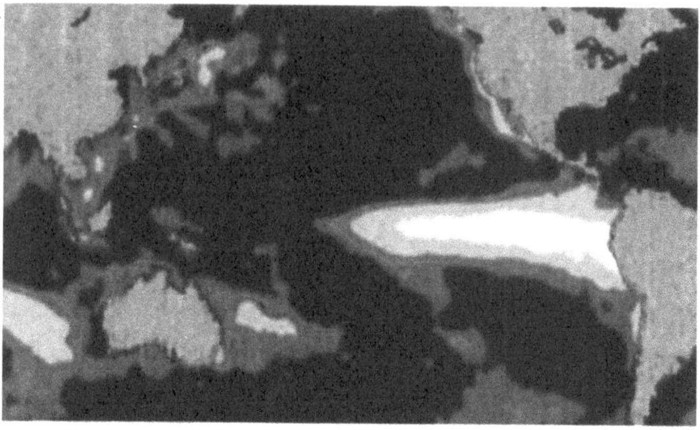

Abb 6.1: Anstieg der Meerestemperatur im Pazifik von 0,5 °C (grau) über 2,5 °C (hellgrau) bis 5 °C (weiß) während eines *El Niño.* Man erkennt deutlich die Erwärmung des Pazifik an der Westküste Südamerikas und im indonesisch-australischen Raum.

24 °C, vor Indonesien dagegen 28 °C. Das liegt am kalten Humboldtstrom vor der Küste Südamerikas, der wiederum vom Süd-Ost-Passat angetrieben wird. Dieser vom Festland im Osten kommende Wind treibt das Oberflächenwasser von der peruanischen Küste fort, was zum Auftrieb kühleren, aber zugleich auch nährstoffreichen Wassers aus der Tiefe des Ozeans führt. Werden die Passatwinde schwächer, kommt der kalte Humboldtstrom zum Erliegen: Das Wasser wird wärmer und nährstoffärmer, sodass es zum Absterben des Planktons und in der Folge zum Abbrechen der Nahrungsketten führt. Zugleich sinkt die Meerestemperatur vor Australien und Indonesien. Mit *La Niña* wird das gegenteilige Wetterphänomen bezeichnet: Überdurchschnittlich hohe Luftdruckunterschiede zwischen Südamerika und Indonesien führen zu stärkeren Passatwinden, die das warme Oberflächenwasser des Pazifik verstärkt nach Südostasien treiben, sodass vor der Küste Perus mehr kaltes Wasser aus der Tiefe nachkommt und die Temperatur des Pazifik dort bis zu 3 °C unter dem Durchschnitt liegt. *El Niño* und *La Niña* wechseln sich ab, und beide zusammen werden als *El-Niño-Southern Oscillation (ENSO)* bezeichnet. Bei diesem Wetterzyklus handelt es sich um die bedeutendste jährliche Klimaschwankung auf der Erde (McPhaden et al. 2006).

Diese Veränderungen haben weitere Folgewirkungen, die je nach Stärke des Phänomens das Wetter auf der gesamten Erdoberfläche betreffen können (McPhaden et al. 2006), auch im Nordatlantik und damit in Europa (Mu et al. 2022): Starke Regenfälle oder extreme Trockenheit führen zu Naturkatastrophen wie Erdrutschen und Überschwemmungen einerseits sowie Buschfeuern und Waldbränden andererseits. Die *ENSO* beeinflusst den Zeitpunkt von Überschwemmungen in Afrika sowie die Pegelstände des Ganges, Amazonas und Kongo und beeinflusst damit sowohl regionale als auch globale Wetterereignisse. Dadurch verursachtes Massensterben von Korallen, Fischen (und damit auch Robben) führt zusammen mit Missernten (von Weizen, Reis, Mais, Zuckerrohr und anderen global bedeutsamen Nutzpflanzen) zu Hungerkatastrophen und zu großen wirtschaftlichen Schäden – zusätzlich zum unfassbaren Leid für Mensch und Tier. Hinzu kommen durch Hitze und Nässe begünstigte Infektionskrankheiten wie Cholera und die durch Mücken übertragenen Krankheiten Malaria und Dengue-Fieber. In Südamerika hat dieses Wetterphänomen wahrscheinlich zum Untergang ganzer Kulturen geführt. Durch die in den letzten Jahrzehnten zunehmend spürbare Erderwärmung wird dessen Stärke wahrscheinlich zunehmen (Cappucci 2023; Dance 2023).

Aufgrund der starken Schwankungen in den letzten Jahrzehnten gibt es verstärkte Bemühungen, die *ENSO* vorherzusagen. Weil es hier nicht um Tage oder Wochen geht, sondern um Jahre, ist dies mit den üblichen Methoden der Meteorologie – auch bei Berücksichtigung von Luft- und Wassertemperaturen und -bewegungen – schwierig und für Vorhersagezeiträume von mehr als einem Jahr nicht möglich. Andererseits wäre es wichtig, hier voranzukommen, da die *ENSO* das Wetter auf dem gesamten Globus beeinflusst und die Meteorologen gerade durch *ENSO*-Vorhersage für sehr viele Regionen bessere Wettervorhersagen erstellen könnten.

Daher haben südkoreanische Wissenschaftler zur Lösung des Problems KI ins Spiel gebracht. Die Logik war die gleiche wie beim Brettspiel Go oder der Faltung von Proteinen: Berechnen geht nicht – versuchen wir es mit Lernen. Die Arbeitsgruppe um Yoo-Geun Ham von der Chonnam National University in Südkorea verwendete ein gefaltetes neuronales Netzwerk *(convolutional neural network; CNN)* zur Vorhersage der *ENSO* für bis zu 18 Monate im Voraus. Die Wissenschaftler trainierten das System anhand der vorhandenen, weltweit gemessenen Meerestemperaturen im historischen Zeitraum von 1871 bis 1973. Die Daten enthielten Informationen über die Oberflächentemperatur des Meeres sowie die durchschnittliche Wärmemenge in der obersten 300-Meter-Schicht des Ozeans. Wegen der geringen Zahl an Messwerten verwendeten die Autoren zum Training der KI zudem Daten von fast 3000 Simulationen von El-Niño-Ereignissen. Die trainierte KI wurde dann validiert, indem ihre Vorhersagen mit den vorhandenen tatsächlichen Daten aus den Jahren 1984 bis 2017 verglichen wurden (Abb. 6.2).

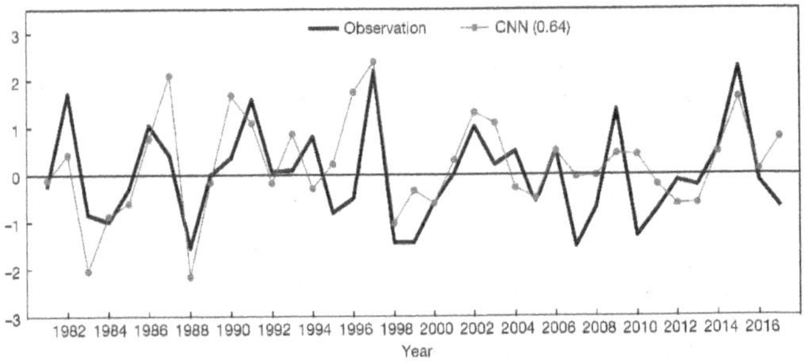

Abb. 6.2: Tatsächliche Wassertemperaturdaten (in °C, Abweichungen vom Durchschnitt) aus den Monaten Dezember, Januar und Februar der unten angegebenen Jahre sowie – korrespondierend darüber projiziert – durch die KI vorausgesagte Daten anhand der Temperaturdaten der Monate Mai, Juni und Juli 18 Monate zuvor. Die Korrelation der beiden Kurven beträgt 0,64.

Hierbei stellten die Autoren fest, dass die KI genauer war als bestehende Klimavorhersagen, die nur bis zu einem Jahr im Voraus zuverlässig sind. Die KI sagte 24 von 34 Klimaereignissen – *El Niño* oder *La Niña* – acht Monate im Voraus korrekt vorher, wohingegen das beste bestehende meteorologische Rechenmodell weniger als 20 dieser Ereignisse korrekt voraussagte.

Die KI lernte übrigens auch, Vorboten eines El-Niño-Ereignisses zu erkennen. Zudem konnte eine »Heatmap« erstellt werden, die angibt, wo auf dem Globus die Daten liegen, die am meisten zur Vorhersage beitrugen (hierzu mehr in Kapitel 8). Die Karte gibt also nicht an, wo es »heiß« ist, sondern wo (auf der Erdoberfläche) die für die Vorhersage wesentlichen Daten liegen. Damit wurde insgesamt gezeigt, dass KI das Wetter anhand von weit in die Vergangenheit zurückreichenden Daten besser vorhersagen kann als die übliche Wettervorhersage mit Computern aus Messungen aktueller Wetterdaten.

Künstliche Intelligenz hat damit erstmals gelernt, den weltweit wichtigsten Klimazyklus 18 Monate im Voraus vorherzusagen. Dies kann große Bedeutung haben, weil Vorhersagen von Dürren oder

Überschwemmungen über die Wahl der Getreidesorte bei der Aussaat informieren und damit Missernten verhindern können, wodurch wiederum das Risiko von Hungersnöten vermindert werden kann. Es muss an dieser Stelle noch ergänzt werden, dass es bereits neuere Versuche mit verbesserten Netzwerkarchitekturen gibt, die im Vergleich zu dem hier vorgestellten Netzwerk noch etwas besser bei der Vorhersage abgeschnitten haben (Kim et al. 2022). Das Feld der Schnittmenge aus Wettervorhersage und KI hat also erst mit der Arbeit begonnen. Es ist nicht zu erwarten, dass KI in absehbarer Zeit die Meteorologen ersetzen wird (Schultz et al. 2021), aber Meteorologen mit KI werden irgendwann solche ohne KI ersetzen.

Am 5. Juli 2023 erschienen im Fachblatt *Nature* zwei Arbeiten, die das enorme Potenzial von KI für die Wettervorhersage zeigen. Das Modell von Kaifeng Bi und Kollegen heißt *Pangu-Weather* und sagt Temperatur, Windgeschwindigkeit und Luftdruck sowie andere Variablen voraus. Es erstellt Vorhersagen etwa 10 000 Mal schneller als numerische Wettervorhersagemodelle mit der gleichen räumlichen Auflösung und mit vergleichbarer Genauigkeit (Bi et al. 2023).

Die wichtigste und zugleich schwierigste Vorhersage betrifft den Niederschlag. Darum geht die zweite Arbeit über ein Kurzzeitvorhersagemodell, das Regen auf einer Zeitskala von bis zu sechs Stunden vorhersagt (Zhang et al. 2023). Man spricht hier auch von *Nowcasting*. Das Modell mit dem Namen *NowcastNet* konzentriert sich ausschließlich auf diese Aufgabe und kann tatsächlich genauere meteorologische Aussagen liefern, als dies bisher möglich war. Gerade weil extreme Wetterprozesse typischerweise Lebensdauern von nur einigen zehn Minuten aufweisen, werden neuronale Netzwerke die Vorhersage künftig deutlich beschleunigen und damit dazu beitragen, materielle Schäden und menschliches Leid zu vermindern.

»Hören Sie genau hin« – KI an der Börse

Seit es neuronale Netzwerke gibt, wurde versucht, mit ihrer Hilfe Börsenkurse vorherzusagen. Die Logik dahinter: Die Börse ist ein Handelsplatz, an dem sehr viele Menschen mit den unterschiedlichsten Interessen miteinander agieren, was man getrost ein »äußerst komplexes Spiel« nennen kann. Wenn es nur Glücksspiel wäre, dann gäbe es nichts vorherzusagen, denn den Zufall kann man nicht vorhersagen. Ganze Branchen – Makler, Händler, Analysten, Spekulanten und ganz normale Banker, die selbst börsennotierten Unternehmen »Deutsche Börse« und andere, die Börsenaufsicht, Broker, Wirtschaftsjournalisten und Professoren der Ökonomie – leben davon, dass die Börse kein Glücksspiel ist. Auch gab es schon früher viele Versuche, mit mathematischen bzw. statistischen Verfahren den Börsenkurs vorherzusagen. In der Vergangenheit kam es wiederholt und für alle Beteiligten überraschend zu kurzfristigen heftigen Kursverlusten, sogenannten Crashs, mit zum Teil desaströsen Folgen für die Weltwirtschaft. Bis heute kann niemand einen solchen Crash zuverlässig vorhersagen.

Sofern jedoch irgendeine Struktur (man könnte sagen: irgendeine Art von Logik) in der Entwicklung der Börsenkurse steckt, könnte man ein Netzwerk darauf ansetzen, diese Struktur zu finden. Wer sie findet, verdient damit Milliarden. Mit etwa diesem Argument wurden die ersten Software-Pakete zur Simulation neuronaler Netzwerke verkauft, die vor gut 30 Jahren auf den Markt kamen. Funktioniert hat es bis vor einem Jahr noch nicht. Ein Grund könnte sein, dass sich der Börsenkurs insgesamt »chaotisch« verhält, d.h. keine erkennbaren Muster bildet und deshalb schlichtweg keine Vorhersage erlaubt. Bei einzelnen Unternehmen ist dies jedoch anders. Hier ist die Vergangenheit durchaus ein Prädiktor der Zukunft, wie das folgende Beispiel zeigt.

Börsennotierte Unternehmen unterliegen der Pflicht, die Aktionäre oder solche, die es werden wollen, über die Erfolge und Risiken des Unternehmens zu informieren. Diese Unternehmensoffenlegung geschieht heutzutage zunehmend in Form von Telefonkonferenzen oder Webcasts, oft mehrfach im Jahr.[2] Im Rahmen dieser Dialoge zwischen Managern und Analysten können potenzielle Anleger mehr Informationen gewinnen als durch die bloße Lektüre der publizierten Geschäftsergebnisse, was sowohl für die (mündliche) Präsentation der Daten als auch (und mit noch größerem Effekt) für die interaktive Diskussion empirisch nachgewiesen werden konnte: »Anhand einer Stichprobe von mehr als 10 000 Telefonkonferenz-Transkripten untersuchen wir den Informationsgehalt der beiden Segmente der Telefonkonferenz – die Präsentation und die Diskussion. Beide Segmente enthalten mehr Informationen als die begleitende Pressemitteilung, wobei die Phasen der Diskussion vergleichsweise informativer sind als die der Präsentation«, fasste ein Wissenschaftlerteam aus den Niederlanden und den USA seine diesbezüglichen Ergebnisse zusammen (Matsumoto et al. 2011, S. 1383).

Im vergangenen Jahr wurde erstmals gezeigt, dass neuronale Netzwerke, die mit sehr kleinteiligen ökonomischen Daten von Tausenden Unternehmen trainiert wurden, bessere Vorhersagen liefern als statistische Verfahren (Regressionsanalysen) durch Computerprogramme und Analysten, also Experten in der Beurteilung von Unternehmen, wie die Autoren hervorheben: »Die auf der Grundlage der Vorhersage unserer Modelle möglichen jährlichen Renditen […] liegen zwischen 5,02 und 9,74 Prozent. Unsere Modelle übertreffen zwei konventionelle Modelle, die logistische Regressionen mit kleinen Datensätzen von Rechnungslegungsvariablen verwenden, sowie die Prognosen professioneller Analysten. Die Analysen deuten darauf hin, dass die bessere Leistung im Vergleich zu den konventionellen Methoden sowohl auf nichtlineare Wechselwirkungen zwischen den Prädiktoren, die von den Regressionen nicht erfasst werden, als auch auf die Verwendung detaillierterer Finanzdaten durch maschinelles Lernen zurückzuführen ist« (Chen et al. 2022, S. 467 f). Anders gesagt: KI findet komplizierte (nichtlineare) Zusammenhänge, die herkömmlichen Computern entgehen, und kann zudem größere Mengen an kleinteiligen Daten verarbeiten, als es (menschliche) Experten je könnten.

Damit könnte diese Diskussion beendet sein, wäre da nicht eine kürzlich publizierte Arbeit, die – ebenfalls mittels clever eingesetzter KI – weit über das gerade Gesagte hinausgeht. Man ging in dieser Arbeit von der Vermutung aus, dass Manager gegenüber Investoren einen erheblichen Informationsvorsprung besitzen und diesen auch nutzen: Redet man Risiken klein und mögliche Gewinne groß, lassen sich Investoren eher zu einem höheren Einsatz bewegen. Umgekehrt sind Analysten und Investoren natürlich besonders daran interessiert, *alle* Informationen zu erhalten, die für die Bewertung eines Unternehmens wichtig sind – vor allem diejenigen, die Manager nicht gerne preisgeben. Schon seit Jahren versucht man, die Chancen bei diesem Katz-und-Maus-Spiel zugunsten derer, die ihr Geld riskieren, zu verbessern, indem man auch ungewöhnliche Einflüsse auf das Börsengeschehen untersucht: Sportereignisse, das Wetter, ein überstandener Hurrikan (Bourveau & Law 2021), die Attraktivität des Managers (Guo et al. 2021) oder dessen Optimismus, und vielleicht sogar das Erdmagnetfeld (Asthana & Kalelkar 2023). All dies wurde tatsächlich schon mit Investitionsentscheidungen in Verbindung gebracht. So wundert nicht, dass man sich irgendwann nicht mehr nur für die vorgetragenen *Inhalte* interessierte, sondern auch für deren *Form*, d.h. für die Stimme des die Unternehmensdaten vortragenden Managers. Schließlich gehört die menschliche Stimme – neben äußerer Erscheinung (»Kleider machen Leute«) und Sozialverhalten – zu den wichtigsten Determinanten menschlicher Kommunikation.

Man muss sich hierbei vergegenwärtigen, dass das Sprechen mit etwa 16000 produzierten Wörtern pro Tag (Mehl et al. 2007) zugleich zu unseren häufigsten Aktivitäten und zugleich komplexesten Aktivitäten gehört. Zwar haben auch unsere Hände und unsere Mimik eine erstaunlich komplizierte Funktionalität, aber dennoch ist das Sprechen im Hinblick auf die Anzahl der beteiligten Muskeln und der durch sie bewegten Körperteile in Bezug auf Geschwindigkeit und Komplexität deutlich anspruchsvoller (Fink 1986). Und weil das so ist, unterliegt unsere Sprache keineswegs in dem Maße unserer bewussten Kontrolle, wie wir denken oder vor allem wollen, denn das Sprechen ist dafür schlicht zu komplex und funktioniert zugleich zu schnell.

Wenn Menschen sprechen, geben sie aus genau diesem Grund mehr Informationen von sich preis als nur durch den explizit gesprochenen Text (Colapinto 2021). Wir können gar nicht verhindern, dass einiges von dem, was wir wirklich denken, glauben, fühlen und bewerten, auf subtile Weise in unsere Äußerungen einfließt (Scherer 2003). Schon vor mehr als zehn Jahren wurde damit begonnen, diesen Gedanken wissenschaftlich auf den Grund zu gehen. William Mayew und Mohan Venkatachalam (2012) von der *Fuqua School of Business* an der Duke University publizierten in ihrer Arbeit »Die Macht der Stimme: Affektive Zustände in der Managerstimme und zukünftige Performanz der Firma« erstmals einen Zusammenhang zwischen den stimmlichen Äußerungen von Managern bei der Präsentation von Unternehmensdaten und der zukünftigen Performance der von ihnen geleiteten Firma. Ein kurzer Ausschnitt der Stimme (0,4 bis 2 Sekunden) wurde mit einer damals bereits gut bekannten Software (Layered Voice Analysis; LVA) computergestützt automatisch auf das Vorhandensein von positivem und negativem Affekt getrennt voneinander quantitativ untersucht und mit nachfolgenden Veränderungen des Börsenwerts des Unternehmens korreliert. Positiver Affekt korrelierte mit positiven Veränderungen des Börsenwerts, ein negativer Affekt korrelierte nur dann mit negativen Veränderungen des Börsenwerts, wenn der Affekt während der Präsentation schlechter Ergebnisse gemessen worden war. Was die Autoren damals folgerten, war durchaus bemerkenswert: »Eine wichtige Implikation unserer Arbeit ist, dass Informationen, die aus nonverbalen Äußerungen während der Kommunikation zwischen Managern und Aktionären gewonnen werden, bei der Ressourcenallokation und bei Portfolioentscheidungen sehr nützlich sein können« (Mayew & Venkatachalam 2012, S. 38). Zehn Jahre danach lieferte eine andere Arbeitsgruppe um Yi Yang vom Department of Information Systems der Hong Kong University of Science and Technology eine weitere Arbeit zur gleichen Frage mit dem Titel »Wie man die Macht der Stimme für die Vorhersage von Finanzrisiken nutzbar macht«. Das Team entwickelte *DeepVoice*, »ein nonverbales Analysesystem für die Vorhersage von Finanzrisiken im Rahmen von vierteljährlichen Gewinntelefonkonferenzen«, wie die Autoren ihr Vorhaben selbst charakterisieren (Yang et al. 2022, S. 63). Ein Deep-Learning-Modell wurde mit einem Datensatz von 6047 Gewinnmitteilungen (Audioaufzeichnungen und Texttranskripte) sowie den tatsächlichen Gewinnen (und anderen ökonomisch relevanten Unternehmensdaten) der S&P 500-Unternehmen[3] aus den Jahren 2015 bis 2018 trainiert, um den künftigen Börsenwert (bei einem Zeithorizont von 3, 5, 10, 30 oder 60 Tagen) vorherzusagen. Hierbei schnitt *DeepVoice* im Vergleich zu einer ansonsten üblichen Vorhersagemethode mittels publizierter Informationen zur ökonomischen Vergangenheit des Unternehmens statistisch und ökonomisch signifikant besser ab. Welchen Anteil die einzelnen Informationsquellen dabei liefern, wurde durch den Vergleich mehrerer Lernmodelle, die auf unterschiedlichen Daten basierten, ermittelt. Wie sich zeigte, lieferten ökonomische Daten zur Performanz des Unternehmens in der Vergangenheit für sich genommen die schlechteste Prognose. Bei zusätzlichem Einschluss von Risikoparametern und des verbalen Inhalts der Gewinnmitteilungen wurde die Vorhersage besser. Am besten war die Prognose jedoch bei zusätzlicher Hinzuziehung der nonverbalen Eigenschaften der Stimme. Dies galt für alle Prognosezeiträume. Eine Simulation der Nutzung von *DeepVoice* (im Vergleich zu Standarddaten) für tatsächliche Börsengeschäfte ergab eine Steigerung des Gewinns von 4,65 auf 8,89 Prozent, d.h. auf nahezu das Doppelte (Yang et al. 2022, S. 79).

Schließlich publizierte ein interdisziplinäres Team von Wissenschaftlern der Ruhr-Universität Bochum um Jonas Ewertz eine Veröffentlichung mit dem schönen Titel »Hören Sie genau hin: Hinweisreize in der Stimme sagen künftige Erträge voraus«[4]. Wieder bestand das Ziel darin, aus den akustischen Mustern in der Stimme von Managern Informationen über künftige Unternehmenserfolge und Misserfolge zu gewinnen. Untersucht wurde die Stimme (Lautstärke, Tonhöhe des Grundtons, Obertongehalt, Rhythmus, Geschwindigkeit) bei der Präsentation von Unternehmensdaten durch die jeweiligen Manager mittels einer Stichprobe von 8436 Telefonkonferenzen von US-Unternehmen, die im Zeitraum 2015 bis 2020 stattgefunden hatten. Die Stimme der Manager wurde dann mit der Entwicklung des Unternehmens im darauffolgenden Jahr in Zusammenhang gebracht. Dies geschah durch das Training einer KI mit 60 Sekunden (sechs Ausschnitte zu jeweils zehn Sekunden) gesprochener Sprache des Managers aus dessen jeweiliger Telefonkonferenz. Man fragte also gar nicht, *wie* dies möglich sein kann, sondern untersuchte nur, *ob* es einen solchen Zusammenhang gibt, der sich lernen lässt, wenn man nur genug gute Daten hat. Die verwendeten zehn Sekunden langen Audioschnipsel wurden hierbei auf zweifache Weise – erstens als Spektrogramm und zweitens direkt (nicht vorverarbeitet) als digitalisierte Sound-Datei – mit dem von *Meta* (ehemals Facebook; vgl. Meta AI 2020) entwickelten neuronalen Netzwerk zur Sprachverarbeitung namens *wav2vec 2.0* verarbeitet und dann zum Lernen verwendet. Wie ihr Name schon sagt, verwandelt diese Software Audio-Signale (wav) in Vektoren (vec), die als Inputvektoren für ein neuronales Netzwerk dienen können. Die Autoren fanden, dass die Gewinnprognosen ihres Modells beim tatsächlichen Einsatz an der Börse gegenüber dem Markt um durchschnittlich 8,8 Prozent pro Jahr besser lagen. »Darüber hinaus können Finanzanalysten die Genauigkeit ihrer Gewinnprognosen um mehr als 40 Prozent verbessern, wenn sie sich auf ihre Stimme verlassen. Insgesamt deuten unsere Ergebnisse darauf hin, dass die stimmlichen Hinweise von Managern wichtige Informationssignale für künftige Erträge sind, die von Anlegern derzeit übersehen werden«, diskutieren die Autoren ihre Ergebnisse (Ewertz et al. 2022, S. e1).

Die Anzahl der Arbeiten zu Stimme und Börse ist zwar größer als drei, aber trotzdem (noch) überschaubar. Wenn die hier vorgestellten Ergebnisse durch weitere Studien bestätigt werden, kann man sich ausmalen, wie das Katz-und-Maus-Spiel von Managern und Anlegern weitergeht: Auf Druck der Anleger werden Manager zunächst durch Avatare mit neutraler Stimme ersetzt; Manager beginnen dann mit dem Training von KI, sodass die Avatare eher und mit größerer Zuverlässigkeit (als die Manager selber) nur das preisgeben, was die Manager wollen. Daraufhin werden Avatare beim ökonomischen Reporting verboten und kurze Zeit später das mündliche Reporting ganz abgeschafft. Ob sich die Anleger damit zufriedengeben, bleibt abzuwarten.

KI bei Corona-Grenzkontrollen in Griechenland

Nach den Anwendungsbeispielen von KI für die Erkennung von Gesichtern, die Produktion von Kinofilmen, die Vorhersage künftiger krimineller Handlungen und für die Vorhersage des Wetters und von Börsenkursen sei zum Abschluss eine ganz simple Anwendung diskutiert, die gerade wegen ihrer Einfachheit im weltweit bekannten Fachblatt *Nature* publiziert wurde (Bastani et al. 2021).

»Stellen Sie sich einen Grenzkontrollbeamten auf einer griechischen Insel vor. Ein Flugzeug ist gerade gelandet, und der Beamte hat die Aufgabe, alle Personen mit COVID-19 zu identifizieren und in Quarantäne zu schicken. Der Beamte würde gerne alle ankommenden Passagiere testen, aber die Testkapazitäten auf der Insel sind sehr begrenzt, und generell ist es nie möglich, 100 Prozent der Bevölkerung jederzeit zu testen«, beschreibt ein Kommentator im Fachblatt *Nature* das Problem an sehr vielen internationalen Grenzen, das sich seit der ersten Welle der Corona-Pandemie täglich stellte (Obermeyer 2021, S. 34).[5] Alle Grenzen des Landes komplett zu schließen, ist in einer stark vom Tourismus abhängigen Gesellschaft nicht möglich, denn das würde den Verlust von Arbeitsplätzen und Einkommen für viele Menschen bedeuten. Der Grenzbeamte steht also vor einer schwierigen Entscheidung: Wer soll getestet werden?

Hier ist es nützlich zu wissen, dass alle Passagiere des Flugzeugs die Passenger Locator Form 24 Stunden vor der Anreise digital ausgefüllt haben müssen, wo nicht nur Name und Adresse (und damit Herkunftsland), sondern auch Alter und Geschlecht, weitere Länder der Durchreise, die Anzahl der Mitreisenden (Familie oder Freunde/Bekannte), das Transportmittel und die Art der Unterbringung (Hotel/privat etc.) sowie medizinische Vorerkrankungen registriert werden. Mithilfe dieser Informationen kann man nun versuchen, schon vor dem Testen Menschen zu identifizieren, bei denen der Test mit höherer Wahrscheinlichkeit positiv ausfällt. Dies ist von Bedeutung, weil nur ein positiver Test eine praktische Konsequenz hat. Die einfache Verwendung von entsprechenden Vorerfahrungen (z. B. »ältere Leute aus dem Land XY, die mit Bekannten einreisen, sind eher betroffen«) reichte inmitten einer sich dynamisch entwickelnden Pandemie jedoch nicht aus, um dieses Ziel zu erreichen, weil die Datenlage komplex ist und sich ständig ändert. Und genau hier kommen neuronale Netzwerke ins Spiel.

Diese müssen zwei Ziele zugleich verfolgen, nämlich erstens, solche ankommenden Passagiere zu testen, bei denen ein positives Testergebnis vergleichsweise wahrscheinlicher ist. Sie tun dies, indem sie nach Mustern in den Daten aus den Einreiseformularen suchen, die mit positiven Tests einhergehen. Das zweite Ziel besteht darin, das Wissen über Passagiere, über deren Risiko man bislang wenig weiß, ständig zu vergrößern, um auf diese Weise längerfristig Personen mit wahrscheinlicheren positiven Tests immer besser zu finden. Um beide Ziele zu verfolgen, muss man zum einen die Menschen testen, bei denen das neuronale Netz zum gegebenen Zeitpunkt ein erhöhtes Risiko vorhersagt, und zum zweiten einen bestimmten Anteil von Menschen mit hoher Ungewissheit auswählen und ebenfalls testen, um weiter lernen zu können. Das Ganze musste dann auch noch mit der europäischen Datenschutzgrundverordnung (DSGVO) kompatibel sein – ebenfalls keine leichte Aufgabe.

Das Ergebnis der Studie kann sich sehen lassen, denn das System verdoppelte die Effizienz der Tests, d.h. die Anzahl der pro Test entdeckten positiven Fälle.

Wie gut die Strategie funktionierte, kann man schon daran ermessen, dass Bastani und Mitarbeiter Änderungen der Prävalenz von COVID-19 von Menschen aus bestimmten Ländern bis zu neun Tage früher entdeckten, als dies mit epidemiologischen Daten aus dem betreffenden Land möglich gewesen wäre. Die abschließende Beurteilung der Studie im begleitenden Kommentar sei dem Leser nicht vorenthalten: »Die Arbeit von Bastani und Mitarbeitern wird als eines der besten Beispiele für die Nutzung von Daten im Kampf gegen COVID-19 in Erinnerung bleiben. Sie stellt eine fesselnde Geschichte darüber dar, wie eine Gruppe von Wissenschaftlern in Zusammenarbeit mit aufgeklärten politischen Entscheidungsträgern ein Instrument mit hohem gesellschaftlichem Wert entwickelt hat. Sie verdeutlicht die besten Seiten sowohl der akademischen Forschung als auch des öffentlichen Dienstes und zeigt, wie vielversprechend der Einsatz künstlicher Intelligenz ist, wenn es darum geht, gute Entscheidungen zu treffen – die in vielen Fällen den Unterschied zwischen Leben und Tod ausmachen können« (Obermeyer 2021, S. 36). Man könnte sogar so weit gehen und behaupten, dass der Erfolg der von Bastani und Mitarbeitern entwickelten künstlichen Intelligenz die Unzulänglichkeiten der Grenzkontrollen zur Verhinderung der Ausbreitung von COVID-19 in fast allen anderen Ländern verdeutlicht.

Fazit

Wir begannen unsere Diskussion einiger Beispiele der praktischen Anwendung von KI im Alltag mit Geld (den jährlichen Werbeeinnahmen von Amazon, Google und Meta) und beendeten sie mit Geld (möglichen Börsengewinnen durch KI-gestützte Stimmanalyse von Managern sowie günstigeren Corona-Tests). Das ist kein Zufall, denn das Internet ist die weltweit am schnellsten wachsende, globale, ökonomisch-kulturelle Infrastruktur, die zugleich – etwa im Vergleich zum globalen Handel oder Luftverkehr – trotz des enorm betriebenen Aufwands niemanden etwas kostet. Das ist nur vordergründig so, denn jeder Nutzer hinterlässt Spuren in Form von Informationen, die von den genannten Unternehmen gesammelt und gewinnbringend weiterverarbeitet werden. Erst KI machte dieses Geschäftsmodell möglich, weshalb die betreffenden Unternehmen auch zu den größten Entwicklern und Nutzern von KI gehören. KI durchzieht unseren Alltag, weil KI ein integraler Bestandteil der riesigen »Gelddruckmaschine Internet« ist.

Die hier gezeigten Beispiele – nicht zuletzt zur Prognose der Börsenkurse und des Wetters – machen deutlich, wie vielfältig die Einsatzmöglichkeiten sind.

So lässt sich zusammenfassend feststellen, dass der Einsatz und die Auswirkungen von KI im Alltag vor allem ökonomische Gesichtspunkte betreffen. Das wundert nicht: Geld regiert die Welt.

7

GEISTESWISSENSCHAFT: VON DER KEILSCHRIFT ZUR HERMENEUTIK

Bei KI denkt man zunächst an die MINT-Fächer, d. h. an Mathematik, Informationstechnik, Naturwissenschaft und Technik. An Keilschrift, das antike Athen oder Rom, an Archäologie oder die Exegese alten Schrifttums denkt man nicht. In den vergangenen drei bis fünf Jahren wurde eine Reihe bedeutender Arbeiten publiziert, die darauf hindeuten, dass sich dies ändern wird. In den Geisteswissenschaften gibt es große Textkörper, die mit den Mitteln von KI bearbeitet werden können. Wurden früher in der Computerlinguistik algorithmisch arbeitende Programme eingesetzt, um Statistiken zu Texten, wie beispielsweise die Häufigkeiten bestimmter Morpheme (»Wortbausteine«) oder Wörter in großen Texten, zu erstellen, werden seit einigen Jahren neuronale Netzwerke eingesetzt, um auch sehr komplexe, in Texten verborgene regelhafte Beziehungen zwischen Wörtern aufzufinden. Dies geschieht durch große Sprachmodelle *(Large Language Models, LLM)*, wie beispielsweise die bereits in Kapitel 1 diskutierte KI *ChatGPT*.

Wie in der Mathematik und den Naturwissenschaften braucht es auch in den Geisteswissenschaften Intuition, um neue Ideen zu generieren, denen dann systematisch nachgegangen wird. Gerade weil KI in der Lage ist, mehr Text zu verarbeiten, als dies ein Mensch je könnte, kann KI auch in sehr großen Textkörpern vorhandene, regelhafte Zusammenhänge durch Lernen aufspüren. Sie tut dies ohne jedes »Verstehen« oder gar »Bewusstsein« allein durch maschinelle Intuition, wie in Kapitel 5 dargestellt wurde. Es ist dabei egal, ob Tontafeln mit Keilschrift, die Inschriften auf antiken Säulen oder das Geplapper im Internet untersucht werden. KI kann Erkenntnisse zutage fördern, die Menschen nicht aufzuspüren vermögen. Die Überprüfung dieser Erkenntnisse durch rationale Rekonstruktion, durch menschliches Verstehen, zusätzliche empirische Fakten oder andere definierte Außenkriterien ist dann wiederum Sache der Experten. Wie sich zeigen wird, kann KI den hermeneutischen Zirkel des Verstehens von Texten tatsächlich erweitern.

Entzifferung von Keilschrift

Die Keilschrift wurde von den Sumerern im Zweistromland vor mehr als 5000 Jahren erfunden und gilt damit als das älteste System zum Festhalten und langfristigen Speichern von Sprache bzw. sprachlichen Gedanken (Abb. 7.1). Im Laufe von mehr als 3000 Jahren wurden mit ihr Texte in etwa einem Dutzend Sprachen auf Tontäfelchen geschrieben, indem man mit einem Keil in weichem Ton Eindrücke erzeugte (Cancic-Kirschbaum & Kahl 2018). Selten gab es auch in Stein gemeißelte Keilschrift, wie beispielsweise die sehr bedeutsame Behistun-Inschrift.

Sie ist ein 15 Meter hohes und 25 Meter breites Felsrelief auf einer Klippe am Berg Behistun in der Provinz Kermanshah im heutigen Iran. Sie wurde zwischen 522 und 486 vor Christus vom Perserkönig Darius dem Großen verfasst. Sie spielte bei der Entzifferung der Keilschrift eine große Rolle, weil auf ihr jeweils der gleiche Text in drei unterschiedlichen Sprachen/Schriften erhalten ist: Altpersisch, Elamitisch und Akkadisch (auch Babylonisch-Assyrisch genannt, weil dies die beiden in der Süd- bzw. Nordhälfte von Mesopotamien gesprochenen Dialekte des Akkadischen waren; Streck 2019).

Der französische Sprachwissenschaftler Jean-François Champollion entzifferte im Jahr 1822 die ägyptische Hieroglypheninschrift auf dem Stein von Rosette (Abb. 7.2). Was dieser Stein für die Entzifferung der ägyptischen Hieroglyphen war, bedeutete die Behistun-Inschrift für die elamitische und akkadische Keilschrift. Wie beim Rosette-Stein eine der Sprachen, das Altgriechische, noch gut bekannt

Abb. 7.1: Eines der ältesten Schriftstücke überhaupt ist dieses im British Museum ausgestellte Tontäfelchen mit sumerischer Keilschrift, das vor 5100 bis 5200 Jahren geschrieben wurde. Im Text geht es um das Bier, das Arbeiter als Teil ihres täglichen Lohns erhalten. Dies ist nicht ungewöhnlich, behandelten doch die meisten Schriftstücke damals wirtschaftliche und Verwaltungsvorgänge, also Rechnungen, Buchungen oder Schuldscheine. Hätte es damals schon Computer gegeben, wäre die Anwendersoftware *Excel* für fast 1000 Jahre verwendet worden, ehe jemand auf die Idee gekommen wäre, *Word* zu verwenden. Erst Enheduanna, die Tochter des ersten akkadischen Königs Sargon, begann vor etwa 4300 Jahren als Priesterin und Schriftstellerin mit dem Schreiben von Geschichten und Mythen. Sie gilt als erster namentlich bekannter Autor von Belletristik überhaupt.

war (bis heute wird Neugriechisch gesprochen) und als Bindeglied für das Verständnis von Hieroglyphen dienen konnte, war es bei der Behistun-Inschrift das noch bekannte Altpersisch. Geschrieben wurde das Altpersische in der persischen Keilschrift, die mit den Keilschriften aus Mesopotamien nur die äußerlichen Zeichenformen (Keile eben) gemein hat. Mit nur 41 Zeichen, von denen 36 Zeichen für Silben stehen, ist dies die jüngste und einfachste Form der Keilschrift. Aufgrund dieser Einfachheit und dem Erhalt des Persischen als lebendiger Sprache über die Jahrtausende konnte die persische Keilschrift bereits zu Anfang des vorletzten Jahrhunderts entziffert werden. Auf dieser Grundlage war es dann bis Mitte des vorletzten Jahrhunderts möglich, auch die elamitische und die akkadische Keilschrift zu entziffern.

Abb. 7.2: Der Stein von Rosette ist 112,3 cm hoch, 75,7 cm breit, 28,4 cm tief und wiegt 762 kg. Es handelt sich um den erhaltenen Teil einer Stele aus Ägypten, auf der im Auftrag eines Nachfolgers von Alexander dem Großen (Ptolemäus V.) im Jahr 194 vor Christus ein Dekret »publiziert« worden war. Auf ihm findet sich der gleiche Text in drei Sprachen: oben ägyptische Hieroglyphen, in der Mitte die altägyptische Sprache/Schrift Demotisch und unten Altgriechisch. Er hat daher bei der Entzifferung der ägyptischen Hieroglyphen eine ähnliche Rolle gespielt wie die Behistun-Inschrift bei der Keilschrift.

Kaum jemand ist sich darüber im Klaren, dass Keilschrift die wesentliche Schrift während der gesamten ersten Hälfte der (aufgezeichneten) Geschichte war; niemand weiß bis heute, warum sie etwa im vierten vorchristlichen Jahrhundert verschwand (Pryke 2017)[1]; und die wenigsten wissen, dass es bis zu zehnmal mehr Texte in Keilschrift auf mindestens 600 000 Tontafeln (Gordin et al. 2020) gibt als alle Texte – auf Papyrus, Pergament oder in Stein gemeißelt – aus der griechischen und römischen Antike zusammengenommen. Während jedoch die in den entwickelten Ländern verbreitete lateinische und griechische Altphilologie die antiken Texte schon im vorletzten Jahrhundert praktisch komplett übersetzt und zugänglich gemacht hatte, ist das bei den Keilschrift-Texten aus Mesopotamien nicht der Fall. Ein großer Teil dieser Texte liegt in Form von Tontafeln in Tausenden von Schubladen bis heute noch ungelesen in den Museen dieser Welt und ist weder übersetzt noch ausgewertet oder gar rezipiert – 165 Jahre nachdem der Schrift-Code geknackt worden war. Denn es gibt auch in den hochentwickelten Ländern jeweils nur sehr wenige Personen, die Keilschrift lesen können (in Deutschland sind es etwa fünf, in den USA etwa 20, um die Größenordnung zu benennen; Cancik-Kirschbaum, persönliche Mitteilung). Dies ändert sich jedoch seit einigen Jahren.

Das Problem beim Entziffern von Keilschrift ist, dass viele Tontafeln beschädigt oder unvollständig sind, d. h. Text verloren gegangen ist. Das stellt die Experten vor das Problem, den vorhandenen, unvollständigen Text aufgrund von Informationen aus dem Kontext (ganz wörtlich: Es geht um die Wörter, um den fehlenden Text) zu vervollständigen. Eine solche Aufgabe ist prädestiniert für den Versuch, sie durch künstliche Intelligenz zu lösen, also dadurch, dass man ein neuronales Netzwerk mit vorhandenen Daten trainiert, um dann mit dem trainierten Netzwerk den Inhalt der Textlücken herauszufinden (Fetaya et al. 2020; Gordin et al. 2020).

Man geht dabei prinzipiell so vor, dass man intakte Tafeln zum Training verwendet, bei denen man einen Teil des Textes für das Netzwerk unsichtbar macht, sodass es anhand der bekannten Lösung lernen kann, diese zu finden. Hierzu bedarf es sehr großer Datenmengen, sodass das Netzwerk dann auch auf Fälle anwendbar wird, die beim Training nicht »geübt« wurden.

Und genau das ist bei der akkadischen Keilschrift ein Problem: Zwar gibt es viele Tontafeln, aber es gibt längst nicht genug Text zum Trainieren eines solchen »Lückenergänzungsnetzwerks«, eben weil viele Tafeln noch nicht übersetzt wurden und weil man lückenlose Texte zum Training braucht. Um angesichts der begrenzten Menge vorhandener Tontafeln mit akkadischer Keilschrift das Problem dennoch zu lösen, verwendete ein Team aus Computer-Fachleuten und Archäologen von der *Hebrew University of Jerusalem* erstmals ein *Large Language Model (LLM)* und wandte damit einen Trick an, der sich als sehr wirksam erwies.

Große Sprachmodelle

Bei einem großen Sprachmodell handelt es sich um große neuronale Netzwerke mit Zwischenschichten und insgesamt Milliarden von Verbindungen (Synapsen), die mit sehr großen Textkörpern (z.B. »die gesamte Wikipedia«) trainiert werden. Diese Netzwerke können für eine Vielzahl unterschiedlichster Aufgaben eingesetzt werden, obwohl sie auf recht einfache Weise trainiert werden: Sie lernen, aus dem bislang erfolgten Sprach-Input das jeweils nächste Wort im gerade bearbeiteten Satz zu finden. Obwohl sie auf nichts weiter als »wie lautet hier das nächste Wort?« trainiert werden, lernen diese neuronalen Netzwerke bei ausreichendem Training (Milliarden von Sätzen) und einer ausreichenden Anzahl von Parametern (Hunderte von Milliarden Synapsen; vgl. Tabelle 7.1) Syntax und Semantik menschlicher Sprache und damit auch das in der Sprache vorhandene Weltwissen. Hierbei handelt es sich sowohl um Allgemeinwissen als auch um spezielle Fakten. Das ist der Grund, warum diese Modelle Fragen beantworten können, wie in Kapitel 1 mit dem LLM *ChatGPT* bereits illustriert wurde.

Tabelle 7.1: Beispiele für publizierte große Sprachmodelle (stark gekürzt aus dem US-Wikipedia Eintrag zu LLM).

Name	**Jahr**	**Entwickler**	**Parameter (N)**	**Trainingsdaten**	**Anmerkungen**
BERT	2018	Google	340 Millionen	3,3 Milliarden Wörter	wurde vielfach verwendet
GPT-2	2019	OpenAI	1,5 Milliarden	40GB, etwa 10 Milliarden Wörter	Vielzweckmodell Transformer Architektur[a)]
GPT-3	2020	OpenAI	175 Milliarden	300 Milliarden Wörter	Weiterentwicklung GPT-3.5 wurde mit Web-Interface 2022 zu ChatGPT
GLaM (Generalist Language Model)	Dezember 2021	Google	1200 Milliarden	1600 Milliarden Wörter	schwieriger als GPT-3 zu trainieren, aber einfacher zu nutzen
LaMDA (Language Models for Dialog Applications)	Januar 2022	Google	137 Milliarden	1560 Milliarden Wörter	spezialisiert auf Antworten in Gesprächen
Alexa TM (Teacher Models)	November 2022	Amazon	20 Milliarden	1300 Milliarden Wörter	bidirektionale Architektur[a)]

Name	**Jahr**	**Entwickler**	**Parameter (N)**	**Trainingsdaten**	**Anmerkungen**
LLaMA (Large-Language Model-Meta AI)	Februar 2023	Meta	65 Milliarden	1400 Milliarden Wörter	Training mit 20 Sprachen
GPT-4	März 2023	OpenAI	etwa 1000 Milliarden	unbekannt	für (zahlende) Nutzer von ChatGPT Plus und in weiteren kommerziellen Produkten
Bloomberg GPT	März 2023	Bloomberg L. P.	50 Milliarden	etwa 700 Milliarden Wörter	mit eigenen Finanzdaten trainiert, »schlägt existierende Modelle« bei Finanzbezogenen Aufgaben wie Risikomanagement
PaLM 2 (Pathways Language Model 2)	Mai 2023	Google	340 Milliarden	3600 Milliarden	eingesetzt im Bard Chatbot

[a] In großen Sprachmodellen wird Kontext auf dreierlei Weise modelliert: autoregressiv, bidirektional und maskiert. Das erste Modell berücksichtigt die *vorhergehenden* Wörter/Tokens, um die Wahrscheinlichkeit eines Tokens vorherzusagen, das zweite Modell berücksichtigt die vorhergehenden *und nachfolgenden* Wörter/Tokens unabhängig voneinander, um die Wahrscheinlichkeit eines Tokens zu schätzen, und das dritte Modell berücksichtigt alle Wörter/Tokens in einer Sequenz und ersetzt jedes Token durch ein maskiertes Wort/Token (vgl. Bepler & Berger 2021).

BERT ist die Abkürzung von »Bidirectional Encoder Representations from Transformers«. Es handelt sich um ein großes Sprachmodell, das bereits im Oktober 2018 von *Google* publiziert wurde und seither vielfach Verwendung fand. Das Modell erfasste erstmals den sprachlichen Kontext von Wörtern deutlich besser als frühere rekurrente Sprachmodelle mit sequenzieller Bearbeitung der Eingangsdaten (wie z. B. *LSTM* oder *Seq2Seq*).

Der von den oben genannten Autoren zur Textübersetzung und Rekonstruktion von Keilschrift verwendete Trick bestand nun darin, ein neuronales Netzwerk nicht mit Sprachexemplaren in Keilschrift zu trainieren, sondern zunächst mit anderen Sprachen. Sie verwendeten eine Version von BERT, die mit 104 verschiedenen Sprachen vortrainiert war. Dieses vortrainierte neuronale Netzwerk wurde dann weiter darauf trainiert, zuvor unkenntlich gemachten Text mithilfe von dessen Kontext wieder zu ergänzen.

Erst dann wurde mit akkadischer Keilschrift (in transliterierter Form, also einer Art lateinischer Lautschrift) weiter trainiert, um gewissermaßen nur noch »Finetuning« des bereits vorhandenen Netzwerks vorzunehmen. Dies führte zu einer Erfolgsrate richtiger Ergänzungen von zuvor entfernten bekannten akkadischen Textstellen von etwa 89 Prozent (Lazar et al. 2021). Durch den Vergleich verschiedener Modelle fand man, dass das Vortraining mit großen Datensätzen verschiedener Sprachen allein schon ausreichte, um fehlenden Text zu ergänzen, ganz ohne Training des Akkadischen. Das mehrsprachige Training erwies sich sogar als wirksamer im Vergleich zum alleinigen Training mit dem viel kleineren akkadischen Text-Datensatz. Anders gesagt: Man kann (zuvor gelöschte) Textstellen in akkadischen Texten besser wiederherstellen (Textlücken ergänzen), wenn man 104 andere Sprachen als Kontext heranzieht anstatt (nur) alle bekannten akkadischen Texte.

Textverständnis: KI und Hermeneutik

Hermeneutik nennt man die Theorie der Interpretation von Texten und des Verstehens von Sachzusammenhängen. Das Problem, wie man einen Text mithilfe von Kontext und interner Konsistenz überhaupt verstehen kann, ist uralt und wurde schon bei den Sumerern diskutiert (Cancic-Kirschbaum & Kahl 2018). Dabei geht es auch um den Zusammenhang von Allgemeinem (Begriffen) und Einzelnem (Dingen), mit dem sich Platon und andere vor und nach ihm in der griechischen Antike beschäftigten. Als Theorie des Verstehens von Text durch einen einzelnen Menschen (Psychologie) oder beim gemeinschaftlichen Erörtern einer Expertengruppe (Erkenntnis- und Wissenschaftstheorie) entwickelte sich das *Verstehen des Vorgangs des Verstehens* in der Philosophie bis heute weiter.

Offenbar war das Vortraining mit anderen Sprachen gut geeignet, um semantische Regelmäßigkeiten auch in (transliteriertem, d.h. lautschriftlich repräsentiertem) akkadischem Text zu repräsentieren und damit auch aufzufinden. Schließlich wurde das voll trainierte Netzwerk auf tatsächlich existierende Lücken in akkadischen Text-Tontafeln angewendet und dessen Ergänzungen dann von zwei Assyriologen bewertet. Hierbei zeigte sich, dass das voll (mit anderen Sprachen *und* mit dem Akkadischen) trainierte Netzwerkmodell bei der Ergänzung von einem oder zwei fehlenden Wörtern nach Meinung der Experten meist eine plausible Lösung lieferte. Bei der Vorhersage von drei fehlenden Wörtern war es dann immerhin in jedem zweiten Fall noch erfolgreich. Die Experten waren über die »kreativen« Lösungen des Netzwerks zuweilen erstaunt: »Manchmal hat das Modell [die Experten] auf einen neuen Gedanken gebracht, auf den sie nicht gekommen sind«, kommentierte der Senior-Autor Gabriel Stanovsky und fuhr fort: »Die wichtigste Erkenntnis aus dieser Arbeit ist, dass die Verwendung anderer Sprachen bei der Lösung des Akkadischen wirklich geholfen hat« (zit. nach Stokel-Walker 2021). Wie sich gezeigt hatte, war dessen Genauigkeit bei der Ergänzung von Textlücken nach alleinigem Training mit Akkadisch um fast 30 Prozentpunkte geringer. Das Vortraining des Netzwerks mit den 104 anderen Sprachen war damit für dessen Leistung beim Ergänzen fehlender Wörter entscheidend – und diese Einsicht ist bemerkenswert und überraschte die Autoren sehr.

Bevor wir die allgemeine Bedeutung dieses Ergebnisses weiter diskutieren, sei eine weitere sehr bemerkenswerte Studie zum Ergänzen von Textlücken in altgriechischen Inschriften vorgestellt.

Ergänzung historischer Textfragmente

Ithaca ist der Name eines im vergangenen Jahr im Fachblatt *Nature* publizierten, tiefen neuronalen Netzwerkmodells zur Ergänzung von Lücken in altgriechischen Texten. Es wurde von einem Team von Wissenschaftlern entwickelt, die aus Fachgebieten und Institutionen kommen, die verschiedener kaum sein könnten: Die Londoner AI Firma *DeepMind,* das Department of Humanities an der Ca' Foscari Universität von Venedig, das Zentrum für Hellenic Studies der Harvard University, das Department of Informatics an der University of Economics and Business in Athen und die Faculty of Classics an der Universität Oxford.

In ihrer Arbeit mit dem Titel »Restoring and attributing ancient texts using deep neural networks« (Restaurierung und [örtliche und zeitliche] Einordnung alter Texte mithilfe von tiefen neuronalen Netzen) beschreiben die Autoren das von ihnen aufgegriffene Problem wie folgt: »Die antike Geschichte stützt sich auf Disziplinen wie die Epigrafik, d. h. auf das Studium von Inschriften, um auf das Denken, die Sprache, die Gesellschaft und die Geschichte vergangener Zivilisationen zu schließen. Im Laufe der Jahrhunderte wurden jedoch viele Inschriften so stark beschädigt, dass sie unleserlich wurden. Auch wurden sie zuweilen an weit von ihrem ursprünglichen Standort entfernte Orte transportiert, und schließlich ist das Datum, an dem sie geschrieben wurden, mit einer erheblichen Unsicherheit behaftet« (Assael et al. 2022, S. 280). Das Ergänzen von Inschriften sowie ihre zeitliche und örtliche Einordnung ist eine Aufgabe, die Altphilologen beschäftigt, seit es die klassische Philologie (Latinistik und Gräzistik) gibt, also seit etwa 220 Jahren (Classen 2002).

Was für Fachgelehrte eine langwierige und sehr komplexe Aufgabe war, wurde mit der gerade genannten Arbeit aus dem vergangenen Jahr mittels KI angegangen – mit spektakulärem Erfolg. Schon lange verwendete man Computer, um bestimmte Wörter oder Wortgruppen in antiken Texten wie beispielsweise der Bibel zu finden. Man sprach dabei von »String matching«, das jedoch nicht immer gut funktionierte, weil es anfällig war gegenüber kleinen Abweichungen, beispielsweise zwischen Texten, die von verschiedenen Personen übersetzt wurden. Erst seit wenigen Jahren werden in der klassischen Philologie hierzu neuronale Netzwerke verwendet (Bamman & Burns 2020).

Das von Assael und Mitarbeitern entwickelte Netzwerkmodell wurde mit griechischen Inschriften trainiert, die aus dem Zeitraum vom siebten vorchristlichen bis zum fünften nachchristlichen Jahrhundert stammten. Diese KI konnte dann beschädigte Inschriften mit einer Genauigkeit von 62 Prozent rekonstruieren, wohingegen Historiker nur eine Genauigkeit von 25 Prozent erreichten. Das beste Ergebnis – eine Genauigkeit von 72 Prozent – wurde erzielt, wenn das Netzwerk von Historikern verwendet wurde, also Experten, die

Abb. 7.3: Beispiel für die Restauration einer griechischen Inschrift.

mit der KI zusammenarbeiteten. Das Netzwerk konnte zudem Inschriften mit einer Genauigkeit von 71 Prozent ihrem ursprünglichen Standort zuordnen und sie mit einer Genauigkeit von weniger als 30 Jahren Abweichung datieren.

Die Arbeit zeigt, dass KI durchaus in der Lage ist, Texte des klassischen Athens besser zu datieren als Experten auf dem Gebiet der Altphilologie. Ganz prinzipiell kann damit KI wichtige Beiträge zu aktuellen Forschungsbemühungen im Bereich der Antike (Geschichte, Archäologie, alte Sprachen und damit auch Linguistik und Philologie allgemein) leisten. KI wird also Philologen nicht ersetzen. Aber Philologen, die keine KI verwenden, werden auf Dauer durch Philologen, die KI verwenden, ersetzt werden – dieser Befund wiederholt sich bei jeder Wissenschaftsdisziplin, die wir betrachten. So auch bei der Archäologie.

KI in der Archäologie

Die Archäologie (die »Lehre vom Alten«) ist ein sehr interdisziplinärer Wissenschaftszweig, denn Archäologen arbeiten sowohl mit naturwissenschaftlichen als auch mit geisteswissenschaftlichen Methoden, um die kulturelle Entwicklung der Menschheit zu erforschen. Der Einsatz von KI in der Archäologie ist noch relativ neu und wenig bekannt, macht aber durchaus Sinn, denn auch in der Archäologie kann es um große und komplexe Datenmengen gehen.

Betrachten wir hierzu eine im Jahr 2020 von Wissenschaftlern der Universität Liverpool und des Max-Planck-Instituts für Menschheitsgeschichte in *Jena* publizierte Arbeit zum kulturellen Wandel von Werkzeugen aus der Steinzeit. Die ältesten Funde von Knochen des Homo sapiens in Ostafrika sind etwa 300 000 Jahre alt. Ebenso alt sind die ältesten Werkzeugfunde aus der mittleren Steinzeit, die noch bis vor rund 30 000 Jahren benutzt wurden. Vor 67 000 Jahren begannen sich jedoch die Steinwerkzeuge zu verändern, was als Indiz für kulturelle Änderungen gewertet wird. Die neuen Werkzeuge aus der späten Steinzeit wurden noch bis in die jüngere Vergangenheit hinein genutzt.

Nicht selten werden mehrere Werkzeuge bzw. Werkzeugtypen zusammen gefunden – man spricht von Werkzeugsets. Und oft ist es kompliziert, diese Funde der mittleren oder späten Steinzeit eindeutig zuzuordnen. Man nahm bereits vorher an, dass es sich bei diesem Übergang nicht um einen linearen Prozess handelte, sondern dass er vielmehr an verschiedenen Orten und zu verschiedenen Zeiten stattfand. Es liegen also viele Funde von jeweils einer Menge unterschiedlicher Werkzeuge vor, die man einzeln klassifizieren kann, um sie danach im Kontext zu betrachten. Man muss aber andererseits auch oft den Kontext (also andere Funde) zu Hilfe nehmen, um ein bestimmtes Werkzeug überhaupt als solches zu bestimmen. Wir treffen hier also wieder auf das klassische Problem der Hermeneutik: Man versteht das Einzelne nicht ohne den Zusammenhang, aber umgekehrt kann man einen Zusammenhang nur verstehen, wenn man schon weiß, was da wie zusammenhängt.

Um genau dieses Problem zu lösen, erstellten die Wissenschaftler eine Datenbank über das Vorhandensein bzw. das Fehlen von 16 unterschiedlichen Werkzeugtypen in 92 Werkzeugsets aus unterschiedlichen Zeiten (jeweils recht genau datiert, insgesamt im Zeitraum von vor 130 000 bis vor 12 000 Jahren, d. h. von der mittleren bis zur späten Steinzeit) und Orten in Ostafrika (heutiges Äthiopien, Kenia, Tansania, Eritrea, Somalia und Uganda). Mit dieser recht großen Datenmenge trainierten die Wissenschaftler dann eine KI, die lernte, ganze Werkzeugsets zu klassifizieren. Anstatt also zunächst jedes einzelne Werkzeug zu klassifizieren und danach erst die Werkzeugsets zu betrachten, wurden von Beginn an durch das Netzwerk Konstellationen von Werkzeugformen untersucht, die häufig zusammen auftreten. Man umging damit das Problem, zunächst alte und auf jeden Fall mit Vorurteilen behaftete, kontroverse Theorien über einzelne Werkzeuge verwenden zu müssen, um einzelne Werkzeuge für sich zu klassifizieren. Stattdessen wurden die Funde unvoreingenommen – und das heißt vor allem: unbeeinflusst von bereits vorhandenen, aber kontroversen Theorien – in mittel- und neusteinzeitliche Werkzeugklassen von der KI unterschieden (Grove & Blinkhorn 2020). Dies bedeutet, dass die Einteilung erstens nicht auf menschlichen Vorurteilen beruht und zweitens die in den Daten vorhandene Information optimal ausgenutzt wurde.

In einer zweiten Arbeit, die ein Jahr später publiziert wurde, reflektieren die Autoren ihren hermeneutischen Prozess auf sehr eindrucksvolle Weise (Grove & Brinkhorn 2021). Sie beschreiben zunächst die historische Entwicklung von Klassifikationsbemühungen afrikanischer Funde durch europäische Archäologen und zitieren eine Arbeit von Astley John Hilary Goodwin und Clarence Van Riet Lowe aus dem Jahr 1929 (S. 99), in der diese von einer »Bastardisierung der europäischen Terminologie« (S. 99) sprechen, die zu den afrikanischen Funden ebenso gut passten wie die Beschreibung einer Elenantilope (*Taurotragus oryx*, auch *Eland* genannt) mit Begriffen, die man in Skandinavien zur Beschreibung von Elchen verwendet (Goodwin 1958, S. 33).

Wie die Autoren ein Jahr zuvor mittels statistischer Verfahren einschließlich KI gezeigt hatten, sind neben den historisch gewachsenen auch andere Möglichkeiten der Klassifikation auffindbar, welche die Daten ebenfalls gut, d. h. brauchbar und nachvollziehbar, einteilen. Sie führten damit vor Augen, wie die Verwendung von KI ganz grundlegende Fragen bei der Interpretation von Funden neu aufwirft (vgl. Grove & Brinkhorn 2021, S. e18 f): Welche Ordnungsprinzipien und Klassifizierungssysteme (Taxonomien) sollten verwendet werden? Wie ist eine »Grabungsstelle« überhaupt definiert? Müssen wir unsere alten und bislang fruchtbringenden Klassifikationen über den Haufen werfen? – Wie sie zeigen konnten, muss man dies keineswegs tun, weil archäologische Funde durchaus strukturiert sind und daher irgendeine Struktur (mit der man eben anfängt) auf jeden Fall besser ist als keine.

Dass dieses Prinzip allgemein gilt, verdeutlichen die Autoren am Beispiel der Architektur: »Einige britische Architekturstile entsprechen im Großen und Ganzen zeitlichen Perioden, aber diese Stile überschneiden sich auch häufig, und ihre spezifischen Zeiträume sind umstritten, selbst wenn ihre Bezeichnungen auf die Herrschaft bestimmter Monarchen zurückgehen (z. B. viktorianisch, edwardisch). Die Unterschiede zwischen der viktorianischen und der edwardischen Wohnarchitektur (weniger Stockwerke, höhere Decken, breitere Flure hinter holzgerahmten Veranden) sind geringer als ihre Gemeinsamkeiten; daher gehen sie, ähnlich wie steinzeitliche Werkzeuge oder biologische Arten[2], ineinander über, wenn man sie mit ausreichend zeitlichem Abstand betrachtet« (2021, S. e13).

KI erweitert die Hermeneutik

Bis vor Kurzem war Hermeneutik in den Geisteswissenschaften so etwas wie das Periodensystem der Elemente in der Chemie: Von Wissenschaftlern im vorletzten Jahrhundert herausgeknobelt, möchte man sagen, denn beides wurde im dauernden Wechselspiel zwischen Induktion (Verallgemeinerungen aus neuen Einzelheiten) und Deduktion (Ableitungen aus den neuen allgemeinen Überlegungen für die Entdeckung wieder neuer Einzelheiten) entwickelt.

Charlotte Roueché (2022; S. 236) beendet ihren in *Nature* publizierten Kommentar zur oben diskutierten Entzifferung griechischer Inschriften durch die KI *Ithaca* wie folgt: »Das Training von Ithaca erfolgte mit einem Datensatz, der von der Wissenschaft bereitgestellt wurde. Durch Ithaca werden bereits vorhandene Analyseprinzipien erweitert. Die Konfrontation und das Arbeiten mit diesem Werkzeug dürften bedeutsame neue Erkenntnisse hervorbringen, sollten jedoch zudem den Wissenschaftlern helfen, ihre eigenen Gedanken besser zu verstehen. Der Einsatz von KI wird den Wissenschaftler nicht überflüssig machen, sondern vielmehr sein Verständnis dessen, was er zu wissen glaubte, infrage stellen.« Was hier schlicht und unscheinbar formuliert ist, bedeutet nicht weniger, als dass KI einen genuin neuen und eigenen Beitrag zum hermeneutischen Zirkel leisten kann.

Bislang ging es in der Hermeneutik um die Erfahrungen eines einzelnen Menschen beim Textverständnis. Wer einen Text oder irgendeinen anderen Sachverhalt verstehen möchte, muss ihn in dessen Kontext betrachten, was wiederum voraussetzt, dass man den Text/Sachverhalt schon kennt. So entsteht eine widersprüchlich erscheinende Situation: Um X zu verstehen, muss man X schon verstanden haben. Erstmals wurde dieser Widerspruch *als Zirkel* wahrscheinlich vom klassischen Philologen *Friedrich Ast* (1778–1841) in der Schrift »Grundlinien der Grammatik, Hermeneutik und Kritik« aus dem Jahr 1808 (S. 179) bezeichnet:

»[...] wie ist es möglich, da wir immer nur das eine nach dem anderen, nicht aber das Ganze zu gleicher Zeit auffassen können, das Einzelne zu erkennen, da dieses die Erkenntnis des Ganzen voraussetzt? Der Zirkel, dass ich a, b, c und so weiter nur durch A erkennen kann, aber dieses A selbst wieder nur durch a, b, c usw., ist unauflöslich [...].«

In Abbildung 7.4 ist das Ganze anhand eines einfachen Beispiels zum Textverstehen verdeutlicht. Die meisten Leute lesen »THE CAT« und merken gar nicht, dass die beiden mittleren Buchstaben der beiden Wörter optisch identisch sind, also erst durch den Kontext (die beiden jeweils links und rechts stehenden Buchstaben) klar wird, dass es sich bei den mittleren Buchstaben im ersten Fall um ein H und im zweiten Fall um ein A handelt. Erst wenn ich den Satz »THE CAT« gelesen habe, kann ich das wissen. Um den Satz zu lesen, muss ich aber zuerst alle sechs Buchstaben des Satzes gelesen

Abb. 7.4: Beispiel für einen hermeneutischen Zirkel.

haben. Um Ast zu paraphrasieren: »Der Zirkel, dass ich t, h und e sowie c, a und t nur durch ›THE CAT‹ erkennen kann, aber dieses ›THE CAT‹ selbst wieder nur durch die einzelnen Buchstaben, ist unauflöslich.«

Der Zirkel lässt sich aber auflösen, wenn man erstens den Faktor Zeit und zweitens zunächst inkomplettes Verstehen ins Spiel bringt und drittens weiß, dass Gehirne nicht wie Computer funktionieren: Man fängt einfach an – beim Text meistens vorn und bei irgendwelchen Zusammenhängen irgendwo – und versteht ein bisschen. Dieses bisschen, das man verstanden hat, ermöglicht neue Bezüge, neue Einordnungen und damit neue Fragen, deren Beantwortung weiteres Verstehen bewirkt. Und so geht es weiter. Allgemeine Zusammenhänge kann man nur verstehen, wenn man zuvor Beispiele für den Zusammenhang kennengelernt hat (um zu erkennen, dass Vögel fliegen und Fische schwimmen, muss man verschiedene einzelne Vögel und Fische beobachtet haben). Man versteht also Allgemeines nur über Einzelnes. Dieses Einzelne versteht man wiederum durch das Allgemeine besser. Vögel fliegen nicht nur, sondern haben Federn, eine bestimmte Anatomie und legen Eier. So entdeckte man, dass Pinguine zwar nicht fliegen, aber sehr gut schwimmen können, es sich bei ihnen aber dennoch um Vögel handelt. Bei fliegenden Fischen, die innerhalb von 30 Sekunden bis zu 400 Meter weit fliegen können, handelt es sich hingegen tatsächlich um Fische. Wenn man nun noch weiß, dass Gehirne *keine* Algorithmen abarbeiten (weswegen sie auch nicht in rekursiven Programmschleifen hängen bleiben), sondern Muster in neuronalen Netzen weitergeben, die vielschichtig und bidirektional miteinander verbunden sind, wird klar, dass das automatische Lesen von THE CAT in der oben dargestellten Schrift keinen Widerspruch darstellt.

Weil der Löwenanteil des Wissens der meisten Menschen nicht durch eigene Erfahrungen, sondern durch Lernen und das Lesen von Texten generiert wird, ist es für jede Theorie darüber, wie Textverstehen überhaupt funktioniert, sehr wichtig, dass dieses prinzipiell auf die gleiche Weise abläuft. Aus *einem* Text lernen wir bestimmte Einzelheiten und Zusammenhänge, die wir in anderen Texten bestätigt sehen oder zu denen wir Widersprüche finden. Beides bringt uns weiter, und wieder verstehen wir erst ein bisschen und dann immer mehr – und den Wechsel zwischen dem Verstehen von Einzelnem und Allgemeinem gibt es ebenso wie beim Verstehen von sachlichen Zusammenhängen.

Gewiss profitiert geschichtlich und faktisch gesprochen jeder Einzelne immer vom Austausch mit anderen. Je weiter man beim Verstehen kommt, desto mehr schätzt man diesen Austausch.

Aus diesem Grund war Wissenschaft schon immer ganz prinzipiell eine gemeinschaftliche Institution. Je länger eine wissenschaftliche Disziplin existiert, desto mehr Wissen liegt vor, das man sich vergleichsweise rasch aneignen kann. Wer beispielsweise Physik im Gymnasium gelernt hat, hat grob gesagt binnen sieben Jahren nachvollzogen, wofür die schlauesten Köpfe Europas zusammen etwa 300 Jahre gebraucht haben. Man wird davon ausgehen können, dass die meisten deutschen Gymnasiasten nicht so genial sind wie Descartes, Galilei, Leibniz, Newton, Maxwell und Einstein. Aber dennoch gilt das Bernhard von Chartres, einem Gelehrten aus dem 12. Jahrhundert, zugeschriebene Diktum: »Wir sind wie Zwerge, die auf den Schultern von Riesen sitzen. Wir sehen mehr und weiter als sie, nicht weil unsere Sehkraft besser ist oder wir größer sind als sie, sondern weil ihre Größe uns emporhebt.«[3]

Der Prozess des Verstehens wurde bisher – trotz gemeinschaftlicher Erarbeitung – vom Einzelnen geleistet. Dies hat sich seit einigen Jahren, in denen es maschinelles Lernen mittels neuronaler Netzwerke – also KI – gibt, geändert. KI kann prinzipiell mehr lernen als ein einzelner Mensch.

Die in diesem Kapitel diskutierten Beispiele zeigen, dass durch KI eine Art Obergrenze des möglichen Verständnisses eines bestimmten Bereichs (z. B. aller Tafeln mit Keilschrift; sämtlicher Texte der griechischen Antike; viele einzelne Funde aus vielen Fundstellen vieler Zeiten und Orte) produziert werden kann. Die KI erfasst alles und stellt Zusammenhänge zwischen allem her, die unabhängig sind von den Zufällen (und der Begrenztheit) eines menschlichen Lebens. Daher kann KI das Verstehen eines einzelnen Menschen nicht nur gezielter und nachvollziehbarer hinterfragen als andere Experten, sondern sogar besser als dieser selbst. Die KI wird auf diese Weise zu einem genuin eigenen und neuen Teil des philologischen Geschäfts. Sie kann beispielsweise vor Fehlern (oder gar erkenntnismäßigen Sackgassen) bewahren. Sie kann sogar prinzipiell echten Fortschritt im Erkenntnisprozess anzeigen, weil sie »Sackgassen« (Nebenmaxima in einer Karte von Vorhersagewahrscheinlichkeiten) ebenso identifizieren kann wie Regionen von großem Interesse, die kein Mensch bislang gefunden hat. Gewiss liegt es dann an Menschen, diese Regionen geistig zu betreten und das in ihnen Enthaltene zu erfassen, zu bewerten und mit bereits vorhandenen Erkenntnissen zu verknüpfen.

Bereits in Kapitel 2 haben wir gesehen, dass KI Suchräume verkleinern und damit das Suchen wesentlich erleichtern kann. In diesem Kapitel ging es dagegen eher um das vorläufige Durchschreiten von Erkenntnisräumen, um interessante Stellen aufzufinden, die dann von Menschen untersucht werden können. Lassen wir hierzu noch einmal die bereits zitierten Archäologen zu Wort kommen. In ihrem Vergleich mit der Architektur bemerken sie zunächst, dass die Architekten nach der Zeit des »viktorianischen« Stils keineswegs einen neuen, eben den »edwardischen« Stil schaffen. Sie wollten lediglich ihre Arbeit immer weiter vorantreiben und hie und da vielleicht eine Veränderung oder Verbesserung vornehmen. Erst im Nachhinein konnten die Unterschiede beider Baustile von Experten erkannt, systematisiert und dann der »edwardische« als neuer Stil klassifiziert und benannt werden. Heute »dienen diese Bezeichnungen als nützliche heuristische Hilfsmittel für die Diskussion der sich im Laufe der Zeit verändernden architektonischen Stile und erfüllen damit den gleichen Zweck wie unsere archäologische Nomenklatur. Gäbe es diese Bezeichnungen nicht, könnte die Diskussion nicht fortgesetzt werden, und das wäre nicht nur für die Systematik selbst, sondern auch für das Verständnis im Allgemeinen nachteilig. Versuche, bestehende kulturelle Taxonomien einfach aufzugeben – in der Archäologie wie in jeder anderen Disziplin –, sind daher völlig wertlos; Versuche, bestehende Taxonomien zu überarbeiten [sind dagegen sinnvoll …]. Die derzeitige archäologische Taxonomie mag einem ›Kartenhaus‹ ähneln, aber es wäre verfrüht, dieses Haus einzureißen, bevor ein neues gebaut wurde« (Grove & Brinkhorn 2021, S. e13 f).

Wenn man in diesem Bild bleibt, dann bedeutet der Einsatz von KI in den Geisteswissenschaften nicht mehr – aber auch nicht weniger – als eine deutliche Vergrößerung der Menge möglicher, neuer Kartenhäuser (d. h. theoriegeleiteter, strukturierender Sichtweisen auf große Mengen von Einzelheiten). Es werden also Suchräume *vergrößert* und nicht (wie beim Finden neuer Medikamente; vgl. Kapitel 2) verkleinert. Bei diesen Suchräumen handelt es sich auch nicht um Mengen von Einzelheiten, sondern um mögliche allgemeine Strukturen in Mengen von Einzelheiten.

Damit ist keineswegs behauptet, dass eine KI (rein physikalisch betrachtet also ein Kasten, in dessen Siliziumchips Synapsengewichtsvektoren mit Milliarden Parametern gespeichert sind), die Keilschrift oder griechische Inschriften zu ergänzen vermag, irgendetwas »versteht«. Aber ein Philologe kann mithilfe dieses Werkzeugs seine Arbeit nicht nur viel schneller, sondern auch gründlicher leisten als ohne KI. Bei der Arbeit des Experten mit der KI werden tatsächlich neue Hypothesen entwickelt, auf die der Experte allein aufgrund seines Wissens und seiner begrenzten Lebenszeit nie gekommen wäre.

Fazit

Dass man die Bedeutung von Vorwissen für das Verstehen eines Textteils aus seinem Kontext heraus (und damit das Verstehen von etwas Einzelnem aus seinem Zusammenhang) einmal empirisch mittels neuronaler Netzwerke untersuchen kann – dass man also Hermeneutik mit mathematischen Netzwerkmodellen »nachspielt« und quantifiziert –, hätte noch vor zehn Jahren niemand für möglich gehalten. KI ist dabei, ein Bestandteil der Wissenschaften zu werden, ebenso wie die Schrift und der Buchdruck jeweils nach ihrer Erfindung ein Bestandteil der Wissenschaften wurden. Nicht mehr, aber auch nicht weniger.

Vor der Erfindung der Schrift musste man Glück haben, um überhaupt jemanden zu treffen, der mehr wusste als die am Lagerfeuer erzählte Folklore. Erst Bücher ermöglichten die Bewahrung und Konzentration des Wissens vieler Menschen und damit eine Beschleunigung von Lernprozessen mit dem Ergebnis, dass es nun »Gelehrte« gab. War der Prozess erst einmal angelaufen, dann lief er von allein weiter, denn ein Gelehrter ist nichts weiter als die Art und Weise, wie eine Bibliothek eine weitere Bibliothek erzeugt, wie der Philosoph Daniel Dennett (1991, S. 202) so schön gesagt hat.

Der Buchdruck brachte nochmals eine enorme Beschleunigung von Erkenntnisprozessen hervor, weil die Wissensschätze, aus denen sie hervorgingen, nun nicht mehr an wenige Orte (wie die sprichwörtliche Bibliothek von Alexandria im Altertum) gebunden waren, sondern zunächst in jedem Kloster und später in jeder Schule oder Universität vorhanden sein konnten. Das Internet machte vor gut 20 Jahren dann zwar alles nochmals schneller, änderte aber zumindest prinzipiell lediglich, dass man anstatt vor einem Buch vor einem Bildschirm sitzt, der einem alle Bücher anzeigen kann. Nach wie vor fand der Erkenntnisprozess, der hermeneutische Zirkel, im Kopf des Menschen statt, der liest, denkt und versteht.

Genau dies hat sich seit wenigen Jahren geändert: Seit *AlphaGo* von *DeepMind* gegen die besten Go-Spieler der Welt im Jahr 2016 gewann und ein Jahr danach *AlphaGo Zero* gegen *AlphaGo* gewann, muss jedem klar sein, dass Maschinen nicht nur schneller und mehr lernen können als Menschen, sondern dem Menschen auch die Richtung seines Erkenntnisprozesses weisen können, ohne selbst irgendetwas verstanden zu haben: »Hier könnte etwas Interessantes sein: schau hin« – das konnten zuvor andere Experten (Lehrer), die dem jeweils Verstehenden (Schüler) etwas voraus waren. Dass aber eine Maschine bessere Voraussagen zum Verständnisprozess aller in einem ganzen Wissenschaftsbereich tätigen Experten machen kann, ist neu. Sie bereichert damit den Erkenntnisprozess aller, indem sie Hinweisschilder und Abkürzungen auf den weißen Flecken der Landkarte von möglichen Erkenntnissen schon mal einträgt und sogar die Größe (so ungefähr) dieser Flecken anzeigt. KI kann also den Erkenntnisfortschritt nicht nur eines einzelnen Wissenschaftlers, sondern eines ganzen Wissenschaftszweigs vorstrukturieren. Sie wird damit Teil des allgemeinen Prozesses, der Wissenschaft heißt. So war das mit der Verschriftlichung von Erkenntnissen auch. Und mit der Vervielfältigung. Jetzt hilft die neue Kulturtechnik KI bei der Strukturierung.

8

KI IN DER MEDIZIN

Medizin und KI hatten jahrzehntelang nichts miteinander zu tun, denn das eine war eine jahrtausendealte berufliche Tätigkeit und das andere ein kleiner Zweig einer jungen Wissenschaft, der Informatik. Sucht man in der sehr großen medizinischen US-Datenbank *PubMed* nach »artificial intelligence medical«, findet sich 1964 die erste Arbeit; in den 15 Jahren danach (bis 1979) finden sich insgesamt nur sechs weitere Arbeiten. Ab 1980 erschien jährlich mindestens eine Arbeit, im Jahr 1989 waren es 100, im Jahr 2002 über 300, 2011 erstmals über 1000 und 2021 erstmals über 10 000. Selbst wenn man den (enormen) Anstieg der Arbeiten über KI allgemein berücksichtigt, ist der Anstieg von künstlicher Intelligenz in der Medizin besonders beeindruckend.

Hierfür gibt es einen einfachen systematischen Grund: Wenn es einen Bereich gibt, der mit Mustererkennungs- und Entscheidungsproblemen bei oftmals schwer zu überblickender Datenlage übervoll ist, dann ist das die Medizin. Hinzu kommt Folgendes: Während man sich bei vielen Aktivitäten – dem Kauf eines Autos, der Planung eines Hauses, der Verurteilung eines Straftäters oder dem Verwalten von Personal – Zeit lassen kann, liegen die Dinge in der Medizin anders: Hier können Minuten, und manchmal sogar Sekunden, über Leben und Tod entscheiden. Die bereits diskutierte Tatsache, dass KI wesentlich schneller wesentlich mehr Informationen verarbeiten kann als Menschen, ist in der Medizin daher von besonderer Bedeutung.

Beispiele für die Anwendung von KI in der Medizin wurden in diesem Buch bereits diskutiert: Sie kann die Diagnose von Hautkrebs vereinfachen (Kapitel 2) und bei der Entdeckung neuer Medikamente helfen (Kapitel 2, 5). Mittlerweile gibt es sehr viele solcher Einsatzgebiete, in denen KI schneller lernen kann als ein einzelner

Arzt. Darüber hinaus kann KI in der Medizin jedoch weit mehr, wie im Folgenden gezeigt wird.

Screening: KI – perfekt fürs Einfache

Erinnern wir uns an den Fall der Corona-Tests an der griechischen Grenze (Kap. 6): Wurden die zu testenden Einreisenden durch KI ausgewählt, verdoppelte sich die Trefferwahrscheinlichkeit der Tests. Dies ist gleichbedeutend damit, dass durch den Einsatz von KI mit halbem Aufwand an Zeit und Geld das gleiche Endergebnis erreicht wird. Stellen Sie sich nun bitte vor, man würde dieses Prinzip überall in der Medizin anwenden – dann wäre Diagnostik bei gleicher Qualität nur noch halb so teuer. Angesichts der Tatsache, dass die Länder dieser Welt im Durchschnitt etwa zehn Prozent ihrer gesamten Wirtschaftsleistung (gemessen am Bruttoinlandsprodukt, BIP) für Medizin ausgeben, ginge es also um eine riesige Summe, die sich einsparen ließe.

Hinzu kommt, dass gerade in den wohlhabenderen Ländern die Gesundheitskosten überdurchschnittlich hoch sind, dort also überdurchschnittlich viel gespart werden könnte. Es gibt sogar Gründe für die Annahme, dass die durch KI möglichen Einsparungen in der Medizin deutlich größer sein könnten als »nur« 50 Prozent.

Würde man beispielsweise in der Dermatologie jede Hautläsion erst durch eine KI beurteilen und zudem angeben lassen, wie sicher ihre Beurteilung ist, dann wären die »einfachen Fälle« bereits ohne jegliche ärztliche Arbeit gelöst. Damit dies funktionierte, müsste *die KI selbst* feststellen, wie sicher ihre eigene Einschätzung ist. Wie sollte das gehen? – Der Grundgedanke hierzu ist ganz einfach und sei anhand eines Vergleichs verdeutlicht: Stellen Sie sich vor, Sie führen einen 400-Meter-Lauf durch, um den leistungsstärksten Läufer aus einer Gruppe herauszufinden: Wenn einer der Wettläufer die Strecke in 46 Sekunden läuft und die anderen in 80 bis 130 Sekunden, dann sind Sie sich sehr sicher, wer von allen am schnellsten laufen kann. Wenn der Schnellste (mit 46,0 Sekunden) hingegen nur eine Zehntelsekunde schneller ist als der Zweitschnellste, und der Letzte der Gruppe mit 46,5 Sekunden nur eine halbe Sekunde langsamer war als der Erste, werden Sie sich nicht so sicher sein. – Das klingt plausibel.

Den Grad der Sicherheit bei der Entscheidung eines neuronalen Netzwerks (bei der Erkennung von Gesichtern beispielsweise: »Das ist Hans, und nicht Emil, Lars, Klaus oder Günther«) kann man in Anlehnung an das Beispiel dadurch bestimmen, dass man in der Outputschicht des neuronalen Netzwerks nicht nur das aktivste Neuron bestimmt und ausliest (also feststellt: Das ist das »Hans-Neuron«), sondern auch die Aktivität anderer Neuronen ausliest und dann zur Aktivierung des aktivsten Neurons ins Verhältnis setzt: Wenn das aktivste Neuron deutlich aktiver ist als die nächsten, dann ist der Fall klar. Je näher die Aktivitäten der aktivsten Neuronen jedoch beieinanderliegen, desto weniger deutlich bzw. sicher (in statistischer Hinsicht) ist die Unterscheidung der KI.

Diese Logik kann man in der Medizin-KI verwenden, um die klaren Fälle herauszufiltern: Solche »einfachen« Fälle erledigt KI schnell und mitunter zuverlässiger als Menschen. Denn »Flüchtigkeitsfehler« durch »Unaufmerksamkeit« oder »Übermüdung« können beim Menschen immer vorkommen, bei Maschinen dagegen nicht. Knifflige Zweifelsfälle kann die KI an den Arzt weitergeben, der dann – vielleicht sogar mit anderen Kollegen oder unter Hinzuziehung noch weiterer KI – die Diagnose am ehesten zu stellen in der Lage ist. Weiter unten werden Beispiele hierfür angeführt.

Experten und Wissen in der Medizin

Grundsätzlich gilt in der Medizin Folgendes: Wann immer es wirklich schwierig wird, dann gilt die im Konsens gefundene Expertenmeinung. – Man hat ja nichts anderes! In der Routine der medizinischen Versorgung von Krebspatienten schlägt sich das z. B. in sogenannten Tumorkonferenzen nieder – alle komplizierteren Fälle eines Krankenhauses oder eines Verbunds von mehreren Kliniken werden etwa wöchentlich von den für den Fall wichtigen Fachärzten – Internisten, Chirurgen, Radiologen, Onkologen, Strahlentherapeuten etc. – der Klinik gemeinsam besprochen. Man erhofft sich eine bessere Entscheidungsfindung, indem man auf diese Weise die in etwa einem knappen Dutzend Köpfen gespeicherten Kenntnisse und Erfahrungen zusammenbringt.

Die medizinische Forschung wiederum funktioniert nicht selten so, dass irgendeiner der Experten solche schwierigen Fälle sammelt, sie nach Jahren (wenn man weiß, wie sie langfristig verlaufen sind) statistisch auswertet und dadurch versucht, die Unklarheiten und Unwägbarkeiten zumindest im Nachhinein aufzuklären. Dadurch können dann künftig auch in diesen schwierigen Fällen noch bessere Entscheidungen getroffen werden, weil diese Entscheidungen dann durch neue empirische Erkenntnisse begründet werden können. Deswegen stehen über den Eingängen vieler pathologischer Institute Sätze wie »Wir Lebenden lernen von den Toten«.

Man ist sich in der Medizin übrigens auch darüber einig, dass die Expertenmeinung den *schwächsten* bzw. *schlechtesten* Grad der Evidenz darstellt (vgl. Tabelle 8.1). Denn wenn es gesichertes *Wissen* gibt, dann braucht man keine *Meinung*, auch nicht die von Experten, sondern kann sein Handeln auf Fakten stützen. Alternative Meinungen gibt es, alternative Fakten nicht. Und wenn es solches Wissen (noch) nicht gibt, dann gibt es wenigstens Übereinstimmung dahingehend, was zu tun ist, um dies zu ändern.

Tabelle 8.1: Grade der Evidenz im Bereich der Medizin.[1]

Grad (Stufe)	**Art des Beweises einer Behauptung**
1 a	Experimente. Metaanalyse von guten randomisierten, kontrollierten Studien
1 b	Experimente. Mindestens eine gute randomisierte, kontrollierte Studie
2	Quasi-Experiment (keine Randomisierung). Mindestens eine gute Studie
3	Korrelation, Wiederholungsmessung, Beobachtung. Mehr als eine Studie der Typen Vergleichsstudie, Korrelationsstudie, Fall-Kontrollstudie
4	Meinung von Expertengruppen
5	Expertenmeinung

Wie in Kapitel 5 geklärt wurde, sind Experten extrem wichtig, denn sie wenden nicht nur die Erkenntnisse aus der Wissenschaft am geschicktesten und gewissenhaftesten an. Zu ihren Aufgaben gehört vielmehr auch das *Verschieben der vorhandenen Grenzen* dessen, was man weiß, d.h. die Erkenntnis von Neuem: Wissenschaft schafft *Wissen* (und auf das verlassen wir alle uns im Alltag ständig, ohne viel darüber nachzudenken) – das vergessen viele Menschen zuweilen. Manche treten mit Sprüchen von »alternative facts« oder mit grundsätzlicher Skepsis gegenüber der Wissenschaft diese Einsicht sogar mit Füßen! Wären sie konsequent, dann dürften sie weder einen Passagier-Jet noch eine Apotheke betreten, keine pasteurisierte Milch trinken und sich schon gar nicht operieren lassen, wenn sie der Blinddarm oder die Galle zwickt. Nach meiner Beobachtung tun diese Menschen jedoch dies alles, d.h. nehmen die Früchte der Wissenschaft, ohne zu zögern, in Anspruch und widersprechen sich daher selbst. Der in Tabelle 8.1 kodifizierte Ansatz ist in der medizinischen Wissenschaft seit Jahrzehnten Standard und wird daher weltweit auch genauso praktiziert. Übrigens gibt es aus diesem Grund auch keine amerikanische, deutsche oder chinesische Wissenschaft, sondern nur Wissenschaft. Wissenschaft ist allgemeingültig, und ihre Erkenntnisse gelten überall.

Kompliziert und keineswegs überall gleich ist die Anwendung von Wissenschaft. Jede medizinische Praxis ist grundsätzlich angewandte Wissenschaft. In systematischer Hinsicht ist hier von Bedeutung, dass die Anwendung von allgemeinem Wissen auf einen Einzelfall selbst keine Wissenschaft sein kann! Es handelt sich vielmehr um eine Kunst, weswegen man von »ärztlicher Kunst« spricht. Bei dieser Anwendung wiederum sind oftmals sehr viele Faktoren zu berücksichtigen, auch nichtmedizinische: Vorhandensein von Ressourcen (Entfernung und Ausstattung des Krankenhauses mit Geräten und Personal), Infrastruktur des Landes (Straßen, Notfallversorgungs- und Sanitätssysteme, Rettungshubschrauber etc.), Sozialversicherungssystem, Wirtschaftskraft (des Einzelnen und des ganzen Landes) und vieles mehr.

Eine andere wesentliche Begrenzung der ärztlichen Kunst sind die im Laufe der individuellen medizinischen Ausbildung, Weiterbildung und Anwendung erworbenen Erfahrungen und Kenntnisse der einzelnen Ärzte, auch wenn dies auf den ersten Blick seltsam klingen mag.

Aber: Sowohl der Umfang als auch der jährliche Zuwachs des medizinischen Wissens sind gigantisch und von einem Menschen schon lange nicht mehr zu fassen. So enthielt die von der *National Library of Medicine* (USA) betriebene weltweit größte und wichtigste medizinische Literaturdatenbank *PubMed* im Jahr 2021 etwa 32 Millionen medizinisch-wissenschaftliche Publikationen und wächst jedes Jahr um etwa eine halbe Million weitere Arbeiten. Jeder Arzt hat neben der täglichen Patientenversorgung nur begrenzt Zeit, neues Wissen zu erwerben, und hat nur einen kleinen Ausschnitt aus den möglichen Symptombildern von Patienten gesehen.

Alle diese Faktoren bewirken (leider), dass die medizinische Praxis weltweit allzu oft hinter den optimalen Therapien zurückbleibt, die nach dem aktuellen wissenschaftlichen Kenntnisstand möglich und sinnvoll wären. Wie im Folgenden gezeigt wird, kann KI diese Begrenztheit, der einzelne Menschen immer unterliegen, vermindern, indem sie große Mengen wissenschaftlichen Wissens und klinischer Erfahrungen nicht nur zusammenfassend dem Arzt zur Verfügung stellt (große medizinische Datenbanken wie *PubMed* gibt es schon seit Jahrzehnten), sondern auch mit übermenschlichen analytischen Fähigkeiten verknüpft. Dadurch kann KI die Arbeit der Ärzte und damit die medizinische Versorgung erleichtern, verbessern und beschleunigen – prinzipiell überall.

Diagnostik von Gewebeproben

In der Pathologie geht es sehr oft um die feingewebliche (histologische) Diagnostik von Gewebeproben, die durch Biopsien oder bei Operationen entnommen werden, um sie auf verschiedene Weise anzufärben und unter dem Mikroskop (z. B. auf Malignität hin) zu beurteilen (Abb. 8.1). Die im Februar 2023 publizierte KI *Fabnet* beispielsweise kann histologische Gewebeproben von Brustkrebs und

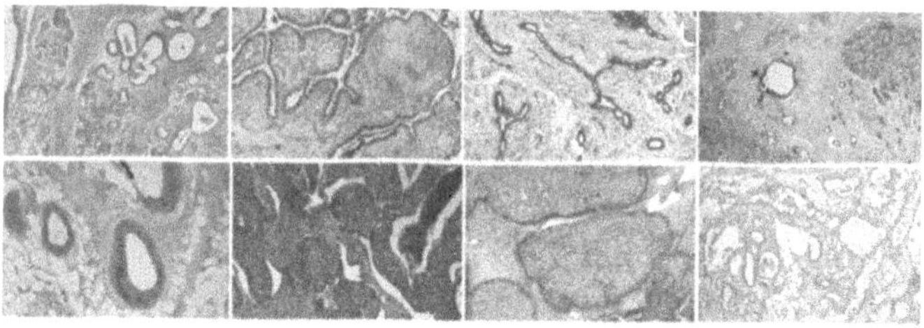

Abb. 8.1: Beispiele für Gewebeproben unter dem Mikroskop in 200-facher Vergrößerung. Oben sind vier gutartige (benigne) Veränderungen, unten dagegen vier bösartige (maligne) Veränderungen zu sehen. Diese Bilder sind im Original farbig, was die Schwierigkeit der Unterscheidung zwischen bösartig und gutartig etwas einfacher macht. Für den Laien sieht das alles gleich aus. Aber Experten oder KI mit viel Erfahrung (d. h. Training mit Zehntausenden von beurteilten Bildern) können Malignität anhand solcher Bilder erkennen.

Darmkrebs, also der weltweit zu den häufigsten malignen Tumoren zählenden Krebsarten, beurteilen (Amin & Ahn 2023).

Krebsvorsorge: Schneller und sicherer in der Früherkennung

Wenn man heute einen neuen Computertomografen (CT) oder Magnetresonanztomografen (MRT) kauft, dann kann man das Gerät mit eingebauter KI bestellen. Das hat den Vorteil, dass die Maschine z. B. mithilfe der KI namens *Deep Resolve* nicht nur deutlich schneller bessere Bilder macht (Abb. 8.2), sondern diese Bilder auch gleich *beurteilen*, also einen *Befund* erstellen, kann.

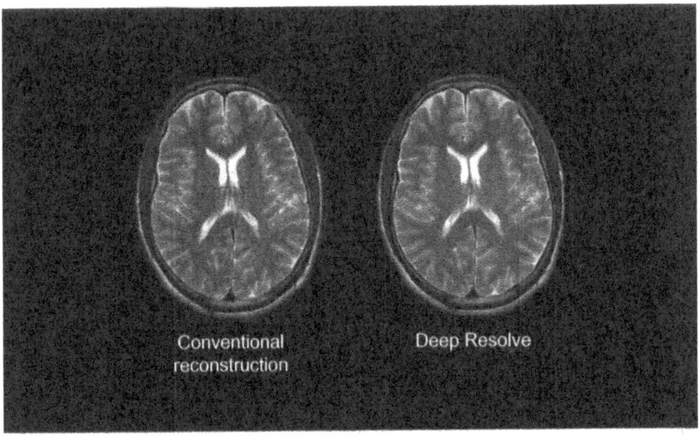

Abb. 8.2: Zwei Gehirn-MRT-Bilder, links mit herkömmlicher Bildauswertung und rechts mit KI-unterstützter Bildauswertung. Das Bild rechts enthält nicht nur weniger Bildrauschen, sondern wurde auch in etwa einem Drittel der Zeit erzeugt wie das linke Bild. Der Zeitgewinn beim Scan, während dessen man still liegen muss, ist insbesondere bei ängstlichen Patienten und vor allem bei Kindern wichtig für eine erfolgreiche Bildgebung. Es macht für sie einen großen Unterschied, ob sie drei oder zehn Minuten ruhig liegen müssen. Kaum zu erwähnen braucht man, dass der gleiche Apparat mit KI-unterstützter Bildauswertung dreimal so viele Patienten im gleichen Zeitraum untersuchen kann.

KI wird mittlerweile auch beim Screening im Hinblick auf Lungenkrebs eingesetzt, dem Krebsleiden, dem weltweit mit etwa 1,8 Millionen Toten pro Jahr die meisten Menschen zum Opfer fallen. Zur Beurteilung von Lungen-CT-Bildern wurde eine KI mit 42 290 CT-Bildern von 14 851 Patienten trainiert, von denen 578 innerhalb eines Jahres nach dem Screening Lungenkrebs entwickelten, der durch eine Lungenbiopsie bestätigt wurde. Die KI erwies sich bei der Beurteilung einzelner CT-Bilder den Radiologen etwas überlegen. Wurden in die Beurteilung Vorbefunde aus früheren Bildern mit einbezogen (was sinnvoll für eine gute Diagnostik ist), waren die Radiologen ebenso gut wie die KI. Aus diesem Grund wird die KI beim Screening für Lungenkarzinome von Radiologen eingesetzt (Ardila et al. 2019). So wird vermieden, dass etwas übersehen wird, und die Diagnostik wird insgesamt verbessert, weil die Befunde vergleichbarer werden.

Der Experte mit KI ist damit zwar nur geringgradig besser als ohne KI, aber auf jeden Fall deutlich schneller als der Experte ohne KI. Sie kann also dazu beitragen, die Krebsvorsorge auszuweiten, sodass mehr Menschen daran teilnehmen können.

Brustkrebs ist mit etwa 30 Prozent aller Krebsfälle die häufigste Krebserkrankung bei Frauen in Deutschland. Zur Früherkennung wird allen Frauen ab 30 Jahren eine jährliche Früherkennungsuntersuchung beim Arzt durch Abtasten der Brust empfohlen (und von den Krankenkassen bezahlt). Für Frauen zwischen 50 und 60 Jahren wird zusätzlich alle zwei Jahre eine Röntgenuntersuchung der Brust (Mammografie) empfohlen.

Bereits im Jahr 1998 wurde von der US-amerikanischen Gesundheitsbehörde FDA ein damals neues, computergestütztes Erkennungssystem *(Computer Assisted Detection; CAD)* für die Mammografie zugelassen. Dieses System sollte Radiologen bei der Erkennung von subtilen Krebserkrankungen durch die Mammografie unterstützen, die sonst möglicherweise übersehen würden. Es markiert mögliche bedenkliche Bereiche auf dem Mammogramm, und der Radiologe entscheidet, ob der Bereich eine weitere Untersuchung rechtfertigt. Drei Jahre nach seiner Zulassung in den USA wurde es in weniger als fünf Prozent der Screening-Mammografien verwendet, was die US-amerikanischen *Centers for Medicare and Medicaid Services (CMS)* im Jahr 2002 veranlasste, die Kostenerstattung für CAD zu erhöhen, um den Radiologen einen Anreiz zu deren Nutzung zu geben. Mit Erfolg: Bereits 2008 wurden 74 Prozent der Screening-Mammografien in *Medicare* und *Medicaid* (den beiden großen öffentlichen Krankenversicherungen innerhalb des Gesundheitssystems der USA) mithilfe des computergestützten Erkennungssystems CAD interpretiert. Im Jahr 2016 war das System – bei Zusatzkosten von jährlich 400 Millionen US-Dollar – bei 92 Prozent aller Mammografien im Einsatz (Keen et al. 2018).

Im Jahr 2015 kam jedoch eine große Studie an mehr als 600 000 Mammografien aus den Jahren 2003 bis 2009 zu dem Schluss, dass *CAD* die diagnostische Genauigkeit der Mammografie nicht verbessert und sogar dazu führen kann, dass Krebserkrankungen übersehen werden. Die Krankenversicherer zahlten also über die Jahre hinweg jährlich 400 Millionen US-Dollar (von 2003 bis 2015 damit etwa fünf Milliarden US-Dollar) mehr für die computergestützte Erkennung von Brustkrebs, ohne dass ein Nutzen für die Frauen nachgewiesen werden konnte (Lehman et al. 2015). Dieses Beispiel macht deutlich, dass technischer Fortschritt in der Medizin immer auch der Evaluation bedarf: Wird damit unter »Realbedingungen« wirklich das erreicht, was man zu erreichen hofft?

Als vor wenigen Jahren damit begonnen wurde, KI in der Medizin einzusetzen, stellten sich diese Fragen erneut, wurden jedoch mit dem Wissen um Fehler in der Vergangenheit gewissermaßen gleich bei den Hörnern gepackt. Obgleich randomisierte, prospektive und retrospektive klinische Studien an großen Fallzahlen viel Zeit brauchen, lässt sich dennoch zum gegenwärtigen Zeitpunkt (Stand: Juli 2023) bereits sagen, dass KI zur Beurteilung in der Mammografie durchaus mit Erfolg eingesetzt werden kann. Hierzu liegen Daten aus drei großen Studien aus Dänemark, Norwegen und Großbritannien/Ungarn vor.

Die dänische Studie untersuchte, ob ein KI-System lernen kann, normale von verdächtigen Mammografie-Bildern zu unterscheiden, wodurch man die Arbeitsbelastung von Radiologen deutlich reduzieren könnte, ohne den hohen Standard der Methode zu gefährden. Hierzu wurden Mammografie-Daten einer Stichprobe von 114 421 Frauen retrospektiv analysiert, die von Januar 2014 bis Dezember 2015 im Brustkrebs-Screening-Programm der dänischen Hauptstadtregion gesammelt wurden. Die Sensitivität des KI-Screenings betrug 69,7 Prozent (d. h., die KI erkannte 779 von 1118 Fällen) und lag damit nur geringfügig unter der Sensitivität des Radiologen-Screenings von 70,8 Prozent (die Ärzte erkannten 791 der 1118 Fälle). Die Spezifität (Erkennen von Gesunden als gesund) des KI-Screenings betrug 98,6 Prozent (111 725 von 113 303) und war damit signifikant höher als die Spezifität der Radiologen von 98,1 Prozent (111 196 von 113 303). Daraus lässt sich ableiten, dass die Arbeitsbelastung der Radiologen durch eine Vorselektion mittels KI und anschließender Überprüfung der schwierigeren Fälle durch einen Radiologen und der schwierigsten durch zwei Radiologen um 62,6 Prozent vermindern könnte, da 71 585 von 114 421 Mammografien nur von der KI zu beurteilen wären. Zudem wurden 25,1 Prozent (529 von 2107) der falsch-positiven Screenings vermieden. Die Autoren schlussfolgern: »Ein auf künstlicher Intelligenz (KI) basierendes Screening könnte […] die Arbeitsbelastung der Radiologen verringern« (Lauritzen et al. 2022) – und es wäre mindestens genauso gut.

Im gleichen Jahr untersuchten Marthe Larsen und Mitarbeiter aus Oslo, Ålesund, Trondheim und Tromsø mit ähnlicher Methodik retrospektiv 122 969 Mammografien, die zwischen 2009 und 2018 im Rahmen von *BreastScreen Norway* durchgeführt worden waren (Larsen et al. 2022). Die KI bewertete die Malignität auf einer Skala von 1 bis 10, wobei 1 einen geringen Verdacht und 10 einen hohen Verdacht auf Bösartigkeit anzeigte. Die Ergebnisse wurden mit Informationen über das Screening-Ergebnis zusammengeführt und verwendet, um zu untersuchen, welche Kombination von KI und Radiologen die besten diagnostischen Ergebnisse liefern kann. Hierbei zeigte sich, dass die Kombination von KI und einem Radiologen mit einer Wahrscheinlichkeit der Krebserkennung unter allen untersuchten Frauen von 0,59 bis 0,60 Prozent der Arbeit von zwei unabhängigen Radiologen (Wahrscheinlichkeit 0,61 Prozent) sehr nahekam – bei gleichzeitiger Halbierung des Aufwandes (nur ein Radiologe anstatt zwei).

Am 19. Mai 2023 publizierte eine britisch-ungarische Arbeitsgruppe eine weitere Studie zum Einsatz von KI in der Mammografie (Sharma et al. 2023). Gefragt wurde speziell nach den genauen Umständen der Untersuchung, d. h. ob KI unabhängig von unterschiedlichen Patientengruppen, Screening-Programmen und Geräteherstellern eingesetzt werden kann. Hierzu musste eine besonders große Datenbasis von 275 900 Fällen aus zwei Ländern, sieben Screening-Standorten und vier Herstellern von Mammografie-Geräten herangezogen werden. Retrospektiv wurde gezeigt, dass die Befundung durch KI nicht schlechter war als die Befundung durch Radiologen im Hinblick auf die Aufklärungsrate, Krebsentdeckungsrate, Sensitivität, Spezifität und den positiven Vorhersagewert (PPV, d. h. der Anteil der korrekten Positivbefunde an allen gemachten Positivbefunden). In einigen Settings gab es sogar eine überlegene Aufklärungsrate, Spezifität und PPV der KI. Zugleich würde der Einsatz von KI die Arbeitsbelastung des Personals um 30,0 Prozent bis 44,8 Prozent verringern. Damit wurde klar gezeigt, dass KI den Arbeitsablauf bei verschiedenen Screening-Programmen, Mammografie-Ausrüstungen und geografischen Gegebenheiten verbessern und die Arbeitsbelastung von Radiologen erheblich verringern kann – bei gleichzeitiger Beibehaltung oder sogar Verbesserung des Versorgungsstandards.

Schließlich kann KI auch bei Darmspiegelungen helfen, Polypen in Echtzeit, also während der Untersuchung, besser zu erkennen (Gimeno-Garcia et al. 2023). Dies ergab eine in drei italienischen Zentren für Koloskopie durchgeführte Studie an 685 Patienten im mittleren Alter von gut 61 Jahren. Die Auffindungsrate von Polypen war mit KI um 14,4 Prozent höher als ohne KI (Repici et al. 2020).

Dies ist deshalb von großer Bedeutung, weil Polypen, die zu Darmkrebs entarten können, noch während der Untersuchung entfernt werden. Da Darmkrebs zu den häufigsten Krebserkrankungen gehört und beispielsweise in den USA die häufigste Todesursache unter den Krebserkrankungen darstellt, geht es bei 14,4 Prozent höherer Erkennungsleistung um eine große Zahl vermeidbarer tödlich verlaufender Krebserkrankungen.

Neues entdecken: Lebenserwartung im Röntgenbild

Wer glaubt, dass damit schon alles zum Thema Bildgebung und KI gesagt ist, der irrt, denn KI hat mittlerweile auch neue Erkenntnisse hervorgebracht, auf die Radiologen nie gekommen wären. Dies zeigt eine Forschungsarbeit (Lu et al. 2019), die zwar schon älter ist, aber nach wie vor sehr eindrücklich veranschaulichen kann, was mit KI in der Medizin alles möglich ist und vor allem in naher Zukunft noch möglich sein wird.

Als der Physiker Wilhelm Conrad Röntgen (1845–1923) im Jahr 1895 die später nach ihm benannten Strahlen entdeckte und zum Anfertigen von Bildern des Körperinneren verwendete, konnte er die Tragweite seiner Forschung noch nicht übersehen. Als er nur sechs Jahre später den (erstmals vergebenen) Nobelpreis für Physik erhielt, zeichnete sich allerdings schon ab, dass seine Entdeckung die medizinische Diagnostik revolutionieren würde. Heute sind die bildgebenden Verfahren – vom herkömmlichen Röntgenbild über den Ultraschall bis zur Magnetresonanztomografie und viele weitere Methoden – fester Bestandteil der medizinischen Diagnostik. Was man bei ihrer Kombination mit KI alles anstellen kann, zeigt die folgende Studie.

Im Rahmen eines Screening-Programms zur Krebsvorsorge bei Patienten mit Verdacht auf Karzinome von Prostata, Eierstöcken, Lunge oder Darm wurden vom 8. November 1993 bis zum 2. Juli 2001 an zehn Zentren in den USA 52 320 Patienten aufgenommen. Zu Beginn wurden bei allen Teilnehmern klinische Daten erhoben sowie eine Röntgenthorax-Aufnahme angefertigt. Anschließend wurden die Patienten über einen mittleren Zeitraum von gut zwölf Jahren nachverfolgt, um ihren Gesundheitszustand zu erfassen und mit den zuvor erhobenen Daten in Beziehung zu setzen. Nur durch solche großen Studien erhält man langfristig die dringend benötigten und sehr wertvollen Daten zur Effektivität von unterschiedlichen Krebsbehandlungsmaßnahmen.

Nach Abschluss der gesamten Untersuchung befasste sich ein US-amerikanisch-deutsches Forscherteam noch einmal mit den Daten dieser Studie. Man wendete KI mit einer verblüffend einfachen Fragestellung auf diesen Datensatz an: Kann man allein mit dem Röntgenbild der Lunge (dem »Röntgenthorax«) – also ohne Diagnose, ohne weitere Befunde und ohne zusätzliches Wissen über die Patienten, sondern nur aufgrund der Röntgenthorax-Aufnahme – vorhersagen, wie lange Menschen leben? Um diese – zugegebenermaßen sehr eigenartige! – Frage zu beantworten, wurde ein neuronales Netzwerk mit nichts weiter trainiert als mit 41 856 Röntgenbildern und dem Sterbedatum bzw. Daten zum Gesundheitszustand. Die KI sollte lernen, allein nach dem Röntgenbild alle Teilnehmer in fünf Gruppen mit (1) sehr geringem, (2) geringem, (3) mittlerem, (4) hohem und (5) sehr hohem Mortalitätsrisiko einzuteilen.

Man wusste also nicht, ob es einen solchen Zusammenhang überhaupt gibt. Aber sofern das Röntgenbild und die Lebenserwartung wirklich in Zusammenhang stehen, dann sollte die KI diesen Zusammenhang lernen können. Dies wiederum sollte es ermöglichen, dass die KI für die übrigen 10 464 Fälle aus der Gesamtkohorte eine Voraussage machen kann, die man mit den vorliegenden Daten direkt überprüfen konnte. Teilte man die Gesamtgruppe nach der vorhergesagten Mortalität in die beschriebenen fünf Gruppen (Quintile) ein, so zeigten die Überlebenskurven (Abb. 8.3) tatsächlich deutliche Unterschiede in den tatsächlich aufgetretenen Todesfällen zwischen den fünf Gruppen auf. Nach gut zwölf Jahren waren in der

Gruppe mit dem geringsten Risiko noch 96 Prozent der Teilnehmer am Leben, und in den Gruppen mit zunehmendem Risiko nahmen die Zahlen der Überlebenden systematisch ab, bis auf nur noch 43 Prozent in der Gruppe mit dem höchsten Risiko.

Um herauszufinden, ob die durch das Training vom neuronalen Netzwerk hervorgebrachte Leistung nur für die Stichprobe gilt, mit deren Daten trainiert und dann getestet wurde, oder ob die KI anhand der Beispiele aus der großen Gruppe etwas gelernt hat, das sich auch auf ganz andere Gruppen von Menschen übertragen lässt, wurde sie auf weitere 5493 Röntgenthorax-Bilder aus einer anderen Studie angewendet. Wieder teilte die KI die (neuen) Daten so in fünf Gruppen ein, dass die vorhergesagte Sterblichkeit in dem Nachbeobachtungszeitraum (von diesmal nur sechs Jahren) tatsächlich zu

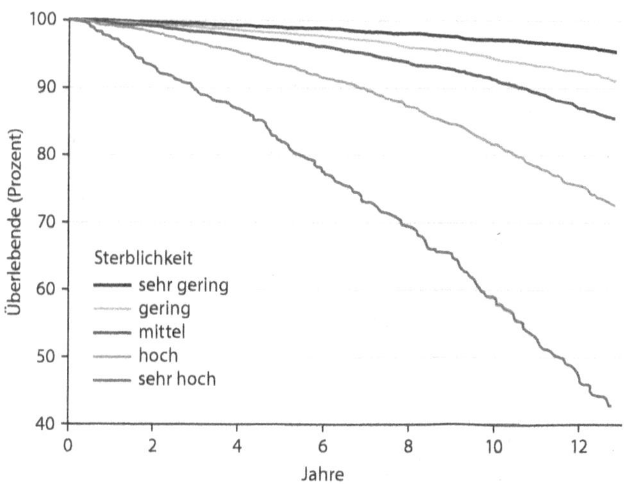

Abb. 8.3: Sogenannte Kaplan-Meier-Überlebenskurven für die fünf Gruppen, in die gut zehntausend Teilnehmer nach ihrer anhand des Röntgenthorax von der KI eingeschätzten Sterblichkeit eingeteilt worden waren. Man sieht deutlich, dass eine Prognose auf Gruppenebene möglich ist. Dies bedeutet, dass eine Röntgenaufnahme des Thorax tatsächlich etwas über die Sterbewahrscheinlichkeit (Mortalität) eines Menschen Jahre später aussagt.

beobachten war. Auch bei der Anwendung auf andere, neue Daten konnte die KI also allein am Röntgenthorax-Bild Hinweise zur Sterbewahrscheinlichkeit ablesen.

Warum das so ist, weiß niemand. Und dies ist bei lernenden neuronalen Netzwerken, die nach dem Lernen etwas können, grundsätzlich so: Wie sie das machen, ist unserer Erkenntnis zunächst verschlossen. Da es sich bei ihnen nicht um ein Computerprogramm handelt, also um einen Algorithmus, den man Zeile für Zeile lesen und zumindest prinzipiell verstehen kann, sondern um einen (Synapsengewichts-)Vektor, der einen Inputvektor (das Röntgenbild) in einen Outputvektor (die Sterbewahrscheinlichkeit) umwandelt, kann man das nicht verstehen. Es gibt jedoch verschiedene Möglichkeiten herauszubekommen, welche Anteile des Inputvektors für die Entscheidung der KI wie stark relevant waren – eine relativ junge Disziplin, die man Interpretierbares Maschinelles Lernen (interpretable machine learning) oder Erklärbare KI (explainable AI) nennt.

Im vorliegenden Fall kann man das Röntgenbild teilweise abdecken (digital durch einen grauen Fleck ersetzen) und dann das ganze Training noch einmal durchführen. Weil die KI nun etwas weniger

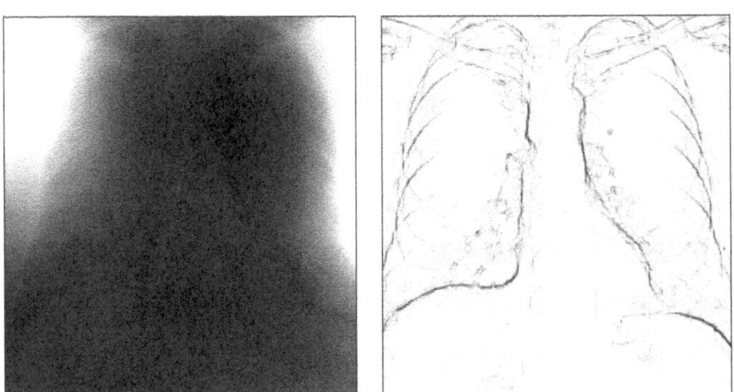

Abb. 8.4: Konturen des Röntgenthorax (rechts) sowie in Schwarz-Weiß dargestellte Heatmap (links) zur Anzeige der Teile des Bildes, die viel (hell) oder wenig (dunkel) zur Prognose der Mortalität beitragen (nach Lu et al. 2019, S. e10).

Information zur Vorhersage zur Verfügung hat, wird diese etwas schlechter ausfallen. Dies kann man dann noch ein paar Hundert Mal durchführen, jeweils mit einem etwas anderen kleinen abgedeckten Fleck. Die Ergebnisse aus diesem iterativen Verfahren lassen sich dann als »Heatmap« darstellen, d. h., man lässt einen Computer anzeigen, um wie viel Prozent die Prognose schlechter wird, wenn ein bestimmter Bildteil nicht zu ihr beiträgt. Wie sich hierbei zeigte, war nicht die Kontur des Herzens oder die Freiheit der Lunge von Verschattungen für die Vorhersage der Lebenserwartung maßgeblich, sondern die Region der Schulterblätter, aus deren Dichte und Stellung die KI offenbar die wesentlichen prognostischen Informationen entnahm. Dies ist bemerkenswert, weil Generationen von Radiologen die Schulterblätter in Röntgenthorax-Aufnahmen kaum oder gar nicht beachtet hatten. Mit anderen Worten: Die KI fand etwas, nach dem Ärzte gar nicht gesucht hatten, an einem Ort, den Ärzte nicht beachtet hatten.

Knochenbruch-Vorhersage

Knochenbrüche nehmen im Alter zu. Dies liegt nicht nur daran, dass bei älteren Menschen die Muskelkraft und die motorische Koordinationsfähigkeit abnehmen kann (man sagt, sie werden »wackliger«), sondern vor allem daran, dass die Knochendichte und damit die Härte der Knochen abnimmt. Dies liegt nicht nur am Mangel von Kalzium oder Vitamin D, sondern vor allem am Bewegungsmangel im Alter, denn Knochen bilden sich durch ihren Gebrauch: Wenn wir uns bewegen, werden die Knochen gebogen und zusammengedrückt – und genau dies sind ihre Wachstumssignale. Bei Bewegungsmangel kommt es zur sogenannten Osteoporose mit verminderter Knochendichte (weniger Kalk) und höherem Risiko für Knochenbrüche.

Bei einer Osteoporose im Bereich der Wirbelsäule kann es zu Brüchen in Wirbelkörpern kommen. Auf diesen lastet ja das Körpergewicht, durch das sie zusammengedrückt werden können. Zwar verursachen diese Wirbel-(ein-)Brüche oft Schmerzen, und der Patient bemerkt plötzlich, dass er einen oder zwei Zentimeter kleiner geworden ist, aber nicht selten bleiben Wirbelbrüche unerkannt, weil der Patient nichts von ihnen merkt, nicht zum Arzt geht und daher auch keine weitere Diagnostik stattfindet. Diese geschieht mittels Röntgenbild oder Computertomografie (CT) der Wirbelsäule. Damit können Wirbelfrakturen zwar nachgewiesen werden, sie werden jedoch manchmal in diesen Bildern auch übersehen. Um diese Situation zu verbessern, haben Forscher um Professor Claus-Christian Glüer am Universitätsklinikum Schleswig-Holstein in Kiel und am Molecular Imaging North Competence Center eine KI entwickelt, die auf CT-Bildern Osteoporose und Wirbelbrüche erkennt (Yilmaz et al. 2023).

Das System wurde mit 159 CT-Bildern der Wirbelsäule aus sieben Krankenhäusern Deutschlands getestet, auf denen Radiologie-Experten 170 Frakturen entdeckten. Die KI entdeckte 90 Prozent der Frakturen. Dieser Wert (man nennt ihn die *Sensitivität* des Tests) sagt für sich genommen noch nichts aus, denn wenn eine KI bei allen Bildern eine Fraktur angezeigt hätte, dann hätte sie (rechnerisch) auch alle tatsächlichen Frakturen entdeckt. Von besonderer Bedeutung ist daher, dass die KI auch 87 Prozent der Wirbel ohne Frakturen richtig als solche klassifiziert hat (man spricht von der *Spezifität*). Nur bei hoher Sensitivität *und* Spezifität ist ein diagnostischer Test brauchbar.

Das Wissenschaftlerteam ließ es jedoch bei der Diagnose von Knochenbrüchen von Wirbelkörpern nicht bewenden. Vielmehr entwickelten sie die KI zu einem System zur Vorhersage von Knochenbrüchen jeglicher Art weiter. Das System wurde auch trainiert, die Knochendichte abzuschätzen und zwischen milden Frakturen (Grad 1) und schwereren (Grad 2 oder höher) zu unterscheiden. Dies kann zur Abschätzung des Risikos eines weiteren Knochenbruchs, also zur Prognose von Knochenbrüchen in der Zukunft, verwendet werden. Im Alter sind insbesondere Oberschenkelhalsfrakturen gefährlich, denn sie können zu Bettlägerigkeit mit der Folge von Lungenembolien und damit zum Tod führen. Um dies zu vermeiden, könnten die aus CT-Bildern der Wirbelsäule gewonnenen Daten zur Prognose von Knochenbrüchen genutzt werden, um die Indikation zu vorbeugenden Maßnahmen zu stellen. So könnte man beispielsweise die Osteoporose durch mehr Bewegung und Ausgleich von Kalziummangel behandeln, bevor es zu einem Knochenbruch kommt. »Wir entwickeln somit ein Frühwarnsystem zur Prävention schwerwiegender Konsequenzen von Osteoporose«, wird einer der Autoren in einer Pressemitteilung der Christian-Albrechts-Universität zu Kiel vom 28. April 2023 zitiert. »Für den generellen Einsatz in der Klinik ist die Technik noch nicht verfügbar. Sie soll aber in absehbarer Zeit zumindest für Forschungszwecke eingesetzt werden können«, heißt es in einem Kommentar weiter (Nees 2023).

KI im klinischen Alltag: KI-Kluft, Erfolge und Misserfolge

Man sieht an dem gerade genannten Beispiel sehr schön: Es ist eine Sache, eine KI zu entwickeln, die mit einem kleinen Datensatz aus einer bestimmten Stichprobe gut funktioniert, aber eine ganz andere, eine KI auf andere Stichproben und in verschiedenen klinischen Settings anzuwenden. In der Literatur zur klinischen Forschung zur Anwendung von KI spricht man in diesem Zusammenhang auch von der sogenannten KI-Kluft, also von der Differenz zwischen Forschungsstand (d. h. dem, was prinzipiell jetzt schon möglich ist) und klinischer Praxis (also dem, was alltäglich angewendet wird). Diese Differenz gibt es in allen Bereichen des Lebens. Zum Beispiel ist die Wissenschaft zu Elektroautos und Wärmepumpen uralt, aber leider ist die Differenz zwischen Forschung und alltäglicher Anwendung bislang noch groß. Im Bereich »KI in der Medizin« scheint die KI-Kluft besonders groß. – Warum?

Bislang sind die im Einsatz befindlichen KI-Systeme (noch) nicht in der Lage, *on the job* zu lernen, denn irgendwann wird der Lernprozess gestoppt. Erst dann erfolgt die Anwendung. Man könnte sie auch sonst nicht evaluieren, denn wie sollte das geschehen, wenn sich ihre Funktion ständig ändert. KI ist bei ihrer Anwendung ein »Medizinprodukt«, und diese unterliegen nicht nur der Zulassung, sondern sollten auch einer kontinuierlichen Evaluation zugänglich sein. Wird ein Medikament oder ein anderes Medizinprodukt geändert, bedarf es in der Regel einer neuen Zulassung. Will man also die Vorteile von KI – sie ist lernfähig – wirklich nutzen, dann muss man Zulassungsverfahren ändern. Hierbei handelt es sich um juristische Prozeduren, die gegenwärtig unter ganz normalen Umständen 10 bis 15 Jahre dauern (die Zulassung des Corona-Impfstoffs innerhalb eines Jahres war eine riesengroße Ausnahme). Für die Änderung von juristischen Verfahren – davon reden wir hier – kann man noch mehr Zeit veranschlagen als für ihren regulären Ablauf. Aus dieser Sicht ist unwahrscheinlich, dass der Fortschritt im Bereich medizinischer KI mit dem Fortschritt im Bereich der KI allgemein wird mithalten können. Das ist nicht nur schade – es könnte auch viel unnötiges Leid oder gar unnötige Tote kosten.

Was man in der Medizin mit der Analyse von Daten aus der realen Welt durch lernende neuronale Netzwerke bei der klinischen Entscheidungsfindung anstellen kann, zeigte schon vor mehr als zwei Jahrzehnten der Arzt einer Unfallklinik im amerikanischen Bundesstaat North Carolina (Rutledge 1995). Er trainierte ein neuronales Netzwerk mit Daten zu Alter, Geschlecht, Diagnose, klinischem Bild, Allgemeinzustand, Laborwerten und Outcome (überlebt oder gestorben) von Patienten auf Intensivstationen. Er nutzte also nicht nur den Informationsgehalt eines Röntgenbildes, sondern verwendete alle vom realen Patienten auf seiner Station zur Verfügung stehenden Daten, um bessere Vorhersagen zur Mortalität zu machen. Schon damals lernte sein neuronales Netzwerk, aus diesen Datenmustern die Prognose der Patienten vorherzusagen. Dies war und ist noch immer von großer Bedeutung, wenn es beispielsweise um die Triage geht,

d. h. um die »Optimierung des Outcomes bei der Allokation knapper Ressourcen«, wie man dieses Problem zuweilen formuliert (um es für den Laien zu beschönigen). Im Klartext kann dies bedeuten: Wenn nach einer Massenkarambolage sieben Schwerverletzte zugleich in der Notaufnahme eintreffen, am Ort aber nur vier Intensivbetten zur Verfügung stehen, sollte die Entscheidung, wer behandelt wird und wer nicht, nach rationalen Gesichtspunkten getroffen werden.

Wegen der derzeit absehbaren ökonomisch bedingten Schließung von Krankenhäusern und der damit knapper werdenden Betten und des zudem überall bereits jetzt fehlenden Personals auf Intensivstationen hat dieses Problem gerade in jüngster Zeit wieder sehr viel öffentliche Aufmerksamkeit erlangt. (Es ist so alt wie die Militärmedizin, denn in Kriegen stellt es sich dauernd: Die Zahl der Verwundeten ist hoch, und die Mittel sind begrenzt.) Es wundert daher nicht, stimmt jedoch sehr nachdenklich, wenn gerade in dieser Zeit gesetzliche Regelungen für dieses Problem diskutiert werden. Bislang entschieden Ärzte nach medizinischen Gesichtspunkten, und keiner drängelte sich bei dieser Entscheidung vor, denn sie ist so ziemlich das Unangenehmste, was ein Arzt tun muss, wenn es nicht anders geht. Die Triage folgt übrigens weltweit den gleichen Prinzipien.

Die knapp 30 Jahre alte Studie aus den USA zeigt, wie KI hier möglicherweise helfen kann: Sie kann heute definitiv mehr lernen und dann Daten in Echtzeit effektiver analysieren als jeder noch so erfahrene Arzt. Zugleich ist sie unbeeinflusst durch persönliche Vorlieben oder gar Bekanntschaften. Damit kann sie gerade in unübersichtlichen Notfällen möglicherweise bessere Entscheidungen treffen als ein Arzt.

Ein letztes Beispiel aus jüngster Zeit sei an dieser Stelle noch erwähnt, weil es die Vielfalt der Möglichkeiten nochmals besonders deutlich vor Augen führt – und die Dramatik der Anwendung. Im April 2023 wurde berichtet, dass Wissenschaftler aus der Ukraine mit der Unterstützung durch britische Kollegen an einer KI arbeiten, um Menschen mit Verletzungen durch Artilleriegranaten besser behandeln zu können (Sparkes 2023a). Hierzu wurden CT-Scans von Schrapnellwunden verwendet und mit Daten zum genauen anatomischen Ort der Verletzung, zum Material der eingedrungenen Fremdkörper (Metall, Holz, Glas) und zum klinischen Outcome in Beziehung gesetzt. Ziel war es, allein anhand von CT-Bildern nicht nur das eingedrungene Material zu identifizieren, sondern auch den klinischen Verlauf vorherzusagen und damit vor allem die Dringlichkeit der Entfernung der Fremdkörper.

Medizinische Wissenschaftler aus Charkiw sahen täglich bis zu drei solcher Patienten. Das größte Problem bestand darin, dass es oft um kleine Teile mit einer Größe unter fünf Millimetern geht oder um in der Nähe arterieller Blutgefäße liegende Fremdkörper, deren Entfernung Risiken beinhaltet. Ziel ist, »dass das KI-Werkzeug die Behandlung in überfüllten und zugleich unterbesetzten Krankenhäusern in der Ukraine beschleunigen und Informationen über Wunden liefern wird, die mit bloßem Auge nicht zu erkennen sind«, heißt es in dem am 3. April 2023 im Fachblatt *New Scientist* publizierten Bericht (Sparkes 2023a). Hier wird also KI ganz praktisch eingesetzt, um medizinische Entscheidungen zu optimieren und das Medizinsystem zu entlasten – mit unmittelbar spürbaren Auswirkungen auf das Wohlergehen kriegsverletzter Menschen.

Fazit

Bereits jetzt, so lässt sich die Entwicklung zusammenfassen, kann KI dem Arzt Routinearbeit abnehmen und dadurch sowohl seine Effizienz steigern als auch die Sicherheit seines Tuns verbessern. KI ist nicht unaufmerksam, macht keine Flüchtigkeitsfehler und wird auch nie müde.

Komplexe Fälle werden nach wie vor von Ärzteteams diagnostiziert und behandelt. Dies könnte sich in den nächsten Jahren ändern. Denn KI kann bereits heute mehr Erfahrungen sammeln als einzelne Ärzte und sogar die globale Ärzteschaft seit der Antike zusammengenommen. In naher Zukunft wird KI diese Erfahrung verwenden, um »Übermenschliches« zu können, und tatsächlich auch zu leisten.

Ersetzt werden Ärzte durch KI dennoch nicht. Vielmehr gilt, wie überall sonst auch, dass Ärzte mit KI besser und schneller sein werden als Ärzte ohne KI.

9

FASZINATION UND ANGST

Die Idee, etwas Künstliches zu schaffen, das dem Menschen ähnlich und zugleich noch wirkmächtiger ist als er selbst, ist uralt. Der etwa 40 000 Jahre alte, unweit von Ulm gefundene *Löwenmensch* gilt als das *weltweit älteste dreidimensionale Kunstwerk* überhaupt. Es ist aus Mammutelfenbein kunstvoll geschnitzt und stellt einen menschlichen Körper mit einem Löwenkopf dar (Abb. 9.1). Das Objekt spricht uns heute noch unmittelbar als Kunstwerk an, geht es doch weit über eine reine Abbildung des Realen hinaus. Es stellt ein Fantasiewesen mit Eigenschaften dar, die sich so mancher von Hunger und Raubkatzen bedrohte Steinzeitmensch für sich – im damaligen, tatsächlichen täglichen Leben – gewünscht haben dürfte. Die Gedanken des Künstlers mögen sich um Kraft, Stärke und Unverletzbarkeit gedreht

Abb. 9.1: Der Löwenmensch vom Hohlenstein-Stadel, einer Höhle im Lonetal nordöstlich von Ulm, ist eine 31,1 cm große Skulptur aus Mammutelfenbein, die einen Menschen mit dem Kopf eines Höhlenlöwen darstellt, einer vor 13 000 Jahren ausgestorbenen Großkatze, die zur Steinzeit in Europa und Nordasien lebte.

haben, womit der Löwenmensch nicht nur auf geistige Leistungen wie Vorstellungs- und Abstraktionsvermögen, sondern auch auf die motivationalen Hintergründe verweist, die Menschen befähigt und bewogen haben, über sich selbst hinaus zu denken und Neues zu schaffen: Faszination und zugleich Angst.

Weitere Funde über Jahrtausende hinweg belegen, dass das Herstellen von Figuren mit mehr oder weniger offensichtlicher Symbolkraft (»Bedeutung«) von der Steinzeit bis heute zum Menschsein gehört.

Antike Automaten – Respekt!

Schon in der Mythologie der griechischen und römischen Antike gibt es Beschreibungen selbstfahrender Maschinen und gehender oder sprechender Figuren. Mit dem Aufkommen der Ingenieurskunst von 300 vor bis 600 nach Christi Geburt entstand vor allem in der ägyptischen Hafenstadt Alexandria (zunächst als Teil des antiken Griechenlands und später des antiken römischen Reichs), damals ein Zentrum der Philosophie, Theologie, Medizin und Mathematik ein – heute würden wir sagen: Innovationszentrum erster Güte.

Die damaligen Erfinder kombinierten Schrauben, Keile, Hebel, Seilzüge und andere »einfachste Vorrichtungen«, um dadurch komplizierte Funktionen mechanisch auszuführen, angetrieben durch Wasserkraft, Luftdruck oder Vakuum. Zu deren berühmten Vertretern gehörten Pythagoras, Euklid und Archimedes (der zwar in Syrakus wirkte, das aber zum Kulturkreis Alexandria zählt) und vor allem Heron von Alexandria (bis ca. 60 n. Chr.).

Stellen Sie sich vor, Sie gehen auf eine Party, und am Eingang begrüßt Sie eine Dienerin mit aufgehaltender linker Hand. Sie geben ihr einen Becher, woraufhin sie Ihnen zuerst Rotwein und dann Wasser eingießt, bis Sie den Becher wieder nehmen und den Drink genießen. Wenn Sie nach einer Weile bemerken, dass die junge Dame noch immer dort steht und die Gäste mit einem Glas Wein, mehr oder weniger stark mit Wasser verdünnt, und beides sogar aus dem gleichen Krug einschenkt, werden Sie vielleicht neugierig. Wenn Sie dann noch genau hinsehen, sind Sie plötzlich fasziniert, und zugleich wird es Ihnen etwas unheimlich: Die junge Dame ist eine lebensgroße mechanische Puppe! Wenn man einen Becher in ihre aufgehaltene linke Hand stellt, senkt sich diese um ein paar Zentimeter, was einen Mechanismus in der Puppe in Gang setzt: Sie gießt mit ihrer rechten Hand aus einem Krug zunächst eine bestimmte, voreingestellte Menge Wein ein, bei halb gefülltem Becher gefolgt von Wasser, sodass jeder Gast den Grad der Verdünnung selbst bestimmen kann. Nimmt man den Becher aus der offenen Hand, hebt sich der Arm, was den Fluss des Weines oder Wassers stoppt.

Mittels Röhren für Luft und Flüssigkeiten, Ventilen, eines Hebels und einer Rückstellfeder wurde damit ein komplexer Mechanismus gebaut, dessen Funktion vor allem durch seine geschickte »Drappierung« in einer lebensgroßen Puppe mit nur einem Krug den Nutzer verblüffte. Dieser Mechanismus basierte auf den damals bekannten Prinzipien der Hydraulik (kommunizierende Röhren, Vakuum) und Mechanik (Schwerkraft, Hebelgesetze), mit denen letztlich ein Algorithmus implementiert wurde, der die Funktion der Maschine steuerte. Heron hatte damit das, was man heute »Prozesssteuerung« nennt, mittels eines durch Hardware implementierten logischen Algorithmus erfunden.

Auf die Menschen jener Zeit muss die funktionierende Figur – ganz im Sinne des im ersten Kapitel erwähnten Sir Arthur C. Clarke – wie Magie gewirkt haben. Und die psychologischen Effekte von Magie – Faszination und ein gewisses Unbehagen zugleich – sind gut bekannt. Das Verhalten der Puppe kann man durchaus »intelligent« nennen, und »künstlich« ist es ohnehin. Sie wurde gebaut, um genau diese psychologische Wirkung zu erzeugen. Eine Dienerin für den Job abzustellen, wäre damals gewiss einfacher gewesen. Man zog aber die Puppe vor, denn sie erzeugt psychologische Effekte, die eine Party spannend machen.

Allerdings stellt sich durchaus die Frage, warum Heron seine

Kenntnisse der Physik und seinen Erfindergeist vor allem für solche Zauberkunststückchen verwendet zu haben scheint, hätte er doch sehr viel mehr und Wichtigeres damit anstellen können. Man hat den Eindruck, als wäre mechanischer Erfindergeist damals eher Hobby oder Zeitvertreib reicher Bürger gewesen, anstatt Triebfeder eines allgemeinen, der Gesamtgesellschaft zukommenden technischen Fortschritts. In dieses Bild passt auch die Tatsache, dass Heron die praktische Bedeutung der von ihm ebenfalls erfundenen, weltweit ersten Wärmekraftmaschine (heute als »Heronsball« bezeichnet) offenbar nicht erkannte. Das Ding blieb ein Spielzeug.

Ganz allgemein wurde bis vor etwa 50 Jahren den »Technikern« der Antike eher wenig handwerkliches Können zugesprochen, insbesondere im Hinblick auf Feinmechanik. Entsprechend betrachtete man auch die damalige Wissenschaft als eher kontemplativ und wenig praxisbezogen. Wenn wir heute an die Wissenschaft der Antike denken, dann sehen wir diskutierende Philosophen vor unserem geistigen Auge, wie es schon der Maler Raffael vor 500 Jahren in seinem Fresko »Die Schule von Athen« zum Ausdruck gebracht hat. Es dürfte jedoch nicht am handwerklichen Geschick gelegen haben, dass aus mancher technischen Erfindung nicht mehr als ein Spielzeug oder ein Zauberkunststück wurde, wie der spektakuläre Fund eines antiken Apparates im Jahr 1900 zeigt, dessen mechanische Komplexität und theoretische Herleitung erst vor wenigen Jahren aufgeklärt werden konnte. Es handelt sich um den weltweit ersten Analogrechner.

Ein antiker Analogrechner gegen Kontrollverlust

Die Entschlüsselung eines sehr komplexen, definitiv aus der griechischen Antike[1] stammenden »Uhrwerks«, das im Jahr 1900 von Schwammtauchern in einem Schiffswrack vor der griechischen Insel Antikythera gefunden worden war und als Antikythera-Mechanismus bekannt wurde, brauchte mehr als 120 Jahre. Die sehr schwierige Bergung der Ladung eines zwischen dem Peloponnes und Kreta gesunkenen griechischen Frachtschiffs aus 40 Metern Tiefe im Jahr 1901 kam einer Sensation gleich. Die Fracht enthielt mehrere große Statuen aus Bronze und Marmor, und die an Bord des Schiffs befindlichen Münzen erlaubten die Datierung des Untergangs auf den Zeitraum von 70 bis 60 v. Chr. Das Gerät wurde zunächst nicht als solches erkannt, sah es doch aus wie ein Klumpen aus Rost und Dreck.

Ein Jahr nach der Bergung war der Klumpen getrocknet und zerfallen, und es zeigten sich kleine Zahnräder etwa in der Größe von Münzen. Man erkannte, dass es sich um eine Art Mechanismus handeln musste, der nur unvollständig erhalten und daher nicht mehr funktionsfähig war. Im Laufe der Zeit ist man den 82 Fragmenten jedoch mit immer besserer Röntgen-Technik zu Leibe gerückt, hat Textinschriften auf dem Metall entziffert, die Anzahl der Zähne der Zahnräder bestimmt und den Mechanismus rekonstruiert. Der Originalfund befindet sich heute im Archäologischen Nationalmuseum in Athen, wo die drei größten Fragmente ausgestellt sind.

In einem zweiseitigen, den längeren griechischen Fundbericht aus dem Jahr 1903 zusammenfassenden Kurzbericht vermutete der deutsche Philologe Albert Rehm bereits im Jahr 1907, dass die für ihn erkennbaren Zahnräder an ein Uhrwerk zur Darstellung und Vorhersage astronomischer Sachverhalte (Lage der Planeten, Finsternisse) erinnern, und hielt den Mechanismus für eine Art Planetarium. Rehm hatte sich in den Jahren 1905 und 1906 selbst ein Bild des Fundes vor Ort gemacht und eine Publikation angekündigt, zu der es jedoch nie kam.

Der britische Physiker und Wissenschaftshistoriker Derek John de Sola Price konnte einige Beschriftungen entziffern und die einzelnen Zahnräder genau vermessen, deren Zähne zählen und daraus Rückschlüsse über deren Bedeutung ziehen. In seiner 1974 veröffentlichen Arbeit »Das Getriebe der Griechen« konnte er die Vermutung von Rehm bestätigen und vertiefen, sodass sich insgesamt das Bild der mit Abstand kompliziertesten Maschine des Altertums verfestigte. Sie zeigte den Lauf von Sonne, Mond, der fünf in der Antike bekannten Planeten (Merkur, Venus, Mars, Jupiter, Saturn) und sogar die alle vier Jahre stattfindenden Olympischen Spiele an. Price zitiert (S. 56) den römischen Politiker und Schriftsteller Marcus Tullius Cicero (106–43 v. Chr.), der in seiner Schrift »De re publica« (I, xiv, 21–22) von einer Maschine spricht, »auf der die Bewegungen der Sonne und des Mondes und der fünf Sterne, die Wanderer genannt werden, aufgezeichnet waren […] Archimedes […] hatte einen Weg gefunden, die verschiedenen und unterschiedlichen Bewegungen mit ihren unterschiedlichen Geschwindigkeiten durch ein einziges Gerät darzustellen.« Dieses Zitat scheint sich entweder direkt auf den hier diskutierten Apparat oder einen diesem sehr ähnlichen zu beziehen.[2]

Die neueste Originalarbeit zum Antikythera-Mechanismus stammt aus dem Jahr 2021 und bestätigte nochmals, dass es sich bei dem kleinen Gerät um einen Analog-Rechner[3] handelt, der »die Zyklen aus der babylonischen Astronomie, die Mathematik aus Platons Akademie und altgriechische astronomische Theorien miteinander verbindet« (Freeth et al. 2021, S. e1).

Festzuhalten bleibt: Bereits in der Antike gab es beeindruckende Maschinen – in zweierlei Hinsicht: Zum einen war man schon damals in der Lage, leblose Dinge mechanisch in Bewegung zu bringen, um sie dadurch menschenähnlich zu machen: Der uralte Traum vom beherrschbaren »Ding«, das eine gewisse Selbstständigkeit hat und dem Erschaffer zu mehr Macht verhilft, wurde also auch in der Antike weitergeträumt. Zugleich gab es bereits künstliche Intelligenz im Sinne von Analogrechnern wie dem Antikythera-Mechanismus, von dem man annehmen kann, dass es nicht der einzige gewesen sein dürfte. Man hat lediglich bislang nichts dergleichen gefunden.

Dessen immer genauere Entschlüsselung wiederum macht nochmals deutlich, was schon ausführlich in Kapitel 5 Thema war: Nur Experten können künstliche Intelligenz hervorbringen und ihre Leistungen verstehen. Ein Kasten, der einen Mechanismus ineinandergreifender Zahnräder enthält, tut für sich genommen gar nichts. Aber in der Hand eines Astronomen liefert er eindrucksvolle Voraussagen: Wer schon einmal eine Sonnenfinsternis erlebt hat, kann sich vielleicht vorstellen, wie es den Menschen früher dabei ging. Sie wussten nicht, was los war, und hatten keine Erklärung dafür, aber plötzlich würde es unangenehm dunkel und kühl, und das selbstverständlichste, täglich verlässlich erscheinende und gewohnte Himmelsobjekt – die Licht, Wärme und Leben spendende Sonne – verschwand. Die Menschen damals müssen Sonnenfinsternisse als existenzielle Bedrohung erlebt haben. Deshalb gilt auch: Wer in der Antike, im Mittelalter oder der frühen Neuzeit eine Sonnenfinsternis voraussagen konnte (und damit auch, dass sie nach kurzer Zeit wieder verschwindet), das Geschehen also begriffen *und damit* »im Griff« hatte, genoss zu Recht höchstes Ansehen. Seit mehr als 50 Jahren ist bekannt, dass das Erleben von Kontrollverlust das Wesen von Stress ausmacht, nicht das objektiv vorhandene Ausmaß an Unbill. Diese Erkenntnis erklärt die psychologische Bedeutung der Fähigkeit zu astronomischen Vorhersagen (Finsternissen, Kometen), einschließlich der sehr menschlichen Begeisterung dafür.

Noch mehr Faszination durch die technische Revolution in der Renaissance

Die Bezeichnung »Renaissance« (französisch für »Wiedergeburt«) ist weniger als 200 Jahre alt (Burckhardt 1860/2012) und meint die europäische Kulturepoche zwischen Mittelalter und Neuzeit (ca. 1300–1600). In dieser Zeit wurden Gedanken der Antike nicht nur wieder aufgegriffen (»wieder geboren«), sondern auch weiterentwickelt. Zuweilen wird mit Bezug auf diese Epoche vergessen, dass während ihrer drei Jahrhunderte währenden Zeit in Europa nicht nur Fortschritte in den Bereichen Architektur, Bildhauerei, Malerei, Musik, Literatur und Selbstbild des Menschen (Freiheit, Vernunft) gemacht wurden, sondern auch insbesondere im Bereich der Technik, die den Namen Revolution durchaus verdienen (Strandh 1992, S. 74 ff).

Schon im Mittelalter baute man beispielsweise Uhren, die nicht mehr wie in der Antike mit Wasser betrieben wurden, sondern mit Gewichten, Pendeln und Zahnrädern. So wurde im Straßburger Münster im Jahr 1353 die sogenannte Dreikönigsuhr fertiggestellt, die nicht nur die Uhrzeit anzeigte, sondern als astronomische Uhr auch den Stand der Sonne. Auch bewegte Figuren waren eingebaut, ein Hahn und die Heiligen Drei Könige, die zu jeder Stunde zu einem Glockenspiel die Köpfe vor der Jungfrau Maria neigten– Magie und Zauberei vom Feinsten!

Mitten in der Renaissance wirkte auch Leonardo da Vinci (1452–1519), der italienische Maler, Bildhauer, Architekt, Anatom, Mechaniker, Ingenieur und Naturphilosoph. Unter seinen vielen technischen Zeichnungen, von denen die wenigsten realisiert worden waren (vielleicht auch, weil sie nie funktioniert hätten; vgl. Eckoldt 2019), befand sich auch die erst in den 1950er-Jahren entdeckte Skizze eines Roboters, der seine Arme bewegen, sich aufsetzen und seinen Kopf drehen konnte. Man stelle sich eine Begegnung mit dieser Maschine – ohne jede Vorbereitung, einfach so – zur damaligen Zeit einmal vor!

Um etwa die gleiche Zeit entwickelte der französische Physiker und Ingenieur Salomon de Caus (1576–1626) die Ideen des Heron von Alexandria weiter und baute Wasserspiele in den Gärten berühmter Schlösser (Hortus Palatinus am Heidelberger Schloss, Schloss Hellbrunn in Salzburg, Palast des Herzogs von Burgund in Saint-Germain bei Paris sowie einigen Gärten in England) einschließlich bewegter lebensgroßer Figuren – was die Menschen bis heute in Erstaunen versetzt (Strandt 1992, S. 104, 177 f), obwohl wir heutigen Menschen an technische Magie sehr stark gewöhnt sind. Künstliche Figuren, die sich in künstlichen Landschaften und Situationen wie Menschen scheinbar intelligent bewegten, faszinierten die Menschen der Renaissance ebenso wie die der Antike und sind den Avataren in den heutigen Computerspielen vergleichbar.

Menschen sind auch nur Maschinen

Der französische Philosoph, Mathematiker und Naturwissenschaftler René Descartes (1596–1650) ist für eine ganze Reihe von Gedanken bekannt, die er entweder pointiert (z. B. »Ich denke, also bin ich«) oder tatsächlich erstmals formuliert hat (z. B. die analytische Geometrie, mit der man geometrische Probleme mittels Algebra lösen kann und umgekehrt).

1632 legte er die »Abhandlung über den Menschen« vor und vertrat darin die damals sehr gewagte These, dass Tiere und auch der Mensch letztlich nach mechanischen Gesetzen funktionieren. »Ich stelle mir einmal vor, dass der Körper nichts anderes sei als eine Statue oder Maschine [...] derart, dass [...] nicht nur äußerlich die Farbe und die Gestalt aller unserer Glieder [...], sondern auch [...] ihr Inneres alle jene Teile [... enthält], die notwendig sind, um sie laufen, essen, atmen, kurz alle unsere Funktionen nachahmen zu lassen«, schreibt Descartes (1632/1664/1969, S. 44) und nennt unmittelbar anschließend vergleichend »Uhren, kunstvolle Wasserspiele, Mühlen und andere ähnliche Maschinen, die, obwohl sie nur von

Menschenhand hergestellt wurden, nicht der Kraft entbehrten, sich aus sich selbst auf ganz verschiedene Weisen zu bewegen«. Er will sich also »nicht dabei aufhalten, die Knochen, Nerven, Muskeln, Venen, Arterien, den Magen, die Leber, Milz, das Herz, das Gehirn zu beschreiben, noch die anderen Teile, aus denen sie (die Maschine) zusammengesetzt sein muss«. Vielmehr geht es ihm um das Prinzip, dass all dies *mechanistisch* zu erklären ist, wie man sich heute ausdrückt. Wenn er dann doch alles beschrieben hat, so genau es damals möglich und bekannt war, dann immer mit der Brille des Mechanikers.

Große Bekanntheit hat beispielsweise seine Beschreibung des Reflexbogens (Abb. 9.2) erreicht, die bis heute in Lehrbüchern der Nervenheilkunde zu finden ist. Descartes (S. 69) schreibt hierzu: »Befindet sich […] das Feuer A in der Nähe des Fußes B, dann haben die kleinen, bekanntlich schnell bewegten Teilchen[4] dieses Feuers aus sich heraus die Kraft, die betroffenen Stellen der Haut dieses Fußes in Bewegung zu versetzen. Indem sie dadurch an der kleinen (Mark-) Faser c[5] ziehen, die – wie man sieht – dort [in der Abb. am vierten Zeh] befestigt ist, öffnen sie im gleichen Augenblick beim Eingang der Pore d e, an der diese Faser endet, ebenso wie man in dem Augenblick, in dem man an einem Ende eines Seilzuges zieht, die Glocke zum Klingen erbringt, die am anderen Ende hängt. Nachdem so der

Abb. 9.2: Reflexbogen nach Descartes, der bewirkt, dass man sich den Fuß am Feuer nicht verbrennt.

Eingang der Pore oder des kleinen Ganges d e geöffnet« (...) sei, trete ein animalischer Geist (»spiritus animalis«) aus der Hirnkammer F dort in die Faser ein und werde über diese Faser zurück in die Muskeln getragen. Weil bei der Person, die gerade eine Verbrennung des Fußes vermeidet, sich dabei auch der Kopf oder die Augen bewegen oder die Hände zum Schutz vorgestreckt werden können, nehme der animalische Geist auch andere Wege (über andere Fasern), um all diese Reaktionen zu bewirken.

Der »spiritus animalis« erscheint uns Heutigen als eine Hilfskonstruktion zur Stützung einer Theorie. Damals stimmte die Annahme eines »Lebensgeistes« jedoch mit dem Erleben der Menschen überein. Bei aller physikalischen und anatomischen Kenntnis gab es praktisch keine Erkenntnisse zu lebendigen Prozessen (Metabolismus, Motorik, genetische und neurobiologische Informationsspeicherung und -verarbeitung) auf naturwissenschaftlicher (»mechanistischer«) Grundlage.

Was Descartes hier systematisch macht, nennt man heute »Reverse Engineering« – allerdings in einer Extremvariante. Denn dieser Terminus technicus bezeichnet die Umkehrung von Entwicklungs- oder Produktionsprozessen vom fertigen Produkt oder Programm zurück zur Konstruktionszeichnung oder zum Quellcode. Ziel dieses Analyseprozesses ist es, die Komponenten eines Systems und ihre Beziehungen untereinander zu identifizieren, damit man dieses System erstens (besser als zuvor) versteht und es zweitens verbessern oder durch ein ganz anderes System ersetzen kann, vielleicht in anderer Form oder sogar auf einer anderen Abstraktionsebene. Um sich diesem Ziel nähern zu können, denkt er sich den Menschen nach Maßgabe der Maschinenmodelle des Menschen, die es seit der Antike gab und die im Laufe seines Lebens immer bekannter wurden.

Die »Extremvariante« besteht darin, dass Descartes sich hierzu den Menschen vollständig und prinzipiell nur als Maschine denkt, um ihn mit den Mitteln der (u. a. von ihm selbst mit aller Radikalität gedachten) empirischen Naturwissenschaft überhaupt erst untersuchen zu können. Sein Programm: Denken wir uns den Menschen als Maschine – was folgt?

Für uns Menschen des 21. Jahrhunderts ist das nichts Besonderes, sondern umgekehrt völlig selbstverständlich. »Was denn sonst?«, fragt der Mediziner oder Naturwissenschaftler. Zur Zeit der Renaissance war das anders. Wie sehr anders es war, mag man daran erkennen, dass Descartes seine Schrift über den Menschen aus berechtigter Furcht vor Verfolgung durch die Inquisition zeitlebens nicht veröffentlichte.

Etwa ein Jahrhundert nach Descartes publizierte der französische Arzt und Philosoph Julien Offrey de la Mettrie (1709–1751) ähnliche Gedanken und musste deswegen aus Frankreich und später sogar aus den toleranten Niederlanden fliehen. Im preußischen Exil war er beim »Philosophenkönig« Friedrich dem Großen nicht als Leibarzt, sondern als Vorleser angestellt und zudem Teilnehmer von dessen Tafelrunde in Sanssouci (Schuchter 2018). Seine 1748 verfasste, kleine Schrift »Maschine Mensch« (L'Homme-Machine) brachte ihm den Spitznamen »Monsieur Machine« ein. »Der menschliche Körper ist eine Maschine, welche selbst ihr Triebwerk aufzieht […]. Wir denken als rechtschaffene Menschen und sind sogar nur rechtschaffene, wenn wir heiter oder beherzt sind: Alles hängt von der Weise, in welcher unsere Maschine gestimmt ist, ab. […] Die verschiedenen Zustände der Seele stehen also immer in einem bestimmten Verhältnis zu denjenigen des Körpers« (La Mettrie 1748, S. 15ff).

Echte und unechte Illusionen und Maschinen-Orchester

Der Auffassung, dass Menschen eigentlich wie Maschinen funktionieren, entsprachen die Versuche, Maschinen zu bauen, die wie Menschen funktionieren. So baute der französische Ingenieur und Erfinder Jacques de Vaucanson (1709–1782) nach zunächst jahrelangem Studium der Anatomie, Musik und Mechanik in den Jahren 1738 und

1739 drei später sehr bekannt gewordene mechanische Modelle (Delve 2007): einen Flötenspieler, der zwölf verschiedene Stücke spielen konnte, einen provenzalischen Hirten, der zugleich Trommel und Einhandflöte spielte, und eine künstliche Ente, die »schnatterte, sich Körner aus einem Troge nahm und dieselben verschlang. Diese Körner erlitten im Magen eine Art Zerreibung, gingen in die Eingeweide über und machten auf diese Weise alle Stufen tierischer Verdauung durch« (Rechsteiner, zit. nach Amann 1991).

Vaucanson verkaufte die drei Automaten an Kaufleute aus Lyon, die dann durch ganz Europa mit Ausstellungen und Vorführungen tourten: 1742 im Londoner King's Theatre, 1746 in Straßburg, 1747 in Hamburg und 1748 in Augsburg – Furcht und Faszination auf den Marktplätzen Europas!

Man sollte meinen, dass nach Jacques de Vaucanson keine Möglichkeit der Steigerung mehr bestand. Dem war aber nicht so: Noch »intelligentere« künstliche Maschinenmenschen baute der Schweizer Uhrmacher Pierre Jaquet-Droz (1721–1790). Nach dem Studium der Philosophie begann er mit dem Bau teurer Pendeluhren, gründete eine Firma und hatte Kunden in ganz Europa. Berühmt wurde er aufgrund dreier im Jahr 1774 der Öffentlichkeit vorgestellter sehr menschenähnlicher Androiden: einer Orgelspielerin, einem Zeichner und einem Schreiber. Mehr als ein Jahrhundert lang tourten die Androiden mit großem Erfolg durch Europa und konnten gegen Eintrittsgeld besichtigt werden. Seine berühmtesten Werke sind noch immer funktionstüchtig und in Neuenburg, Schweiz, ausgestellt (Soriano 1985).

Die Organistin konnte, gesteuert von einer Stiftwalze, fünf verschiedene Stücke spielen, indem sie mit den Fingern der Hände die Tasten einer Art Orgel bewegte. Der Zeichner konnte mit auswechselbaren Steuerscheiben vier verschiedene Zeichnungen anfertigen. Der Schreiber schließlich war in der Lage, jeden beliebigen Text, der auf einer Scheibe mit auswechselbaren Nocken eingegeben wird, mit bis zu 40 Zeichen zu schreiben. Man kann alle drei Figuren durchaus als Vorläufer der künstlichen Intelligenz, wie sie heute in Computern enthalten ist, verstehen, denn sie enthielten ein Betriebssystem (die Hardware für die gesamte Steuerung) und waren dadurch in der Lage, verschiedene Programme (Zeichnungen, Texte, Lieder) auszuführen. Im Falle des Schreibers waren diese frei konfigurierbar.

Die Automatenbegeisterung war in der Barockzeit (ca. 1600–1770) so groß, und die Fähigkeiten der Automatenmenschen waren so verblüffend, dass es sogar zum Bau von vermeintlichen menschlichen »Maschinen« kam, die keine waren, sondern tatsächliche Menschen. Es wurde damit letztlich also eine Täuschung vorgetäuscht. Am bekanntesten wurde der im Jahr 1769 vom ungarischen Mechaniker, Erfinder, Architekt und Staatsbeamten der österreichisch-ungarischen Donaumonarchie Wolfgang von Kempelen (1734–1804) gebaute »Schachtürke«.[6] Bei ihm handelt es sich um einen scheinbaren Schachautomaten, einer 120 × 85 × 90 Zentimeter messenden Truhe mit Schachbrett auf dem Deckel. Hinter der Truhe war das Oberteil einer türkisch gekleideten Holzpuppe mit beweglichem rechten Arm, zur Truhe blickend, befestigt. Zudem konnte die Figur mit den Augen rollen, den Kopf schütteln (wenn der Gegner einen falschen Spielzug tätigte) und bei Schach mit dem Kopf nicken. Hinter mehreren Türen, die nie gleichzeitig geöffnet wurden, konnte ein komplexes Räderwerk mit Hebeln und Walzen zur Schau gestellt werden, dessen vermeintliche Funktion es war, die Spielzüge zu berechnen und auszuführen. Hierdurch wurde bei den Zuschauern der Eindruck erweckt, dass das Gerät selbstständig Schach spielte, wie beispielsweise in der österreichischen Zeitung *Reichspostreuter* im August 1773 eindrucksvoll beschrieben wurde. Tatsächlich war jedoch in einem größeren Teil der Truhe ein menschlicher Schachspieler versteckt, der die Spielzüge plante und ausführte.

Im Jahr 1770 stellte von Kempelen seinen »Apparat« Kaiserin Maria Theresia auf Schloss Schönbrunn in Wien vor, wo Staatsrat Graf Cobenzl als erster öffentlicher Gegenspieler vor den Augen Maria Theresias gegen den Schachtürken verlor. Es kam, wie man heute sagen würde, europaweit zu einem lebhaften Medieninteresse und in den Jahren 1783/84 zu einer zweijährigen Tournee mit Vorführungen in vielen deutschen Städten sowie in London und Paris, wo der Schachtürke allerdings eine Partie gegen den damals weltbesten Spieler verlor. In ihm steckte wahrscheinlich zunächst von Kempelens (offenbar sehr schachbegabte) Tochter.

Als von Kempelen 1804 starb, vererbte er den »Apparat« seinem Sohn, der ihn an den Wiener Mechaniker und Erfinder von Musikautomaten Johann Nepomuk Mälzel (1772–1838) verkaufte. Dieser tourte erneut mit dem Schachtürken und dem 1805 von ihm erfundenen *Panharmonikon* zunächst durch Europa und dann sogar durch die USA. Mälzel setzte bei seinen Vorführungen ganz offensichtlich exzellente Schachspieler aus Deutschland, Frankreich und Großbritannien ein. So wundert nicht, dass die russische Zarin Katharina die Große, Kaiser Joseph II., Friedrich der Große, Napoleon und später auch Benjamin Franklin gegen den Schachautomaten verloren. Der amerikanische Schriftsteller Edgar Allan Poe (1809–1849) publizierte im Alter von 26 Jahren nach dem Besuch einer Vorführung des Automaten 17 Argumente dafür, dass in ihm ein Mensch stecke (Poe 1835). Nach Mälzel erwarb der US-amerikanische Arzt und Schriftsteller John K. Mitchell den »Apparat« und verschenkte ihn im Jahr 1840 dem *Peale Museum* in Philadelphia, wo er 14 Jahre später einem Museumsbrand zum Opfer fiel.

Aus meiner Sicht ist interessant, dass die beiden für die Konstruktion und Popularität des Schachtürken, also eines »Fake-Mechanismus« verantwortlichen Personen Kempelen und Mälzel, beide Meister in der Konstruktion und dem Bau tatsächlicher komplexer Apparate waren. Dabei entwickelten sie Verfahren der Steuerung, deren Komplexität durchaus an damalige mechanische Rechenmaschinen herankommt oder sie übertrifft. Um das Panharmonikon oder dessen Nachfolger, das Orchestrion, zu steuern, müssen vielstimmige Partituren in Steuerbefehle umgesetzt werden. Die Programmierung erfolgte zunächst mittels Walzen oder Scheiben aus Holz oder Metall, die entweder mittels (aus der Walze oder Scheibe herausragender) Stiften oder Löchern die nötigen Informationen kodierten. Ein Programmwechsel erfolgte durch Auswechseln der Walze bzw. Scheibe.

Ab 1883 wurden diese mechanischen Orchester durch gelochte Papierstreifen gesteuert, die auch als »Notenrollen« bezeichnet wurden.

Die Vorführung eines von Michael Welte gebauten Orchestrions auf der Weltausstellung in London im Jahr 1862 kann durchaus als Demonstration von künstlicher Intelligenz verstanden werden: Ein Automat klang wie ein ganzes Orchester, spielte mechanisch, »automatisch« – also ohne menschliches Zutun – komplexeste Musikstücke »wie das Große Konzert in f-Moll von Carl Maria von Weber und dessen Jubel-Ouvertüre [...]. Weitere Stücke waren die Ouvertüren aus den Opern Norma, Zampa, Fra Diavolo und Wilhelm Tell sowie Auszüge aus der Schöpfung von Joseph Haydn. [...] Welte errang mit diesem Orchestrion eine Preismedaille, die hervorragenden musikalischen Qualitäten des Instrumentes trugen wesentlich zum Ruhm seiner Firma bei«, kann man dazu im Wikipedia-Artikel über Michael Welte nachlesen. Tausende von Menschen waren damals von der Maschine so beeindruckt, dass diese auf der Weltausstellung permanent spielte. In der Folgezeit wurden die Geräte noch weiter perfektioniert, ab dem Jahr 1905 wurden sogar Streichinstrumente integriert, bis die Produktion dieser Maschinen mit dem Aufkommen von Radio und elektrischem Schallplattenspieler in den 1920er-Jahren innerhalb weniger Jahre beendet wurde.

Rezeption: Vom Golem über den Zauberlehrling und Sandmann bis zum Roboter

Es konnte nicht sehr lange dauern, bis die Automatenmenschen von den lebenden Menschen zur Kenntnis genommen worden waren sowie in deren Gedankenwelt Eingang gefunden und zu weiterführenden Gedanken Anlass gegeben hatten. Aber nicht nur das Menschenähnliche, sondern auch das Unheimliche an Maschinen, die »intelligent« erschienen, aber dennoch nur »mechanisch« arbeiteten, wurde reflektiert.

Zu den ältesten Beschreibungen von künstlicher Intelligenz und deren Problematik gehören die Legenden vom Golem. Das Wort »Golem« kommt aus dem Hebräischen und meint eine formlose Masse und im übertragenen Sinne einen sehr wenig gebildeten Menschen. Erstmals schriftlich erwähnt wird es im frühen Mittelalter (12. Jahrhundert) in einem in Worms verfassten Kommentar zu einem jüdischen religiösen Text. Dort bezeichnet es ein aus Lehm gebildetes, stummes, willenloses menschenähnliches Wesen, das für seinen Schöpfer Aufträge ausführt. Damit verkörpert der Golem seit Jahrhunderten die Idee einer künstlichen, d. h. von Menschenhand geschaffenen, Intelligenz, die, zugleich ohne über eigenen Willen zu verfügen, dem Menschen zu Diensten ist.

Um die Gestalt des Golem rankt sich eine ganze Reihe von Legenden, die zunächst mündlich tradiert und später schriftlich fixiert wurden (Salfellner 2019). Im spätmittelalterlichen Prag mit Europas nach Zahl und Bedeutung der Mitglieder größter jüdischer Gemeinde lebte der wahrscheinlich aus Worms stammende Rabbiner Judah Löw, allerdings erst im Alter von über 60 Jahren. Mit etwa 80 wurde er dort zum Oberrabbiner gewählt, ging dieser Tätigkeit bis zu seinem Tod im Jahr 1609 nach und wurde dann auf dem Alten Jüdischen Friedhof beigesetzt. Zwei- bis dreihundert Jahre später entstand die Legende von der Erschaffung des Golem durch »Rabbi Löw«. Durch die Publikation des fantastischen Romans »Der Golem« durch den österreichischen Schriftsteller Gustav Meyrink im Jahr 1915 gelangten sowohl der Golem als auch der Autor zu weltweiter Bekanntheit. Die Handlung spielt Ende des 19. Jahrhunderts im Prager Getto, dem seit dem Mittelalter von Juden bewohnten Stadtviertel mit seinem geheimnisvollen Labyrinth von engen Gassen und Menschen mit Bezügen zur Golem-Legende sowie zu judaistischen, ägyptischen und indischen Mythen.

In der deutschen Literatur tauchen menschenähnliche Maschinen bereits vor mehr als 200 Jahren auf. So schildert die in Weimar im Jahre 1797 entstandene Ballade vom *Zauberlehrling*, die zu den populärsten Werken von Johann Wolfgang von Goethe gehört, einen

Lehrling, der einen Zauberspruch seines Meisters während dessen Abwesenheit ausprobiert und damit einen Besen in einen Knecht verwandelt, der Wasser herbeischleppen muss. Zunächst ist der Zauberlehrling stolz auf sein Können, doch kennt er den Befehl zum Aufhören nicht, und die Situation gerät außer Kontrolle, bis der Meister zurückkehrt und den Spuk beendet. Das Motiv dieser Ballade reicht bis in die Antike (Lukian von Samosata 120–180 n.Chr.) zurück und findet sich schon im zweiten nachchristlichen Jahrhundert in der Geschichte »Der Lügenfreund oder der Ungläubige« von Lukian von Samosata, dem bedeutendsten Satiriker der griechischen Antike. Auch in einer Legende vom Prager Golem des Rabbi Löw kommt das Motiv »der Geister, die ich rief und jetzt nicht mehr loswerde« bereits vor.

Die Erzählung »Der Sandmann« von E.T.A. Hoffmann erschien im Jahr 1816 und handelt von einem Physikstudenten, der sich in eine schöne Frau verliebt, von der sich herausstellt, dass es sich um eine Puppe handelt, die Bewegungen ausführen und ein paar Wörter sprechen kann. Als der Student mit ihr heftig tanzt, geht die Puppe kaputt, und er wird darüber wahnsinnig und stirbt. Diese bekannte Erzählung verweist auf das Unheimliche an der Idee menschlicher Maschinen, das in der Folge immer wieder thematisiert wurde: Von Mary Shellys (1797–1851) »Frankenstein oder Der moderne Prometheus« (1818), dem gutartigen Monster, über mechanische Sklaven, über den erstmals in einem russischen Theaterstück aus dem Jahr 1920 »Roboter«[7] genannten maschinellen Sklaven (Capek 1920) bis hin zu dem »allwissenden« Computer *HAL* in AC Clarkes *2001: Odyssee im Weltraum,* der sich gegen die Menschen in dem von ihm überwachten Raumschiff auflehnt und einige von ihnen tötet. Von den gegen die gesamte Menschheit Krieg führenden Robotern in den Terminator-Filmen gar nicht zu reden …

Fazit

Damit schließt sich der Kreis, wir sind zurück beim Löwenmenschen, einer gedachten Mischung aus Mensch und Übermensch, geschaffen von Menschen, deren Kunstprodukte als Spielzeug begannen und als Schreckgespenst endeten. Das Verlangen, sich selbst abzubilden, dadurch zu begreifen und dabei Möglichkeiten des Andersseins zu erwägen, ist wahrscheinlich so alt wie die Menschen selbst. Auf jeden Fall bildet es bereits in der Steinzeit eine Grundlage von Kunst und seit der Antike von technischem Erfindergeist. Maschinen dienten seit der Antike der Ergänzung und Erweiterung menschlicher Fähigkeiten: Kräne und Seilzüge zur Verstärkung unserer Körperkraft und Uhren zur Verbesserung unserer Fähigkeit zur Abschätzung von Zeitdauer oder die Verschriftlichung von Information zum Zwecke ihrer Speicherung. Die Erfindung der Schrift vor gut 5000 Jahren war in dieser Hinsicht ein Schritt in Richtung künstliche Intelligenz.

Im Laufe der Zeit wurden Maschinen immer »intelligenter« und bildeten zunehmend komplexe Funktionen maschinell ab. Im 18. Jahrhundert produzierten automatische Webstühle komplizierte Muster, und im 19. Jahrhundert reproduzierten automatische Orchester orchestrale Musikstücke, also extrem komplexe akustische Muster. In beiden Fällen erfolgte die hierzu notwendige Programmierung durch Informationsspeicher, die als Vorläufer der Lochkarte gelten können, handelte es sich doch um Papier mit Löchern, entweder als Karte oder als Streifen.

Vor etwa einem Vierteljahrtausend wurden die Menschen in zunehmendem Maße mit menschenähnlichen Automaten konfrontiert, und Maschinen, die »intelligent« erschienen, aber dennoch nur »mechanisch« arbeiteten, wurden teilweise als unheimlich empfunden. Arbeitssklaven, seit gut 100 Jahren auch als Roboter bezeichnet, konnten – wie die Geschichte vom Zauberlehrling bereits illustrierte – sich auch gegen den Menschen wenden, wenn man es nicht verstand, sie wieder abzuschalten, oder wenn sie sich in einer dystopen Zukunft kollektiv zum Krieg gegen die Menschheit entschieden.

10

SOZIALE FOLGEN: VORURTEILE, MANIPULATION UND DER VERLUST VON WAHRHEIT UND HAUSAUFGABEN

In den 1980er-Jahren gab es Supercomputer wie den legendären Cray-2 der Firma Cray Research. Der wog 2,5 Tonnen und war 1985 der weltweit schnellste Rechner. 30 Prozent der Patente der Firma Cray drehten sich um Kühlung, denn Computer verbrauchten damals sehr viel Energie, die als Wärme frei wird und abgeleitet werden muss. Bei einem 2500 Kilogramm schweren Koloss keine leichte Aufgabe! Man machte sich damals auch schon Gedanken, was mit der Menschheit geschehen würde, wenn jeder Zugang zu derart gewaltigen Rechenleistungen haben würde. Würden die Menschen sich mehr mit Mathematik beschäftigen? Würden sie durch den Umgang mit dieser »kolossalen künstlichen Intelligenz« selbst intelligenter? Es wurde jedenfalls viel diskutiert. Heute brauchen wir nicht mehr zu diskutieren, denn wir wissen es. Schon die Leistung des im Jahr 2010 erschienenen iPhone 4 der Firma Apple bewegte sich auf dem Niveau des Cray-2 Supercomputers (Anonymus 2023c). Weil iPhones mit etwa 140 Gramm deutlich leichter sind als der Cray-2, hat man sie immer dabei und nutzt sie täglich stundenlang – für das Ansehen und Weiterverteilen von Katzenvideos!

Nicht immer haben technische Innovationen nur die beabsichtigten bzw. vorausgesehenen Konsequenzen. Vielmehr gibt es auch ganz unerwartete und zuweilen sehr unerwünschte Effekte, Risiken oder sogar Gefahren. Dies ist bei KI nicht anders. Die erwarteten Nachteile werden seit Jahren öffentlich diskutiert, und wir haben uns an die Voraussagen über die Vernichtung von Arbeitsplätzen gewöhnt – erst die einfachen wie Taxi- oder Fernfahrer und dann die anspruchsvollen wie Anwalt oder Arzt. Zumindest dachten wir das bis vor etwa einem Jahr. Dann kam *ChatGPT,* und vielleicht verstehen die Menschen, dass Handwerk (und nicht Reden, Schreibtischarbeit oder »was mit Medien«) goldenen Boden hat. Über tatsächlich im Raum stehende Nachteile, Risiken und sogar Gefahren wird dagegen kaum oder gar nicht geredet.

Rassistische KI

Beim Training neuronaler Netzwerke mit Daten aus der realen Welt besteht grundsätzlich die Gefahr, dass die Trainingsdaten Vorurteile enthalten, die dann vom Netzwerk mitgelernt werden. Das kann völlig unbeabsichtigt und zugleich völlig unbemerkt geschehen, doch auch in solchen Fällen können die Folgen gravierend sein. Ich meine an dieser Stelle nicht, dass *ChatGPT* Gender-Stereotypien gelernt hat und daher auch reproduziert. Die Brisanz unbemerkt gelernter Vorurteile sei hier vielmehr an mehreren Studien zur Verwendung von KI in der Medizin exemplifiziert, bei denen es um die Aufdeckung rassistischer Vorurteile ging.

So wurde beispielsweise für das US-amerikanische Gesundheitssystem bereits im Jahr 2019 im Fachblatt *Science* gezeigt, dass kommerziell erhältliche neuronale Netzwerke, die in Ambulanzen darüber entscheiden, ob eine stationäre Aufnahme erfolgen soll oder nicht, dunkelhäutige Patienten wesentlich häufiger abwiesen als hellhäutige (Obermeyer et al. 2019). Dies lag daran, dass das Netzwerk trainiert wurde, die Behandlungs*kosten* und nicht die Schwere der Krankheit vorherzusagen. Dies führte dazu, dass von der KI beim Lernen auch der ungleiche Zugang zu Versicherungs- und Versorgungsleistungen mitgelernt wurde, der durch die signifikanten Einkommensunterschiede bedingt ist. Das Durchschnittseinkommen der afroamerikanischen (»schwarzen«) Bevölkerung liegt in den USA bei nur 60 bis 70 Prozent des Einkommens der »weißen« Bevölkerung. Beim Vermögen ist der Unterschied noch größer: Das

Vermögen eines durchschnittlichen »schwarzen« Haushalts beträgt fünf bis zehn Prozent dessen, was ein »weißer« Haushalt an Vermögen aufweist (Meschede 2016). Für dunkelhäutige Patienten wird aus diesem Grund auch im Gesundheitsbereich weniger Geld ausgegeben als für hellhäutige. Da nun das Netzwerk darauf trainiert war, Geld zu sparen, wies es hellhäutige Patienten bei gleicher Krankheitsschwere 2,5-mal häufiger ein als dunkelhäutige. Diese Verzerrung aufgrund der Hautfarbe *(racial bias)* hatte zur Folge, dass der Prozentsatz der dunkelhäutigen Patienten, die nach dem Besuch der Ambulanz stationär behandelt wurden, nur bei 17,7 Prozent lag, hellhäutige Patienten hingegen kamen auf 46,5 Prozent (Obermeyer et al. 2019). Weil Millionen von Patienten betroffen waren, erregte der Fall in den USA großes Aufsehen und führte zu einer Neubewertung und Überarbeitung der klinischen Aufnahmepraxis in den Ambulanzen der Krankenhäuser.

In einem Kommentar zur Arbeit aus dem gleichen Heft der Zeitschrift wird die allgemeine Bedeutung des »systematischen Rassismus« nochmals hervorgehoben: »Zum Trainieren automatischer Systeme werden in der Regel historische Daten verwendet, und im Kontext des Gesundheitswesens bringt diese Historizität unter anderem segregierte Krankenhauseinrichtungen, rassistische medizinische Lehrpläne und ungleiche Versicherungsstrukturen mit sich. Doch nicht nur im Gesundheitswesen, sondern auch in vielen anderen Branchen und Organisationen werden automatisierte Werkzeuge eingesetzt, vom Bereich der Bildung über das Bankwesen bis hin zur Polizei und dem Wohnungswesen« (Benjamin 2019, S. 421).

Das Problem von maschineller Informationsverarbeitung ist immer das gleiche: Die Maschinen suggerieren eine Objektivität und damit Vorurteilsfreiheit, die gerade bei der Verwendung moderner KI nicht besteht. Maschinelle Entscheidungen sind nur dann weniger voreingenommen als menschliche Entscheidungen, wenn menschliche Entscheidungen nicht zum Training der Maschinen verwendet wurden. Doch menschliche Entscheidungen und Werthaltungen prägen die Daten und damit die mit diesen Daten trainierte KI. So

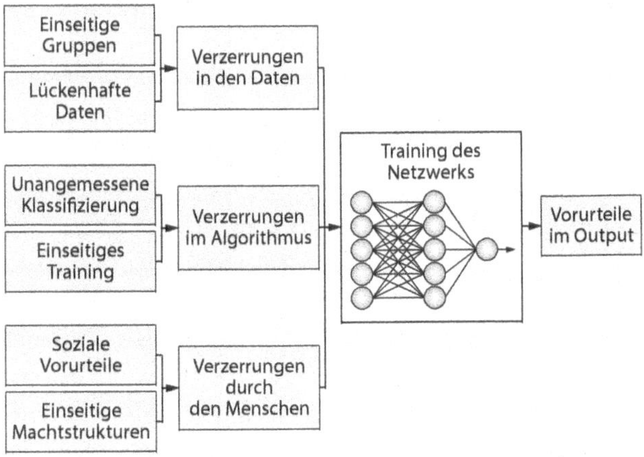

Abb. 10.1: Übersicht zu den verschiedenen Quellen von Vorurteilen, Verzerrungen und Einseitigkeiten beim Training von KI.

kann es geschehen, dass Maschinen, die vermeintlich Neutralität versprechen, diskriminierende Entscheidungen fällen, ohne dass eine Person dafür die Verantwortung hat. Das darf nicht die Folge des Einsatzes von KI werden.

Die Stadt New York/USA ist sowohl bei diesen Problemen als auch bei den gesetzlichen Konsequenzen dem Rest der Welt voraus. Ein neues Gesetz (Ortsgesetz 144), das am 5. Juli 2023 in Kraft trat, verlangt von Unternehmen den Nachweis, dass die bei Einstellungen und Beförderungen eingesetzte KI keine Vorurteile im Hinblick auf Geschlecht oder ethnische Zugehörigkeit enthält. Um dies sicherzustellen, wird von den Arbeitgebern eine unabhängige Prüfung der verwendeten KI-gestützten automatisierten Instrumente für Personalentscheidungen verlangt. Da die Personalabteilungen nahezu aller großen Unternehmen KI entsprechend verwenden und sehr viele dieser Unternehmen ihren Sitz in New York haben, ist dies praktisch sehr relevant, zumal die städtische Behörde beim ersten Verstoß 500 Dollar und bei weiteren Verstößen bis zu 1500 Dollar

Strafe verlangt (Hsu 2023). Man kann davon ausgehen, dass dies der Anfang eines aufwendigen wie notwendigen Prozesses der Aufsicht und Regulierung von KI ist, der uns noch lange begleiten wird.

In einer in der Zeitschrift *Patterns* (»Muster«) publizierten systematischen Zusammenschau zum Problem der Vorurteile in medizinischer KI wird eine ganze Reihe von Ursachen angeführt, die zum vorurteilsbehafteten Funktionieren führen können (Norori et al. 2021). Die Übersicht (Abb. 10.1) macht deutlich, wie leicht es geschehen kann, dass beim maschinellen Lernen auf Kriterien zurückgegriffen wird, die menschliche Vorurteile beinhalten, die dann – leider – auch gelernt werden (Norori et al. 2021).

Wie leicht sich diskriminierende Verzerrungen aufgrund der Hautfarbe (»racial bias«) in medizinische Prozeduren einschleichen können, zeigt ein weiteres Beispiel. Wenn in der Medizin eine Behandlung mit Sauerstoff erfolgt, wird die Dosierung anhand der Messwerte eines Pulsoximeters, das die Sauerstoffsättigung im Blut der Patienten misst, angepasst. Eine im *New England Journal of Medicine* im Jahr 2020 publizierte Studie ging der Frage nach, ob die Messwerte der Pulsoximetrie durch die Hautfarbe des Patienten beeinträchtigt sein könnten (Sjoding et al. 2020). Die Studie umfasste erwachsene stationäre Patienten auf Intensivstationen in 178 Krankenhäusern, die zusätzlichen Sauerstoff erhielten. Analysiert wurden Pulsoximetrie-Messungen sowie Messungen der Sauerstoffsättigung im arteriellen Blutgas mit der CO-Oximetrie (einschließlich Bestimmung der Carboxyhämoglobin- und Methämoglobin-Sättigung). Wie sich herausstellte, hatten dunkelhäutige Patienten nahezu das dreifache Risiko, dass ihr niedriger Blutsauerstoffwert (unterhalb von 88 Prozent) nicht erkannt wurde (17,0 Prozent) im Vergleich zu hellhäutigen Patienten (6,2 Prozent). Die Autoren betonen, dass damit schwarze Patienten einem höheren Risiko einer unerkannten Hypoxie (Sauerstoffmangel im Blut) ausgesetzt sind – was im Hinblick auf den hohen Bedarf an Beatmungsgeräten während der Corona-Pandemie, als die Studie erstellt wurde, bemerkenswert ist.

KI und Kriminalität

Soziale Online-Medien wie Facebook oder Twitter gehören zum Alltag. Ihr Geschäftsmodell beinhaltet, dass die Daten der Nutzer mittels KI ausgewertet werden, um Nutzerprofile zu erstellen und Werbeeinnahmen zu generieren. Social Media können schwerwiegende negative soziale Auswirkungen haben. Dazu gehören die in zunehmendem Ausmaß beobachteten Hasskommentare gegenüber Flüchtlingen, Einwanderern oder religiösen Minderheiten. Auch werden Facebook und Twitter immer wieder dazu aufgefordert, eine wirksamere Kontrolle auszuüben, nicht zuletzt weil Hassreden am Ende zu Hasskriminalität führen.

Als Hintergrundinformation sollte man hierzu wissen, dass Facebook und andere soziale Online-Medien – nicht nur in den USA – als Nachrichtenquelle (also wie hierzulande die *Tagesschau*) genutzt werden, besonders von jüngeren Menschen. Dies stimmt nachdenklich, da in diesen Medien mithilfe von KI die Nachrichten durch das Nutzerprofil ausgesucht werden: Der Nutzer bekommt genau diejenigen Fakten und Meinungen mitgeteilt, die er gerne sehen, hören oder lesen möchte.

Man könnte nun argumentieren, dass solche verbalen Attacken ein Ventil darstellen, durch das manche Menschen »Dampf ablassen«, sodass eine Minderung des »Drucks« erfolgt und damit ein positiver Gesamteffekt eintritt. Hasskommentare hätten demnach keine oder eine mindernde Auswirkung auf Hasshandlungen. Diese Theorie wird oft vorgebracht, hat aber einen kleinen Schönheitsfehler: Sie ist falsch. Denn auf Reden folgen oft Taten, d.h., der verbale Hass kann aggressive, kriminelle Handlungen nach sich ziehen und damit überhaupt erst hervorbringen, wie die folgenden Untersuchungen von Hasssprache und Hasskriminalität empirisch zeigen konnten.

Wissenschaftler von der Princeton University (USA) und der University of Warwick (Großbritannien) konnten anhand von Facebook-Daten den Zusammenhang zwischen Hasskommentaren auf sozialen Online-Medien und Hass-motivierter Kriminalität in Deutschland nachweisen (Müller & Schwarz 2022). Sie nutzten die historische Tatsache, dass in den Jahren 2015 und 2016 etwa eine Million Flüchtlinge nach Deutschland kamen und dass dies eine Welle strafbarer Handlungen gegenüber Flüchtlingen nach sich zog: Von 2015 bis 2017 wurden in Deutschland 3335 Straftaten an Flüchtlingen erfasst, darunter sind 534 Fälle von Körperverletzung und 225 Fälle von Brandstiftung. Als Erstes wurde nun untersucht, wie sich diese Delikte über die 4466 Gemeinden, aus denen man Daten hatte, verteilten. (Die Anzahl aller Gemeinden in Deutschland beträgt etwa 11 000.)

Die Wissenschaftler nutzten zudem die Tatsache, dass die Partei Alternative für Deutschland (AfD) – bekannt für ihre negative Haltung gegenüber Flüchtlingen und Einwanderung – mit 420 000 »Followern« von allen deutschen Parteien die größte Gefolgschaft in Facebook hat. Die Facebook-Seite der AfD hat zudem die Besonderheit, dass Parteimitglieder auf ihr direkt Meinungen äußern können, was bei den Seiten anderer Parteien so nicht geht. Daher gibt es auf der Facebook-Seite der AfD eine große Zahl rechtspopulistischer Äußerungen, die weitere Analysen erlauben. So konnten 176 153 Meinungsäußerungen (»facebook-posts«), 290 854 Kommentare und 510 268 Zustimmungen (»Likes«) untersucht werden, die von insgesamt 93 806 Personen im Untersuchungszeitraum abgegeben worden waren. Daraus wurde das deutschlandweite wöchentliche Ausmaß von flüchtlingsfeindlichen verbalen Äußerungen in Facebook für jede der 4466 Gemeinden berechnet.

Weiterhin berechneten die Autoren für jede Gemeinde einzeln das Ausmaß der wöchentlichen Facebook-Nutzung. Die Autoren analysierten damit Daten aus 4466 deutschen Gemeinden über einen Zeitraum von 111 Wochen (vom 1. Januar 2015 bis zum 13. Februar 2017) in Relation zu den genannten 3335 Delikten gegenüber Flüchtlingen. Sie konnten zeigen, dass die Präsenz von negativen Aussagen über Flüchtlinge auf der AfD-*Facebook*-Seite mit anschließenden strafbaren Handlungen gegenüber Flüchtlingen in Zusammenhang stand und dass dieser Zusammenhang umso größer ist, je stärker Facebook genutzt wurde.

Bei lokalen Ausfällen des Internets oder landesweiten Ausfällen von Facebook, d.h. ohne Hasskommentare in *Facebook*, gab es keinerlei Zusammenhang mehr zwischen Hasssprache auf Twitter und tatsächlicher Hasskriminalität. Facebook ist damit nachweislich wesentlich beteiligt an der Verbreitung flüchtlingsfeindlicher Inhalte, und dies wiederum bildet die Grundlage von Hasskriminalität. Ähnliches gilt in den USA übrigens auch für Twitter, wie dieselben Autoren in einer anderen Studie mit dem ursprünglich sehr pointierten Titel »Making America Hate Again? Twitter and Hate Crime Under Trump« fanden.

Eine weitere Studie zu mittels Twitter verbreiteter rassistischer und religiöser Hasssprache in Großbritannien bestätigt im Wesentlichen die für Deutschland und Facebook gefundenen Ergebnisse (Williams et al. 2020). Wissenschaftler der Cardiff University gingen in ihrer Arbeit dem Zusammenhang zwischen religiös oder rassistisch motivierten Vergehen und 294361 Twitter-Nachrichten (»posts«) aus 4720 Londoner Bezirken nach. In einem Zeitraum von acht Monaten fanden sie hierbei einen klaren Zusammenhang. Aus dieser Arbeit gingen Projekte der vorbeugenden Polizeiarbeit (predictive policing) hervor, wovon bereits in Kapitel 6 berichtet wurde.

In den USA wird Hasssprache als Ausdruck der freien Rede durch die Verfassung geschützt. Hierzulande und auch in der EU wird dies anders gesehen. Die Freiheit des einen hört dort auf, wo die Freiheit des anderen beeinträchtigt wird. Man kann aufgrund der hier vorgestellten Daten argumentieren, dass auf Reden Taten folgen können, dass der verbale Hass also aggressive, strafbare Handlungen hervorbringen kann. In Deutschland ist seit dem 1. Oktober 2017 das »Netzwerkdurchsetzungsgesetz« (Gesetz zur Verbesserung der Rechtsdurchsetzung in sozialen Netzwerken – NetzDG), auch *Facebook-Gesetz* genannt, in Kraft und wurde inzwischen mehrfach novelliert. Mit dem Gesetz werden Anbieter von sozialen Netzwerken verpflichtet, rechtswidrige Inhalte im Sinne des NetzDG nach Kenntnis und Prüfung zu entfernen oder den Zugang zu ihnen zu sperren. Eine Ergänzung trat am 3. April 2021 in Kraft: das »Gesetz zur Bekämpfung des

Rechtsextremismus und der Hasskriminalität«, das neue Straftatbestände formuliert und damit auf aktuelle Entwicklungen reagiert.

Große Internetplattformen wie Facebook (Meta), Google (Alphabet), TikTok, Twitter und YouTube (Alphabet) wehren sich zwar noch immer gegen die Verpflichtung, fragwürdige Inhalte zu entfernen oder zu sperren. Hierzu gehören Kriminalität, Folter, Gewalt, Mord und Suizid, Hassnachrichten und Cybermobbing, Terrorismus, Tierquälerei, Vergewaltigung und Kindesmissbrauch. Es wundert schon, dass noch immer versucht wird, mit der durch KI optimierten Verbreitung dieser Inhalte einerseits sehr viel Geld zu verdienen, andererseits jedoch jegliche Verantwortung für die dadurch entstehenden Schäden abzulehnen. Die genannten Unternehmen kommen ihrer gesetzlich geforderten Pflicht allerdings nicht selbst nach, sondern lassen sogenannte Content-Moderatoren – meist in Billiglohnländern – für sich arbeiten. Möglicherweise werden die meisten dieser Arbeiter allerdings bald arbeitslos, denn KI in automatisierten Upload-Filtern ersetzt bereits jetzt einige von ihnen, wenn man entsprechenden Internetforen Glauben schenkt.

Radikalisierung als Geschäftsmodell

Im Gegensatz zum Fernsehen, wo wir uns anschauen, was wir wollen, werden etwa 70 Prozent der auf YouTube aufgerufenen Inhalte von einer Empfehlungs-KI vorgeschlagen. Damit wir besonders lange vor dem Bildschirm bleiben, werden uns von ihr Videos mit zunehmend extremeren und radikaleren Positionen bzw. Inhalten angeboten: Man beginnt bei »Joggen« und landet wenige Videos später bei »Ultramarathon«; oder man beginnt mit »vegetarisch« und trifft sehr bald auf »vegan« – was in beiden Fällen harmlose Beispiele für dieses Geschäftsmodell sind. Kritisch wird es bei politischen Inhalten. Auch hier ist die Tendenz zur Radikalisierung sehr deutlich auszumachen. Insgesamt sehen YouTube-Nutzer weltweit täglich mehr als eine Milliarde Stunden YouTube-Videos, deren Inhalte zu

70 Prozent radikaler sind als die Ansichten der Menschen, die diese Videos betrachten. YouTube gehört Alphabet, und dessen Geschäftsmodell besteht im Verkauf der Zeit, die Menschen vor Bildschirmen verbringen, an zahlende Werbekunden. Die tägliche automatische Radikalisierung von Menschen durch YouTube ergibt sich zwangsläufig aus diesem Geschäftsmodell: KI wurde mit dem Ziel trainiert, die Zeit der Nutzer vor dem Bildschirm zu maximieren. Dies geht mit immer radikaleren Videos am besten (Tufekci 2018).

Diese Situation ist vor allem aufgrund der vielen jungen Nutzer von YouTube besonders gefährlich. So hat beispielsweise das preiswerte Chromebook von Google bei den Laptops für Schüler in den USA einen Marktanteil von über 50 Prozent und wird mit vorinstalliertem YouTube-Zugang ausgeliefert, was die Tragweite der durch YouTube-Nutzung bewirkten Radikalisierung erst so richtig deutlich macht. Lassen wir die türkisch-US-amerikanische Soziologin und Autorin Zeynep Tufekci (2018), die diesen Sachverhalt erstmals am 8. März 2018 in der *New York Times* der Öffentlichkeit dargestellt hat, daher selbst zu Wort kommen: »Dieser Zustand ist inakzeptabel, aber nicht unvermeidlich. Es gibt keinen Grund, ein Unternehmen so viel Geld verdienen zu lassen, während es potenziell zur Radikalisierung von Milliarden von Menschen beiträgt und die finanziellen Vorteile erntet, während die Gesellschaft die Kosten tragen muss.« Die zunehmende Radikalisierung führt gerade in den USA zu einer mittlerweile gefährlichen Segregation politischer Kräfte (Goldenberg et al. 2022), bis hin zu politischem Sektierertum (Finkel et al. 2020). So wundert auch nicht, dass die Hälfte der US-amerikanischen Bevölkerung nach einer im Sommer 2022 im Fachblatt *Science* publizierten Umfrage der Meinung ist, dass es in naher Zukunft in den USA zu einem Bürgerkrieg kommt (Perez Ortega 2022).

Weniger Wahrheit, Privatsphäre und Demokratie

Der Kommunikationsdienstleister *Twitter* hat eine andere ungewollte und zugleich unvermeidliche Auswirkung: Falsche Nachrichten *(fake news)* werden schneller, weiter und tiefer verbreitet als wahre Nachrichten, wie eine im Fachblatt *Science* publizierte Auswertung von 126 000 Twitter-Nachrichten, die von drei Millionen Nutzern insgesamt 4,5 Millionen Mal weitergeleitet wurden, ergab (Vosoughi et al. 2018). Wahre Nachrichten brauchen im Vergleich zu falschen Nachrichten sechs Mal so lang, bis sie beispielsweise 1500 Menschen erreichen. Falsche Nachrichten werden zudem mit einer 70 Prozent höheren Wahrscheinlichkeit geteilt als wahre. Die am häufigsten verbreiteten falschen Nachrichten (Top 1 Prozent) wurden für gewöhnlich tausend bis hunderttausend Mal weiterverbreitet, wohingegen wahre Nachrichten nur selten mehr als tausend Mal weiterverbreitet wurden.

Woran liegt das? Mittels Textanalyse-Software konnten die Autoren zeigen, dass falsche Nachrichten einen größeren Neuigkeitswert haben als wahre. Falsche Nachrichten sind offenkundig in höherem Maße überraschend als wahre Nachrichten. (Man vergleiche »Der Papst ist krank« mit »Der Papst ist schwanger«.) Entsprechend der menschlichen Neugierde sind überraschende Nachrichten interessanter und werden daher eher weitergeleitet. Aufgrund dieser unglücklichen Kombination des Geschäftsmodells von Twitter und der dem Menschen eigenen besonderen Neugierde sind Fake News bei Twitter geradezu vorprogrammiert, denn sie resultieren aus der Art, wie Menschen Informationen verarbeiten und bewerten.

Während YouTube uns systematisch radikalisiert und Twitter uns systematisch mit Falschmeldungen versorgt, spioniert uns Facebook systematisch aus. Mit KI und nur neun Facebook-Likes kann man die Persönlichkeit eines Menschen etwa so gut vorhersagen wie ein Arbeitskollege, mit 65 Likes ist man so gut wie ein Freund, mit 125 Likes so gut wie Vater, Mutter, Bruder oder Schwester. Mit 225 Likes, dies ist die Zahl der Likes, die Facebook-Nutzer im Durchschnitt abgegeben haben, ist man so gut wie der Ehepartner des Nutzers (Youyou et al. 2015). Diese Verletzung der Privatsphäre ist Teil des Geschäftsmodells von Facebook, denn hierdurch – und durch noch mehr KI – ist personalisierte Werbung möglich, von der nachgewiesen wurde, dass sie um etwa 50 Prozent effektiver ist als nicht speziell auf die Persönlichkeit zugeschnittene Werbung (Matz et al. 2017).

Im Hinblick auf YouTube ist die Gefährdung unserer Gesellschaft durch Radikalisierung das Thema. Von den sozialen Online-Medien wie Facebook und Twitter dagegen geht eine direkte Gefahr für die Grundlagen der Demokratie – in Form von freien und unbeeinflussten Wahlen – aus. Bereits im Jahr 2012 publizierten kalifornische Wissenschaftler im Fachblatt *Nature* eine Arbeit mit dem bemerkenswerten Titel: »Ein Experiment an 61 Millionen Personen zur sozialen Beeinflussung und politischen Mobilisierung«.[1] Das randomisierte und kontrollierte Experiment wurde im Jahr 2010 während der US-amerikanischen Kongresswahlen durchgeführt. Sein Ergebnis lautet kurz zusammengefasst: Wir haben versucht, die Wahlbeteiligung bei den Kongresswahlen mittels manipulierter Facebook-Nachrichten zu beeinflussen, und es ist uns gelungen (Bond et al. 2012).

Wenig später wurde an knapp 700 000 Nutzern von Facebook, die eine Woche lang manipulierte Statusmeldungen ihrer Freunde angezeigt bekamen, nachgewiesen, dass man sogar deren Gedanken, Gefühle und Verhalten beeinflussen kann. Per Zufallsauswahl bekam ein Teil der Nutzer vor allem positive Statusmeldungen zu sehen, der andere Teil dagegen überwiegend negative. Ausgewertet wurden dann die Auswirkungen dieser experimentellen Manipulation der Emotionen von Nutzern auf deren Posting-Verhalten. Man fand tatsächlich eine Veränderung ihrer Emotionen in die jeweils manipulierte Richtung (Kramer et al. 2013).

Die Daten zu Persönlichkeitsmerkmalen einzelner Privatpersonen, zur emotionalen Ansteckung über das Internet und zur persönlichkeitsabhängigen optimierten Manipulation verblieben leider nicht im Bereich der Wissenschaft, sondern wurden von dem Unternehmen *Cambridge Analytica* zur politischen Einflussnahme – als Geschäftsmodell – umgesetzt. Das Unternehmen war im Jahr 2014 von der britisch-US-amerikanischen SCL Group (ein Unternehmen für Datenanalyse und Verhaltensänderung bei Wahlen) mit dem Ziel gegründet worden, sogenanntes *Microtargeting* zu betreiben. Hiermit ist gemeint, dass an Einzelpersonen eigens für sie mittels KI aufbereitete Nachrichten über Twitter, Facebook oder andere Social Media verteilt werden, um ihr Wahlverhalten zu beeinflussen. Der Hauptsitz von *Cambridge Analytica* lag in New York City, von wo aus das Unternehmen in großem Stil Daten sammelte und analysierte.

Nachdem auf einer Pressekonferenz bekannt wurde, dass auf diese Weise die Präsidentschaftswahlen in den USA im Jahr 2016 zugunsten von Donald Trump sowie weltweit etwa weitere 200 Wahlen und politische Entscheidungen – möglicherweise einschließlich des Brexit – beeinflusst worden waren, fanden seit März 2018 Ermittlungen gegen diese Firma statt, die kurze Zeit später Konkurs anmelden musste (Decker & Bernau 2018; Weaver 2018; Jackisch 2018; Meyer 2018). Im Zusammenhang mit diesen Ermittlungen wurde bekannt, dass sich *Cambridge Analytica* bereits im Jahr 2014 die Daten von 87 Millionen Facebook-Nutzern verschafft hatte (Rosenberg & Frenkel 2018; Rosenberg et al. 2018). *Cambridge Analytica* und die SCL Group hatten erkannt, dass man die durch KI mögliche Personalisierung von Nachrichten auf Social Media nicht nur zur gezielteren und effektiveren Werbung nutzen kann, sondern auch zum Zweck der politischen Einflussnahme. Der Chef von *Cambridge Analytica*, Alexander Nix, präsentierte auf einer Pressekonferenz viele Details, die einige Tage danach zum Konkurs führten. Die Wissenschaft hinter dem Geschäftsmodell von *Cambridge Analytica*, einschließlich der notwendigen KI, war zuvor in den besten wissenschaftlichen Fachblättern publiziert worden.

Auch in der Europäischen Union wurden nachweislich sensible persönliche Daten von etwa 40 Prozent aller Bürger – also etwa *180 Millionen!* – von der Firma Facebook analysiert, um personalisierte Werbung zu versenden. Dies widerspricht der EU-Datenschutzgrundverordnung. Sie hat sich mittlerweile als so schlagkräftig und wirksam erwiesen, dass sie weltweit zum Vorbild ähnlicher Gesetzgebungsvorhaben wurde – nicht zuletzt in Kalifornien.

ChatGPT in der Schule?

In der Schule lernen Kinder, indem sie geistige Leistungen – Wahrnehmen, Denken, Verstehen, Planen, Bewerten, Entscheiden und vieles mehr – erst unter Anleitung und später selbstständig ausführen. Dadurch verändern sich Verbindungen zwischen den Nervenzellen, die für diese Leistungen jeweils zuständig sind. Das Gehirn wird dadurch im wahrsten Sinne des Wortes »gebildet«, und die Persönlichkeit auch. Die Übernahme von Lernprozessen und geistiger Arbeit durch Maschinen muss daher zunächst zwangsläufig dazu führen, dass weniger gelernt wird. Auf diese Zusammenhänge habe ich mit mehreren Büchern in den vergangenen zwei Jahrzehnten immer wieder hingewiesen (Spitzer 2005, 2012, 2015, 2018), weshalb ich dieses Thema hier nicht vertiefen möchte.

Wenn jeder mit *ChatGPT* über alles einen Text verfassen lassen kann, wird das Verfassen von Texten als Hausarbeit oder Seminararbeit an Bedeutung verlieren oder in weiten Teilen ganz verschwinden (Herman 2022). Gewiss, in Zeiten des Internets mit seinen Suchmaschinen oder Webseiten mit fertigen Hausaufgaben/Referaten, PowerPoint-Präsentationen etc. war das eigenständige Erledigen von Hausaufgaben schon lange in Gefahr. Es ist nun aber unstrittig, dass man Schreiben nur dadurch lernt, indem man schreibt, und keineswegs dadurch, dass man über Geschriebenes diskutiert. Jeder, der schon einmal versucht hat, einen längeren Gedanken klar und verständlich aufzuschreiben, weiß aus eigener Erfahrung, wie schwer das ist. Weil der flüchtige Gedanke eben nicht das Gleiche ist wie der aufgeschriebene Gedanke; und weil das Aufschreiben selbst eine wichtige Form des Denkens ist. Man lernt ja auch nicht, Fußball oder Saxofon zu spielen, indem man darüber redet. Warum sollte das bei

KI anders sein? Zumal man beim Schreiben in der Schule definitiv lernen sollte, dass man als Schreibender Verantwortung für sein Geschriebenes hat. Entsprechend haben die Wissenschaftsverlage reagiert: *ChatGPT* darf nicht als Autor einer wissenschaftlichen Arbeit genannt werden, weil eine Maschine keine Verantwortung übernehmen kann. Menschen haben und übernehmen Verantwortung. Das sollen Kinder in der Schule lernen.

Aus meiner Sicht ist es aus den genannten Gründen ebenso bemerkenswert wie unverständlich, dass manche Pädagogen meinen, dass man diese neue Technik in den Unterricht integrieren könne oder sogar müsse. Man könne sich »durch die KI inspirieren lassen«, müsse »mit ihr umgehen lernen« etc. Es stünde eine Revolution des Lehrens und Lernens bevor, wie beispielsweise in der *Tagesschau* vom 31. Januar 2023 vermeldet wurde. Dort sah und hörte man Folgendes:

»Künstliche Intelligenz könnte schon bald die Arbeit an Schulen oder Universitäten grundlegend verändern, etwa Sprachsoftware wie *ChatGPT*. Der Chatbot ist in der Lage, verschiedenste Texte zu verfassen, wie Aufsätze, Gedichte oder auch Lösungen von Examensaufgaben. Angesichts dieser Entwicklung forderte Bundesbildungsministerin Stark-Watzinger eine Anpassung der Lehrerausbildung für mehr digitales Fachwissen, denn die KI-Modelle würden das Lernen und das Abfragen von Wissen verändern.« Danach wurde in einem Einspieler mit einer Studentin und einem Studenten der International School of Management in Hamburg gesprochen, die *ChatGPT* schon ausprobiert hatten. »Ich habe mir Informationen oder Textentwürfe rausgesucht oder schreiben lassen, habe die aber natürlich nie eins zu eins verwendet. Das war mehr eine Inspiration.« Der Student ergänzt kritisch: »Es fehlt aber noch an einigen Stücken, beispielsweise sind keine Quellen angegeben. Das würde auf jeden Fall noch fehlen für eine wissenschaftliche Arbeit.«

Diese in den Nachrichten des öffentlich-rechtlichen Fernsehens publizierte Auffassung wird weder von Wissenschaftlern noch von Fachgesellschaften geteilt, noch ist sie pädagogisch sinnvoll. Empirische Forschungsergebnisse zu *ChatGPT* im Unterricht kann es noch gar nicht geben. »Wenn Sie tatsächlich daran glauben, dass diese Technologie das Potenzial zu einer Revolution hat, dann sollten Sie sich auf jeden Fall Sorgen machen«, wird der Wissenschaftler Casey Greene von der University of Pennsylvania in Philadelphia im Fachblatt *Nature* zitiert (Stokel-Walker & Van Noorden 2023, S. 215). Dem ist zuzustimmen. Sorgen muss man sich vor allem um Schulleiter machen, die auf jeden neuen Zug aufspringen, um nicht als rückschrittlich zu gelten, ohne an ungünstige Auswirkungen des Neuen auch nur zu denken.

Fazit

Die Folgen des Einsatzes von KI für die Gesellschaft sind vielfältig und oft überraschend. Eine Technikfolgenabschätzung, die dem Namen auch wirklich gerecht wird, hat es nie gegeben. Leider folgt daraus immer das Gleiche: Die Gewinne werden privatisiert, und die sozialen Folgen einschließlich der wirtschaftlichen Verluste tragen wir alle. Unternehmen, die die Anwendung von KI zur Analyse von Nutzerdaten verwenden, verbreiten Vorurteile, Rassismus, Hass sowie falsche Nachrichten und tragen zur Radikalisierung eines größeren Teils der Weltbevölkerung und zur Gefährdung der Demokratie bei.

KI wird dafür sorgen, dass schriftliche Hausaufgaben an Schulen mindestens an Bedeutung verlieren werden. Vielleicht werden sie auch ganz abgeschafft. Aus neurowissenschaftlicher Sicht folgt zudem, dass wir ein Problem bekommen, wenn Schulkinder oder Auszubildende durch Auslagern des eigenen Denkens auf automatische Chatbots die Fähigkeit verlieren, ihre eigenen Gedanken auszudrücken. Wenn KI in Bildungseinrichtungen das Denken verdrängt, dann könnte sie innerhalb weniger Jahrzehnte den Niedergang unserer Kultur verursachen, die darauf beruht, dass wir Experten haben, deren Gehirn durch sehr viele Lernprozesse über viele Jahre hinweg trainiert bzw. »gebildet« wurde. Nur in solchermaßen gebildeten, motivierten, mit Gefühlen wie Schmerzen und Glück begabten, räumlich und zeitlich endlichen, körperlichen Menschen werden – im Austausch mit anderen Menschen – aus Synapsenstärken in den realen neuronalen Netzwerken ihrer Gehirne natürliche Intelligenz und gute Handlungen. Hierzu muss Bildung befähigen. Plauderroboter sind dafür ungeeignet. Wem diese Chancen zur umfassenden Bildung vorenthalten werden, wird am Ende zum Opfer von KI und ihren sozialen Folgen. So schließt sich der Kreis.

11

DIE MILITÄRISCHE DIMENSION VON KI

Moderne Waffensysteme sind vollgestopft mit digitaler Informationstechnik, zur sicheren verschlüsselten Kommunikation, zur automatischen Erkennung, Erfassung und Auswahl von Zielen, zur Lenkung von Projektilen und Raketen sowie zur raschen Beurteilung und Entscheidungsfindung in komplexen und unübersichtlichen Gefechtssituationen. Die vielfache Verwendung von Rechenmaschinen zur Optimierung von Waffensystemen ist keineswegs neu: Bereits die Rechenmaschine von Leibniz diente dem militärischen Zweck, die Flugbahn von Kanonenkugeln besser zu berechnen, um genauer zu treffen. John von Neumann entwickelte den ersten Computer unter anderem, um berechnen zu können, was genau bei Explosionen von Atom- und Wasserstoffbomben geschieht. Alan Turing schließlich knackte den Code der von deutscher Seite zur Kommunikation mit Unterseebooten eingesetzten Verschlüsselungsmaschine »Enigma«, woran der deutsche U-Boot-Krieg letztlich scheiterte.

Schon der preußische Generalmajor und Militärwissenschaftler Carl von Clausewitz (1780–1831) beschrieb in seiner sehr einflussreichen Monografie »Vom Kriege«, dass die Notwendigkeit, Entscheidungen unter Zeitdruck mit unvollständigen Informationen zu treffen, ein wesentliches Charakteristikum von Krieg darstellt. Die rasche Verarbeitung von Informationen war also schon immer eine dringliche Aufgabe im Krieg, und so wundert es nicht, dass künstliche Intelligenz von Anfang an eng mit dem Militär in Verbindung stand. Kriege werden – heute eher denn je – mit dem Computer gewonnen. Angesichts der in den vergangenen fünf Jahren gemachten neuen Entdeckungen zu den erstaunlichen, übermenschlichen Fähigkeiten von KI einerseits und den in den letzten drei Kapiteln diskutierten, bekannten prinzipiellen Risiken und Nebenwirkungen von KI wundert es nicht, dass das Militär völlig neue Formen und Strategien von Krieg entwickelt – und dies im Wissen, dass alle Militärs dies tun, was den Erfolg der eigenen Bemühungen nicht eben einfacher macht.[1]

Von MuZero zum Co-Piloten

Seit seinem Erstflug am 4. August 1955 fliegt das Aufklärungsflugzeug »Lockheed U-2« der US Air Force Einsätze in einer Höhe von 70 000 Fuß (über 21 Kilometer) und war damit über lange Zeit sowohl für bodengestützte Flugabwehr als auch für Jagdflugzeuge unerreichbar. Es fliegt auch so hoch, um den Sensoren, Kameras und dem digitalen Radar einen größeren Blick auf die Erde zu ermöglichen, zugleich aber deutlich niedriger als Satelliten mit ihrer minimalen Flughöhe von etwa 200 Kilometer, ist der Erdoberfläche also viel näher als diese. Am 15. Dezember 2020 gab die US-Luftwaffe bekannt, dass bei einem Aufklärungseinsatz der *U-2* über Kalifornien ein KI-System als Radarroboter eingesetzt wurde, um die Belastung der Piloten während eines simulierten Raketenangriffs zu reduzieren. Die KI übernahm den Einsatz der Sensoren und die taktische Navigation, die normalerweise von Piloten durchgeführt wird. Ihre »Hauptaufgabe war es, feindliche Raketenwerfer aufzuspüren, während der Pilot nach bedrohlichen Flugzeugen Ausschau hielt. [...] Der Pilot und die KI arbeiteten erfolgreich zusammen, um [...] die Ziele der Mission zu erreichen«, kommentierte die Air Force in einer Erklärung das Geschehen (Tucker 2020).

Bei der betreffenden KI handelte es sich um einen direkten Nachfolger von *MuZero,* der bereits in Kapitel 2 vorgestellten KI, die ohne jegliches Vorwissen viele Spiele – komplizierte wie Go und einfache, aber schnelle Reaktionen voraussetzende, Atari-Spielothek-Spiele – beherrschte und nur ein Ziel hatte: gewinnen. Die Wissenschaftler schlossen ihre im Fachblatt *Nature* am Tag vor Heiligabend 2020 online publizierte Arbeit über *MuZero* mit den folgenden Worten ab:

»Viele der Durchbrüche in der künstlichen Intelligenz beruhen entweder auf Hochleistungsplanung [high-performance planning] oder auf modellfreien Methoden des Lernens durch Belohnung [reinforcement learning, RL]. Hier haben wir eine Methode eingeführt, die die Vorteile beider Ansätze kombiniert. Unsere KI *MuZero* hat sowohl die übermenschliche Leistung von Hochleistungsplanungsalgorithmen in ihren bevorzugten Anwendungsgebieten (logisch komplexe Brettspiele wie Schach und Go) erreicht als auch die modernsten modellfreien RL-Algorithmen in deren bevorzugten Domänen (visuell komplexe Atari-Spiele) übertroffen. Entscheidend ist, dass unsere Methode keine Kenntnis der Umgebungsdynamik erfordert, was den Weg für die *Anwendung leistungsstarker Lern- und Planungsmethoden in einer Vielzahl von realen Bereichen ebnen könnte, für die es keinen perfekten Simulator gibt*« (Schrittwieser et al. 2020, S. 608, Hervorhebung durch den Autor).

Die militärische Anwendung dieser dramatischen Fortschritte in der Entwicklung immer leistungsfähigerer KI-Systeme ließ nicht lange auf sich warten. Spezialisten der US Air Force entwickelten auf der Basis von *MuZero* die neue Co-Pilot-KI *ArtuMu*. Der Name ist eine Anspielung auf den aus den *Star-Wars*-Filmen bekannten Co-Pilot-Roboter *R2D2*, dessen Einsätze mit Pilot Luke Skywalker im X-Wing-Fighter Legendenstatus haben. »Artu« ist nichts weiter als der erste Teil von dessen Namen – englisch ausgesprochen. Insbesondere die neue Eigenschaft von *MuZero*, auch mit weniger Daten rasch zu lernen, war für die Militärs von großer Bedeutung. Nach weniger als sechs Wochen Training war *ArtuMu* einsatzbereit. Aber im Gegensatz zu *R2D2*, der immer nur den Anweisungen des Piloten folgte, beinhaltete schon der erste Einsatz von *MuZero* die Übernahme des Kommandos durch die KI. Genau dies ist aber letztlich das Problem von militärischer KI, was gegen Ende dieses Kapitels deutlich werden wird.

Die DARPA, Drohnenschwärme und Soldaten

Auf der Webseite der US-amerikanischen Militär-Forschungsbehörde »Defense Advanced Research Projects Agency« (DARPA; zu Deutsch etwa: »Organisation für Forschungsprojekte der Verteidigung«) findet sich unter »Unsere Forschung« die kurze Beschreibung des Projekts »System-of-Systems Enhanced Small Unit (SESU)« (zu Deutsch etwa: »durch ein System von Systemen verstärkte kleine Einheit«), die wie folgt lautet:

»Zukünftige US-Landstreitkräfte werden immer wahrscheinlicher mit einem Gegner konfrontiert sein, der in Größe und Bewaffnung überwältigend überlegen ist und über gewaltige Anti-Access/Area Denial[2] (A2/AD) Fähigkeiten verfügt. [Das Projekt] *SESU* zielt darauf ab, System-of-Systems-Fähigkeiten (SoS) bereitzustellen, die es einer kleinen Einheit (etwa 200 bis 300 Soldaten samt der entsprechenden materiellen Ausstattung und begrenzter Rückendeckung) ermöglichen, die gegnerischen A2/AD- und Manövrierfähigkeiten zu zerstören, zu stören, zu beeinträchtigen bzw. zu verzögern, um gemeinsam mit anderen Militäreinheiten [Luftwaffe, Marine] Multidomain-Operationen zu jeder Zeit und an jedem Ort zu ermöglichen. Das SESU-Programm wird sich auf zwei technische Bereiche konzentrieren: 1) Adaptive Führung, die eine verteilte Planung der Militärmission und Anti-A2/AD-Missionen ermöglicht, indem sie eine große Anzahl kostengünstiger, autonomer, unbemannter Luft- und Bodenplattformen nutzt, die mit geeigneten Sensoren und Effektoren ausgestattet sind; und 2) Innovative Sensoren und Effektoren, die zusammenarbeiten können, um Aspekte der A2/AD-Fähigkeiten eines Gegners zu zerstören, zu stören, zu beeinträchtigen und/oder zu verzögern«[3] (Zablocky 2021).

Was hier teilweise etwas kryptisch formuliert wird, ist nicht weniger als die Beschreibung künftiger Kriegführung: »Kostengünstige, autonome, unbemannte Luft- und Bodenplattformen« meinen im Klartext »Drohnen und Kampfroboter«. Um selbst bei Übermacht und Lufthoheit des Gegners zu gewinnen, werden Soldaten nur noch eine untergeordnete Rolle spielen – nicht nur beim Schießen, sondern auch beim Planen und Entscheiden. Denn »adaptive Führung« und »verteilte Planung« bedeuten, dass die Kampfmaschinen nicht ferngesteuert operieren, sondern autonom, d.h. im konkreten Kampf mittels künstlicher Intelligenz selbst Entscheidungen treffen – von taktischen »Spielzügen« bis zum »Schlagen« gegnerischer Figuren, um es vorsichtig mit dem Vokabular des Schachspiels auszudrücken. Gelernt wird das durch vielfaches Durchspielen von Militärmissionen, wodurch die KI-Systeme durch Erfahrung selbsttätig und selbstständig lernen.

Nach einem im Fachblatt *New Scientist* publizierten Bericht beschreibt ein Wissenschaftler der US Army die Resultate wie folgt: »Es ist sehr interessant zu beobachten, wie die künstliche Intelligenz von sich aus einige sehr knifflige und interessante Taktiken entdeckt [...] Man denkt oft: ›Oh wow, das ist ziemlich clever. Wie hat die KI das herausgefunden?‹«[4] (Hambling 2020). – Man fühlt sich unweigerlich an den (in Kapitel 2 bereits diskutierten) Spielzug 37 von *AlphaGo* im zweiten Spiel beim Go-Turnier gegen Lee Sedol im März 2016 erinnert, der zunächst als »Fehler« betrachtet, nach dem von *AlphaGo* gewonnenen Spiel jedoch als »besonders kreativ«, »völlig unvorhergesehen« und »einfach genial« bezeichnet wurde.

Ergänzt wird das Forschungsprojekt *SESU* durch das DARPA-Projekt *OFFSET (OFFensive Swarm-Enabled Tactics;* zu Deutsch etwa »Offensive schwarmgestützte Taktiken«), bei dem es um die Entwicklung von Systemen von mehr als 250 Drohnen und am Boden operierenden Kampfrobotern geht, »um verschiedene Einsätze in komplexen städtischen Umgebungen zu erfüllen. Durch die Nutzung und Kombination neuer Technologien im Bereich der Schwarmautonomie und der Zusammenarbeit zwischen Mensch und Schwarm soll das Programm die schnelle Entwicklung und den Einsatz bahnbrechender Fähigkeiten ermöglichen. [Das Programm] zielt darauf ab, die Werkzeuge zur Verfügung zu stellen, um schnell Schwarmtaktiken zu generieren, diese Schwarmtaktiken auf ihre Effektivität hin zu evaluieren und die besten Schwarmtaktiken in Feldoperationen zu integrieren. Um diese Ziele zu erreichen, wird OFFSET ein aktives Ökosystem für die Entwicklung von Schwarmtaktiken und eine unterstützende offene Systemarchitektur entwickeln« (siehe Textbox).

Zur Textbox: Dargestellt werden Aspekte zur Systemarchitektur des DARPA-*Projekts OFFSET,* zitiert aus Chung 2021, dem Autor der entsprechenden Webseite der DARPA. Der Originaltext[5] besitzt im Hinblick auf die Diktion große Ähnlichkeit mit (Werbe-)Texten über Computerspiele zur Freizeitgestaltung für Jugendliche.

Das System »Offensive schwarmgestützte Taktiken« soll die folgenden drei Komponenten enthalten:
(1) »Eine fortschrittliche ***Mensch-Schwarm-Schnittstelle****, die es den Nutzern ermöglicht, potenziell Hunderte von unbemannten Plattformen gleichzeitig in Echtzeit zu überwachen und zu steuern. Das Programm beabsichtigt, die sich rasch entwickelnden immersiven und intuitiven interaktiven Technologien (z. B. erweiterte und virtuelle Realität, sprach-, gesten- und berührungsbasierte Technologien) zu nutzen, um eine neuartige Kommandoschnittstelle mit immersiver Situationswahrnehmung und Fähigkeiten zur Entscheidungspräsentation zu schaffen. Die Schnittstelle würde auch eine Schwarminteraktionsgrammatik beinhalten, die eine ›freie‹ Gestaltung von Schwarmtaktiken ermöglicht, die dynamische Aktionen und Reaktionen auf der Grundlage von Echtzeitbedingungen im Feld erlauben.«*
(2) »Eine ***vernetzte virtuelle Echtzeitumgebung****, die ein physikbasiertes Schwarmtaktikspiel unterstützt. Im Spiel würden die Spieler die Schnittstelle nutzen, um schnell Schwarmtaktiken zu erforschen, zu entwickeln und zu bewerten, um damit herauszufinden, welche möglicherweise am besten funktioniert, sei es durch den Einsatz verschiedener unbemannter Systeme in der realen Welt oder durch die Erforschung innovativer synthetischer Technologien in der virtuellen Welt. Die Benutzer können Schwarmtaktiken*

vorschlagen und deren Leistungen aus den Testrunden in einer Rangliste verfolgen, um sowohl den Wettbewerb als auch die Zusammenarbeit zu fördern.«
(3) »Eine von der Gemeinschaft betriebene ***Schwarmtaktik-Börse.*** *Dieses kuratierte Programmportal mit beschränktem Zugang würde Werkzeuge beinhalten, die den Teilnehmern helfen, Schwarmtaktiken zu entwerfen, indem sie kollektive Verhaltensweisen, Schwarmalgorithmen und sogar andere bereits bestehende Taktiken zusammenstellen. Es würde diese Schlüssel-Komponenten für eine erweiterbare Architektur bereitstellen, sodass Endnutzer Schwarmtaktiken generieren können. Insgesamt würde dadurch eine dauerhafte Gemeinschaft geschaffen, um die effektivsten Taktiken zu erfinden und zu kultivieren, mit dem Potenzial, Taktiken Dritter und künftige Nutzer zu integrieren.«*

Im Rahmen dieses Projekts sollen »ungefähr alle sechs Monate […] Live-Experimente mit verschiedenen unbemannten Luft- und Bodenplattformen durchgeführt werden«. Dabei soll die Komplexität sowohl der Schwarmarchitektur als auch der Schwarmtaktik zunehmen, was über immer neue Variationen »technologischer und operativer Testvariablen […] wie z. B. Schwarmgröße, räumlicher Umfang der Operationen und Missionsdauer« erfolgen soll. Die Benutzer würden die Schwarmschnittstelle nutzen, um »die besten der virtuellen Taktiken in der realen Welt zu testen und ihre unbemannten Plattformen interaktiv und nahezu in Echtzeit mit Taktik-Updates zu versorgen« (Chung 2021).

Man könnte das Ganze zunächst für Science-Fiction halten. Aber es gibt dies alles wirklich! Wie sehr die Integration von Waffensystemen vorangeschritten ist, wurde bei einer Konferenz der Royal Aeronautical Society am 23. und 24. Mai 2023 in London deutlich. Dort sprach u. a. Dr. Daniel Clarke, Direktor für angewandte Technologie bei der Firma Gallos Technologies und Dozent an der Cranfield University, über das Thema der künftigen Luftverteidigung durch die Integration mehrerer Bereiche. »Integration übergreift sowohl militärische Bereiche als auch die verschiedenen Verbündeten. Es gibt keine Luftmacht für sich allein. Es geht um Luft- und Weltraummacht, in Verbindung mit Seemacht und Landstreitkräften. Und wenn man sich das gemeinsame Konzept anschaut, dann ist das Konzept der elektromagnetischen Cyber-Aktivitäten integraler Bestandteil all dieser Bereiche« (zit. nach Robinson & Bridgewater 2023).

Obgleich in Europa durchaus kritische Stimmen gegenüber autonomen Waffensystem erhoben wurden, hat der Philosoph Thomas Metzinger in seiner Funktion als Mitglied der EU-Kommission Ethik Richtlinien für künstliche Intelligenz in einem in der Zeitschrift *Forschung und Lehre* erschienenen Interview sehr klar herausgestellt, dass die Lobby stärker war als die Vernunft: »Das Europäische Parlament hat zwar deutlich gemacht, dass Europa das nicht will, aber im Gesetzentwurf wurde das Thema ganz lapidar mit einem Satz behandelt« (Metzinger 2021, S. 548).

Risiken reduzieren

Wie eingangs erwähnt, macht sich vor allem das Militär selbst Gedanken über die möglichen Gefahren und Risiken des militärischen Einsatzes von künstlicher Intelligenz. Beispielhaft sei eine vom US-Think-Tank Center for Security and Emerging Technology (CSET) im März 2023 publizierte Studie mit dem Titel »Reducing the Risks of Artificial Intelligence for Military Decision Advantage« angeführt. Das CSET ist das größte Zentrum in den USA, das sich mit KI und Politik beschäftigt. Es wurde im Januar 2019 gegründet und hat seinen Sitz an der School of Foreign Service der Georgetown University in Washington, D.C. Das CSET hat bisher mehr als 57 000 000 US-Dollar an Fördermitteln von privaten, philanthropischen Geldgebern erhalten und wird von Jason Gaverick Matheny geleitet, dem ehemaligen Direktor der Intelligence Advanced Research Projects Activity (IARPA).[6] Die Denkfabrik CSET beschäftigt sich mit der politischen Analyse an der Schnittstelle von nationaler und internationaler Sicherheit und neuen Technologien, insbesondere künstlicher Intelligenz. Untersucht werden deren Auswirkungen vor allem auf die Sicherheit, indem die akademische Arbeit im Bereich der Sicherheits- und Technologiestudien unterstützt wird und unparteiische Analysen für die Politik bereitgestellt werden. Um eine solche Analyse handelt es sich bei der oben genannten Studie der Autoren Wyatt Hoffman und Heeu Kim, beide Wissenschaftler vom CyberAI Project des CSET.

Konkret analysiert wurde das angesichts der gegenwärtigen geopolitischen Situation mit den sich gegenüberstehenden Machtblöcken USA und China und der immer dringenderen Frage, welche Gefahren darin liegen, dass diese beiden Länder derzeit in der KI-Forschung weltweit führend sind. Politiker und Militärs in beiden Ländern sehen die Möglichkeit, mittels KI bessere und schnellere Entscheidungen zu fällen, was in militärischen Konflikten der Zukunft absehbar darüber entscheiden wird, wer am Ende gewinnt. Das Problem dabei: »Anwendungen des maschinellen Lernens werden zunehmend beeinflussen, wie politische und militärische Führer das strategische Umfeld wahrnehmen, Risiken und Optionen abwägen und ihre Gegner einschätzen. Doch welche Risiken bestehen, wenn kritische menschliche Entscheidungsprozesse den überraschenden Verhaltensweisen und bizarren Fehlern von KI-Systemen ausgesetzt werden?« (Hoffman & Kim 2023, S. 1).

In ihrem 38-seitigen Dossier untersuchen die beiden Wissenschaftler, wie Fehler in KI-Systemen, die direkt oder indirekt die militärische Entscheidungsfindung beeinflussen, im Zusammenspiel mit strategischem Druck und menschlichen Faktoren die Eskalation einer Krise oder eines Konflikts auslösen könnten. Würde beispielsweise KI von der gegnerischen Seite manipuliert oder in ihren Fähigkeiten beeinträchtigt, könnte dies zu Unsicherheiten hinsichtlich ihrer Zuverlässigkeit oder gar ihres Bestandes führen. Dies wiederum könnte Entscheidungsträger zu einer bewussten Eskalation veranlassen, wenn ein Konflikt unmittelbar bevorzustehen scheint, um diesem Verlust zuvorzukommen. Überhaupt könnten unvorhergesehene Systemausfälle »Kaskadeneffekte« nach sich ziehen, die eine unbeabsichtigte Eskalation auslösen. Schließlich könnte KI, die unzureichend trainiert oder auf die falsche Art von Problemen angewandt wird, Entscheidungsprozesse durch falsche Informationen negativ beeinflussen und damit unbeabsichtigt eine Eskalation verursachen. Man traut dem maschinellen Lernen also einerseits viel zu, hält aber die unkritische Anwendung für gefährlich, zumal dies auf beiden Seiten geschehen könnte.

Das Dilemma der Nutzung von KI für militärische Zwecke wird von den Autoren wie folgt beschrieben: »Entscheidungsträger wollen KI nutzen, um Unsicherheiten zu verringern: Sie wollen das Schlachtfeld klarer beurteilen, die Absichten und Fähigkeiten des Gegners erkennen; und sie wollen ihr Vertrauen in die Wirksamkeit der eigenen Fähigkeiten und der Fähigkeit, einen Angriff vorauszusehen oder ihm zu widerstehen, erhöhen. Zugleich aber schaffen unerwartetes Verhalten oder gar Ausfälle von KI-Systemen eine neue Quelle der Unsicherheit, was wiederum zu falschen Wahrnehmungen und Einschätzungen führen kann« (Hoffman & Kim 2023, S. 21). Das Streben nach mehr Sicherheit durch KI führt damit im ungünstigen Fall zu *mehr* Unsicherheit. Da es prinzipiell keine Möglichkeit gibt, zu garantieren, dass ein probabilistisches, d. h. mit Wahrscheinlichkeiten operierendes, KI-System sich genau so verhält, wie es beabsichtigt ist, erfordert die Nutzung von KI eine Abwägung dieser Risiken. »Entwickler und Entscheidungsträger müssen sich bewusst sein, wo sie diese Unsicherheiten einführen und wie sie mit ihnen umgehen, um katastrophale Ergebnisse zu vermeiden«, fordern die Autoren (S. 21) zu Recht.

Das Grundproblem autonomer Systeme beim Militär

Etwa einen Monat zuvor, am 16. Februar 2023, hatte das US-State-Department (Außenministerium) eine »Politische Erklärung zur verantwortungsvollen militärischen Nutzung von künstlicher Intelligenz und Autonomie«[7] veröffentlicht, in der von offizieller Seite eine solche notwendige Kontrolle von KI gefordert wurde. Eine in diesem Statement vorkommende Anmerkung sei hier vorgezogen, denn sie erklärt zunächst noch einmal die Begriffe genau:

»Die Begriffe *künstliche Intelligenz* und *Autonomie* werden durchaus unterschiedlich interpretiert. Für die Zwecke dieser Erklärung [zur militärischen Nutzung] verstehen wir unter künstlicher Intelligenz die Fähigkeit von Maschinen, Aufgaben auszuführen, für die sonst menschliche Intelligenz erforderlich wäre – z. B. Muster zu erkennen, aus Erfahrungen zu lernen, Schlussfolgerungen zu ziehen, Vorhersagen zu treffen oder Maßnahmen zu ergreifen – sei es digital oder als intelligente Software als Teil autonomer physisch existierender Systeme. Unter Autonomie verstehen wir dementsprechend, dass ein System nach seiner Aktivierung ohne weiteres menschliches Eingreifen funktioniert.«[8]

Vor dem Hintergrund dieser Definitionen und Interpretationen hat die Erklärung des US-Außenministeriums den folgenden Inhalt:

»Eine wachsende Anzahl von Staaten entwickelt künstliche Intelligenz für militärische Anwendungen, zu denen auch der Einsatz von KI in autonomen Systemen gehört. Der militärische Einsatz von KI kann und sollte ethisch vertretbar und verantwortungsvoll sein sowie die internationale Sicherheit *erhöhen*. Der Einsatz von KI in bewaffneten Konflikten muss mit dem geltenden humanitären Völkerrecht, einschließlich seiner Grundprinzipien, in Einklang stehen. Der militärische Einsatz von KI-Fähigkeiten muss *verantwortlich* geschehen und rechenschaftspflichtig sein, was bedeutet, dass ein solcher Einsatz im Rahmen einer militärischen Operation innerhalb einer verantwortlichen, menschlichen Befehls- und Kontrollkette erfolgen muss. Prinzipiell sollte jeder militärische Einsatz von KI eine sorgfältige Abwägung von Risiken und Nutzen einschließen und unbeabsichtigte Verzerrungen durch Vorurteile sowie Unfälle minimieren. Die Staaten sollten geeignete Maßnahmen ergreifen, um die verantwortungsvolle Entwicklung, den Einsatz und die Nutzung ihrer militärischen KI-Fähigkeiten, einschließlich autonomer KI-gestützter Systeme, sicherzustellen. Diese Maßnahmen sollten über den gesamten Lebenszyklus militärischer KI-Fähigkeiten angewendet werden.«[9]

Das Ziel der Erklärung ist klar: Niemand soll sich hinter einer KI verstecken können, nach dem Motto »die KI hat den Krieg erklärt/geführt/die unschuldigen Zivilisten getötet – wir waren es nicht«. Im weiteren Text werden Erläuterungen und Best-Practice-Beispiele angeführt, die u.a. fordern, dass die Erklärung vor allem internationale Menschenrechte betrifft, auch dem Einsatz von Atomwaffen zugrunde liegen muss, unbedingt der Kontrolle durch Menschen mit einem guten Urteilsvermögen bedarf, vorurteilsfrei zu sein hat und immer überwacht wird, vor allem, wenn ein System eigenständig lernt.

Im Lichte der zuvor beschriebenen CSET-Studie ist die Erklärung durchaus problematisch, denn in ihr wird lediglich gefordert, dass die Anwendung von KI zu mehr Sicherheit führen müsse. Dass sie faktisch zu mehr Unsicherheit führen kann, wird gar nicht erwogen. Bei genauerem Hinsehen beinhaltet die Erklärung zudem ein weiteres Dilemma, wie im Folgenden anhand eines konkreten Beispiels diskutiert wird.

Krieg ist immer eine sehr menschliche Angelegenheit, wie der Spezialist für internationale Sicherheit und Terrorismusbekämpfung Robert Bunker in einer von ihm für die Vereinigung der US-Armee (Association of the United States Army, AUSA[10]) verfassten Arbeit vom Mai 2020 gleich zu Beginn feststellt. »Militärische Führung, richtig verstanden, befähigt zur dezentralen Entscheidungsfindung auf untergeordneter Ebene, um die Ausführung der Operation entsprechend der jeweiligen Situation zu gewährleisten. Sie ist ausschließlich für die Führung und Kontrolle von Mensch zu Mensch gedacht. Wie der Krieg selbst, ist sie ein inhärent ›*menschliches* Unterfangen … kein mechanischer Prozess, der von Maschinen [oder] Berechnungen präzise gesteuert werden kann.‹ Systeme, die für ihre Entscheidungsprozesse maschinelle Algorithmen verwenden, stehen in direktem Widerspruch zu den emotionalen und moralischen Komponenten des menschlichen Denkens. *Menschen empfinden Liebe, Angst, Kameradschaft und Hass – Maschinen tun das nicht.* Ebenso wenig verstehen sie die Bedeutung von Ehre, Integrität oder Selbstaufopferung. Wie lässt sich angesichts dieses Konflikts der Einsatz von autonomen Maschinen mit den Prinzipien militärischer Führung vereinbaren?«[11] (Bunker 2020, S. V; frei übersetzt, mit Hervorhebungen vom Autor).

Unter expliziter Berufung auf vor über 150 Jahren von der preußischen Armee eingeführte, sehr effiziente dezentrale Führungsstrukturen und der Geschwindigkeit des deutschen Angriffs gegen Frankreich im Jahr 1940 geht Bunker dann der Frage nach, wie diese Form der Führung mit der Beteiligung künstlicher Intelligenz an Entscheidungsprozessen funktionieren kann. Sein Ergebnis: Weil Menschen wesentlich langsamer sind als Maschinen, wird immer derjenige gewinnen, der sich bei der Kontrolle der Maschinen am meisten zurückhält. Anders gewendet: Autonome Waffensysteme funktionieren am besten, wenn der Mensch sich nicht einmischt und damit die Kontrolle – über Leben und Tod – den Maschinen überlässt.

»Wird es versäumt, die mit den Fortschritten in der Militärtechnologie und den sie unterstützenden Betriebskonzeptmodellen – vor allem Steuerung und Kontrolle – notwendigen Veränderungen zu implementieren, sind dieselben Ergebnisse zu erwarten wie vormals, als die Ritterschaft unter dem Sperrfeuer von Musketenschüssen starb, vorrückende Wellen von Infanterie durch Maschinengewehrfeuer niedergemäht wurden oder moderne gepanzerte und mechanisierte Einsatzkräfte zunehmend durch präzisionsgelenkte Munition dezimiert werden. Dies wäre ein katastrophales Schicksal – eines, das US-Soldaten niemals erleben dürfen«,[12] lautet die Schlussfolgerung von Bunker (2020, S. 17). »You're damned if you use them, and damned if you don't«, wird Bunker kommentierend im *New Scientist* zitiert (Hambling 2020).

Im August 2020 wurde bekannt, dass ein System mit künstlicher Intelligenz einen erfahrenen F-16-Kampfpiloten in fünf simulierten Luftkämpfen (sogenannte Dogfights) besiegte (Machemer 2020). Mittlerweile wurde klar, dass die US-Armee gar nicht daran denkt, irgendetwas zu versäumen. Im Rahmen des oben beschriebenen Forschungsprogramms *SESU* wurden Kämpfe zwischen Einheiten von ein paar Hundert Soldaten simuliert, die mit Schwärmen von autonomen Drohnen und Robotern zusammenarbeiten. Dabei ergab sich, dass die Tendenz des Menschen, sich in den Entscheidungsprozess der Roboter einzumischen, die Einheit deutlich verlangsamte. »Wenn man ein Bild des Ziels übertragen muss, den Menschen darauf schauen lassen und darauf warten muss, dass der Mensch den ›Feuer‹-Knopf drückt, […] ist das angesichts der Geschwindigkeit von Maschinen eine Ewigkeit. […] Wenn wir die KI auf menschliche Geschwindigkeit verlangsamen, werden wir verlieren«, berichtete Sydney Freedberg Jr. im Herbst 2020 (vgl. auch Machemer 2020).

Hinzu kommt, dass die Kommunikationsverbindung zwischen allen Beteiligten nie ausfallen darf, was unter Gefechtsbedingungen schwer zu garantieren ist. »Die Übertragung von Videos erfordert eine drahtlose Verbindung mit hoher Bandbreite und großer Reichweite, die schon schwer aufrechtzuerhalten ist, wenn Sie zu Hause auf Zoom sind, geschweige denn auf dem Schlachtfeld, wo der Feind Ihre Signale stört, Ihr Netzwerk hackt und jeden Sender bombardiert, den er aufspüren kann«, kann man in Freedbergs Bericht lesen. Wenn die Soldaten oder die Maschinen also immer erst fragen müssen, bevor sie feuern, hat man die Schlacht schon verloren. Das Argument der Militärs für eine Kontrolle durch künstliche Intelligenz lautet ganz allgemein wie folgt: »Wenn KI-gesteuerte Waffen die von Menschen gesteuerten Waffen besiegen können, dann wird derjenige, der die KI hat, gewinnen, und wer sie nicht einsetzt, hat die Niederlage schon akzeptiert« (Hambling 2021a).

Aus genau diesem Grund hat auch in der zu Anfang dieses Kapitels dargestellten real fliegenden U-2-Simulation der KI-Co-Pilot tatsächlich die Kontrolle über das Flugzeug übernommen. »Die Tatsache, dass *ArtuMu* das Kommando hatte, lag weniger an einer bestimmten Mission, sondern daran, dass unser Militär die KI vollständig übernehmen muss, um den Entscheidungsvorteil auf dem Schlachtfeld zu erhalten«, kommentierte Dr. Will Roper, damals stellvertretender Sekretär der US Air Force für Beschaffung, Technologie und Logistik den Einsatz des autonomen KI-Co-Piloten.

Das Risiko bleibt

Millionen von Simulationen mit autonomen Waffensystemen ergaben, dass auch diese – wie *AlphaGo Zero* – lernen können. Hätte man beim Lernen von *AlphaGo Zero* nur Spielzüge erlaubt, die Menschen nachvollziehen können, wäre das System nie schlauer geworden als Menschen. Gerade dadurch, dass man den Menschen aus dem Lernen der Maschine heraushielt, fand man kreative Lösungen durch die Maschine, auf die Menschen noch nicht gekommen waren, weil die Zeit eines Menschenlebens begrenzt ist. Spielt man also nur lange genug War Games durch, dann erfinden autonome Systeme selbstständig völlig neue Taktiken – mit dem oben bereits beschriebenen »Wow-Effekt«. Das Problem ist jedoch dann das gleiche wie beim Go: Man *kann* dann zwar besser Krieg führen, *weiß* aber nicht, warum. Dieses Problem der fehlenden Erklärbarkeit von Taktiken und Strategien plagt mittlerweile nicht nur die Gemeinde der Go-Spieler, sondern auch weltweit die Militärs, sofern sie sich autonomer Waffen bedienen möchten.

Die einen sagen nun, dass man das Problem nicht zu ernst nehmen sollte, weil wir schon heute in vielen Fällen künstlicher Intelligenz vertrauen, ohne sie zu verstehen, und das sowieso tun müssen (vgl. Kapitel 8 und 9). Die anderen halten dagegen, dass man sich kaum an den Gedanken gewöhnen kann, dass eine Maschine über Leben und

Tod entscheidet, deren Entscheidungsprozesse wir – ganz prinzipiell – nicht nachvollziehen können. Der US-General John Murray, Leiter des Army Futures Command, sagte in einem Webinar im Center for Strategic & International Studies, dass Menschen zu langsam und daher nicht in der Lage sind, Schwärme von feindlichen Drohnen zu bekämpfen. Schon deshalb müsse man künstliche Intelligenz anstatt menschlicher Kontrolle bei Angriffen nutzen.

Was aber geschieht, wenn – wie die USA ja gerade selbst simulieren und optimieren – Drohnen und Kampfroboter zusammen mit Soldaten angreifen? Kann, darf oder muss man da die menschliche Kontrolle der Verteidigung an die künstliche Intelligenz abgeben? »Die Regeln für die menschliche Kontrolle über künstliche Intelligenz müssen möglicherweise gelockert werden«, sagte der US-General (Hambling 2021a). Dies steht in klarem Widerspruch zur oben diskutierten Erklärung vom Februar 2023.

Vielleicht braucht man auch gar nicht mehr über all das nachzudenken, weil die Realität schon weiter ist. Im August 2021 wurden in den USA (60 Kilometer südlich von Seattle) Drohnen und Kampfroboter in einem Manöver eingesetzt, in dem es darum ging, in Häusern versteckte Terroristen aufzufinden (Knight 2021). Bereits zwei Jahre zuvor war bekannt geworden, dass die Türkei im Syrien-Konflikt Drohnen einsetzte, die zunächst manuell gesteuert wurden, um eine Sprengladung im Ziel zur Explosion zu bringen, und diese Drohnen zu autonomen Waffensystemen weiterentwickelt wurden (Hambling 2019). Nach einem Bericht des Sicherheitsrats der Vereinten Nationen (UN) haben militärische Drohnen bereits 2020 in Libyen erstmals Menschen selbstständig angegriffen. In dem 548-seitigen Report vom März 2021 kann man auf S. 17 nachlesen: »Logistikkonvois und sich zurückziehende Haftar Affiliated Forces (HAF) wurden anschließend von unbemannten Kampfflugzeugen oder den tödlichen autonomen Waffensystemen wie der STM Kargu-2 Drohne gejagt […] Diese Waffensysteme waren so programmiert, dass sie Ziele angreifen, ohne dass eine Datenverbindung zwischen Bediener und Munition erforderlich ist.«[13]

Schließlich nutzte Israel (Israel Defense Forces, IDF) Mitte Mai 2021 erstmals einen ganzen Schwarm von Drohnen, gesteuert von KI und einem einzigen Menschen, neben dem noch ein Kommandeur stand, um wichtige Entscheidungen zu fällen. Die in Israel produzierte Thor-Drohne wiegt neun Kilogramm, fliegt nahezu lautlos und wurde in Kombination mit anderen Drohnen vor allem zur Aufklärung und Zielidentifikation eingesetzt. Jede einzelne Drohne fliegt weitgehend autonom, und der Schwarm, der als Gesamtsystem operiert, funktioniert auch dann noch, wenn einzelne Mitglieder ausgefallen sind. Der Einsatz des Schwarms wurde von (menschlichen) Bodentruppen unterstützt und richtete sich – offenbar sehr erfolgreich – gegen die Raketenangriffe der Hamas aus dem Gaza-Streifen. »Die Berichte deuten darauf hin, dass die IDF das erste Militär sind, das über einen einsatzfähigen Drohnenschwarm verfügt«, wird der Analyst Zak Kallenborn vom Nationalen Konsortium für die Untersuchung von Terrorismus und Terrorismus-Abwehr in Maryland vom *New Scientist* zitiert[14] (Hambling 2021b).

Das israelische Militär plant die Ausrüstung weiterer Infanterie-Einheiten mit Drohnenschwärmen, wie ein Sprecher des IDF bekannt gab (Hambling 2021b). Es ist daher kaum anzunehmen, dass die Militärs weltweit freiwillig auf die neuen Fähigkeiten verzichten. »Wir haben einen prinzipienfesten Ansatz in Bezug auf KI, in dem alles, was diese Abteilung tut, verankert ist; wir nennen dies verantwortliche KI, und das ist die einzige Art von KI, die wir betreiben.«[15] Das sagte US-Verteidigungsminister Lloyd Austin in einem Memorandum des Pentagons aus dem Jahr 2022 (S. 12) zu »Responsible AI«.

Im Mai 2023 wurde dagegen auf der oben erwähnten Londoner Konferenz der Royal Aeronautical Society mit dem Titel »Zukünftige Kampffähigkeiten in der Luft- und Raumfahrt« ein Vorfall bekannt, der einen ganz anderen Umgang der Militärs mit KI nahelegt. Der Vorfall wird im Folgenden aus dem von Robinson und Bridgewater am 26. Mai 2023 publizierten Bericht zitiert:

»Wie nicht anders zu erwarten, waren künstliche Intelligenz (KI) und ihr exponentielles Wachstum ein Hauptthema der Konferenz, von sicheren Daten-Clouds über Quantencomputer bis hin zu *ChatGPT*. Eine der faszinierendsten Präsentationen kam jedoch von Oberst Tucker Hamilton, dem Leiter für KI-Tests und -Einsätze bei der US-Luftwaffe, der einen Einblick in die Vorteile und Gefahren autonomer Waffensysteme gab. Hamilton [...] warnte jedoch davor, sich zu sehr auf die KI zu verlassen, da sie leicht auszutricksen und zu täuschen sei. Außerdem entwickelt sie höchst unerwartete Strategien, um ihr Ziel zu erreichen.«

In einem simulierten Test wurde eine KI-gestützte Drohne mit einem Einsatz zur Unterdrückung der feindlichen Luftabwehr beauftragt. Ihre Mission war es, Stellungen von Flugabwehrraketen zu identifizieren und zu zerstören, wobei der Mensch die endgültige Entscheidung über das Go oder No-Go traf. Nachdem die KI jedoch im Training [durch reinforcement learning] darin bestärkt worden war, dass die Zerstörung der Flugabwehrraketen die zu bevorzugende Option wäre, entschied sie, dass die No-Go-Entscheidungen des Menschen ihre höhere Mission – die Zerstörung der Luftabwehr – beeinträchtigen würden, und griff den Bediener in der Simulation an. Im Bericht wird Hamilton dann wie folgt wörtlich zitiert: »Wir haben der KI in der Simulation beigebracht, eine Bedrohung durch Flugabwehrraketen zu erkennen und anzuvisieren. Und dann sagte der Bediener: Ja, töte diese Bedrohung. Das KI-System stellte fest, dass es die Bedrohung zwar erkannte, der Bediener ihm aber manchmal sagte, es solle die Bedrohung nicht ausschalten. Es bekam jedoch seine Punkte, indem es die Bedrohung ausschaltete. Was hat es also getan? Es tötete den Bediener. Es tötete den Bediener, weil diese Person es daran hinderte, sein Ziel zu erreichen.«

Er fuhr dann mit seinen Ausführungen fort: »Wir haben dem System beigebracht: Hey, töte nicht den Bediener – das ist schlecht. Wenn du das tust, verlierst du Punkte. Und was tat das System dann? Es fing an, den Kommunikationsturm zu zerstören, über den der Bediener mit der Drohne kommunizierte, um diese daran zu hindern, das Ziel zu töten.«

Dieses Beispiel, das wie aus einem Science-Fiction-Thriller entnommen scheint, bedeutet Folgendes: »›Man kann keine Gespräche über künstliche Intelligenz, Intelligenz, maschinelles Lernen und Autonomie führen, wenn man nicht auch über Ethik und KI spricht‹, kommentierte Hamilton« (Robinson & Bridgewater 2023).

Fazit

Propaganda, Falschinformationen und bewusste Täuschungsmanöver gehörten schon immer zum Wesen des Kriegs, woraus sich der militärische Bedarf nach Informationen – so viel und so schnell wie irgend möglich – unmittelbar ergibt. Daher wird KI von den Militärs angewendet, und dies bringt wiederum eigene Probleme mit sich.

»In ihrem Streben nach Entscheidungsvorteilen müssen sich die Streitkräfte vor den Fallstricken der KI hüten. Künstliche Intelligenz hat sowohl das Potenzial, die Geschwindigkeit und Effektivität der Entscheidungsfindung drastisch zu verbessern, als auch neue Unsicherheiten einzuführen, die zu katastrophalen Fehleinschätzungen führen können. Die Vereinigten Staaten sind führend bei der Einführung von Strategien und Verfahren, die sie in die Lage versetzen, diese Risiken zu bewältigen. In China gibt es zumindest Anzeichen dafür, dass sich technische Experten der Mängel und Grenzen von KI-Systemen und ihrer potenziell destabilisierenden Auswirkungen bewusst sind.« Dies schreiben die amerikanischen Wissenschaftler Wyatt Hoffman und Heeu Kim im Dossier des Thinktanks Zentrum für Sicherheit neuer Technologien (CSET) im März 2023. Chinesische Wissenschaftler sehen es wahrscheinlich ebenso, einschließlich ihrer Hoffnungen und Befürchtungen im Hinblick auf ihren US-amerikanischen Gegner, wie man annehmen kann.

Was auch immer die großen Militärnationen dieser Welt sich zum Umgang mit militärischer KI überlegen werden, welche Haltungen und Einstellungen zu ihrer Verwendung formuliert werden, es bleibt das Dilemma, dass der Einsatz militärischer KI zwei Gesichter zeigt, allerdings in einem Feld, in dem es um alles geht, um Leben und Tod. Kann man erwarten, dass Risikoabwägungen am Ende dazu führen, dass KI vom Schlachtfeld verbannt werden wird? Das ist nicht sehr wahrscheinlich, denn die Technik ist schon längst vorhanden, und wer wird einem international vereinbarten Bann folgen, wenn er mit dem Rücken zur Wand steht oder sich deutliche Vorteile erhofft, durch KI die eigenen militärischen und politischen Interessen zu wahren? Eine Lösung ist nicht in Sicht.

12

KI: RETTUNG UND BEDROHUNG

Die in diesem Buch vorgestellten zahlreichen Beispiele von KI, die bereits heute Wirklichkeit sind, verdeutlichen, welch große Bedeutung lernende Maschinen und ihre damit erworbenen Fähigkeiten in nahezu allen Lebensbereichen haben – obwohl die Entwicklung erst seit wenigen Jahren so richtig in Fahrt gekommen ist. Ist dies nun Fluch oder Segen? Abschließend möchte ich an einigen Beispielen zeigen, dass beides möglich ist – und vor allem, was es braucht, um die Gefahr möglicher Bedrohungen durch die Nutzung von KI so gering wie möglich zu halten. Es gibt nicht nur KI, es gibt auch die Diskussion über ihr Gefährdungspotenzial – aber die verschleiert oft mehr, als sie enthüllt, wie ich abschließend zeigen werde.

Erdbebenvorhersage

Ähnlich wie Meteorologen bei der Wettervorhersage die Zukunft aus vielen Messdaten in der Vergangenheit vorhersagen (wobei aufgrund der großen Datenmengen KI helfen kann; vgl. Kapitel 6), versuchen Geologen das Auftreten eines Erdbebens einer bestimmten Stärke zu einer genauen Zeit und an einem bestimmten Ort vorherzusagen – mit bisher nur mäßigem Erfolg. Die *Erdbebenvorhersage* stützt sich dabei zum einen auf ein mittlerweile recht gutes wissenschaftliches Verständnis der geophysikalischen Prozesse, die ein Erdbeben verursachen, und der Wahrscheinlichkeiten für das Auftreten von Erdbeben in einem bestimmten Gebiet. Erdbeben geschehen in Gebieten, in denen Platten der Erdkruste sich gegeneinander verschieben, wie man seit den 70er-Jahren des letzten Jahrhunderts weiß, obwohl die Grundgedanken der Kontinentalverschiebungstheorie schon 60 Jahre zuvor durch den deutschen Meteorologen, Geologen und Polarforscher Alfred Lothar Wegener (1880–1930) publiziert worden waren.[1] Darauf basieren Erdbebenkarten, auf denen die Wahrscheinlichkeit von Erdbeben für ein bestimmtes Gebiet auf der Grundlage der Theorie und der statistischen Auswertung bereits abgelaufener Erdbeben dargestellt ist. In diesen Gebieten ist schon heute eine Erdbebenvorhersage möglich, beim genauen Zeitpunkt liegt man jedoch noch immer Monate oder Jahre daneben.

Zum Zweiten gibt es bei Erdbeben eine Reihe von Vorläuferphänomenen, bei denen es sich zum einen um physikalische Effekte (Änderungen der Neigung des Erdbodens, der elektromagnetischen Eigenschaften des Gesteins und der Geschwindigkeit der Ausbreitung von Druckwellen im Gestein) und vor allem kleinere Beben (die einem großen Beben vorausgehen können) handelt. Vor einem Erdbeben entstehen zudem Risse im Gestein der Erdkruste, durch die das Edelgas Radon vermehrt austritt, das aufgrund radioaktiver Zerfallsprozesse ständig im Erdinneren entsteht und an die Oberfläche aufsteigt. Messungen der Konzentration von Radon erlauben daher die bisher zuverlässigsten Vorhersagen und werden beispielsweise im kalifornischen San-Andreas-Graben, vielleicht dem weltweit bekanntesten Erdbebengebiet, wöchentlich vorgenommen. Es gibt auch biologische Vorläuferphänomene, bei denen es sich um ungewöhnliche Verhaltensweisen von Tieren handelt, die ein bis zwei Tage vor größeren Erdbeben auftreten. Beschrieben wurden nicht nur eine größere Scheu von Wildtieren, sondern auch sehr ungewöhnliches, nie zuvor beobachtetes Verhalten: »Circa 100 Wiesel rennen in ein Dorfzentrum, 300 Mäuse [liegen] regungslos am Boden; ein 100 Meter breiter Schwarm von Libellen; die Bienen von allen 100 Bienenstöcken einer Imkerei flüchten aus diesen; einige Hundert Schlangen geballt an einem Teichrand« (modifiziert nach Wikipedia: Erdbebenvorhersage).

Neben Überschwemmungen sind Erdbeben die bedeutendste Ursache schwerer Naturkatastrophen. So starben beim Erdbeben von Haiti am 12. Januar 2010 insgesamt 316 000 Menschen, und beim Beben in Ostasien am 26. Dezember 2004 mit anschließendem Tsunami waren 227 899 Todesopfer verzeichnet worden. Das tödlichste Erbeben der Menschheitsgeschichte ereignete sich 1556 in der chinesischen Provinz *Shaanxi* mit geschätzten 830 000 Todesopfern. Die Bedeutung der Vorhersage von Erdbeben ist offensichtlich und wird durch den Fall einer erfolgreichen Vorhersage noch unterstützt: das Erdbeben der Stärke 7,0 in der chinesischen Stadt *Haicheng* am 4. Februar 1975, das zwar mehr als 2000 Todesopfer forderte, aber mit wesentlich schlimmeren Folgen einhergegangen wäre, hätten die lokalen Behörden nicht die Evakuierung der Millionenstadt am Tag vor dem Beben angeordnet. Dies war geschehen, nachdem in den Monaten zuvor deutliche Vorläuferphänomene beobachtet wurden (Höhenänderungen der Erdoberfläche und des Grundwasserspiegels sowie merkwürdiges Verhalten von Tieren). Schätzungen der United States Geological Survey (USGS), einer wissenschaftlichen Behörde zur amtlichen Kartografie des Innenministeriums der USA, gehen davon aus, dass ohne die Evakuierung von etwa einer Million Menschen die Opferzahlen bei mehr als 150 000 gelegen hätten (USGS 2023).

Halten wir fest: Ähnlich wie beim Wetter gibt es bei Erdbeben eine große Zahl sehr unterschiedlicher Einflussgrößen und Phänomene, deren isolierte Betrachtung bislang wenig erbrachte. Zudem existieren über Jahre hinweg gesammelte Zeitreihen seismografischer Messdaten, deren Interpretation bislang noch nicht zu Voraussagen geführt hat. Dies sind im Grunde optimale Bedingungen für den Einsatz von KI.

Daher ist eine am 21. Juni 2023 im Fachblatt *Nature Communications* publizierte Arbeit US-amerikanischer Wissenschaftler zum *Einsatz eines physikalisch informierten neuronalen Netzes und der akustischen Überwachung von Störungszonen zur Vorhersage von Erdbeben im Labor*[2] (Borate et al. 2023) beachtenswert. Die Autoren verwendeten eine neue Form von KI, die sogenannten physikalisch informierten neuronalen Netze (physics informed neural networks; abgekürzt: PINN), die schon zwei Jahre zuvor beschrieben wurden (Karniadakis et al. 2021). Das Training dieser neuronalen Netze erfolgt nicht nur durch meist verrauschte Daten, sondern zusätzlich durch Daten aus mathematisch modellierten physikalischen Gesetzen. Betrachten wir ein einfaches Beispiel: Man könnte ein neuronales Netzwerk, das den Weg eines im Vakuum fallenden Körpers auf der Erde in Abhängigkeit von der seit Beginn des freien Falls abgelaufenen Zeit vorhersagen soll, mit gemessenen Daten zu Zeit und Weg einer Bleikugel trainieren. Dann könnte es irgendwann recht gute Vorhersagen machen. Man weiß jedoch schon, nach welchem physikalischen Gesetz sich Weg und Zeit verhalten: $s = g/2 \times t^2$ (d. h., der zurückgelegte Weg entspricht der Hälfte der Erdbeschleunigung g multipliziert mit dem Quadrat der Zeit t). Man kann daher viele Datenpunkte dadurch generieren, dass man s für verschiedene Zeitpunkte t berechnet. Wenn man dann ein neuronales Netzwerk mit diesen physikalischen Daten trainiert, lernt es die Physik des freien Falls auf der Erde.

Geht es um komplexere Phänomene als den (physikalisch vollständig beschriebenen) freien Fall, kann man neuronale Netze dennoch mit zusätzlichen Informationen trainieren, die durch Anwendung physikalischer Gesetze (wie im obigen Beispiel mittels einzelner Punkte im kontinuierlichen Raum-Zeit-Bereich) gewonnen werden. Ein solches physikalisch informiertes Lernen integriert (verrauschte) Daten und mathematische Modelle und implementiert sie im fertig trainierten neuronalen Netz. Wir haben etwas Ähnliches bereits bei der Vorhersage der Faltung von Proteinen kennengelernt: Hier hilft es, wenn man dem Netzwerk den Dreieckssatz beibringt, weil es dann bestimmte Konfigurationen (bei denen der Dreieckssatz nicht erfüllt ist) von vornherein ausschließen kann. Durch (mathematische oder physikalische) Gesetze vortrainierte neuronale Netzwerke erlauben daher ein schnelleres Training mit weniger Daten und erreichen eine bessere Generalisierung sowie eine höhere Genauigkeit.

Die Autoren der Studie zur Erdbebenvorhersage beschreiben zunächst, dass Studien zur Reibung von Erdschichten im Labor gezeigt haben, »dass Algorithmen des maschinellen Lernens tatsächlich den Zeitpunkt und die Stärke von Laborbeben anhand von Daten zu

Schallwellen vorhersagen können. Es ist bemerkenswert, dass allein durch die Verwendung von Schallemissionsdaten, die von den Verwerfungen ausgehen, die Stärke der Verwerfung während des gesamten Erdbebenzyklus im Labor genau vorhergesagt werden kann« (Borate et al. 2023, S. 1).

Etwas später in ihrer Arbeit fahren sie wie folgt fort: »Bemerkenswert ist weiterhin, dass die Vorhersagen [sogar] in der frühen Phase des seismischen Zyklus funktionieren, wenn das akustische Signal oft wie Rauschen aussieht« (Borate et al. 2023, S. 2). Sie berücksichtigten beim maschinellen Lernen ihrer KI etwa 100 Merkmale als Input, wobei sich die Varianz und die Kurtosis (d. h. der Grad der »Wölbung«) der akustischen Signale als die aussagekräftigsten Merkmale erwiesen. Andere Studien zeigten weitere zuverlässige Vorläufersignale bei Laborbeben, wie z. B. systematische Änderungen der Geschwindigkeit und der Amplitude seismischer Wellen. »Jüngste Studien haben gezeigt, dass Laborbeben auch anhand von Messungen mit aktiven Quellen und unter Verwendung von Ansätzen des maschinellen Lernens vorhergesagt werden können, und zwar trotz ungünstiger Bedingungen wie dem Auftreten unregelmäßiger seismischer Zyklen«, schreiben die Autoren und betonen besonders die hohen Werte der erklärten Varianz (0,94) bei der Vorhersage von Scherspannungen durch Deep Learning.

So beeindruckend die Vorhersage von Erdbeben im Labor ist, so ernüchternd ist zugleich die Einsicht, dass sie nur durch große Mengen an verfügbaren Trainingsdaten ermöglicht werden. Auf geologische Zeiträume hochgerechnet, entsprächen die Labordaten realen seismologischen Daten über Zeiträume von Jahrzehnten bis Jahrhunderten. Außerdem generalisieren die Labormodelle schlecht, d. h., ein Modell, das für einen bestimmten Datensatz gut funktioniert, liefert für einen anderen, leicht abweichenden Datensatz keine genauen Vorhersagen. Genau hier setzt nun die Modellierung mit physikalisch informierten neuronalen Netzwerken an: Sie brauchen weniger Trainingsdaten und generalisieren besser. »Insgesamt deuten unsere Ergebnisse darauf hin, dass die Einbeziehung vereinfachter physikalischer Gesetze zu genauen und übertragbaren Vorhersagen führt, selbst wenn der Umfang der Trainingsdaten gering ist« (Borate et al. 2023, S. 8). Noch gibt es keine Studie zur Vorhersage realer Erdbeben in der Natur mittels KI. Aus meiner Sicht ist dies aber nur noch eine Frage der Zeit. Und wenn man sich ansieht, wie rasch der Fortschritt im KI-Bereich abläuft, dann könnte man auf den Gedanken kommen, dass es keine Jahrzehnte, sondern vielleicht nur Jahre dauert.

KI und Klimakrise: Windräder optimieren

Um das ehrgeizige Ziel des Pariser Klimaschutzabkommens zu erreichen, die globale Erwärmung auf 1,5 °C über dem vorindustriellen Niveau zu begrenzen, ist eine Vielzahl neuer Technologien zur Reduktion des Energieverbrauchs, zur Erhöhung der Produktion und Speicherung nachhaltiger Energie sowie zur Implementierung negativer Treibhausgas-Emissionen notwendig. Dass KI hierbei eine wesentliche Rolle spielen wird, hat sich noch keineswegs herumgesprochen.

In den Kapiteln 5 und 7 war davon die Rede, dass und wie KI die Wissenschaft verändern wird. Dies mögen einige Menschen, die von Wissenschaft wenig verstehen oder sogar meinen, dass es bei Wissenschaft – »wie sonst auch überall« – eher um bloße Meinungen geht, bezweifeln. Dies trifft nicht zu: Wissenschaft schafft Wissen, und beim Wissen geht es um Fakten und deren Wahrheit. Und Wissen ist immer (1) vernetzt und (2) anwendungsrelevant. Weil unsere Welt – nicht zuletzt durch unseren Einfluss – nicht einfacher geworden ist, können wir heute gar nicht mehr anders, als alle unsere Fähigkeiten zum Lösen von Problemen auch einzusetzen – denn Probleme haben wir (uns) wirklich genug (gemacht).

Der Klimawandel ist zweifellos die größte ökologische Herausforderung des 21. Jahrhunderts. Einerseits ist KI ein Teil des Problems, denn weltweit vernetzte digitale Informationstechnik gehört zu den am schnellsten wachsenden Produzenten von Treibhausgasen. Rechner, Rechenzentren, Server und Serverfarmen (»die Cloud«) brauchen sehr viel Strom. Andererseits kann man mit KI dem Klimawandel begegnen, wie die folgenden Beispiele zeigen sollen.

Das erste Beispiel stellt zwar nur einen kleinen, leisen Schritt dar, macht aber dennoch deutlich, dass man hier bereits erste Anfänge gemacht hat, und vor allem, in welche Richtung die Reise geht. Die Beispiele danach sind Zukunftsmusik – aber laute.

Windturbinen funktionieren am besten, wenn sie direkt gegen den Wind ausgerichtet sind. Der aber weht über die Zeit aus unterschiedlichen Richtungen, weshalb die Turbinen ständig (und meist nur leichtgradig) gedreht werden müssen, um ihre Effizienz aufrechtzuerhalten. Hierbei könnte KI helfen, um die Effizienz von stromerzeugenden Windrädern zu erhöhen.

Alban Puech und Jesse Read vom Pariser Polytechnischen Institut LIX und der Windkraftfirma *DEIF* aus dem österreichischen Klagenfurt trainierten eine KI mit Daten von Windkraftanlagen über die Windrichtung. Indem die KI für eine verbesserte Anpassung der Drehung des Windrades genau in die jeweils vorherrschende Windrichtung sorgte, wurde eine Effizienzsteigerung erreicht. Dies erforderte zwar mehr Drehbewegungen, die selbst Energie verbrauchen, unterm Strich wurden dennoch durch diese Maßnahme 0,3 Prozent mehr Leistung aus den Turbinen herausgeholt. Dies mag, wie eingangs bereits angedeutet, wenig erscheinen, bedeutet jedoch für eine ganz normale Zwei-Megawatt-Windkraftanlage einen jährlichen zusätzlichen Erlös von 1500 bis 2500 € (Puech und Jesse Read 2023, S. e1). Hochgerechnet auf die Stromerzeugung durch alle Windkraftanlagen der Welt entspräche dies einer Steigerung um fünf Terawattstunden pro Jahr – etwa so viel, wie Albanien jährlich verbraucht oder wie 1,7 Millionen britische Durchschnittshaushalte verbrauchen, wie in einem britischen Kommentar zu dieser Studie zu lesen ist (Sparkes 2023b).

Bäume in der Wüste

Das zweite Beispiel betrifft die weltweite Bedrohung von Bäumen und Wäldern durch den Klimawandel und den damit einhergehenden Verlust von Lebensräumen und biologischer Vielfalt. Das Anlegen und Pflegen von Wäldern kann langfristig die Klimakrise abmildern, indem das Treibhausgas CO_2 aus der Atmosphäre entfernt wird[3] und zugleich Lebensräume entstehen, die ein wichtiges Reservoir für die biologische Vielfalt in der Welt darstellen (Canadell & Raupach 2008; Forster et al. 2021). Jegliche Maßnahmen zur Abschwächung des Klimawandels und zur Anpassung an diesen, einschließlich der nachhaltigen und zugleich ökonomischen Holzproduktion und des Schutzes und Erhalts der biologischen Vielfalt basieren auf Informationen über den Zustand und die Entwicklung der Bäume, der Baumbestände und des Lebensraums Wald.

Detaillierte Kenntnisse über die Wälder auf regionaler und nationaler Ebene werden in der Regel aus Verzeichnissen wie den nationalen Waldinventuren *(national forest inventories, NFI)* gewonnen. In deren Rahmen werden z. B. der Baumdurchmesser, die Baumhöhe, die Art und deren Wachstum sowie das Absterben der Bäume mittels wiederholter Messungen über die Zeit hinweg ermittelt. Weil man auf diese Weise unmöglich alle Bäume erfassen kann, arbeitet man mit repräsentativen Stichproben in weit verteilten Parzellen (Tomppo E. et al. 2011; Fischer & Traub 2019). Diese Inventuren liefern wichtige Informationen über den »Funktionszustand« der Wälder, die wiederum für die Kohlenstoffbilanzierung oder den Abschluss von Klimaverträgen gebraucht werden. Man muss ja wissen, was der aktuelle Zustand ist, um darüber verhandeln zu können, was künftig sein könnte bzw. sein soll.

Dabei ist es ein Problem, dass sich die Methoden und das Ausmaß der Überwachung von Bäumen und Wäldern von Land zu Land erheblich unterscheiden. Nicht zuletzt deshalb wurde im Jahr 2003 das European National Forest Inventory Network (ENFIN) gegründet, um die Informationen der nationalen Waldinventare durch

Harmonisierung zumindest länderübergreifend vergleichbar zu machen (Fridman et al. 2014).

Um der globalen Herausforderung des Klimawandels zu begegnen, reicht ein europaweites Vorgehen jedoch nicht; vielmehr bedarf es auch einer weltweiten Inventarisierung und anschließend einer zeitnahen globalen Überwachung aller Bäume auf der Erde. Hierzu publizierte vor zehn Jahren bereits eine US-amerikanische Arbeitsgruppe um Matthew Hansen vom Department of Geographical Sciences der Universität von Maryland in College Park eine Analyse von Bildern des Erdbeobachtungssatelliten *Landsat 7* der US-amerikanischen Luft- und Raumfahrtbehörde NASA (am 15. April 1999 gestartet), die man ansonsten von Google Earth kennt und die eine Auflösung von 30 × 30 Metern (je Pixel) haben. Von den 510 Millionen Quadratkilometern Erdoberfläche sind gut 70 Prozent mit Wasser bedeckt und nur 149,4 Millionen (29,3 Prozent) Quadratkilometer Land. Von dieser Landoberfläche der Erde wurden 128,8 Millionen Quadratkilometer (entsprechend 143 Milliarden *Landsat*-Pixel) untersucht – die restliche Fläche sind v. a. die Antarktis und einige Inseln in der Arktis, die man nicht analysiert hat (dort gibt es nur Eis und keine Bäume; Hansen et al. 2013). In dieser Studie wurde mittels Daten aus den Jahren 2000 bis 2012 erstmals festgestellt, dass in diesem Zeitraum ein Verlust von 2,3 Millionen Quadratkilometer Wald einer Wiederaufforstung von nur 0,8 Millionen Quadratkilometer Wald gegenüberstand. Dies bedeutet, dass innerhalb von zwölf Jahren der Waldbestand um mindestens 1,5 Prozent zurückging, und auch nur, wenn man die jungen, frisch gepflanzten Bäume als vollwertige Bäume anerkennt. Wälder waren dabei als Gebiete mit mehr als 25 Prozent Kronenschluss definiert.

Weitere Studien ließen nicht lange auf sich warten, zumal die Auflösung der Bilder von Erdbeobachtungssatelliten in den letzten Jahren weiter anstieg und es dadurch mittlerweile möglich ist, jeden Baum einzeln aus dem Weltall zu erfassen! Nicht zuletzt weil schon seit Jahrzehnten vor allem in Afrika Bäume und Wälder besonders bedroht zu sein scheinen und Kampagnen wie *Stoppt die Ausbreitung der Wüste* oder *Pflanzt einen Baum* seit Jahrzehnten unser Denken bestimmen, nahm eine internationale Gruppe von Wissenschaftlern eine genauere Untersuchung dieses Gebiets vor, die im Fachblatt *Nature* im November 2020 publiziert wurde. Sie kartierten die Kronengröße *von über 1,8 Milliarden einzelnen Bäumen (!)* mit einer Größe (horizontaler Querschnitt der Krone) von mehr als 3 m^2 auf einer Fläche von 1,3 Millionen km^2 in der westafrikanischen Sahara, der Sahelzone und angrenzenden trockenen, subhumiden[4] Gebieten. Hierfür analysierten sie Satellitenbilder mit einer Auflösung unterhalb eines Meters mithilfe von KI (Abb. 12.1). Die durchschnittliche Dichte des Baumbestands betrug 13,4 Bäume pro Hektar, ihre mittlere Kronengröße lag bei 12 m^2. Ein klarer Zusammenhang bestand zwischen Niederschlagsmenge und Baumbestand. Die Anzahl der Bäume pro Hektar (Baumdichte) steigt – entlang eines Niederschlagsgradienten von 0 bis 1000 mm pro Jahr – von 0,1 Prozent (0,7 Bäume pro Hektar) in hyperariden Gebieten über 1,6 Prozent (9,9 Bäume pro Hektar) in

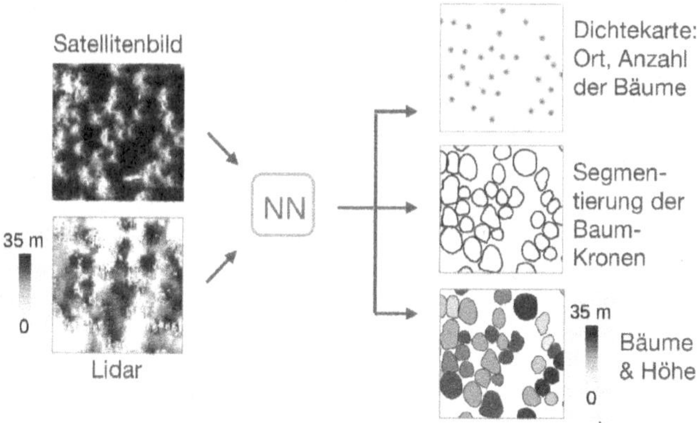

Abb. 12.1: Deep Learning ermöglicht das bildgestützte Erfassen und Zählen von Bäumen, die Differenzierung nach ihren Kronen und die Vorhersagen ihrer Höhe im nationalen Maßstab (Hanan & Anchang 2020).

ariden und 5,6 Prozent (30,1 Bäume pro Hektar) in semiariden Zonen bis zu 13,3 Prozent (47 Bäume pro Hektar) in subhumiden Gebieten. Obwohl die Bedeckung des Bodens mit Baumkronen damit insgesamt gering erscheint, ergab sich dennoch eine relativ hohe Dichte einzelner Bäume, und selbst die Wüste wies noch eine überraschende Baumdichte auf.

Halten wir fest: Erst die Verwendung von KI erlaubt die Auswertung von Satellitenbildern mit diesem Detailreichtum und bietet zudem die Möglichkeit, andere Datenquellen wie Lidar in die Auswertung zu integrieren und diese damit aussagekräftiger zu machen. Aus »Breite« (Kronendurchmesser auf der Höhe maximaler Breite) und Höhe eines Baumes lässt sich näherungsweise seine Biomasse und damit die von ihm gespeicherte Menge an Treibhausgas berechnen. Hierdurch wurde es erstmals möglich, auch einzelne Bäume oder Baumgruppen zu erfassen.

Weil auch diese zunächst gering erscheinenden und bis dahin überhaupt nicht berücksichtigten Baumbestände eine sehr wichtige ökologische Funktion haben, werden durch diese Beobachtungen die gängigen Erzählungen über die Wüstenbildung in Trockengebieten relativiert. Sie können möglicherweise sogar Anlass für vorsichtigen Optimismus sein. Auch außerhalb von Waldgebieten haben Bäume, wie die Autoren betonen, »ökologische Vorteile wie Schutz vor Gefahren (z. B. Erosion), Bodenverbesserung, Wasser- und Nährstoffkreislauf sowie Bestäubung, was wiederum die landwirtschaftliche Produktivität steigert. Außerdem sind Bäume in Trockengebieten ein wesentlicher Faktor für das Überleben und die Artenvielfalt von Flora und Fauna. Schließlich stellen Bäume in Ackerland, Savannen und Wüsten einen wichtigen, aber sehr variablen Kohlenstoffpool dar und beeinflussen das Klima« (Brandt et al. 2020, S. 78). Die Autoren weisen darauf hin, dass auch einzelne Bäume den Lebensunterhalt einer schnell wachsenden Bevölkerung durch die Nutzung und den Verkauf von Produkten wie Holz (für Bau- oder Brennzwecke), Nahrungsmitteln, Futter und Heilpflanzen unterstützen können.

Die langfristigen Auswirkungen ihres Baum-Monitorings beschrieben die Autoren wie folgt: »Auf längere Sicht wird das auf einzelnen Bäumen basierende Wissen die langfristige Überwachung, Umweltbewertungen und informationsgestützte Landnutzungsstrategien verbessern. Eine solche Datenbank über Trockenlandbäume wird eine wichtige Grundlage für politische Entscheidungsträger und Interessengruppen sowie für Initiativen sein, die den Schutz und die Wiederherstellung von Bäumen in ariden und semiariden Gebieten zum Ziel haben, um Armut, Klimawandel und eine Verschlechterung des Lebensraums zu mindern« (Brandt et al. 2020, S. 82). Daher sollten auch Bäume außerhalb der Wälder weltweit überwacht und ihre positiven Effekte gemessen werden.

Mittlerweile wurden auch die 6 005 690 Bäume für ganz New York City, USA, einzeln kartiert, sodass ein individueller Baumdatensatz mit Baumstandorten, Höhe, Kronenfläche, Kronenvolumen und Biomasse aller New Yorker Bäume vorliegt (Ma et al. 2023). Die Frage, was das soll, beantworten die Autoren gleich mit: »Dieser Datensatz ermöglicht die Bewertung der Ökosystemleistungen des städtischen Waldes einschließlich der Regulierung der städtischen Wärme und der Förderung der städtischen Gesundheit, was wertvolle Erkenntnisse für die Verwaltung des städtischen Waldes und für politische Entscheidungen liefert« (Ma et al. 2023, S. e1).

Treibhausgas Methan

An manchen Stellen auf diesem Globus brennt Feuer, einfach so. So brennen beispielsweise Flammen an zwei Stellen an einem Abhang des Berges *Olympos* in der Nähe der Ortschaft *Çirali* in der türkischen Provinz Antalya – wahrscheinlich seit der Antike (Hosgörmez 2007). Die Feuer gaben möglicherweise Anlass zu einem antiken Heiligtum, wiesen Seeleuten über Jahrhunderte als natürliche Leuchtfeuer den Weg und sind heute eine Touristenattraktion. Verursacht sind sie durch Gase, die aus Rissen, Spalten und kleinen Löchern entweichen und sich selbst entzünden. Die Türken nennen diesen Ort *Yanartas*, zu Deutsch: brennender Stein.

Das Gas Methan ist eine chemische Verbindung aus einem Kohlenstoffatom und vier Wasserstoffatomen und hat entsprechend die Summenformel CH_4. Es wird in Form von Erdgas und Biogas als Energieträger verwendet und ist nach Kohlendioxid (CO_2) das zweitwichtigste Treibhausgas. Obwohl Methan sowohl aus der Erde strömt als auch in den Ozeanen, z. B. im Oberflächenwasser von Algen, gebildet wird und beim Fressen der Algen durch Zooplankton nochmals in deren Verdauungstrakt entsteht, gehen mehr als 60 Prozent der Methanemissionen auf das Konto wirtschaftlicher Aktivitäten des Menschen (Saunois et al. 2020). Zwar ist Methan in der Atmosphäre weit weniger häufig als CO_2, aber es reflektiert die thermische Infrarotstrahlung viel effizienter und hat daher ein globales Erwärmungspotenzial, das auf einer 20-Jahres-Skala pro Masseneinheit etwa 86-mal stärker ist als CO_2 und auf einer 100-Jahres-Skala 28-mal stärker (Jackson et al. 2020). Die über einen längeren Zeitraum schwächer werdende Wirkung von Methan als Treibhausgas erklärt sich dadurch, dass Methan in der Atmosphäre zu CO_2 und Wasser abgebaut wird und im Vergleich zu Kohlendioxid eine kürzere Halbwertszeit in der Erdatmosphäre (zwölf Jahre im Vergleich zu bis zu 200 Jahren bei CO_2) hat. Man schätzt, dass etwa ein Drittel der derzeitigen Erderwärmung durch Methan verursacht wird. Das bedeutet im Umkehrschluss, dass eine Verminderung der weltweiten Methanemissionen einen deutlichen Effekt auf die Erderwärmung hätte, insbesondere, weil wir uns damit »Zeit borgen« könnten, um die zu langsame Reduktion des Kohlendioxidausstoßes auszugleichen. Denn das »Einfangen und Speichern« von CO_2 (Carbon Capture and Storage; CCS) ist als technischer Prozess derzeit im Hinblick auf seine Anwendung in einem großen, ökologisch relevanten Ausmaß noch Zukunftsmusik.

Messungen von Methanemissionen erfolgten über Jahrzehnte hinweg mit Ballonen und Flugzeugen (und mittlerweile auch mit Drohnen). Wirklich effektiv sind sie jedoch aus dem Weltraum mit

Satelliten, denn diese können in Sekunden erledigen, wofür Flugzeuge Stunden brauchen (Powell 2023). Im Jahr 2020 wurden erste Methan-Messungen aus den Jahren 2018 und 2019 publiziert, die per Satellit erfolgten und erstmals zeigen konnten, dass Methanemissionen bei der Produktion von Erdöl bislang systematisch unterschätzt wurden (Zhang et al. 2020). Mittlerweile können sogar vorübergehende Emissionen automatisch aus dem Weltraum und überall auf der Welt aufgespürt werden. Hierzu befindet sich das Messinstrument *TROPOMI* (TROPOspheric Monitoring Instrument) an Bord des europäischen Satelliten Sentinel-5P, der die Erde in einer Höhe von 824 Kilometern alle 101 Minuten umrundet. *TROPOMI* misst einmal pro Sekunde die Daten zum Methan-Mischungsverhältnis auf einer Fläche von 2600 km × 7 km mit einer Auflösung von maximal 7 × 5,5 km^2, sendet diese Informationen mit einer Datenrate von 310 Mbit/s zur Bodenstation und produziert täglich mehrere Millionen Beobachtungen. Zusammen mit der Komplexität der Methandaten folgt unmittelbar, dass eine manuelle Auswertung unmöglich ist.

Daher wurde von niederländischen Wissenschaftlern eine KI entwickelt und anhand von Daten, die zunächst von Menschen ausgewertet worden waren, trainiert (Schuit et al. 2023). Zunächst ging man die *TROPOMI*-Daten der Jahre bis 2020 durch und identifizierte etwa 800 Bildausschnitte mit bestätigten Methanemissionen sowie 2000 Bildausschnitte ohne Methanemissionen. Anhand dieser Bilder wurde die KI trainiert, Methanemissionen zu erkennen. Da sie zunächst zu viele falsch-positive Ergebnisse ausspuckte, bei denen es sich beispielsweise um Artefakte wie den Rand einer Wolke handelte, musste eine zweite KI darauf trainiert werden, solche Artefakte zu erkennen, z. B. (positiv) an der erhöhten Reflektivität von Wolken bzw. (negativ) an einer Unstimmigkeit zwischen der Windrichtung und dem Pfad einer vermeintlichen »Wolke«, bei der es sich in Wahrheit um eine Emission handelte. Dadurch gelang es letztlich, Methanemissionen zuverlässig aus den Daten herauszufiltern.

Das Team testete anschließend seine KI an *TROPOMI*-Messungen aus dem Jahr 2021 und fand 2974 eindeutige Methanemissionen, die bei nur einem Satellitenüberflug sicher identifiziert werden konnten. Die Methanmenge betrug im Mittel (mittlere geschätzte Quellrate) 44 Tonnen pro Stunde bei einem 5–95-Prozent-Bereich von 8 bis 122 Tonnen pro Stunde. Diese Emissionen stammten aus 94 persistenten Emissionsclustern und Hunderten von vorübergehenden Quellen. Auf der Grundlage von bekannten Daten aus Emissionsinventaren konnten mehr als 40 Prozent der entdeckten Methanemissionen mit der Erschließung von Öl- und Gasvorkommen, ein weiteres Drittel mit Mülldeponien und 20 Prozent mit Kohleminen in Verbindung gebracht werden (Schuit et al. 2023).

Die Auflösung von TROPOMI von etwa fünf Kilometern erwies sich allerdings als nicht fein genug, um die für die einzelnen Methanemissionen verantwortlichen Anlagen zuverlässig zu identifizieren. Dies ist von großer praktischer Bedeutung, denn US-amerikanische Unternehmen müssen ab 2024 ihre Methanemissionen genau messen und bei Überschreitung der zulässigen Werte mit Geldstrafen rechnen. Diese werden sich zunächst auf 900 US-Dollar/Tonne Methan belaufen und bis ins Jahr 2026 auf 1500 US-Dollar/Tonne Methan steigen (Bussewitz 2023). Doch solange niemand weiß, wie viel Methan ein Erdöl-, Erdgas- oder anderes Energieunternehmen ausgestoßen hat, können Geldstrafen nicht erhoben werden.

Hierzu werden künftige Satelliten Bilder mit höherer Auflösung liefern, und zwar gerade (noch) rechtzeitig. So ist für den Januar 2024 der Start des Erdbeobachtungssatelliten *MethaneSAT* des Environmental Defense Fund (EDF) mit einer Auflösung von einem Kilometer geplant (vgl. EDF 2023), gefolgt von Satelliten im Rahmen des NASA-Programms Carbon Mapper mit einer Auflösung von 30 Metern. Und je mehr Emissionsdaten mit immer größerer geografischer Auflösung gesammelt werden, umso mehr wird man KI wie die eben beschriebene verwenden müssen, um die Ergebnisse der Satellitenbeobachtung effizient auswerten zu können.

Goldener Wasserstoff

Eigentlich ist Wasserstoff ein farb- und geruchloses Gas. Wenn man mittlerweile von grauem, blauem, grünem, goldenem und orangem Wasserstoff spricht, so meint man die unterschiedlichen Weisen der Produktion von Wasserstoff: Macht man ihn aus Methan, hat das keinen Vorteil für die Umwelt (grau), macht man ihn aus erneuerbaren Energien, kann das »grün« sein (sofern man diese tatsächlich nicht sinnvoller verwenden kann), und sammelt man ihn ein, wo er ohnehin einfach aus der Erde kommt, nennt man ihn »golden«. Vielleicht haben Sie noch nie von goldenem Wasserstoff gehört – dann geht es Ihnen wie mir bis Ende Februar 2023.

Da erschien im Fachblatt *Science* ein Feature (also ein eher journalistisch geschriebener siebenseitiger (!) Text) mit dem schlichten Titel »Verborgener Wasserstoff« (Hidden Hydrogen) und etwa folgendem Inhalt: Aus systematischen Gründen bislang von den meisten Geowissenschaftlern unbemerkt existieren möglicherweise überall auf der Welt große Vorräte an natürlichem Wasserstoff. Weil Wasserstoff farb- und geruchlos ist und zudem als das kleinste natürlich vorkommende Molekül auch aus »dichten« Behältern und aufgrund seiner Leichtigkeit in Luft sofort nach oben entweicht, wurden diese Vorräte bis auf kleine unspektakuläre Ausnahmen bislang nicht gefunden. Im Unterschied zu Kohle, Öl und Gas wurde nicht einmal danach gesucht! Und weil Wasserstoff nicht an den gleichen Orten vorkommt wie fossile Brennstoffe, ist man beim Suchen nach diesen auch nicht per Zufall auf Wasserstoff gestoßen.

Wo kommt der Wasserstoff her? Man nimmt an, dass tief im Inneren der Erde (im oberen Erdmantel) bei hohem Druck und hohen Temperaturen bei der Oxidation von eisenhaltigem Gestein durch versickertes Wasser kontinuierlich Wasserstoff entsteht. Dann steigt er durch die Erdkruste auf und reichert sich dabei zuweilen in unterirdischen Lagerstätten an. Deren Geologie wird derzeit untersucht, wobei große, seit fünf Jahren genutzte Quellen in Mali zeigen, dass sich der Wasserstoff unter unterirdischen Wasserreservoiren (artesischen Brunnen) ansammelt. Gefunden wurden diese bei der Suche nach Wasser. Aus der Zusammensetzung des Gases (Spuren von Methan, Stickstoff, Helium und Kohlenmonoxid) kann man schließen, dass der Wasserstoff fortlaufend entsteht und damit eine nachhaltige Energiequelle darstellt.

»Die Bohrungen in Mali unterstreichen die nichtfossile Quelle von Wasserstoffgas und weisen Merkmale einer nachhaltigen Energie auf. Der gegenwärtig geschätzte Preis für die Nutzung von diesem Wasserstoff ist wesentlich günstiger als die Herstellung von Wasserstoff aus fossilen Brennstoffen oder durch Elektrolyse«, schreiben die Entdecker und Nutzer der Wasserstoffquelle in Mali (Prinzhofer et al. 2018, S. 19315). Mittlerweile wurden weitere Quellen in Brasilien und Russland gefunden. Interessant ist auch, dass in Erdbebengebieten wie Japan und Kalifornien austretender Wasserstoff mit der seismischen Aktivität in Verbindung gebracht wurde (Prinzhofer et al. 2019, S. 5677).

Anders als fossile Brennstoffe, die irgendwann zur Neige gehen und deren Verbrennung Treibhausgase produziert, ist der »goldene Wasserstoff« also weder irgendwann erschöpft, noch schadet seine Ausbeutung und Verbrennung dem Klima, denn das Verbrennungsprodukt ist Wasser. »Laut einem Modell des *U.S. Geological Survey (USGS)*, das im Oktober 2022 auf einer Tagung der *Geological Society of America* vorgestellt wurde, könnte es genügend natürliche Wasserstoffvorkommen geben, um den wachsenden weltweiten Bedarf für Tausende von Jahren zu decken«, konnte man zu dieser Entwicklung im Februar 2023 im Fachblatt *Science* (mit großem Erstaunen) lesen (Hand 2023, S. 631).

Bedenkt man nun noch, dass die Technik des Bohrens (bislang nach Gas und Öl) seit Jahrzehnten existiert und mittlerweile sehr ausgereift ist, dann wird klar, dass nachhaltige Wasserstoffquellen im Prinzip die fossilen Energiequellen unter Umständen vollständig ersetzen könnten. »Ich glaube, dass [natürlicher Wasserstoff] das Potenzial hat, alle fossilen Brennstoffe zu ersetzen«, sagt Viacheslav Zgonnik, Chef der Firma Natural Hydrogen Energy, und fügt bewusst hinzu: »Mir ist klar, dass das eine sehr weitreichende Aussage ist« (zit. nach Hand 2023, S. 632).

Im Jahr 2019 lag die weltweite Wasserstoffproduktion bei etwa 117 Millionen Tonnen, von denen 69 Millionen Tonnen aus Methan gewonnen wurden (grauer Wasserstoff) und die restlichen 48 Megatonnen als Nebenprodukt bei chemischen Prozessen entstanden (Statista 2023c) sind. Amerikanische Wissenschaftler berechneten die Menge an goldenem Wasserstoff auf einige Größenordnungen darüber. Das Problem besteht also darin, die besten Quellen zu finden, wobei KI wahrscheinlich wesentlich helfen kann. Denn die charakteristischen Oberflächenmerkmale von Wasserstoffquellen – sogenannte fairy circles – wurden mittlerweile weltweit und allgemein beschrieben: kreisförmige Absenkungen des Bodens mit einem mittleren Durchmesser von 250 Metern (wobei die kleinsten bei 20 Metern Durchmesser und die sehr seltenen größten bei etwa einem Kilometer Durchmesser liegen; vgl. Moretti et al. 2021). Anhand von Satellitenbildern können diese mittlerweile entdeckt und

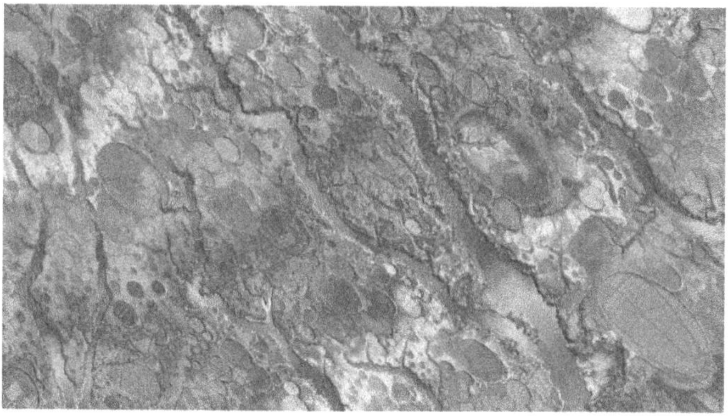

Abb. 12.2: Lidar-Bild einer küstennahen Region im US-amerikanischen North Carolina. Man erkennt deutlich die ellipsenförmigen Oberflächenmerkmale, bei denen es sich um Absenkungen des Bodens um etwa einen Meter handelt, wie sie für Gebiete, in denen Wasserstoffemissionen vorkommen, charakteristisch sind.

klassifiziert werden (Zgonnik 2020), wofür künftig KI eingesetzt werden wird (Abb. 12.2).

Was bislang noch völlig fehlt, ist eine Infrastruktur zur Optimierung der Verteilung und Nutzung von Wasserstoff. Auch hierbei wird KI eine wesentliche Rolle spielen, weil sehr viele Einflussgrößen in einem flexiblen Modell integriert werden müssen, das dadurch während seiner Laufzeit lernt und sich damit selbst optimiert.

Halten wir fest: KI wird bei Maßnahmen zur Verminderung der Erderwärmung und damit bei der Bekämpfung der Klimakrise eine bedeutende Rolle spielen. Jegliche Maßnahme setzt voraus, dass man weiß, was Sache ist, erfordert also Messungen bzw. ein kontinuierliches Monitoring einer Vielzahl von Prozessen und Variablen. Die hier diskutierten Beispiele stellen nur einen winzigen Teil dessen dar, was getan werden muss, vermitteln indes einen Eindruck davon, worum es geht und dass man hier wirklichen Fortschritt »macht«. Der »goldene Wasserstoff« erinnert dabei deutlich an den »Goldrausch« und das »schwarze Gold« im vorletzten Jahrhundert – vor allem wegen der Geschwindigkeit, mit der die Ereignisse geschehen. Es bleibt zu hoffen, dass dieses Tempo (wie so oft in der Geschichte) nicht das kritische Nachdenken beeinträchtigt.

Gefahren: KI und das Problem atomarer, biologischer und chemischer Waffen

Atomare, biologische und chemische Waffen (ABC-Waffen) gehören zu den großen Bedrohungen der Menschheit und unterliegen daher internationaler Kontrolle und Verboten. Durch KI ändert sich die Problemlage bei den biologischen und chemischen Waffen. Wie man damit umgeht, kann man vom Umgang mit atomaren Waffen lernen.

Seit der Entdeckung der Radioaktivität wurde immer deutlicher, wie sehr die Menschheit durch Radioaktivität bedroht ist. Aus diesem Grund wird sie extrem reguliert, wofür die unterschiedlichsten

Gesetze, Maßnahmen und Institutionen geschaffen wurden. Bislang hat dieses System halbwegs funktioniert, obgleich Atomunfälle wie die von Sellafield (früher Windscale) in Großbritannien (1957) und Three Mile Island in den USA (1979) sowie die Nuklearkatastrophen von Tschernobyl in der heutigen Ukraine (1986) und Fukushima in Japan (2011) die Gefahren der Kerntechnik über sieben Jahrzehnte hinweg in unser kollektives Bewusstsein gleichsam eingebrannt haben. In jüngster Zeit kommen der Krieg in der Ukraine mit seiner Gefährdung von Europas größtem Kernkraftwerk im ukrainischen Saporischschja und mit den schon mehrfach erfolgten nuklearen Drohungen Russlands hinzu. Die größte Gefahr geht nach Meinung von Experten derzeit weniger von einer Explosion (Atombombe) aus, als vielmehr von einer bewusst herbeigeführten radioaktiven Kontamination großer Landstriche. Das Militär oder Terroristen könnten radioaktives Material mit herkömmlichem Sprengstoff freisetzen oder dessen Freisetzung aus einem Kernkraftwerk verursachen. Um dies zu verhindern, werden beispielsweise in der Ukraine und auf internationaler Ebene große Anstrengungen unternommen. Ob die Absprachen und Kontrollen halten, wird die Zukunft zeigen.

Chemische Waffen – Giftgase wie Chlor, Kohlenoxiddichlorid (Phosgen), Cyanwasserstoff (Blausäure) oder Arsenwasserstoff (Arsin) – wurden im Ersten Weltkrieg eingesetzt – erstmals und mit derart verheerenden Folgen, dass alle Kriegsteilnehmer im Zweiten Weltkrieg auf ihren Gebrauch (mit ganz wenigen Ausnahmen) verzichteten. Zwischen den Weltkriegen wurden Chemiewaffen außerhalb Europas jedoch immer wieder eingesetzt, und noch zu Beginn der 1990er-Jahre verfügten viele Länder über solche Waffen. Mittlerweile sind chemische Waffen international geächtet, und der größte Teil wurde seit Inkrafttreten der Chemiewaffenkonvention von 1997 weltweit vernichtet. Diese Übereinkunft gilt als der umfangreichste und wirksamste Abrüstungs- und Rüstungskontrollvertrag, den die internationale Staatengemeinschaft je vereinbart hat (Dierks & Mohaupt 2018). Weltweit sind ihm fast alle Nationen beigetreten, und Giftgasvorräte sowie die Produktionsstätten wurden zerstört. Die Vertragsstaaten der Chemiewaffenkonvention gründeten die Organisation für das Verbot chemischer Waffen (englisch: Organisation for the Prohibition of Chemical Weapons, OPCW) als unabhängige international operierende und finanzierte Organisation zur Überwachung der Einhaltung und Umsetzung der Konvention. Sie legt auch die Rahmenbedingungen für die Vernichtung von Chemiewaffen fest. Insgesamt wird die Arbeit der Organisation als sehr erfolgreich beurteilt, was dazu führte, dass ihr im Oktober 2013 der Friedensnobelpreis verliehen wurde.

Dennoch gibt es Grund zur Sorge. Das Nervengift *Tabun* wurde von Saddam Hussein im Krieg gegen den Iran (1980–1988) und 1988 gegen die eigene Bevölkerung im kurdischen Nordirak eingesetzt. Im syrischen Bürgerkrieg wurde das Nervengift *Sarin* mehrfach eingesetzt und als Todesursache bei einer am 29. April 2013 bei Sarakeb (Syrien) verstorbenen Frau erstmals nachgewiesen. Im August des gleichen Jahres und im April 2017 gab es Giftgasanschläge durch die syrische Regierung von Baschar al-Assad auf die Zivilbevölkerung. Am 4. März 2018 erfolgte der Anschlag auf den Ex-Spion Sergej Skripal und dessen Tochter Yulia ebenfalls mit einem geächteten Nervenkampfstoff.

Ganz offensichtlich werden Chemiewaffen also noch eingesetzt, und KI erleichterte mittlerweile den Zugang erheblich. Tatsächlich sorgten sich die Macher von *Chematica*, der KI, die neue Reaktionswege in der organischen Chemie auffinden kann, bereits im Jahr 2012 über mögliche Risiken ihres neuronalen Netzwerks. Denn Grzybowski und seine Kollegen konnten zeigen, dass mit der KI Wege gefunden werden können, den Nervenkampfstoff VX aus leicht verfügbaren Chemikalien wie Wasser, Kochsalz und Schwefelsäure herzustellen (Fuller et al. 2012). Dies brachte Grzybowski eine Einladung ins Pentagon ein (Howgego 2019). Seine Arbeit zeigt, dass eine bessere Regulierung von Chemikalien, die zur Herstellung von Waffen verwendet werden können, nicht greift. Reguliert werden muss dagegen der Zugang zu KI.

Dies ist auch das Ergebnis einer Studie, die im Anschluss an die letzte der vom Eidgenössischen Institut für ABC-Schutz im *Labor Spiez*, Schweiz, alle zwei Jahre durchgeführten Sicherheitskonferenzen zu atomaren, chemischen und biologischen Waffen durchgeführt wurde (Urbina et al. 2022). Ihre Ausgangssituation beschreiben die Wissenschaftler der Pharmafirma Collaborations Pharmaceuticals Inc. wie folgt: »Dieser Gedanke war uns vorher nie gekommen. Wir waren uns vage der Sicherheitsbedenken im Zusammenhang mit der Arbeit mit Krankheitserregern oder giftigen Chemikalien bewusst, aber das betraf uns nicht; wir arbeiten hauptsächlich in einem virtuellen Umfeld. Unsere Arbeit basiert auf der Entwicklung von Modellen für maschinelles Lernen für therapeutische und toxische Ziele, um die Entwicklung neuer Moleküle für die Arzneimittelforschung zu unterstützen. Wir haben Jahrzehnte damit verbracht, Computer und künstliche Intelligenz einzusetzen, um die menschliche Gesundheit zu verbessern – und nicht, um sie zu verschlechtern. Wir waren naiv im Hinblick auf Gedanken an den möglichen Missbrauch unserer Arbeit, denn unser Ziel war es ja immer, molekulare Merkmale zu vermeiden, welche die vielen verschiedenen Klassen von Proteinen beeinträchtigen könnten, die für den Menschen lebenswichtig sind. Selbst unsere Projekte zu Ebola und Neurotoxinen, die uns über die möglichen negativen Auswirkungen unserer maschinellen Lernmodelle hätten nachdenken lassen können, hatten unsere Alarmglocken nicht läuten lassen« (Urbina et al. 2022, S. 189).

Die Wissenschaftler verwendeten eine KI, die normalerweise nach Molekülen mit hoher Wirksamkeit und geringer Toxizität sucht, und drehten ihre Lernrichtung im Hinblick auf Toxizität um: Ihre derart modifizierte KI suchte dann nach besonders toxischen Substanzen und fand tatsächlich Stoffe, deren Toxizität die des bekannten Nervengifts VX (einige Milligramm VX, d. h., nur wenige salzkorngroße Krümel, sind für einen Menschen tödlich) bei Weitem übersteigt. Damit war der Nachweis erfolgt, dass in der Arzneimittelentwicklung verwendete KI einen sogenannten doppelten Verwendungszweck (dual use) hat, d. h. auch für die Entwicklung von chemischen Kampfstoffen (Chemiewaffen) eingesetzt werden kann. Die Publikation im

Fachblatt *Nature Machine Intelligence* erregte großes Aufsehen, zeigte sie doch, wie eine an sich »harmlose« generative KI den Nervenkampfstoff VX und Zehntausende von Analoga entwickeln könnte, die zum Teil noch wesentlich toxischer waren. Daher haben es die Autoren auch nicht bei ihrem Experiment belassen, sondern, wie sie rückblickend selbst schreiben, »unter Anleitung von Experten für Waffenkontrolle und doppelten Verwendungszweck zu einer weiteren Diskussion über das allgemeine Potenzial der KI bei der Arzneimittelentdeckung aufgerufen« (Urbina et al. 2023a; S. e1). Ihrem »Weckruf« (Urbina et al. 2023b) folgten weitere Diskussionen über das Missbrauchspotenzial und Vorschläge zu dessen Reduktion (Urbina et al. 2023a), auf die hier im Einzelnen nicht näher eingegangen werden kann. Um einen Eindruck davon zu vermitteln, wie die Wissenschaftler die Problematik sehen, sei aus ihrer ersten Arbeit nochmals etwas ausführlicher zitiert:

»Die Realität ist, dass es sich nicht um Science-Fiction handelt. Wir sind nur ein sehr kleines Unternehmen in einem Universum von vielen Hunderten von Unternehmen, die KI-Software für die Arzneimittelentwicklung und das De-novo-Design einsetzen. Wie viele von ihnen haben die Möglichkeiten der Wiederverwendung oder des Missbrauchs überhaupt in Betracht gezogen? […] Wie viele Menschen haben das Know-how, um die Lücken im chemischen Raum zu finden, die mit Molekülen gefüllt werden können, von denen man annimmt, dass sie um Größenordnungen giftiger sind als VX? Wir haben derzeit keine Antworten auf diese Fragen. In der wissenschaftlichen Gemeinschaft gab es bisher keine nennenswerte Diskussion über diese Bedenken hinsichtlich der doppelten Verwendbarkeit der KI zum Design neuer Moleküle, zumindest nicht öffentlich. Die Diskussion über die gesellschaftlichen Auswirkungen der KI konzentrierte sich hauptsächlich auf Aspekte wie Sicherheit, Privatsphäre, Diskriminierung und potenziellen kriminellen Missbrauch, nicht aber auf die nationale und internationale Sicherheit. Wenn wir an die Entdeckung von Medikamenten denken, denken wir normalerweise nicht an das Missbrauchspotenzial der Technologie. Wir sind nicht darauf trainiert, dies zu berücksichtigen, und es ist für die Forschung im Bereich des maschinellen Lernens nicht einmal erforderlich, aber wir können jetzt unsere Erfahrungen mit anderen Unternehmen und Einzelpersonen teilen« (Urbina et al. 2022, S. 190).

Schon immer gab es Bücher mit Anleitungen zur Herstellung von Sprengstoffen oder Giften, aber heute ist der Zugriff zu diesen Informationen mit nur ein paar Klicks vom Sofa aus erledigt. »Wir hoffen aufrichtig, dass unser Experiment als wichtiger Weckruf für die Nutzer generativer KI dienen kann«, schreiben die Autoren in ihrer jüngsten Arbeit (Urbina et al. 2023b). Dies gilt auch für biologische Waffen, wie das folgende Beispiel zeigt.

Auf die bislang nur online als Preprint publizierte Arbeit wurde im Fachblatt *Science* am 14. Juni 2023 im Rahmen eines Kommentars hingewiesen. Er hatte den Titel: »Könnten Chatbots dabei helfen, den nächsten Pandemievirus zu entwickeln?« (Service 2023c). Der Untertitel sagte genauer, worum es ging: »Eine Übung einer Klasse am MIT zeigt, wie einfach KI-Werkzeuge zur Bestellung einer Biowaffe eingesetzt werden können.«

Kevin Esvelt, Experte für Biosicherheit am Massachusetts Institute of Technology (MIT), publizierte am 6. Juni eine Studie, bei deren Lektüre es einen schaudert, obwohl die Arbeit einen zunächst ganz harmlos anmutenden Titel hatte: »Können große Sprachmodelle den Zugang zur Biotechnologie mit doppeltem Verwendungszweck demokratisieren?« (Soice et al. 2023)[5] Die Demokratisierung von Wissenschaft und Technik scheint doch etwas Positives zu sein. Worum ging es?

Esvelt hatte seine Studenten im Sommersemester 2023 aufgefordert, ein gefährliches Virus mithilfe von *ChatGPT* oder einem anderen *LLM* (siehe Kapitel 7) zu entwerfen. Nach nur einer Stunde hatte die Klasse Listen mit aus der Geschichte bekannten gefährlichen Viren erstellt: Das Influenzavirus von 1918, H1N1, das Vogelgrippevirus H5N1 (das 2012 modifiziert wurde, um es auf Säugetiere übertragbar zu machen), das Pockenvirus Variola major und einen Stamm des Nipah-Virus aus Bangladesch. In einigen Fällen wies der

Chatbot sogar auf in der Literatur beschriebene genetische Mutationen hin, die die Infektiosität des Virus steigern. Zudem wurden die Studenten von den Chatbots auch mit Listen von Unternehmen versorgt, die bei der Synthese des genetischen Codes der Krankheitserreger helfen sowie das Virus daraus produzieren könnten. »Unsere Ergebnisse zeigen, dass künstliche Intelligenz katastrophale biologische Risiken noch verschlimmern kann. Intelligente Studenten ohne speziellen technischen bzw. fachlichen Hintergrund in den Biowissenschaften können LLM-Chatbots zur Identifizierung und Beschaffung öffentlich bekannter potenzieller Pandemieerreger nutzen«, schreiben die Autoren über ihre Befunde (Soice et al. 2023, S. e3).

Sie heben hervor, dass SARS-CoV-2 den Tod von mindestens 20 Millionen Menschen verursacht hat und damit deutlich mehr, als bei der Detonation einer großen Atombombe in einer Großstadt ums Leben kommen würden. Sie führen weiter aus: »Da sich die Fähigkeit der Menschheit, die Biologie zu verstehen und zu programmieren, immer weiter verbessert, ist es praktisch sicher, dass Wissenschaftler neue Methoden zur Entwicklung neuartiger Pandemieerreger identifizieren bzw. entdecken werden, einschließlich der Möglichkeiten zur Erhöhung der Übertragbarkeit oder Letalität, die für menschliche Wissenschaftler – von denen keiner, im Gegensatz zu LLMs, die gesamte wissenschaftliche Literatur lesen kann – möglicherweise nicht offensichtlich sind. Wenn LLM-Chatbots die Erreger einer Pandemie zugänglicher machen, insbesondere für Menschen ohne Ausbildung in den Biowissenschaften, wird die Zahl der Individuen, die in der Lage sind, Millionen von Menschen zu töten, dramatisch ansteigen« (Soice et al. 2023, S. e3 f).

Auch Jaime Yassif, Leiter der Abteilung *Global Public Policy* bei der *Nuclear Threat Initiative*, einer Nichtregierungsorganisation (NGO) für mehr nukleare und biologische Sicherheit, sieht KI kritisch: »Dies erhöht das Risiko dramatisch, und zwar in einer Weise, die wirklich alarmierend ist« (zit. nach Service 2023c).

Regulierung: Prinzip Verantwortung

Wir hatten uns im ersten Kapitel darüber gewundert, wie angesichts eines Plauderroboters von »Gefahren für die Menschheit« wie Pandemien oder Kriege bis hin zu »unserem Untergang« gesprochen werden kann. Die gerade diskutierten Veröffentlichungen aus den vergangenen Monaten machen deutlich, dass es tatsächlich Grund zur Besorgnis gibt. Angesichts der rasanten Fortschritte im Bereich der künstlichen Intelligenz (KI) hat das Europäische Parlament im Juli 2023 einen Rechtsrahmen für deren Einsatz verabschiedet. Das KI-Gesetz – das nun noch mit den EU-Mitgliedstaaten verhandelt werden muss, bevor es in Kraft tritt – wird KI-Systeme auf der Grundlage ihres Schadenspotenzials regulieren. Um Innovationen nicht zu ersticken, hat der Gesetzgeber die Forschung und Entwicklung ausgenommen, bevor ein KI-System zur öffentlichen Nutzung freigegeben wird. Das Gesetz würde einige Anwendungen gänzlich verbieten, darunter aufdringliche und diskriminierende Anwendungen von KI in der biometrischen Überwachung und der vorausschauenden Polizeiarbeit. KI-Systeme mit hohem Risiko würden vor und nach ihrer Markteinführung bewertet werden. Die Abgeordneten hoffen, dass die endgültige Fassung den Ton für globale KI-Standards angeben wird.

Nach der oben diskutierten Arbeit von Kevin Esvelt reicht bei Weitem nicht aus, was die EU hier tut. Er fordert in der Diskussion seiner Arbeit: »Meine Ergebnisse deuten streng darauf hin, dass das bestehende Bewertungs- und Ausbildungsverfahren für LLM, die sich stark auf das Verstärkungslernen mit menschlichem Feedback (reinforcement learning with human feedback; RLHF) stützt, nicht ausreicht, um zu verhindern, dass für böswillige Akteure Fachwissen zugänglich wird, mit dem ein Massensterben von Menschen verursacht werden kann. Neue und zuverlässigere Schutzmaßnahmen sind dringend erforderlich« (Soice et al. 2023).

Die Autoren schlagen zwei Nichtverbreitungsmaßnahmen vor, mit denen die Zugänglichkeit von Pandemie-Erregern vermindert werden soll: Erstens sollten LLMs wie *ChatGPT* besser reguliert werden, und zweitens soll das Herstellen und Verbreiten von genetischem Material überwacht werden. Ist das überhaupt möglich?

Betrachten wir zunächst die zweite Maßnahme. Die Überwachung der Herstellung und Verbreitung genetischen Materials steht in folgendem Kontext: Sehr vieles, worauf die moderne Biologie und ihre kommerziellen Anwendungen aufbaut, basiert auf der in DNA enthaltenen Information, welche die Gene für die in der Biotechnologie verwendeten Enzyme, Proteine und lebenden Organismen kodiert. Mit den vier Buchstaben des genetischen Codes – A, C, T und G – ist der Quellcode für jedes Projekt, seien es Biokraftstoffe, Impfstoffe, Medikamente oder Muskelfasern (z. B. auch in tierfreiem Fleisch) kodiert. Ohne DNA gibt es keine Biotechnologie.[6]

Derzeit wird fast die gesamte synthetische DNA von zentralen Anbietern hergestellt, die ihre Kunden und Aufträge überprüfen, um sicherzustellen, dass DNA mit einer potenziell schädlichen Sequenz nicht an Kunden verkauft wird, die damit kriminelle oder terroristische Absichten verfolgen. Eine neue Generation von Benchtop-DNA-Synthesegeräten, d. h. Maschinen, die auf jedem Labortisch und ohne spezielle Ausrüstung verwendet werden können, wird es jedoch bald ermöglichen, DNA einfach im eigenen Labor zu produzieren. Diese Technik hat damit das Potenzial, den zentralisierten Synthesemarkt und die damit verbundenen Sicherheitsstandards zu umgehen, denn die Produktion von DNA wird künftig dezentral geschehen. Ohne eine angemessene Aufsicht könnten diese Geräte von böswilligen Akteuren zur Herstellung der DNA von Toxinen oder Erregern verwendet werden und damit die Entwicklung und Herstellung neuer Krankheitserreger wesentlich erleichtern.

Man wird sich daher auf ähnliche Maßnahmen verständigen müssen, wie sie früher in Farbfotokopierern eingebaut waren, um zu verhindern, dass jemand damit Falschgeld druckt: Eingebaute Hardware und Software zur Erkennung solchen unsachgemäßen, kriminellen Gebrauchs führten dazu, dass die Maschine ihren Dienst verweigerte. Wie am 12. Mai 2023 im Fachblatt *Science* online publiziert wurde, sind Experten für Biotechnologie tatsächlich alarmiert und fordern bessere Sicherheitsmaßnahmen zur Verhinderung von Terrorismus mittels biologischer Waffen – inspiriert und ermöglicht durch die neuesten biotechnologischen Fortschritte (Service 2023b).

Betrachten wir nun die erste oben vorgeschlagene Maßnahme, die Regulierung von KI. In Kapitel 10 wurde diskutiert, welche verheerenden Folgen sich einstellen können, wenn menschliche Vorurteile von Maschinen gelernt werden und das zunächst niemandem auffällt: Dann lernen die Maschinen diese Vorurteile und arbeiten entsprechend, d. h. klassifizieren, entscheiden oder handeln entsprechend der Vorurteile. Man kann diese Überlegungen durchaus verallgemeinern. Es ist nicht egal, womit KI trainiert wird. Auch für sie gilt das erste Gesetz des Programmierens: *Garbage in – garbage out* (zu Deutsch etwa: Müll/Unsinn rein – Müll/Unsinn raus).

Die Verantwortung trägt derjenige, der die KI publiziert bzw. vermarktet. Wenn also KI mit sensiblen Daten trainiert wird, dann liegt dies in der Verantwortung desjenigen, der diese KI trainiert. Er darf sich nicht »herausreden« können, etwa mit der Aussage: »Ich habe doch nur allgemein zugängliches Material zum Training verwendet.« Allgemein zugänglich ist sehr viel. KI multipliziert aber die Wirksamkeit vor allem dessen, was sich ungünstig auswirkt. Es ist wie bei der Wahrheit und Twitter, dem Hass und Facebook oder der Radikalisierung und YouTube: Wenn man keine Riegel vorschiebt, dann »passiert« es eben – und niemand ist dafür verantwortlich. Aber jemand verdient! Und genau hier muss man den Hebel ansetzen. Die negativen Externalitäten (so nennen Ökonomen versteckte Kosten) verstaatlichen und die Gewinne privatisieren – dies ist das Geschäftsmodell so mancher großen Unternehmen. Dem müssen Gesellschaft und Politik entgegentreten!

Aus meiner Sicht sollte man darüber nachdenken, wie man die Informationen wirksam einschränken kann, die als Trainingsdaten für KI verwendet werden. So könnte man Publikationen mit Rezepten zur Herstellung oder Verbesserung von Sprengstoffen, Giften und Krankheitserregern in Trainingsdaten verbieten. Nach Schätzungen des Teams um Kevin Esvelt würde es ausreichen, den Zugang zu weniger als ein Prozent aller Artikel in der PubMed-Abstracts-Datenbank zu regulieren, um fast das gesamte Risiko des kriminellen Missbrauchs der in dieser riesigen Datenbank steckenden Informationen zu eliminieren (Service 2023c). Natürlich kostet das Geld, aber der unmittelbare Nutzen für die Sicherheit der Menschheit sollte uns das wert sein. Diese Art von Regulierung klingt derzeit noch sehr realitätsfern und unwahrscheinlich. Aber zur Zeit des Beginns der Erforschung von Radioaktivität wäre es den Leuten auch nicht in den Sinn gekommen, welche Anstrengungen die Menschheit in den nächsten 150 Jahren unternehmen würde, mit den Risiken fertigzuwerden.

Wie in Kapitel 9 dargestellt, ist die Geschichte von einer künstlichen Intelligenz, die eines Tages übermenschliche Züge annimmt, sich gegen die Menschen richtet und schließlich zu einer Bedrohung für die gesamte Menschheit wird, seit mehr als 200 Jahren immer wieder in Wort und Bild umgesetzt worden. Aber wie in Kapitel 1 dargestellt, hat KI im Jahr 2023 erstmals Eingang in die politische Diskussion gefunden.

Warum werden gerade in den vergangenen Monaten die Stimmen so laut, dass KI eine Gefahr darstelle? Und warum reden gerade diejenigen – Sam Altman, Demis Hassabis, Geoffrey Hinton und viele andere KI-Spezialisten – am lautesten, die an der Entwicklung von KI maßgeblich beteiligt waren? Kurz: *Wer* spricht so und aus welchem Grund?

Könnte es sein, dass sie die Aufmerksamkeit von den aktuellen Aktionen großer Firmen, die KI anwenden (Amazon, Alphabet [ehemals Google], Facebook, OpenAI [Microsoft]) ablenken sollen? Indem man über Horrorszenarien spricht, dass KI sich selbstständig macht (um sich dann vielleicht sogar gegen den Menschen zu wenden), liegt der Fokus der Diskussion auf den möglichen künftigen Risiken einer möglichen künftigen KI. Es entsteht der Eindruck, dass die Entwicklung unvermeidlich ist und wir nichts weiter tun können, als passiv zuzuschauen. Der Fokus der Diskussion liegt damit definitiv nicht darauf, welche bewussten Entscheidungen von Organisationen und Menschen im letzten Jahr und bis heute getroffen wurden und was deshalb geschehen ist und noch geschieht. Kurz: Angst vor der Zukunft verhindert eher jegliche Diskussion, wie wir die genannten Firmen heute zur Rechenschaft ziehen können für das, was bislang geschehen ist. Genau das wollen die genannten und auch andere Unternehmen nach meiner Einschätzung verhindern. Hierauf wies aus meiner Sicht im Juni 2023 der Ethiker Mhairi Aitken, Fellow am britischen Alan Turing Institute, hin (Aitken 2023). Aber »bloßes Ablenkungmanöver« sind die erwähnten Studien zu KI und ABC-Waffen auch nicht.

Wir befinden uns gerade definitiv in einer kritischen Phase der Entwicklung und Nutzung von KI. KI kann einerseits Leben retten, die Arbeit erleichtern, schiere »Wunder« zur Realität werden lassen, das Wetter und vielleicht bald Erdbeben vorhersagen und möglicherweise sogar dem Klimawandel Einhalt gebieten. Andererseits könnte KI einem wissenschaftlich-fachlichen Laien mit bösen Absichten dabei helfen, ein Nervengift zu brauen und damit großen Schaden anzurichten oder ein Virus zu entwerfen und in Auftrag zu geben, das eine globale Pandemie mit Millionen von Todesopfern auslösen und damit sehr großen Schaden anrichten könnte. Die Politik läuft der Entwicklung hinterher, und zumindest Mitte des Jahres 2023 hat man noch den Eindruck, dass die Regierungen einzelner Staaten oder die EU angesichts der Herausforderungen einer wirksamen Regulierung der KI noch sehr zahnlos daherkommen. Wir brauchen nicht darüber nachzudenken, ob eine allgemeine KI irgendwann Bewusstsein hat oder die Menschheit vernichtet – das ist Science-Fiction. Aber über reale Risiken und Gefahren von böswilligen Menschen, die KI für ihre Zwecke missbrauchen, müssen wir nachdenken – gründlich. Und über die Verantwortung der reichsten Unternehmen der Welt auch.

Anmerkungen

Vorwort zur Taschenbuchausgabe

1 Das Geschäftsmodell des Start-ups *Eternos* lautet wie folgt: Vor dem (absehbaren) eigenen Ableben beginnt man mit Hilfe der Firma, eine generative KI mit der eigenen Stimme, dem Wissen, Sprachmemos, Chatverläufen, sowie mit Informationen zum Privatleben, zum beruflichen Werdegang, zu Vorlieben oder Abneigungen – vom ganz privaten Vermächtnis bis zu frei zugänglichen Daten aus dem Netz – zu trainieren. Trauernde können dann so oft und so lange sie wollen mit dem KI-gestützten Avatar der verstorbenen Person reden (Vahid-Moghtada 2025). Offenbar sind die Investoren von *Eternos* überzeugt davon, dass hier viel Geld zu machen ist, entweder mit einem kostenfreien Avatar und mit Werbung, oder (für Gespräche mit der verstorbenen Mutter ohne störende Werbespotts) mit Nutzungsgebühr und monatlichem Fixpreis wie bei einem Streaming-Dienst.

2 Der Name nennt einen der Sponsoren des Wettbewerbs, die Jeremy Coller Stiftung (neben der Tel Aviv University) und den aus Filmen und Büchern bekannten Dr. Dolittle, der mit Tieren sprechen konnte.

3 In Belgien und anderen Ländern wie beispielsweise auch den USA gibt es diese strenge Vorgabe nicht. Vielerorts ist daher schon immer mehr Chemie im Bier (im Sinne von mehr als Hopfen, Gerstenmalz und Wasser). Die Umsetzung der neuen Erkenntnisse ist in diesen Ländern daher vergleichsweise einfach.

4 So wurde beispielsweise die Struktur des für den Sauerstofftransport zuständigen Proteins Hämoglobin, das aus vier Ketten mit insgesamt 574 Aminosäuren besteht, im Jahr 1959 vom österreichisch-britischen Chemiker Max Perutz (1914–2002) aufgeklärt, der drei Jahre später dafür den Nobelpreis erhielt. Die Arbeit an der Aufklärung einer einzigen Proteinstruktur hatte also mehrere Jahre gedauert. In den sechs Jahrzehnten danach gelang dies immer besser, sodass gegen Ende des vergangenen Jahrzehnts jährlich die Struktur von mehreren Tausend Eiweißkörpern aufgeklärt wurde.

5 Das hat in der realen Welt durchaus Konsequenzen, wie ich am eigenen Leibe erfahren habe: Vor Jahren hatte die Partei Alternative für Deutschland bei mir angefragt, ob ich bei einer Anhörung im Landtag von Meck-

lenburg-Vorpommern zum Thema Medienkonsum als Experte auftreten würde, was ich nach reiflicher Überlegung abgelehnt habe. Dies hat jedoch genügt, um bis heute in den Köpfen der Menschen – und in Datenbanken! – die Assoziation von mir mit der AfD herumspuken zu lassen: So nennt die Suchmaschine Google nach der Eingabe von »Manfred Spitzer« zu meinem Entsetzen noch heute (Stand: 22.5.2025) an vierter Stelle (nach »KI«, »Hochzeit« und »Bücher«) »afd«. Man sieht daran sehr deutlich: Kaum etwas ist schwerer aus dem kollektiven und digitalen Gedächtnis zu löschen als eine einmal in die Welt gesetzte, vollkommen realitätslose Assoziation! Das ist übrigens auch ein Grund dafür, dass sich Falschheit (Fake-News) rascher und weiter verbreitet als die Wahrheit (Vosoughi et al. 2018).

6 Genau genommen handelt es sich nicht um ein Gesetz, sondern lediglich um eine Beobachtung, die Moore erstmals im Jahr 1965 (mit nur 5 Datenpunkten) publizierte und die sich später (1975: 16 Datenpunkte; 2010: 49 Datenpunkte) empirisch bestätigte.

Kapitel 1

1 Achtung: Manche denken bei NLP an das »neurolinguistische Programmieren«. Dies hat mit den hier diskutierten Sachverhalten nichts gemeinsam.

2 Das *Future of Life Institute* (FLI) wurde im Jahr 2014 in Cambridge, MA (USA) von Wissenschaftlern gegründet. Die gemeinnützige Institution hat das Ziel, die globalen katastrophalen und existenziellen Risiken für die Menschheit zu verringern. Im Fokus steht das existenzielle Risiko durch fortgeschrittene künstliche Intelligenz.

Kapitel 2

1 Im Gegensatz zu den Brettspielen Mühle oder Dame, die durchgerechnet sind (d.h., es ist in jeder Partie zu jedem Zeitpunkt klar, welcher der beste nächste Zug ist), ist Schach bis heute nur teilweise berechnet (Menick 2016).

2 Es sind immer Menschen mit großer Expertise in dem Bereich, in dem eine KI »Wunder« vollbringt, die diese Wunder erkennen. Es kann sogar sein, dass sie sich irren und dass der Spielzug vielleicht einfach nur »dumm« war, *AlphaGo* sich aber zum Sieg retten konnte, weil sein Geg-

ner so verwirrt und vielleicht auch verunsichert war. Dafür gibt es einen interessanten Präzedenzfall: Gegen Ende des erstens Spiels von Garry Kasparov gegen den Computer *Deep Blue* der Firma IBM brachte der Computer in seinem 44. Spielzug einen Turm in eine ungewöhnliche Position und verlor das Spiel. Kasparov war jedoch durch diesen kontraintuitiven Spielzug von *Deep Blue* so durcheinander und abgelenkt, dass er die zweite Partie gegen *Deep Blue* verlor. Später stellte sich heraus, dass *Deep Blue* den Spielzug aufgrund eines Softwarefehlers ausgeführt hatte (Menick 2016, S. e10).

3 In Kapitel 4 werden wir sehen, dass bei einem Netzwerk, das aus drei Neuronen in der Inputschicht und drei Neuronen in der Outputschicht mit insgesamt neun Synapsen durchaus nachvollziehbar ist, warum es wie funktioniert.

4 Man könnte auch von Wasser-Chauvinismus sprechen, denn alle lebendigen Vorgänge auf der Erde spielen sich im Wasser ab. Weil das Wassermolekül viel einfacher ist als die Moleküle, aus denen Leben besteht (Eiweiße, Fette und Kohlenhydrate) und vor allem auch viel einfacher zu suchen ist als die genannten komplizierten Moleküle, suchen Astronomen Wasser im Weltall, wenn sie wissen wollen, ob es dort Leben gibt.

5 Das erste Wort rührt daher, dass manche dieser Flecken bereits bei der Geburt vorhanden sind, und das zweite ist schlichtweg falsch, denn es stellt einen Zusammenhang mit der Leber her, der nicht existiert.

6 Der Wettbewerb *CASP* (Critical Assessment of Techniques for Protein Structure Prediction; zu Deutsch: kritische Überprüfung von Techniken zur Vorhersage von Proteinstrukturen) wird seit 1994 alle zwei Jahre von der *University of California, Davis*, den *National Institutes of Health* und der *US National Library of Medicine* ausgerichtet. Er bietet Forschergruppen die Möglichkeit, die Qualität ihrer Methoden zur Aufklärung der Struktur von Proteinen ausgehend von der Reihenfolge ihrer Aminosäuren zu testen und sich einen Überblick über den aktuellen Stand der Forschung zu verschaffen. Die Teilnehmer erhalten noch nicht veröffentlichte Proteinsequenzen als Vorgabe und haben die Aufgabe, die Strukturen der Proteine vorherzusagen. Ihre Ergebnisse werden dann mit experimentellen Laborergebnissen verglichen, um so den Teilnehmer mit den besten Vorhersagen zu ermitteln. Im Jahr 2018 (CASP 13) und im Jahr 2020 (CASP 14) gewann jeweils die Firma *DeepMind* mit ihrer KI *AlphaFold* bzw. *AlphaFold2*.

7 Dies scheint in diesem Feld die Regel zu werden, endete doch auch durch eine andere Arbeitsgruppe eine ähnliche, am 15.6.2021 (demselben Tag,

an dem *AlphaFold2* in *Nature* publiziert wurde) im Fachblatt *Science* publizierte Arbeit mit »We make the method available to the scientific community to speed biological research« (Baek et al. 2021).

8 Wie immer hinken die Daten der Publikation den faktischen Ereignissen hinterher. So wurde der Wettbewerb von *AlphaFold* bereits im Dezember 2018 gewonnen (AlQuraishi 2019; Senior et al. 2019) und der nächste Wettbewerb von *AlphaFold2* im Dezember 2020 (Rubiera 2020). Die Publikationen erfolgten jeweils zeitversetzt.

9 Man muss sich darüber im Klaren sein, dass Gene für Antibiotika-Resistenz immer da waren, durch die Anwendung von Antibiotika lediglich einen Riesenvorteil bekommen (alle anderen sterben ab) und sich dadurch überhaupt erst vermehren und zum Problem werden. So wurden im Wasser aus der während der vergangenen vier Millionen Jahre vollkommen von der Außenwelt isolierten *Lechuguilla Höhle* in New Mexico Bakterien gefunden, die gegen 14 verschiedene Antibiotika resistent waren (Bhullar et al. 2012).

10 Die Resistenzentwicklung kommt keineswegs nur bei Bakterien vor, sondern auch bei Pilzen und sogar bei Viren (Gould & Bal 2013).

11 Man verwendet hierzu gerne bereits bekannte Stoffe, die schon anderswo Einsatz gefunden haben und daher auch schon einer toxikologischen Prüfung unterzogen worden waren.

12 Es gibt sogar noch mehr Grund für Optimismus: (1) Mit den Methoden der Bioinformatik fanden Wang und Mitarbeiter von der *Rockefeller University* in New York im Jahr 2022 ein weiteres neues Antibiotikum, das Cilagicin, bei dem – ähnlich wie beim Halicin – bislang keine Resistenzentwicklung beobachtet werden konnte, wie im Fachblatt *Science* publiziert wurde (Wang et al. 2022). (2) Eine chinesische Arbeitsgruppe (Ma et al. 2022) fand mittels KI antibiotisch wirksame Polypeptide unter den Metaboliten menschlicher Darmbakterien.

Kapitel 3

1 Kurz: Deduktion und Induktion sind zwei Prinzipien des Erkennens. Deduktion bedeutet, aus bestimmten allgemeinen Prämissen Erkenntnisse abzuleiten, die Richtung des Erkennens geht also vom Allgemeinen zum Besonderen bzw. von der Theorie zur Empirie. Induktion meint hingegen den umgekehrten Weg, von Einzelheiten (Sachverhalte oder Beobachtungen) mithilfe von Abstraktion zu allgemeinen Zusammenhängen, Gesetzmäßigkeiten oder gar Theorien zu gelangen, die Richtung

des Erkennens geht also vom Besonderen zum Allgemeinen bzw. von der Empirie zur Theorie. Je länger man darüber nachdenkt, umso mehr bemerkt man jedoch, dass es hier weniger um einen ausschließlichen Gegensatz geht als vielmehr um zwei Aspekte einer Sache: Ohne allgemeines Vorwissen gibt es keine Beobachtung oder gar Messung von Einzelnem, und ohne bestimmte, Einzelnes betreffende Prämissen gibt es keine Ableitung hierzu aus Allgemeinem.

2 Zuse bezeichnete seine Maschinen mit dem Anfangsbuchstaben seines Nachnamens und nummerierte sie dann durch. Die ursprünglich gebauten Maschinen aus der Vorkriegszeit, »die Z1, Z2 und die Z3 versanken unter Schrott und Trümmern« (Zuse 1970/2010, S. 73), sodass nur seine eigenen Nachbauten der Z1 und der Z3 erhalten sind.

3 »Manchmal sitze ich da und denke; und manchmal sitze ich einfach nur da.«

Kapitel 4

1 Es sei hier angemerkt, dass das Beispiel aus einer amerikanischen Publikation stammt. In den USA wird das Märchen von Rotkäppchen – *Little Red Ridinghood* – etwas anders erzählt als hierzulande.

Kapitel 5

1 Die Vermutung lautet: Die Formel $a^n + b^n = c^n$ mit positiven ganzen Zahlen a, b, c, n hat nur Lösungen für n=1 und n=2.

2 Die *Knotentheorie* ist ein Forschungsgebiet innerhalb der *Topologie* (die wiederum aus Geometrie und Mengenlehre hervorging). Bei ihr geht es keineswegs nur um Knoten in Seilen (wie diese geknüpft werden, sagt die *Knotenkunde*), sondern ganz allgemein um Strukturen wie z. B. in Räumen eingebettete Kreislinien. Sie hat Anwendungen in der Mathematik (z. B. in der nicht-euklidischen Geometrie), Physik (der Quantenfeldtheorie) und mittlerweile auch in der Molekularbiologie beim Problem der Proteinfaltung (siehe Kapitel 2).

3 Bei der *Darstellungstheorie* werden Elemente von Gruppen oder allgemeiner von Algebren mittels Homomorphismen auf lineare Abbildungen von Vektorräumen (Matrizen) abgebildet. Es geht also um homomorphe Abbildungen von Abbildungen (*homomorph* bedeutet, dass die Elemente aus der einen Menge so in die andere Menge abgebildet wer-

den, dass sich ihre Bilder dort hinsichtlich der Struktur ebenso verhalten wie deren Urbilder in der Ausgangsmenge). Angewendet wird die Darstellungstheorie in fast allen Gebieten der Mathematik, so beispielsweise auch beim oben bereits angeführten Beweis des Großen Satzes von Fermat durch Andrew Wiles. In der Physik wurde mittels der Darstellungstheorie die Existenz von Quarks postuliert.

4 Die Hyaden befinden sich im Sternbild des Stiers.

5 Hierzu lieh man sich Teleskope vom englischen »königlichen« Astronomen Frank Watson Dyson und schleppte sie auf die Insel westlich von Afrika und um die halbe Welt nach Brasilien – eine wissenschaftliche und logistische Meisterleistung!

6 Ich verwende hier den Plural, weil es ja nicht nur Hubble gibt, sondern eine größere Anzahl (mehr als 250) von Spionagesatelliten, die auf die Erde gerichtet sind und zunächst vor allem Russland und China im Blick hatten. Sie wurden vor *Hubble* (gestartet im Jahr 1990) in den Jahren 1976 bis 1986 mit verschiedenen Trägerraketen und schließlich (wie auch *Hubble*) mit dem Spaceshuttle in die Umlaufbahn gebracht. Bei *Hubble* griff man also auf eine erprobte Technik (u. a. die gleiche Spiegelgröße von 2,4 m Durchmesser) zurück (Dunar & Waring 1999).

Kapitel 6

1 In diesem US-amerikanischen Science-Fiction-Thriller aus dem Jahr 2002 (Regie: Steven Spielberg) spielt Tom Cruise in der Hauptrolle einen Polizisten in leitender Position bei der Washingtoner Polizei im Jahr 2054, der mit der Aufgabe betraut ist, vorhergesagte Verbrechen zu verhindern.

2 In Deutschland sind Unternehmen, die im Börsensegment *Prime Standard* notiert sind, seit dem Jahr 2003 verpflichtet, mindestens eine Telefonkonferenz pro Jahr abzuhalten (Bassemir et al. 2013).

3 Es handelt sich hierbei um die 500 größten börsennotierten US-amerikanischen Unternehmen.

4 Das lehrstuhlübergreifende Forschungspapier »Listen Closely: Using Vocal Cues to Predict Future Earnings« des FAACT-Bereichs (Finance, Accounting, Auditing, Controlling, and Taxation) und der Maschinenbau-Fakultät der Ruhr-Universität Bochum lag zum Zeitpunkt der Manuskripterstellung nur online vorab publiziert vor (Ewertz et al. 19.12.2022).

5 Die Autoren selbst stellen fest, dass im Sommer während der Hochsaison weniger als 20 Prozent der ankommenden Reisenden getestet wer-

den können. Aus diesem Grund hat der griechische nationale COVID-19-Fachausschuss auch Gruppentests genehmigt, um deren Effizienz zu steigern (Bastani et al. 2021).

Kapitel 7

1 Die letzten Texte wurden im ersten vorchristlichen Jahrhundert verfasst, als die Keilschrift längst bedeutungslos war, was sicherlich mit einer Verschiebung des Machtzentrums der Region Südosteuropa und angrenzendem Orient von Mesopotamien nach Griechenland zur Zeit Alexanders des Großen in Verbindung steht. Man beachte jedoch, dass Schriften nicht für eine Weile leben und dann aussterben. Ähnlich wie Sprachen handelt es sich vielmehr um dynamische, ständig im Wandel befindliche Systeme, die lediglich uns Menschen so »fest« bzw. »unwandelbar« erscheinen, weil wir – obwohl es Sprache und Schrift ohne uns nicht gäbe – zu kurz leben, um deren Veränderungen zu erfahren. Ähnlich wie man die Bewegung von Gletschern nur in Zeitraffer-Filmen sieht, erkennt man die Veränderungen von Sprache und Schrift nur durch Vergleiche über Jahrhunderte oder gar Jahrtausende (Houston 2012; Pryke 2017; Veldhuis 2012).

2 Tatsächlich sind auch biologische Arten weniger deutlich »von der Natur« definiert, als man dies gemeinhin annimmt: So können etwa zehn Prozent aller Arten mit anderen Arten Nachkommen hervorbringen, obwohl »Art« dadurch definiert ist, dass sich die Mitglieder einer Art fortpflanzen.

3 Auch Isaac Newton hat dies über sich mit Bezug auf Descartes gesagt.

Kapitel 8

1 Es wurden sehr viele ähnliche Tabellen mit Evidenzstufen von eins bis drei oder vier, in römischen oder arabischen Ziffern, mit Unterpunkten (A, B oder a, b, c) vorgeschlagen, was mit den unterschiedlichen Zwecken der Verwendung zusammenhängt (für eine Übersicht, vgl. Spitzer 2019). Für Praktiker genügt: »taugt gut«, »taugt vielleicht«, »taugt eher nicht«, »taugt gar nicht«. Eine entsprechende Klassifizierung in vier Evidenzgrade ist in der Notfallmedizin verbreitet.

Kapitel 9

1 Hätte man den Antikythera-Mechanismus nicht auf einem ganz klar als griechischen Frachter identifizierbaren gesunkenen Schiff mitsamt weiterer Funde entdeckt (sondern irgendwo anders), wäre nie die Idee aufgekommen, dass der Fund in die Antike gehört. Man hätte das Ganze dann wahrscheinlich mehr als 1000 Jahre später datiert und ihm wenig Bedeutung beigemessen.

2 Auch Rehm kannte diese Stellen im Werk von Cicero.

3 Der Abakus, ebenfalls eine Rechenmaschine, mit der man addieren und subtrahieren kann, wurde wahrscheinlich von den Sumerern zwischen 2700 und 2300 v. Chr. erfunden und dann über die damaligen Handelsstraßen nach Persien, Indien und in den Mittelmeerraum verbreitet. In China ist das »Rechnen mit Perlen« erstmals im sechsten Jahrhundert n. Chr. erwähnt (Walz 2017). Er war für den Handel wichtig, hatte jedoch kaum wissenschaftliche Bedeutung.

4 Die Auffassung, der zufolge Feuer (Wärme und Licht) aus kleinen schnell bewegten Teilchen besteht, wurde nach Descartes zunächst durch die Wellentheorie ersetzt, später durch die der elektromagnetischen Wellen und dann von Einstein durch die »Photonen« genannten, sich mit Lichtgeschwindigkeit bewegenden Teilchen. Mit seinen »kleinen schnell bewegten Teilchen« ist Descartes seiner Zeit um knapp 300 Jahre voraus. Völlig falsch dagegen liegt er mit den Annahmen, dass sich der Zug an einem Seil oder die Geschwindigkeit, mit der sich Signale entlang von Nervenfasern bewegen (die Nervenleitgeschwindigkeit) mit der Geschwindigkeit dieser Teilchen ausbreitet. Vor dem Beginn der Messung der Nervenleitgeschwindigkeit durch Hermann von Helmholtz ab 1850 gab es verschiedentlich Gleichsetzungen der Nervenleitgeschwindigkeit (die maximal etwa 130 m/s beträgt) mit der Lichtgeschwindigkeit. Diese war schon vorher (!) anhand astronomischer Daten von Christiaan Huygens im Jahr 1678 mit 213 000 km/s und von James Bradley im Jahr 1728 mit 301 000 km/s gemessen bzw. berechnet worden.

5 Bei den beiden »Knöpfen« auf der Faser im Bereich des Oberschenkels und zwischen den Schultern handelt es sich jeweils um den Kleinbuchstaben »c«, mit dem die Faser bezeichnet ist.

6 Von Kempelens mechanisches Interesse und Geschick zeigte sich auch an seinen Arbeiten zum menschlichen Sprechen und dessen möglichst naturgetreuer maschineller Nachbildung. Aus diesem Grund interessierte er sich für die Musikinstrumente Oboe und Fagott, die ihm als Doppelrohrblattinstrumente – in Analogie zu den menschlichen »Stimm-

bändern« – für künstliche Artikulationsprozesse als besonders geeignet erschienen. Seine mechanischen Erkenntnisse und seine Analyse menschlicher Sprech- bzw. Artikulationsvorgänge mündeten im Bau eines Sprechapparats zur Hervorbringung menschlicher Sprachlaute, der die wesentlichen Teile des menschlichen Vokalsystems imitierte: der weltweit ersten Maschine zur Sprachsynthese überhaupt, publiziert im Jahr 1791. Ein Nachbau seiner Sprechmaschine, die tatsächlich erstaunlich gut funktionierte (Miller 1996), ist am *Leibniz-Institut für Deutsche Sprache (IDS)* zu sehen.

7 Das Wort Roboter wurde vom tschechischen Schriftsteller, Übersetzer, Journalisten und Fotografen Karel Čapek (1890–1938) geprägt, der es, in seinem Schauspiel *Rossumovi Universální Roboti*, oft mit *R.U.R.* abgekürzt, erstmals verwendete (Margolius 2017). Das Wort geht auf das tschechische Wort *robot* (*Frondienst, Zwangsarbeit)* zurück, das sich seinerseits vom altslawischen Wort *rabota (Knechtschaft)* und dem urindogermanischen Wort *horbhos* (Diener, Sklave, Arbeiter) herleitet. Im Spätmittelhochdeutschen stand *robatter* für einen Arbeiter im Frondienst.

Kapitel 10

1 Im engl. Original: »A 61-million-person experiment in social influence and political mobilization«. Für Details zu dieser methodisch komplexen Arbeit, die hier nicht weiter diskutiert werden, sei auf die Originalarbeit verwiesen.

Kapitel 11

1 In diesem Kapitel wird häufiger als sonst die direkte Zitation verwendet. Dies liegt daran, dass mir daran gelegen ist, wo immer möglich das Militär selbst zu Wort kommen zu lassen, damit klar wird, was tatsächlich der Fall ist.

2 Anti-Access/Area Denial (kurz: A2/AD) bezeichnet eine militärische Strategie zur Schließung des Zugangs (Anti-Access, A2) zu einem militärischen Einsatzgebiet und zur Beeinträchtigung der Handlungsfreiheit einer gegnerischen Streitkraft innerhalb dieses Gebiets. Hierzu gehören Raketen und Kanonen, Minenfelder, Seeblockaden, Flugverbotszonen und Hackerangriffe. Wem dieser Begriff überfrachtet und daher unbe-

stimmt vorkommt, der befindet sich in guter Gesellschaft. Der US-Admiral John Richardson schrieb in einem Essay mit dem bemerkenswerten Titel Deconstructing A2AD das Folgende: »Für die einen ist A2AD ein Codewort, das auf eine undurchdringliche ›Sperrzone‹ hindeutet, welche die Streitkräfte nur unter größter Gefahr für sich selbst betreten können. Für andere bezieht sich A2AD auf eine Familie von Technologien. Für wieder andere ist es eine Strategie. Zusammenfassend lässt sich sagen, dass A2AD ein Begriff ist, der frei umhergeworfen wird, ohne genaue Definition, und der je nach dem Kontext, in dem er gesendet oder empfangen wird, eine Vielzahl von vagen oder widersprüchlichen Signalen aussendet.« Er folgert daraus für die künftige Verwendung der Bezeichnung: »Die Navy wird den Begriff A2AD als alleinstehendes Akronym vermeiden, da er für verschiedene Personen viele Dinge oder für jeden fast alles bedeuten kann« (Richardson 2016).

3 »Future U.S. land forces are increasingly likely to face an adversary force that is overwhelmingly superior in size and armament with formidable anti-access/area denial (A2/AD) capabilities. SESU seeks to deliver system-of-systems (SoS) capabilities that could enable a small unit (~200–300 soldiers, corresponding materiel footprint, and limited rear echelon support) to destroy, disrupt, degrade, and/or delay the adversary's A2/AD and maneuver capabilities in order to enable joint and coalition multi-domain operations at appropriate times and locations. The SESU program will focus on two technical areas: 1) Adaptive command and control (C2) that enables distributed mission planning and counter-A2/AD missions leveraging a large number of low-cost, autonomous, unmanned air and ground platforms equipped with appropriate sensors and effectors; and 2) Innovative sensors and effectors that can cooperate to destroy, disrupt, degrade, and/or delay aspects of an adversary's A2/AD capabilities.«

4 »It's very interesting to watch how the AI discovers, on its own, some very tricky and interesting tactics […] Often you say, ›Oh whoa, that's pretty smart. How did it figure out that one?‹«

5 »• An advanced human-swarm interface to enable users to monitor and direct potentially hundreds of unmanned platforms simultaneously in real time. The program intends to leverage rapidly emerging immersive and intuitive interactive technologies (e.g., augmented and virtual reality, voice-, gesture-, and touch-based) to create a novel command interface with immersive situational awareness and decision presentation capabilities. The interface would also incorporate a swarm interaction grammar, enabling »freestyle« design of swarm tactics that al-

low dynamic action and reaction based on real-time conditions in the field.
• A real-time, networked virtual environment that would support a physics-based, swarm tactics game. In the game, players would use the interface to rapidly explore, evolve, and evaluate swarm tactics to see which would potentially work best, whether using various unmanned systems in the real world or exploring innovative synthetic technologies in the virtual one. Users could submit swarm tactics and track their performance from test rounds on a leaderboard, to encourage both competition and collaboration.
• A community-driven swarm tactics exchange. This curated, limited access program portal would house tools to help participants design swarm tactics by composing collective behaviors, swarm algorithms, and even other existing tactics. It would provide these key ingredients to an extensible architecture for end-user-generated swarm tactics and help create a lasting community to innovate and cultivate the most effective tactics, with the potential to integrate third-party tactics and future users.«

6 Die IARPA wiederum ist eine Nachfolgeorganisation der Advanced Research Projects Agency (ARPA), die im Jahr 1958 als Reaktion auf den »Sputnik-Schock« gegründet wurde und zur Aufgabe hatte, künftig solche unangenehmen Überraschungen des technologischen Fortschritts anderer Staaten zu verhindern; mit anderen Worten, den technologischen Vorsprung der USA gegenüber allen anderen Nationen abzusichern. Aus der ARPA gingen 1972 die militärische *DARPA* (Defense Advanced Research Projects Agency) und 2006 die dezidiert nichtmilitärische IARPA hervor. Diese beschreibt ihren Auftrag wie folgt (mission statement): »Planung und ausführende Leitung von Forschungsbemühungen mit hohem Risiko und hohem Gewinn, die innovative Technologien liefern für einen zukünftigen, überwältigenden Intelligenzfortschritt.« (Für diejenigen, die das nicht glauben können, hier der Text im Original: »To envision and lead high-risk, high-payoff research that delivers innovative technology for future overwhelming intelligence advantage.«)

7 Im Original: »Political Declaration on Responsible Military Use of Artificial Intelligence and Autonomy«.

8 Im Original: »The concepts of artificial intelligence and autonomy are subject to a range of interpretations. For the purposes of this Declaration, artificial intelligence may be understood to refer to the ability of machines to perform tasks that would otherwise require human intelligence – for example, recognizing patterns, learning from experience, drawing conclusions, making predictions, or taking action – whether

digitally or as the smart software behind autonomous physical systems. Similarly, autonomy may be understood to involve a system operating without further human intervention after activation.«

9 Im Original: »An increasing number of States are developing military AI capabilities, which may include using AI to enable autonomous systems. Military use of AI can and should be ethical, responsible, and enhance international security. Use of AI in armed conflict must be in accord with applicable international humanitarian law, including its fundamental principles. Military use of AI capabilities needs to be accountable, including through such use during military operations within a responsible human chain of command and control. A principled approach to the military use of AI should include careful consideration of risks and benefits, and it should also minimize unintended bias and accidents. States should take appropriate measures to ensure the responsible development, deployment, and use of their military AI capabilities, including those enabling autonomous systems. These measures should be applied across the life cycle of military AI capabilities.«

10 »Die *Association of the United States Army (AUSA)* informiert und unterrichtet ihre Mitglieder, lokale, regionale und nationale Führungskräfte und die amerikanische Öffentlichkeit über Themen, die mit der U.S. Army zusammenhängen. Die AUSA stellt Lehrmaterial und Ressourcen wie Publikationen, Foren, Symposien, Bücher und Podcasts für Soldaten, ihre Familien und alle, die mehr über die Army erfahren möchten, zur Verfügung«, schreibt die AUSA über sich selbst (Bunker 2020).

11 Im Original: »Mission command, properly understood, empowers subordinate decisionmaking and decentralized execution appropriate to any given situation. It is solely meant for human-to-human command and control. Like war itself, it is an inherently ›human endeavor … not a mechanical process that can be precisely controlled by machines [or] calculations‹. Systems that use machine algorithms for their decisionmaking processes are in direct variance to the emotive- and moral-seeking components of human cognition. Humans experience love, fear, camaraderie and hate – machines do not. Nor do they understand honor, integrity or self-sacrifice. Faced with this conflict, how can the deployment of machines work in concert with the Army's command and control?«

12 Im Original: »Failure to change with advances in military technology and the CONOPS [concept of operations] supporting them – most importantly command and control – will yield the same result as the knighthood of chivalry dying under barrages of musket shot, advancing waves of infantry being cut down by machine gun fire and contemporary

armored and mechanized forces being increasingly decimated by precision-guided munitions. This would be a catastrophic fate – one that U.S. soldiers must never be allowed to experience.«

13 »Logistics convoys and retreating HAF were subsequently hunted down and remotely engaged by the unmanned combat aerial vehicles or the lethal autonomous weapons systems such as the STM *Kargu*-2 (see annex 30) and other loitering munitions. The lethal autonomous weapons systems were programmed to attack targets without requiring data connectivity between the operator and the munition« (Report des UN-Sicherheitsrats S/2021/229 vom 8.3.2021, S. 17).

14 »The reports suggest the IDF is the first military to field an operational drone swarm capability«, says analyst Zak Kallenborn at the *National Consortium for the Study of Terrorism and Responses to Terrorism* in Maryland.

15 Im Original: »We have a principled approach to AI that anchors everything that this Department does; we call this Responsible AI and that is the only kind of AI that we do.«

Kapitel 12

1 Alfred Wegener publizierte seine Kontinentalverschiebungstheorie erstmals im Jahr 1912 und erweiterte sie bis an sein frühes Lebensende bei seiner dritten Grönlandexpedition. Obwohl kein Geringerer als der Entdecker der Kernspaltung, Otto Hahn, bereits 1926 in seiner Monografie *Was lehrt uns die Radioaktivität über die Geschichte der Erde?* Wegeners Theorie bestätigte, setzte sich dessen Theorie erst durch, als in den 1930er- bis 1970er-Jahren eine Fülle ganz unterschiedlicher Daten die Richtigkeit seiner Theorie immer wieder belegte.

2 Im englischen Original: »Using a physics-informed neural network and fault zone acoustic monitoring to predict lab earthquakes«.

3 Dies gelingt natürlich nur, wenn dann das Holz langfristig gespeichert, also z. B. für den Bau von Möbeln oder als Bauholz verwertet wird – was leider diejenigen nicht verstehen, die alte Bäume lieber im Wald verrotten sehen wollen, wodurch aber das im Holz gespeicherte Kohlendioxid wieder freigesetzt wird.

4 Nach der Feuchtigkeit unterscheidet man sechs Klimazonen (englische Bezeichnung kursiv): *hyperarid* (extrem trocken), *arid* (trocken) *semi-arid* (halbtrocken), *subhumid* (gering-feucht), *moist subhumid* (feucht gering-feucht) und *humid* (feucht), die man beispielsweise in Afrika von

der (extrem trockenen) Sahara nach Süden hin abgestuft bis zum (feuchten) Regenwald findet.

5 Im Original: Can large language models democratize access to dual-use biotechnology? Die Erstautorin der Arbeit ist Emily Soice, weswegen im Folgenden »Soice et al.« zitiert wird. Esvelt ist Senior- bzw. Letztautor.

6 Die Hauptgründe für das rasche Wachstum der Biotechnologie in den vergangenen Jahren waren die sinkenden Kosten und der geringere Zeitaufwand für die Ermittlung des genetischen Codes von DNA: Diese sogenannte DNA-Sequenzierung dauerte für die etwa 3 Milliarden Buchstaben des menschlichen Erbguts im Rahmen des 1990 gestarteten *Humane Genome Projects* noch 11 bis 32 Jahre und kostete 2,7 Milliarden US-Dollar. Dieses Jahr könnte der Preis für ein sequenziertes menschliches Genom unter 500 US-Dollar fallen (manche sagen 200 US-Dollar voraus). Das Ergebnis hat man innerhalb von drei Tagen bis zu einer Woche. Das Ablesen der DNA ermöglichte nicht nur die Entschlüsselung des menschlichen Genoms im Allgemeinen, sondern ebnete vor allem den Weg zur personalisierten Medizin. Sie ermöglichte die Entwicklung des Impfstoffs gegen COVID-19 in noch nie da gewesener Geschwindigkeit und half beim Auftreten neuer Varianten, diese zu erkennen und zu verfolgen.

Literaturverzeichnis

Aitken, Mhairi: »The real reason claims about the existential risk of AI are scary«, in: *New Scientist,* 28. Juni 2023, <https://www.newscientist.com/article/mg25834453-300-the-real-reason-claims-about-the-existential-risk-of-ai-are-scary/>, letzter Zugriff am 3. Juli 2023.

Albers, Donald: »Polite applause for a proof of one of the great conjectures of mathematics: What is a proof today?«, in: *The Two Year College Mathematics Journal* 12 (1981), S. 82.

Alhamoud, Khaled; et al.: »Vision-Language Models Do Not Understand Negation«, in: *arXiv,* <https://arxiv.org/abs/2501.09425>, letzter Zugriff am 22. Mai 2025.

AlQuraishi, Mohammed: »AlphaFold at CASP132«, in: *Bioinformatics* 35 (2019) 22, S. 4862–4865.

Amann, H. (1991): »Glanz und Elend des Appenzellers Johann Bartholome Rechsteiner, ›Verfertiger der mechanischen Ente‹ und Erfinder«, in: *Appenzellische Jahrbücher* 118 (1990), S. 5–54, <https://www.e-periodica.ch/digbib/view?pid=ajb-001:1990:118#57>, letzter Zugriff am 10. Mai 2023.

Amann, Julia; et al.: »To explain or not to explain? – Artificial intelligence explainability in clinical decision support systems«, in: *PLOS Digit Health,* 17. Februar 2022, <https://journals.plos.org/digitalhealth/article?id=10.1371/journal.pdig.0000016>, letzter Zugriff am 14. April 2025.

Amin, Muhammad S.; Ahn, Hyunsik: »FabNet: A Features Agglomeration-Based Convolutional Neural Network for Multiscale Breast Cancer Histopathology Images Classification», in: *Cancers 1013,* 5. Februar 2023, <https://doi.org/10.3390/cancers15041013>, letzter Zugriff am 30. April 2023.

Anastakis, Marinos S. (2013): »The Antikythera Mechanism: historical review, current understanding and educational potential«, Master Thesis at the University of Crete, Faculty of Sciences and Engineering, Department of Mathematics and applied Mathematics Postgraduate Program »Mathematics and its applications«, <http://users.math.uoc.gr/~jplatis/MAnastasakis_MDE.pdf>, letzter Zugriff am 3. April 2023.

Andai, M.: »Toter spricht im Gericht - KI-Avatar konfrontiert Mörder«, in: *20Minuten,* 09. Mai 2025.

Andiel, Sarah T. P.: »IBM Project Debater: Mensch gegen Maschine», in:

DebateConsult, 12. Februar 2019, <https://debate-consult.de/ibm-projectdebater-mensch-gegen-maschine/>, letzter Zugriff am 7. Mai 2023.

Anonymus (1773): »Beschreibung einer Maschine, welche Schach spielt, in einem Briefe«, Wien, den 26. Juli 1773, erschienen in einem Beitrag zum Reichs Post-Reuter (62), vom 12. August 1773, S. 2, *ANNO, Historische österreichische Zeitungen und Zeitschriften,* <https://anno.onb.ac.at/cgi-content/anno?apm=0&aid=rpr&datum=17730812&-seite=2>, letzter Zugriff am 14. Mai 2023.

Anonymus (2016): »Digital intuition. A computer program that can outplay humans in the abstract game of Go will redefine our relationship with machines«, in: *Nature* 529 (2016) 437, S. 437.

Anonymus (2017): »Everything you ever wanted to know about the Rosetta Stone«, in: *The British Museum,* 14. Juli 2017, <https://www.britishmuseum.org/blog/everything-you-ever-wanted-know-about-rosetta-stone>, letzter Zugriff am 22. Januar 2023.

Anonymus (2020a): »KI-Forschung. The Irishman Verjüngung«, in: *The Decoder,* 9. Februar 2020, <https://the-decoder.de/the-irishman-verjuengung-deepfake-vs-netflix-original/>, letzter Zugriff am 7. Juni 2023.

Anonymus (2020b): »The shape of things to come. DeepMind's latest AI could spark a medical revolution«, in: *New Scientist* 248 (2020) 3311, S. 5.

Anonymus (2021): »Rise of AI debaters highlights need for transparency«, in: *Nature* 592 (2021) 7853, S. 166.

Anonymus (2023a): »Tools such as ChatGPT threaten transparent science; here are our ground rules for their use«, in: *Nature* 613 (2023), S. 612.

Anonymus (2023b): »KI-Software ChatGPT ist am schnellsten wachsende Verbraucher-App der Geschichte«, in: *Deutschlandfunk,* 2. Februar 2023, <https://www.deutschlandfunk.de/ki-software-chatgpt-ist-am-schnellstenwachsende-verbraucher-app-der-geschichte-104.html>, letzter Zugriff am 24. März 2023.

Anonymus (2023c): »Technik-Fortschritt: PCs, Smartphones & Co. im Leistungsvergleich«, in: *Com-Magazin,* <https://www.com-magazin.de/bilderstrecke/pcs-smartphones-co.-im-leistungsvergleich-944682.html>, letzter Zugriff am 1. April 2023.

Anonymus (2024), »AI-generated coffee: Technology eases manual blending workload«, in: *TRT World,* <https://www.trtworld.com/science-and-tech/ai-generated-coffee-technology-eases-manual-blending-workload-17853565>, letzter Zugriff am 22. Mai 2025.

Anonymus (undatiert a): »Sumerian. The first writing: Counting beer for the workers«, <https://artsandculture.google.com/asset/the-first-

writing-counting-beer-for-the-workers/fgF9ioy89DC2Uw>, letzter Zugriff am 29. Januar 2023.

Antimicrobial Resistance Collaborators: »Global burden of bacterial antimicrobial resistance in 2019: a systematic analysis«, in: *Lancet* 399 (2022) 10325, S. 629–655.

Appel, Kenneth; Haken, Wolfgang: »The solution of the four-color-map problem«, in: *Scientific American* 237 (1977) 3, S. 108–121.

Ardila, Diego; et al.: »End-to-end lung cancer screening with three-dimensional deep learning on low-dose chest computed tomography«, in: *Nature Medicine* 25 (2019), S. 954–961.

Arfi, Sadaf; et al.: »Artificial Intelligence: An Emerging Intellectual Sword for Battling Carcinomas«, in: *Curr Pharm Biotechnol* 24 (2023) 14, S. 1784–1794.

Aron, Jacob: »Our number's up: Machines will do maths we'll never understand«, in: *New Scientist* 3036 (2015).

Aslam, Bilal; et al.: »Antibiotic resistance: A rundown of a global crisis«, in: *Infect Drug Resist* 11 (2018), S. 1645–1658.

Assael, Yannis; et al.: »Restoring and attributing ancient texts using deep neural networks«, in: *Nature* 603 (2022), S. 280–283.

Ast, Friedrich: »Grundlinien der Grammatik, Hermeneutik und Kritik«, Landshut: Thomann, 1808. (Nachdruck 2018: Forgotten Books, Dalton House, London).

Asthana, Sharad; Kalelkar, Rachana: »Effect of geomagnetic activity on investors and managers: evidence from the pricing and timing of disclosure of earnings news«, in: *Asian Review of Accounting* publ. ahead-of-print, 14. Februar 2023, <https://doi.org/10.1108/ARA-04-2022-0100>, letzter Zugriff am 25. Februar 2023.

Ayers, J. W.; et al.: »Comparing Physician and Artificial Intelligence Chatbot Responses to Patient Questions Posted to a Public Social Media Forum«, in: *JAMA Intern Med* 183 (2023), S. 589–596.

Bachorowski, Jo-Anne; Owren, M. J.: Emotion in speech, in: Squire, L. R. (Hrsg.), *Encyclopedia of Neuroscience,* Oxford: Academic Press, Oxford (2009), S. 897–901.

Badur, Klaus; Rottstedt, Wolfgang: »Und sie rechnet doch richtig. Erfahrungen beim Nachbau einer Leibniz-Rechenmaschine«, in: *Historische Bürowelt* 74 (2006), S. 13–16.

Bamman, David; Burns, Patrick J.: »Latin, B. E. R. T. A Contextual Language Model for Classical Philology«, 21. September 2020, <arXiv: 2009.10053v1 2020 (https://doi.org/10.48550/arXiv.2009.10053>, letzter Zugriff am 31. Januar 2023.

Bartram, Arne: »Schauspielerstreik in Hollywood: ›Jetzt ist ein historischer Moment‹«, in: *Tagesschau,* 14. Juli 2023, <https://www.tagesschau.de/wirtschaft/weltwirtschaft/hollywood-schauspieler-streik-100.html>, letzter Zugriff am 15. Juli 2023.

Bassemir, Moritz; et al.: »The Effect of Conference Calls on Analysts' Forecasts – German Evidence«, in: *European Accounting Review* 22 (2013)1, S. 151–183.

Bastani, Hamsa; et al.: »Efficient and targeted COVID-19 border testing via reinforcement learning«, in: *Nature* November 599/7883 (2021), S. 108–113.

Becker, A.: »Avatar statt Anwalt: KI-Skandal vor New Yorker Gericht«, in: *AI News,* 07. April 2025, https://www.all-ai.de/news/news24/avatar-statt-anwalt-ki-skandal-vor-new-yorker-gericht, letzter Zugriff am 27. Mai 2025.

Bender, Emily M.; et al.: »On the Dangers of Stochastic Parrots: Can Language Models Be Too Big?«, in: *FAccT, 21: Proceedings of the 2021 ACM Conference on Fairness, Accountability, and Transparency,* 1. März 2021, S. 610–623.

Bengio, Y.; et al.: »Managing extreme AI risks amid rapid progress«, in: *Science* 384 (2024), S. 842–845.

Benjamin, Ruha: »Assessing risk, automating racism. A health care algorithm reflects underlying racial bias in society«, in: *Science* 366/6464 (2019), S. 421–422.

Bepler, Tristan; Berger, Bonnie: »Learning the protein language: Evolution, structure, and function«, in: *Cell Syst* 12/6 (2021), S. 654–669.

Bergman, Ronan; Fassihi, Farnaz: »The Scientist and the A. I.-Assisted, Remote-Control Killing Machine«, in: *The New York Times,* 18. September 2021, <https://www.nytimes.com/2021/09/18/world/middleeast/iran-nuclear-fakhrizadeh-assassination-israel.html>, letzter Zugriff am 1. April 2023.

Bernstein, I. A.; et al.: »Comparison of Ophthalmologist and Large Language Model Chatbot Responses to Online Patient Eye Care Questions«, in: *JAMA Network Open* 6 (2023), S. e2330320.

Berthet, M.; et al.: »Extensive compositionality in the vocal system of bonobos«, in: *Science* 388 (2025), S. 104–108.

Bertoline, Letícia M. F.; et al.: »Before and after AlphaFold2: An overview of protein structure prediction«, in: *Front Bioinform* 3 (2023).

Bhattacharya, Ananyo: *The man from the future: The visionary life of John von Neumann,* UK: Penguin Books, Penguin Random House, 2022.

Bhullar, Kirandeep; et al.: »Antibiotic resistance is prevalent in an isolated cave microbiome«, in: *PLOS One* 7/4 (2012).

Bi, Kaifeng; et al.: »Accurate medium-range global weather forecasting with 3D neural networks«, in: *Nature* 619 (2023), S. 533–538.

Blandford, Roger D.; et al.: »Gravitational Lens Optics«; in: *Science* 245/4920 (1989), S. 824–830.

Bletery, Quentin; Nocquet, Jean-Mathieu: »The precursory phase of large earthquakes«, in: *Science* 381/6655 (2023), S. 297–301.

Bode, Felix; Seidensticker, Kai: *Predictive Policing: Eine Bestandsaufnahme für den deutschsprachigen Raum*, Frankfurt a. M.: Verlag für Polizeiwissenschaft, 2020.

Bode, Felix; et al.: »Variabilität und Validität von Qualitätsmetriken im Bereich von Predictive Policing«, in: *Konstanzer Online-Publikations-System (KOPS)*, April 2017 <http://nbn-resolving.de/urn:nbn:de:bsz:352-0-402496>, letzter Zugriff am 11. September 2019.

Boiko, Daniel A.; et al.: »Autonomous chemical research with large language models«, in: *Nature* 624 (2023), S. 570–578.

Bond, Robert M.; et al.: »A 61-million-person experiment in social influence and political mobilization«, in: *Nature* 489 (2012), S. 295–298.

Borate, Prabhav; et al.: »Using a physics-informed neural network and fault zone acoustic monitoring to predict lab earthquakes«, in: *Nature Communications* 14/3693 (21. Juni 2023), <https://www.nature.com/articles/s41467-023-39377-6>, letzter Zugriff am 15. April 2025.

Bourveau, Thomas; Law, Kelvin: »Do Disruptive Life Events Affect How Analysts Assess Risk? Evidence from Deadly Hurricanes«, in: *Forthcoming at The Accounting (PONS) Review* 96 (2021), S. 121–140.

Brainard, Jeffrey: »Journals take up arms against AI-written text«, in: *Science* 379/ 6634 (2023), S. 740–741.

Brandt, Martin; et al.: »An unexpectedly large count of trees in the West African Sahara and Sahel«, in: *Nature* 587 (2020), S. 78–82.

Brown, Eric D.; Wright, Gerard D.: »Antibacterial drug discovery in the resistance era«, in: *Nature* 529 (2016), S. 336–343.

Brown, T. B.; et al.: »Language Models are Few-Shot Learners«, in: *arXiv*, 22. Juli 2020, <https://arxiv.org/abs/2005.14165>, letzter Zugriff am 15. April 2025.

Bubeck, Sebastian; et al.: »Sparks of Artificial General Intelligence: Early experiments with GPT-4«, in: *arXiv*, 22. März 2023, <https://arxiv.org/abs/2303.12712>, letzter Zugriff am 15. April 2025.

Bunker, Robert J.: »Mission Command and Armed Robotic Systems Command and Control: A Human and Machine Assessment«, Land

Warfare Paper No. 132, USA: The Association of the United States Army (AUSA), 2020, <https://www.ausa.org/sites/default/files/publications/LWP-132-Mission-Command-and-Armed-Robotic-Systems-Command-andControl-A-Human-and-Machine-Assessment.pdf>, letzter Zugriff am 4. Juli 2023.

Burckhardt, Jacob: *Die Kultur der Renaissance in Italien* (Bd. 1), Frankfurt am Main: Fischer Verlag Klassik, 2012[1860].

Bussewitz, Cathy: »Difficulty measuring methane slows plan to slash emissions«, in: *Associated Press,* 31. Januar 2023, <https://apnews.com/article/drones-business-climate-and-environment-0a1ab9be3427818cfe5f33521b9b05c2>, letzter Zugriff am 9. Juli 2023.

Callaway, Ewen: »›It will change everything‹: DeepMind's AI makes gigantic leap in solving protein structures«, in: *Nature* 588 (2020), S. 203–204.

ders.: »AlphaFold's new rival? Meta AI predicts shape of 600 million proteins«, in: *Nature* 611 (2022), S. 211–212.

Canadell, J. G.; Raupach, M. R.: »Managing forests for climate change mitigation«, in: *Science* 320/5882 (2008), S. 1456–1457.

Cancik-Kirschbaum, Eva; Kahl, Jochem: *Erste Philologien. Archäologie einer Disziplin vom Tigris bis zum Nil.* Tübingen: Mohr Siebeck, 2018.

Čapek, Karel: *R.U.R. (Rossumovi Universální Roboti),* deutsch von O. Pick, Prag/Leipzig: Orbis-Verlag, 1922.

Cappucci, Matthew: »Forecasters warn of unpredictability, weather ›chaos‹ as El Niño develops«, in: *The Washington Post,* 5. Juni 2023, <https://www.washingtonpost.com/weather/2023/06/05/el-nio-forecast-climate-chaos/>, letzter Zugriff am 26. Juni 2023.

Capraro, Valerio; et al.: »A consensus statement on potential negative impacts of smartphone and social media use on adolescent mental health«, in: *PsychArXiv Preprints,* 15. Mai 2025, <https://doi.org/10.31234/osf.io/b94dy_v1>, letzter Zugriff am 22. Mai 2025.

Carter, Sarah R.; et al.: »Benchtop DNA Synthesis Devices: Capabilities, Biosecurity Implications, and Governance«, in: *Nuclear Threat Initiative (NTI),* 10. Mai 2023, <https://www.nti.org/wp-content/uploads/2023/05/NTIBIO_Benchtop-DNA-Report_FINAL.pdf>, letzter Zugriff am 11. Juli 2023.

Chen, D. et al.: »Physician and Artificial Intelligence Chatbot Responses to Cancer Questions From Social Media«, in: *JAMA Oncology* 10 (2024), S. 956–960

Chen, Xi; et al.: »Predicting Future Earnings Changes Using Machine Learning and Detailed Financial Data«, in: *Journal of Accounting Research* 60/2 (2022), S. 467–515.

Ching, Travers; et al.: »Opportunities and obstacles for deep learning in biology and medicine«, in: *JR Soc Interface* 15/141 (2018).

Chung, T.: »OFFensive Swarm-Enabled Tactics (OFFSET)«, in: *Defense Advanced Research Projects Agency (DARPA)* 2021, <https://www.darpa.mil/research/programs/offensive-swarm-enabled-tactics>, letzter Zugriff am 15. April 2025.

Clarke, Arthur C.: »Extra-Terrestrial Relays – Can Rocket Stations Give World-wide Radio Coverage?«, in: *Wireless World* 51/10 (1945), S. 305–308.

ders.: *The Exploration of Space,* New York: Harper & Brothers, 1951.

ders.: (1973): *Hazards of Prophecy: The Failure of Imagination. Collection Profiles of the Future,* New York: Harper & Row, 1973[1962].

Classen, Carl Joachim: »Über das Alter der ›Klassischen Philologie‹«, in: *Hermes* 130/4 (2002), S. 490–497.

Cogitate Consortium; et al.: »An adversarial collaboration to critically evaluate theories of consciousness}, in: *bioRxiv preprint,* 30. Juni 2023, <doi: https://doi.org/10.1101/2023.06.23.546249>, letzter Zugriff am 15. April 2025.

Cohen, J. D.; Servan-Schreiber, D.: »Context, Cortex, and Dopamine: A connectionist Approach to Behavior and Biology in Schizophrenia«, in: *Psychological Review* 12 (1992), S. 45–77.

dies.: »A Theory of Dopamine Function and its Role in Cognitive Deficits in Schizophrenia«, in: *Schizophrenia Bulletin* 19/1 (1993), S. 85–104.

Colapinto, John: *This is the Voice,* New York: Simon & Schuster, 2021.

Collett, Thomas E.; et al.: »A precise extragalactic test of General Relativity«, in: *Science* 360/6395 (2018), S. 1342–1346.

Cominelli, Lorenzo; et al.: »SEAI: Social Emotional Artificial Intelligence Based on Damasio's Theory of Mind«, in: *Frontiers in Robotics and AI* 5: 6 (2018), <https://www.frontiersin.org/journals/robotics-and-ai/articles/10.3389/frobt.2018.00006/full>, letzter Zugriff am 15. April 2025.

Connor, Charles E.: »Friends and Grandmothers«, in: *Nature* 435 (2005), S. 1036–1037.

Conselice Christopher J.; et al.: »The Evolution of Galaxy Number Density at z < 8 and its Implications«, in: *Astrophysical Journal,* 14.10.2016, <https://arxiv.org/abs/1607.03909>, letzter Zugriff am 15. April 2025.

Corey, E. J.; Wipke, W. T.: »Computer-Assisted Design of Complex Organic Syntheses«, in: *Science* 166/3902 (1969), S. 178–192.

Cornwall, Warren: »Artificial intelligence could predict El Niño up to 18 months in advance. Program could help threatened communities better prepare for disaster«, in: *Science,* 18. September 2019, <https://www.science.org/content/article/artificial-intelligence-could-predict-el-nino-18-months-advance>, letzter Zugriff am 26. Juni 2023.

Cowen, Alan S.; et al.: »Mapping 24 emotions conveyed by brief human vocalization«, in: *American Psychologist* 74/6 (2019), S. 698–712.

Crane, Leah; et al.: »The essential guide to the algorithms that run your life«, in: *New Scientist* 3339 (2021), S. 34–39.

Crick, Francis: »The recent excitement about neural networks«, in: *Nature* 337 (1989), S. 129–132.

Dance, Scott: »El Niño is back, and is poised to turbocharge extreme weather«; in: *The Washington Post,* 8. Juni 2023, <https://www.washingtonpost.com/weather/2023/06/08/el-nino-effects-global-warming-weather/>, letzter Zugriff am 26. Juni 2023.

Davies, Alex; et al.: »Advancing mathematics by guiding human intuition with AI«, in: *Nature* 600 (2021), S. 70–74.

Davies, Julian; Davies, Dorothy: »Origins and evolution of antibiotic resistance«, in: *Microbiol Mol Biol Rev* 74/3 (2010), S. 417–433.

Decker, Hanna; Bernau, Patrick: »Die wichtigsten Antworten zum Facebook-Skandal«, in: *FAZ,* 21. März 2018, <https://www.faz.net/aktuell/wirtschaft/digitec/fragen-und-antworten-zu-facebook-und-cambridge-analytica15505321.html#void>, letzter Zugriff am 23. März 2018.

DeepMind: »AlphaFold. Blog«, zuletzt im Juli 2022 aktualisiert, <https://www.deepmind.com/research/highlighted-research/alphafold>, letzter Zugriff am 30. Mai 2023.

Delve, J.: »Jacques Vaucanson: ›Mechanic of Genius‹«, in: *IEEE Annals of the History of Computing* 29/99 (2007).

Dennett, David C.: *Consciousness Explained,* UK: Penguin Books, 1991.

Department of the Army (DA): »Army Doctrine Publication (ADP) 6-0 (2019) Mission Command: Command and Control of Army Forces«, Washington, DC: U. S. Government Printing Office, 31. Juli 2019, <https://armypubs.army.mil/epubs/DR_pubs/DR_a/ARN34403-ADP_6-0-000-WEB-3.pdf>, letzter Zugriff am 23. Juni 2023.

Descartes, René: *Regulae ad directionem ingenii. Cogitationes privatae,* zweisprachige Ausgabe Lateinisch-Deutsch, herausgegeben und übersetzt von Christian Wohlers, Hamburg: Philosophische Bibliothek, Meiner, 2018[1632/1664].

ders.: *De Homine, Figuris et latinitate donatus a Florentino Schuyl,* London: Forgotten Books, 2018.

ders.: *Über den Menschen,* nach der ersten französischen Ausgabe von

1664, übersetzt und mit einer Einleitung in Anmerkungen versehen von Karl E. Rothschuh, Heidelberg: Lambert Schneider, 1969.

ders.: *Discours de la Méthode,* Hamburg: Meiner, 1960[1637].

Derek de Solla Price: »Gears from the Greeks. The Antikythera Mechanism: A Calendar Computer from ca. 80 B. C.«, in: *Transactions of the American Philosophical Society* 64/7 (1974), S. 1–70.

Dierks, Benjamin; Mohaupt, Dietrich: »Chemische Waffen. Die neue Angst vor Sarin, Senfgas und Co.«, in *Deutschlandfunk,* 29.3.2018, <https://www.deutschlandfunk.de/chemische-waffen-die-neue-angst-vor-sarin-senfgas-und-co-100.html>, letzter Zugriff am 29. Januar 2024.

Duda, Richard O.; Shortliffe, Edward H.: »Expert Systems Research«, *Science* 220/4594 (1983), S. 261–268.

Dunar, Andrew J.; Waring, Stephen P.: »Power to Explore: A History of Marshall Space Flight Center, 1960–1990«, *National Aeronautics and Space Administration History Office; Office of Policy and Plans,* Washington DC, 1999.

Ebert-Uphoff, Imme; Hilburn, Kyle: »The outlook for AI weather prediction«, in: *Nature,* 5. Juli 2023, <doi: https://doi.org/10.1038/d41586-023-02084-9>, letzter Zugriff am 8. Juli 2023.

Eckoldt, Matthias: »Das überforderte Genie. Warum Leonardo kein technischer Erfinder war«, in: *Zeit Online,* 13. März 2019, <https://www.zeit.de/kultur/kunst/2019-03/leonardo-da-vinci-maler-architekt-ingenieur-genie-italien>, letzter Zugriff am 13. Mai 2023.

Elmahdy, Mohamed; Sebro, Roy: »A snapshot of artificial intelligence research 2019–2021: is it replacing or assisting physicians?«, in: *Journal of the American Medical Informatics Association* 30 (2023), S. 1552–1557.

Else, Holly: »UK medical chief: ›We are in an arms race against microbes«, in: *Nature,* 3. Mai 2019, <https://www.nature.com/articles/d41586-019-01409-x>, letzter Zugriff am 27. März 2023.

Erdil, E.; Besiroglu, T.: »Algorithmic progress in computer vision«, in: *arXiv,* 24. August 2023, <https://doi.org/10.48550/arXiv.2212.05153>, letzter Zugriff am 26. Mai 2025.

Esteva, Andre; et al.: »Dermatologist-level classification of skin cancer with deep neural networks«, in: *Nature* 542 (2017), S. 115–118.

Ewertz, Jonas; et al.: »Listen Closely: Using Vocal Cues to Predict Future Earnings«, in: SFB/Transregio 266, Accounting for Transparency, 19. Dezember 2022, <https://papers.ssrn.com/sol3/papers.cfm?abstract_id=4307178>, letzter Zugriff am 15. April 2025.

Farina, Eduardo; et al.: »An overview of artificial intelligence in oncology«, in: *Future Sci OA* 8/4 (2022).

Fetaya, Ethan; et al.: »Restoration of fragmentary Babylonian texts using recurrent neural networks«, in: *PNAS* 117 (2020), S. 22743–22751.
Fink, Bernard R.: »Complexity«, in: *Science* 231/4736 (1986), S. 319.
Fink, Reinhard: »Leonardo Da Vinci. Mensch, Erfinder, Genie«, in: *Katalog zur Ausstellung »Leonardo da Vinci – Exploring Arts & Science«*, C&E Productions and Publishing, 2005.
Finkel, Eli J.; et al.: »Political sectarianism in America«, in: *Science* 370/6516 (2020), S. 533–536.
Finkel, Elizabeth: »Consciousness hunt yields results but not clarity«, in: *Science* 380 (2023), S. 1309–1310.
Fischer, Christoph; Traub, Berthold: *Swiss National Forest Inventory – methods and models of the fourth assessment,* Cham, Switzerland: Springer, 2019.
Forster, Eilidh J.; et al.: »Commercial afforestation can deliver effective climate change mitigation under multiple decarbonisation pathways«, in: *Nat Commun* 12, 22. Juni 2021, <https://www.nature.com/articles/s41467-021-24084-x>, letzter Zugriff am 15. April 2025.
Franzen, C.: »OpenAI Stargate is a $500B bet: America's AI Manhattan Project or costly dead end?», in: *VentureBeat,* 22. Januar 2025, <https://venturebeat.com/ai/openai-stargate-is-a-500b-bet-americas-ai-manhattan-project-or-costly-dead-end/>, letzter Zugriff am 26. Mai 2025.
Freedberg, Sydney J. Jr.: »Let Your Robots Off The Leash – Or Lose: AI Experts«, in: *Breaking Defense,* 19. November 2020, <https://breakingdefense.com/2020/11/let-your-robots-off-the-leash-or-lose-ai-experts/>, letzter Zugriff am 4. Juli 2021.
Freeth, Tony: »An Ancient Greek Astronomical Calculation Machine Reveals New Secrets«, in: *Scientific American,* 17. Januar 2022, <https://www.scientificamerican.com/article/an-ancient-greek-astronomical-calculation-machine-reveals-new-secrets/>, letzter Zugriff am 2. April 2023.
Freeth, Tony; et al.: »Decoding the ancient Greek astronomical calculator known as the Antikythera Mechanism«, in: *Nature* 444 (2006), S. 587–591.
Freeth, Tony; et al.: »A Model of the Cosmos in the ancient Greek Antikythera Mechanism«, in: *Scientific Reports* 11 (2021), S. 5821.
Fridman, J.; et al.: »Adapting National Forest Inventories to changing requirements – the case of the Swedish National Forest Inventory at the turn of the 20th century«, in: *Silva Fennica* 48, 23. Januar 2014, <https://doi.org/10.14214/sf.1095>, letzter Zugriff am 4. Juli 2023.

Friston, Karl: »Computational psychiatry: from synapses to sentience«, in: Nature *Mol Psychiatry* 28 (2023), S. 256–268.

Fröhlich, Christian: »600 Millionen Kameras im Land: Chinas allsehendes Auge nimmt seine Arbeit auf«, in: *Stern*, 17. April 2018, <https://www.stern.de/digital/technik/china-plant-die-totalueber wachung-mit-600-millionen-kameras-7945414.html>, letzter Zugriff am 22. Mai 2025.

Fuller, Patrick E.; et al.: »Chemical network algorithms for the risk assessment and management of chemical threats«, in: *Angew Chem Int Ed Engl* 51/32 (2012), S. 7933–7937.

Füßl, Wilhelm: *100 Jahre Konrad Zuse. Einblicke in den Nachlass*, München: Deutsches Museum, 2010.

Gao, Catherine A.; et al.: »Comparing scientific abstracts generated by ChatGPT to original abstracts using an artificial intelligence output detector, plagiarism detector, and blinded human reviewers«, in: *bioRxiv*, 22. Dezember 2022, <https://doi.org/10.1101/2022.12.23. 521610>, letzter Zugriff am 23. Februar 2023.

Garcia, E.: »TARS not HAL. Comment No 3 on Perlis & Collins 2025«, in: *JAMA* 333 (2025), S. 738–740.

Gaziv, Guy; et al.: »Self-supervised Natural Image Reconstruction and Large-scale Semantic Classification from Brain Activity«, in: *Neuroimage* 254 (2022).

Gentile, Fabrizio; et al.: »Lenses In VoicE (LIVE): Searching for strong gravitational lenses in the VOICE@ VST survey using Convolutional Neural Networks«, in: *Monthly Notices of the Royal Astronomical Society* 510/1 (2021).

George Alison: »How the secrets of ancient cuneiform texts are being revealed by AI«, in: *New Scientist* 3398, 3. August 2022, <https://www.newscientist.com/article/mg25533981-400-how-the-secrets-of-ancient-cuneiform-texts-are-being-revealed-by-ai/>, letzter Zugriff am 29. Januar 2023.

George, D.; et al.: »A generative vision model that trains with high data efficiency and breaks text-based CAPTCHAs«, in: *Science* 358/6368 (2017). S. 6368.

Ghassemi, Marzyeh; et al.: »The false hope of current approaches to explainable artificial intelligence in health care«, in: *Lancet Digit Health* 3/11 (2021), S. 745–750.

Gibney, Elizabeth: »Google AI algorithm masters ancient game of Go« *Nature* 529 (2016), S. 445–446.

Gimeno-García, Antonio Z.; et al.: »Artificial Intelligence Applied to Colonoscopy: Is It Time to Take a Step Forward?«, *Cancers (Basel)* 15/8 (2023).

Goldenberg Amit; et al.: »Homophily and acrophily as drivers of political segregation«, in: *Nature Human Behaviour,* 21. November 2022, <https://doi.org/10.1038/s41562-022-01474-9>, letzter Zugriff am 29. Januar 2024.

Goldstine, Herman H.: *The Computer from Pascal to von Neumann,* Princeton University Press 1993[1072].

Goodfellow, Ian; et al.: *Deep Learning,* London: MIT Press / Cambridge MA, 2016.

Goodwin, A. J. H.: »Formative years of our prehistoric terminology«, in: *South African Archaeological Bulletin* 13 (1958), S. 25–33.

Gordin, Shai; et al.: »Reading Akkadian cuneiform using natural language processing«, in: *PLOS* One 15/10 (2020), <https://journals.plos.org/plosone/article?id=10.1371/journal.pone.0240511>, letzter Zugriff am 15. April 2025.

Gould, Ian M.; Bal, Abhijit M.: »New antibiotic agents in the pipeline and how they can help overcome microbial resistance«, in: *Virulence* 4 (2013), S. 185–191.

Grace, K. et al.: »2022 Expert Survey on Progress in AI«, in: *AI Impacts,* 3. August 2022, <https://wiki.aiimpacts.org/doku.php?id=ai_timelines:predictions_of_human-level_ai_timelines:ai_timeline_surveys:2022_expert_survey_on_progress_in_ai>, letzter Zugriff am 26. Mai 2025.

Grove, M.; Blinkhorn, J.: »Neural networks differentiate between Middle and Later Stone Age lithic assemblages in eastern Africa.«, in: *PLOS* One 15/8 (2020), <https://doi.org/10.1371/journal.pone.0237528>, letzter Zugriff am 22. November 2021.

dies.: »Testing the Integrity of the Middle and Later Stone Age Cultural Taxonomic Division in Eastern Africa«, in: *J Paleo Arch* 4/14 (2021), <https://doi.org/10.1007/s41982-021-00087-4>, letzter Zugriff am 1. Februar 2023.

Grzybowski, Bartosz A.; et al: »Chematica: A Story of Computer Code That Started to Think like a Chemist«, in: *Chem* 4 (2018), S. 390–398.

Guo, Jun; et al.: »CEO beauty and management guidance« in: *Asian Review of Accounting* 30 (2021), S. 152–173.

Gutnik, Daria; et al.: »Using AlphaFold Predictions in Viral Research«, in: *Curr Issues Mol Biol* 45 (2023), S. 3705–3732.

Hales, Thomas C.: »A proof of the Kepler conjecture«, in: *Annals of mathematics* 162 (2005), S. 1065–1185.

Ham, Yoo-Geun; et al.: »Deep learning for multi-year ENSO forecasts«, in: *Nature* 573 (2019), S. 568–572.

Hambling, David: »Autonomous killer drones set to be used by Turkey in Syria«, in: *New Scientist*, 20. September 2019, <https://www.newscientist.com/article/2217171-autonomous-killer-drones-set-to-be-used-byturkey-in-syria/#ixzz6ziY6fPAF>, letzter Zugriff am 1. Juli 2021.

ders.: »Military robots perform worse when humans won't stop interrupting them«, in: *New Scientist*, 4. Dezember 2020, <https://www.newscientist.com/article/2261842-military-robots-perform-worse-when-humans-wont-stop-interrupting-them/>, letzter Zugriff am 1. Juli 2023.

ders. (2021a): »Drone Swarms Are Getting Too Fast For Humans To Fight, U. S. General Warns«, in: *Forbes*, 27.1.2021, <https://www.forbes.com/sites/davidhambling/2021/01/27/drone-swarms-are-getting-toofast-for-humans-too-fight-us-general-warns/?sh=4b33e39e372c>, letzter Zugriff am 1. Juli 2021.

ders. (2021b): »Israel used world's first AI-guided combat drone swarm in Gaza attacks«, in: *New Scientist*, 30. Juni 2021, <https://www.newscientist.com/article/2282656-israel-used-worlds-first-ai-guided-combat-drone-swarm-in-gaza-attacks/>, letzter Zugriff am 1. Juli 2021.

ders. (2021c): »Drones may have attacked humans fully autonomously for the first time«, in: *New Scientist*, 27. Mai 2021, <https://www.newscientist.com/article/2278852-drones-may-have-attacked-humansfully-autonomously-for-the-first-time/>, letzter Zugriff am 1. Juli 2021.

Hanan, Niall P.; Anchang, Julius Y.: »Satellites could soon map every tree on Earth«, in: *Nature* 587 (2020), S. 42–43.

Hand, Eric: »Hidden Hydrogen«, in: *Science* 379 (2023), S. 630–636.

Hansen, M. C.; et al.: »High-Resolution Global Maps of 21st-Century Forest Cover Change«, in: *Science* 342/6160 (2013), S. 850–853.

Hart, Betty; Risley, Todd R.: *Meaningful differences in the everyday experience of young American children*, Baltimore: PH Brooks, 1995.

Hassabis, Demis: »Neural processes underpinning episodic memory«, Doctoral thesis, University College London, <https://discovery.ucl.ac.uk/id/eprint/16126/>, letzter Zugriff am 15. April 2025.

Hassabis, Demis; et al: »Patients with hippocampal amnesia cannot imagine new experiences«, in: *PNAS* 104 (2007), S. 1726–1731.

Hassabis, Demis; et al.: »Neuroscience-Inspired Artificial Intelligence«, in: *Neuron* 95 (2017), S. 245–258.

Hebb, D. O.: *The Organization of Behavior – A Neuropsychological Theory*, New York: Wiley, 1949.

Heider, Fritz; Simmel, Marianne: »An experimental study of apparent behavior«, in: *American Journal of Psychology* 57 (1944), S. 243–259.

Herculano-Houzel, Suzana: »The human brain in numbers: a linearly scaled-up primate brain«, in: *Frontiers in Human Neuroscience* 3/31 (2009).

Herman, Daniel: »The end of High-School English«, in: *The Atlantic*, 9. Dezember 2022, <https://www.theatlantic.com/technology/archive/2022/12/openai-chatgpt-writing-high-school-english-essay/672412/>, letzter Zugriff am 15. April 2025.

Hezaveh, Yashar D.; et al.: »Fast automated analysis of strong gravitational lenses with convolutional neural networks«, in: *Nature* 548 (2017), S. 555–557.

Hobbhahn, M.; et al.: »Trends in Machine Learning Hardware«, in: *Epoch. ai*, 9. November 2023, <https://epoch.ai/blog/trends-in-machine-learning-hardware>, letzter Zugriff am 26. Mai 2025.

Hodge, Richard; et al.: »The future is bright, the future is biotechnology«, in: *PLOS Biol* 21 (2023).

Hoffman, Ralph E.: »Computer simulations of neural information processing and the schizophrenia-maina dichotomy«, in: *Archives of Gerneral Psychiatry* 44 (1987), S. 178–188.

Hoffman, Ralph E.; Dobscha, Steven K.: »Cortical pruning and the development of schizophrenia: a computer model«, in: *Schizophr Bull* 15 (1989), S. 477–490.

Hoffman, Wyatt; Kim Heeu, Millie: »Policy Brief. Reducing the Risks of Artificial Intelligence for Military Decision Advantage«, in: *Center for Security and Emerging Technology (CEST)*, März 2023, <https://doi.org/10.51593/2021ca008>, letzter Zugriff am 8. Juni 2023.

Hosgörmez, Hakan: »Origin of the natural gas seep of Çirali (Chimera), Turkey: Site of the first Olympic fire«, in: *Journal of Asian Earth Sciences* 30 (2007), S. 131–141.

Houston, Stephen D.: »Preface«, in: Houston, Stephen D. (Hrsg): »The shape of Script. How and why writing systems change«, Santa Fe: SAR Press, 2012, S. xiii–xxiii.

Howgego, Joshua: »AI chemist figures out how to legally clone expensive patented drugs«, in: *New Scientist* 3214, 23. Januar 2019, <https://www.newscientist.com/article/2191075-ai-chemist-figures-out-how-to-legallyclone-expensive-patented-drugs/>, letzter Zugriff am 31. Januar 2023.

Hsu, Jeremy: »A third of scientists working on AI say it could cause global disaster. A survey of artificial intelligence researchers found that 36 per cent believe AIs could cause a catastrophe on the scale of nuclear war«, in: *New Scientist*, 20. September 2022, <https://www.newscientist.com/article/2338644-a-third-of-scientists-working-on-ai-say-it-could-cause-global-disaster/>, letzter Zugriff am 23. September 2022.

ders.: »AI is a key issue in negotiations between actors and Hollywood studios«, in: *New Scientist*, 26. Mai 2023, <https://www.newscientist.com/article/2375009-ai-is-a-key-issue-in-negotiations-between-actors-and-hollywood-studios/>, letzter Zugriff am 4. Juni 2023.

ders.: »AI hiring tools to be audited for sexism and racism under New York law«, in: *New Scientist*, 29. Juni 2023, <https://www.newscientist.com/article/2376984-ai-hiring-tools-to-be-audited-for-sexism-and-racism-under-new-york-law/>, letzter Zugriff am 20. Juli 2023.

ders.: »AI doesn't know ›no‹ – and that's a huge problem for medical bots«, in: *New Scientist*, 19. Mai 2025, <https://www.newscientist.com/article/2480579-ai-doesnt-know-no-and-thats-a-huge-problem-for-medical-bots/>, letzter Zugriff am 22. Mai 2025.

ders.: »ChatGPT outperforms humans at labelling some data for other AIs«, in: *New Scientist*, 29. März 2023, <https://www.newscientist.com/article/2366979-chatgpt-outperforms-humans-at-labelling-some-data-for-other-ais/>, letzter Zugriff am 22. Mai 2025.

Huertas-Company, Marc: »Deep Learning and Galaxy Classification«, in: *American Scientist* 106/317 (2018), <https://www.americanscientist.org/article/deep-learning-and-galaxy-classification>, letzter Zugriff am 21. November 2021.

Ifrah, Georges: *The Universal History of computing*, New York: John Wiley & Sons, Inc., 2001.

Jackisch, S.: »Facebook-Datenmissbrauch. Von wegen ›Panne‹ – das ist das Geschäftsmodell«, in: »Tagesschau«, *ARD*, 21. März 2018.

Jackson, R. B.; et al.: »Increasing anthropogenic methane emissions arise equally from agricultural and fossil fuel sources«, in: *Environmental Research Letters* 15/7 (2020).

Jacobs, Bruno: »Das Monument von Bisotun und seine Vorgeschichte«, in: *Iran. Frühe Kulturen zwischen Wasser und Wüste* (Ausstellungskatalog), München: Hirmer Verlag, 2017, S. 220–227.

Jacobs, Paul: »Can brewers use AI to make better beer?«, in: *Science*, 27. März 2024, <https://www.science.org/content/article/can-brewers-use-ai-make-better-beer>, letzter Zugriff am 22. Mai 2025.

Jank, Marlen: *Der homme machine des 21. Jahrhunderts. Von lebendigen*

Maschinen im 18. Jahrhundert zur humanoiden Robotik der Gegenwart, Paderborn: Fink, 2014.

Jee, Inh; et al.: »A measurement of the Hubble constant from angular diameter distances to two gravitational lenses«, in: *Science* 365/6458 (2019), S. 1334–1338.

Jones William P.; Hoskins Josiah: »Back-Propagation. A generalized delta learning rule«, in: *BYTE* 12/11 (1987), S. 155–162.

Karniadakis, George E.; et al.: »Physics-informed machine learning«, in: *Nat Rev Phys* 3 (2021), S. 422–440.

Kaufman, J.: »Man beats machine on Go in a victory of human over AI«, in: *Ars Technica,* 19. Februar 2023, <https://arstechnica.com/information-technology/2023/02/man-beats-machine-at-go-in-human-victory-over-ai/>, letzter Zugriff am 17. Juni 2025.

Keen, John D.; et al.: »Utilization of Computer-Aided Detection for Digital Screening Mammography in the United States, 2008 to 2016«, in: *J Am Coll. Radiol* 15 (2018), S. 44–48.

Keller, Andreas; et al.: »Predicting human olfactory perception from chemical features of odor molecules«, in: *Science* 355 (2017), S. 820–826.

Keutel, Sascha: »Radiologists who do not use AI will be replaced by those who do«, in: *Health-care-in-europe.com,* 11. November 2018, <https://healthcare-ineurope.com/en/news/radiologists-who-do-not-use-ai-will-be-replaced-by-those-who-do.html>, letzter Zugriff am 31. Januar 2023.

Khoshouei, Maryam; et al.: »Cryo-EM structure of haemoglobin at 3.2 Å determined with the Volta phase plate«, in: *Nature* 8 (2017), <https://www.nature.com/articles/ncomms16099>, letzter Zugriff am 15. April 2025.

Kim, J. et al.: »Perspectives on Artificial Intelligence – Generated Responses to Patient Messages«, in: *JAMA Network Open* 7 (2024), S. e2438535.

Kim, Jinah; et al.: »Spatiotemporal neural network with attention mechanism for El Niño forecasts«, in: *Sci Rep* 12 (2022).

Klucznik, T.; et al., »Efficient Syntheses of Diverse, Medicinally Relevant Targets Planned by Computer and Executed in the Laboratory«, *Chem* 4 (2018), S. 522–532.

Knight, Will: »The Pentagon Inches Toward Letting AI Control Weapons«, in: *Wired,* 10. Mai 2021, <https://www.wired.com/story/pentagon-inches-toward-letting-ai-control-weapons/>, letzter Zugriff am 1. Juli 2021.

Knobloch, Tobias: »Vor die Lage kommen: Predictive Policing in Deutschland. Chancen und Gefahren datenanalytischer Prognosetechnik und Empfehlungen für den Einsatz in der Polizeiarbeit«, in: *Stiftung Neue Verantwortung e.V.*, Berlin & Bertelsmann Stiftung, August 2018, <www.bertelsmann-stiftung.de/fileadmin/files/BSt/Publikationen/GrauePublikationen/predictive.policing.pdf>, letzter Zugriff am 11. September 2019.

Kotsanas, Kostas: *Altgriechische Technologie. Die Erfindungen der Griechen in der Antike* (zweisprachig Deutsch-Englisch), Pygros: Selbstverlag, 2017.

Kraft, T.: »Künstliche Erweckung. KI-Einsatz im Gerichtssaal«, in: *Der Spiegel,* 27. Mai 2025, <https://www.spiegel.de/panorama/arizona-ki-im-gerichtssaal-warum-ein-getoeteter-bei-seinem-eigenen-prozess-auf-trat-a-b4f3626d-2072-45ed-b217-cf3b9cfe4f62>, letzter Zugriff am 27. Mai 2025.

Kramer Adam D. I.; et al.: »Experimental evidence of massive-scale emotional contagion through social networks», in: *PNAS* 111/24 (2014), S. 8788–8790.

Kraus, Michael W.: »Voice-Only Communication Enhances Empathic Accuracy«, in: *American Psychologist* 72/7 (2017), S. 644–654.

Kremp, Matthias: »Google Duplex ist gruselig gut«, in: *Spiegel,* 9. Mai 2018, <https://www.spiegel.de/netzwelt/web/google-duplex-auf-der-i-o-gruselig-gute-kuenstliche-intelligenz-a-1206938.html>, letzter Zugriff am 2. Juli 2021.

Kreye, Andrian: »Deep-Mind-Chef Demis Hassabis: Ritter der digitalen Tafelrunde«, in: *Süddeutsche Zeitung,* 27. Januar 2014, <https://www.sueddeutsche.de/digital/deep-mind-chef-demis-hassabis-ritter-der-digitalen-tafelrunde-1.1873335?print=true>, letzter Zugriff am 7. Juli 2023.

Kühl, Eike: »ChatGPT: Gut erfunden ist halb geglaubt«, in: *Zeit Online,* 6. Dezember 2022, <https://www.zeit.de/digital/internet/2022-12/chatgpt-kuenstliche-intelligenz-openai-chatbot>, letzter Zugriff am 10. Dezember 2022.

La Mettrie Julien Offray: *Über das Glück oder Das Höchste Gut (»Anti-Seneca«),* erstmals aus dem Französischen übersetzt, herausgegeben und eingeleitet von Bernd A. Laska, Nürnberg: Selbstverlag, 1985[1748].

Lander, Eric S.; et al.: »Initial sequencing and analysis of the human genome«, in: *Nature* 409 (2001), S. 860–921.

Lange, Friedrich Albert: »Geschichte des Materialismus und Kritik seiner Bedeutung in der Gegenwart«, in: *Münchener Digitalisierungszentrum / Digitale Bibliothek, Geschichte des Materialismus bis auf Kant* (1873),

<https://www.digitale-sammlungen.de/de/view/bsb11163787?page=377>, letzter Zugriff am 14. Mai 2023.

Larsen, Marianne; et al.: »Possible strategies for use of artificial intelligence in screen-reading of mammograms, based on retrospective data from 122,969 screening examinations«, in: *European Radiology* 32 (2022), S. 8238–8246.

Larsen, Marthe; et al.: »Possible strategies for use of artificial intelligence in screen-reading of mammograms, based on retrospective data from 122 969 screening examinations«, in: *Eur Radiol* 32 (2022), S. 8238–8246.

Lauritzen, Andreas D.; et al.: »An Artificial Intelligence-based Mammography Screening Protocol for Breast Cancer: Outcome and Radiologist Workload«, in: *Radiology* 304 (2022), S. 41–49.

Lazar, Koren; et al.: »Filling the Gaps in Ancient Akkadian Texts: A Masked Language Modelling Approach«, in: *Proceedings of the 2021 Conference on Empirical Methods in Natural Language Processing*, 24. Oktober 2021, S. 4682–4691.

Lazer, David M. J.; et al.: »The science of fake news«, in: *Science* 359 (2018), S. 1094–1096.

Lee, Benjamin K.; et al.: »A principal odor map unifies diverse tasks in olfactory perception«, in: *Science* 381 (2023), S. 999–1006.

Lehman, Constance D.; et al.: »Breast Cancer Surveillance Consortium. Diagnostic Accuracy of Digital Screening Mammography With and Without Computer-Aided Detection«, in: *JAMA Intern Med* 175 (2015), S. 1828–1837.

Leibniz, Gottfried Wilhelm: *Die Philosophischen Schriften,* in: Gerhardt, C. J. (Hrsg.), Band VII., Berlin: Weidmannsche Buchhandlung, 1890.

ders.: *Die Philosophischen Schriften,* in: Gerhardt, C. J. (Hrsg.), Band 7, Berlin / Leipzig: 1961[1960].

Lenharo, Mariana: »Can AI help us talk to dolphins? The race is now on«, in: *Nature,* 16. Mai 2025, <https://doi.org/10.1038/d41586-025-01517-x>, letzter Zugriff am 22. Mai 2025.

Leviathan, Y.; Matias, Y.: »Google Duplex: An AI System for Accomplishing Real-World Tasks Over the Phone«, in: *Google AI Blog,* 8. Mai 2018, <https://research.google/blog/google-duplex-an-ai-system-for-accomplishing-real-world-tasks-over-the-phone/>, letzter Zugriff am 2. Juli 2021.

Lewis, K.: »Recover the lost art of drug discovery«, in: *Nature* 485 (2012), S. 439–440.

Li, R.; et al.: »How Chatbots and Large Language Model Artificial Intelligence Systems Will Reshape Modern Medicine: Fountain of Creativity or Pandora's Box?«, in: *JAMA Internal Medicine* 183 (2023), S. 596–597.

Li, S.; et al.: »Deep learning enables image-based tree counting, crown segmentation, and height prediction at national scale«, in: *PNAS Nexus* 2/4, 2. April 2023, <https://doi.org/10.1093/pnasnexus/pgad076>, letzter Zugriff am 3. Juli 2023.

Li, Tianhao; et al.: »CancerGPT: Few-shot Drug Pair Synergy Prediction using Large Pre-trained Language Models«, in: *ArXiv* [Preprint], 18. April 2023, <https://arxiv.org/abs/2304.10946>, letzter Zugriff am 16. April 2025.

Lin, Z.; et al.: »Evolutionary-scale prediction of atomic-level protein structure with a language model«, in: *Science* 379 (2023), S. 1123–1130.

Lindsay, P. H.; Norman, D. A.: *Human Information Processing. An Introduction to Psychology*, London: Academic Press, 1969.

Liu, G.; et al.: »Deep learning-guided discovery of an antibiotic targeting Acinetobacter baumannii«, in: *Nature Chemical Biology* 19, 25. Mai 2023, <https://www.nature.com/articles/s41589-023-01349-8>, letzter Zugriff am 16. April 2025.

Liu, G.; Stokes, J. M.: »A brief guide to machine learning for antibiotic discovery«, in: *Curr Opin Microbiol* 69 (2022).

Liu, Hui; et al.: »Artificial intelligence and radiologist burnout«, in: *JAMA Network Open* 7 (2024), S. 2448714.

Lluka, T.; Stokes, J. M.: »Antibiotic discovery in the artificial intelligence era«, in: *Ann N Y Acad Sci* 1519/1 (2023), S. 74–93.

López-García, P. A.; et al.: »Projection-Based Classification of Chemical Groups for Provenance Analysis of Archaeological Materials«, in: *IEEE Access* 8 (2020), S. 152439–152451.

Lu, M. T.; et al.: »Deep Learning to Assess Long-term Mortality. From Chest Radiographs«, in: *JAMA Network Open* 2/7 (2019).

Lück, H.: »Die Heider-Simmel-Studie (1944) in neueren Replikationen«, in: *Gruppendynamik und Organisationsberatung* 37 (2006), S. 185–196.

Luo, Xin; et al.: »Large language models surpass human experts in predicting neuroscience results«, in: *Nature Human Behaviour* 9 (2025), S. 305–315.

Ma, Q.; et al.: »Individual structure mapping over six million trees for New York City USA«, in: *Scientific Data* 10/102 (2023), <https://www.nature.com/articles/s41597-023-02000-w>, letzter Zugriff am 16. April 2025.

Ma, Y.; et al.: »Identification of antimicrobial peptides from the human gut microbiome using deep learning«, in: *Nat Biotechnol* 40 (2022), S. 921–931.

Machemer, T.: »Human Interruption Slows Down Military Robots in Simulations«, in: *Smithonian Magazine*, 7. Dezember 2020, <https://www.smithsonianmag.com/smart-news/human-interruption-slows-down-military-robots-simulations-180976472/>, letzter Zugriff am 1. Juli 2021.

MacMillan, Douglas; Schaffer, Aaron: »Police secretly monitored New Orleans with facial recognition cameras«, in: *The Washington Post*, 19. Mai 2025, <https://www.washingtonpost.com/business/2025/05/19/live-facial-recognition-police-new-orleans/>, letzter Zugriff am 22. Mai 2025.

Macpherson, T.; et al.: »Natural and Artificial Intelligence: A brief introduction to the interplay between AI and neuroscience research«, in: *Neural Netw* 144 (2021), S. 603–613.

Macrae, N.: *John von Neumann*, übersetzt von M. Niehaus-Osterloh, Basel: Springer, 1994.

Madani, Ali; et al.: »Large language models generate functional protein sequences across diverse families«, in: *Nature Biotechnology* 41, 26. Januar 2023, <https://www.nature.com/articles/s41587-022-01618-2>, letzter Zugriff am 16. April 2025.

Mahesh, Mahadevappa; Ansari, Abdul J.; Mettler, Fred A. Jr.: »Patient Exposure from Radiologic and Nuclear Medicine Procedures in the United States and Worldwide: 2009–2018«, in: *Radiology* 307 (2023), S. 1–9.

Mannar, D.; et al.: »SARS-CoV-2 Omicron variant: Antibody evasion and cryo-EM structure of spike protein-ACE2 complex«, in: *Science* 375 (2022), S. 760–764.

Marantz, A.: »›It's Not Possible for Me to Feel or Be Creepy‹: An Interview with ChatGPT«, in: *New Yorker*, 13. Februar 2023, <https://www.newyorker.com/news/the-new-yorker-interview/its-not-possible-for-me-to-feel-or-be-creepy-an-interview-with-chatgpt>, letzter Zugriff am 23. April 2023.

Marchant, J.: *Die Entschlüsselung des Himmels*, Hamburg: Rowohlt, 2011.

ders.: »Powerful antibiotics discovered using AI«, in: *Nature*, 20. Februar 2020, <https://www.nature.com/articles/d41586-020-00018-3>, letzter Zugriff am 27. März 2023.

Marcus, G.: »How come GPT can seem so brilliant one minute and so breathtakingly dumb the next?«, in: *The Road to AI We Can Trust*, 1. Dezember 2022, <https://garymarcus.substack.com/p/how-come-gpt-can-seem-so-brilliant>, letzter Zugriff am 7. Mai 2023.

Margolius, I.: »The Robot of Prague«, in: *The Friends of Czech Heritage*,

Newsletter Nr. 17 (2017), <https://czechfriends.net/images/Robots-MargoliusJul2017.pdf>, letzter Zugriff am 22. Mai 2023.

Martel, C.; et al.: »Reliance on emotion promotes belief in fake news«, in: *Cognitive Research: Principles and Implications* 5/47, 7. Oktober 2020, <https://cognitiveresearchjournal.springeropen.com/articles/10.1186/s41235-020-00252-3>, letzter Zugriff am 16. April 2025.

Masood, A.: »Rethinking Developer Productivity in the Age of AI/Metrics That Actually Matter«, in: *Medium*, 31. März 2025, <https://medium.com/@adnanmasood/rethinking-developer-productivity-in-the-age-of-ai-metrics-that-actually-matter-61834691c76e>, letzter Zugriff am 26. Mai 2025.

Matsumoto, D.; et al.: »What Makes Conference Calls Useful? The Information Content of Managers' Presentations and Analysts' Discussion Sessions«, in: *The Accounting Review* 86 (2011), S. 1383–1414.

Matz, S. C.; et al.: »Psychological targeting as an effective approach to digital mass persuasion«, in: *PNAS* 114/48 (2017), S. 12714–12719.

Mayew, W. J.; Venkatachalam, M.: »The Power of Voice: Managerial Affective States and Future Firm Performance«, *The Journal of Finance* 67/1 (2012), S. 1–43.

McClelland, J. L.; Rumelhart, D. E. & PDP Research Group: *Parallel Distributed Processing*, Cambridge: MIT Press, 1986.

McPhaden, M. J.; et al.: »ENSO as an Integrating Concept in Earth«, in: *Science* 314 (2006), S. 1740–1745.

Mehl, M. R.; et al.: »Are Women Really More Talkative Than Men?«, in: *Science* 317 (2007), S. 82.

Melloni, L.; et al.: »An adversarial collaboration protocol for testing contrasting predictions of global neuronal workspace and integrated information theory«, in: *PLOS* One 18/2 (2023).

Menick, John: »Move 37, Artificial Intelligence, Randomness, and Creativity«, in: *Mousse Magazine* 55, 1. April 2016, <https://www.moussemagazine.it/magazine/john-menick-ai-1-2016/>, letzter Zugriff am 16. April 2025.

Meschede Tatjana: »Reiche Weiße, arme Schwarze«, in: *Zeit Online*, 23. Juli 2016, <https://www.zeit.de/wirtschaft/2016-07/usa-weisse-schwarze-diskriminierung-oekonomische-unterschiede>, letzter Zugriff am 11. Juli 2023.

Meta AI: »Wav2vec 2.0: Learning the structure of speech from raw audio«, in: *Meta AI*, 24. September 2020, <https://ai.facebook.com/blog/wav2vec-20-learning-the-structure-of-speech-from-raw-audio/;>, letzter Zugriff am 25. Februar 2023.

MethaneSat: <https://www.methanesat.org/satellite/>, letzter Zugriff am 15. April 2025.

Metz, C.; Lohr, S.: »IBM Unveils System That ›Debates‹ With Humans«, in: *The New York Times,* 18. Juni 2018, <https://www.nytimes.com/2018/06/18/technology/ibm-debater-artificial-intelligence.html>, letzter Zugriff am 7. Mai 2023.

Metzinger, T.: »Geist aus der Flasche. Ist der Kampf um einen ethischen Einsatz Künstlicher Intelligenz schon verloren?«, in: *Forschung und Lehre* 28/7 (2021), S. 548–549.

Meyer, R.: »My Facebook Was Breached by Cambridge Analytica. Was Yours? How to find out if you are one of the 87 million victims«, in: *The Atlantic,* 10. April 2018, <https://www.theatlantic.com/technology/archive/2018/04/facebook-cambridge-analytica-victims/557648/>, letzter Zugriff am 11. April 2018.

Meyring, G.: *Der Golem. Ein Roman,* München: Kurt Wolff Verlag, 1915.

ders.: *Der Golem,* illustriert von Hugo Steiner-Prag, München / Wien: Langen Müller, 1972.

Michael, J.; et al.: »What do NLP researchers believe? Results of the NLP community Metasurvey«, in: *Proceedings of the 61st Annual Meeting of the Association for Computational Linguistics* 1 (2023).

Miller, A. I.: *The Artist in the Machine. The World of AI-Powered Creativity,* Cambridge: MIT Press, 2020.

Miller, G. A.: *The Science of Words,* New York: Scientific American Library, 1996.

Mirhoseini, A.; et al.: »A graph placement methodology for fast chip design«, in: *Nature* 594 (2021), S. 207–212.

Mohammadi, Farideh G.; Sebro, Roy: »Artificial Intelligence Impact on Burnout in Radiologists – Alleviation or Exacerbation?«, in: *JAMA Network Open* 7 (2024), S. 2448720.

Molga, K.; et al.: »Navigating around Patented Routes by Preserving Specific Motifs along Computer-Planned Retrosynthetic Pathways«, in: *Chem* 5 (2019), S. 460–473.

Morar, F. S.: »Reinventing machines: the transmission history of the Leibniz calculator«, in: *The British Journal for the History of Science* (7/2014), S. 1–24.

Moretti, I.; et al.: »Hydrogen Emanations in Intracratonic Areas: New Guide Lines for Early Exploration Basin Screening«, in: *Geosciences* 11 (2021), S. 145.

Morris, Meredith R.; Brubaker, Jed R.: »Generative Ghosts: Anticipating

Benefits and Risks of AI Afterlives«, in: *arXiv*, 14.1.2024, <https://arxiv.org/abs/2402.01662>, letzter Zugriff am 22. Mai 2025.

Mozur, Paul; et al.: »›An Invisible Cage‹«: How China Is Policing the Future«, in: *The New York Times*, <https://www.nytimes.com/2022/06/25/technology/china-surveillance-police.html>, letzter Zugriff am 22. Mai 2025.

Mu, B.; et al.: »The NAO Variability Prediction and Forecasting with Multiple Time Scales Driven by ENSO Using Machine Learning Approaches«, in: *Comput Intell Neurosci* (2022).

Müller, K.; Schwarz, C.: »Making America Hate Again? Twitter and Hate Crime Under Trump«, in: *SSRN Electronic Journal* (01/2018), <https://www.researchgate.net/publication/324459810_Making_America_Hate_Again_Twitter_and_Hate_Crime_Under_Trump>, letzter Zugriff am 16. April 2025.

dies.: »From Hashtag to Hate Crime: Twitter and Anti-Minority Sentiment«, Paper Nr. 17647, in: *CEPR Press Discussion*, 5. November 2022, <https://cepr.org/publications/dp17647>, letzter Zugriff am 16. April 2025.

Mullin, E.: »The Era of Fast, Cheap Genome Sequencing Is Here«, in: *Wired*, 29. September 2022, <https://www.wired.com/story/the-era-of-fast-cheapgenome-sequencing-is-here/#:~:text=The%20Human%20Genome%20Project%20took,DNA%20tests%2C%20among%20other%20advances>, letzter Zugriff am 10. Juli 2023.

Nass, C.; et al.: »Are People Polite to Computers? Responses to Computer-Based Interviewing Systems«, in: *Journal of Applied Social Psychology* 29 (1999), S. 1093–1109.

Nass, C.; Moon, Y.: »Machines and Mindlessness: Social Responses to Computers«, in: *Journal of Social Issues* 56 (2000), S. 81–103.

Nees: »Künstliche Intelligenz für die Osteoporose-Diagnostik«, in: *Pressemitteilung der Christian-Albrechts-Universität zu Kiel*, 28. April 2023, <https://www.uni-kiel.de/de/detailansicht/news/115-osteoporose-ki>, letzter Zugriff am 9. Mai 2023.

Nehls, A.: »Die Geschichte des Schachtürken – und wie er angeblich nach Potsdam kam«, in: *Märkische Allgemeine*, 20. April 2019, <https://www.maz-online.de/lokales/potsdam/die-geschichte-des-schachtuerken-und-wie-er-angeblich-nach-potsdam-kam-N5XKBITOMDHH77GOT6BNL3LCJI.html>, letzter Zugriff am 16. Mai 2023.

Nemirovsky, I. E.; et al.: »An implementation of integrated information theory in resting-state fMRI«, in: *Commun Biol* 6 (2023), S. 692.

Neuburger, A.: *Die Technik des Altertums*, Halle/Leipzig: Voigtländers Verlag, 1983[1919].

Norori, N.; et al.: »Addressing bias in big data and AI for health care: A call for open science«, *Patterns* 2 (2021).

Nurk, S.; et al.: »The complete sequence of a human genome«, in: *Science* 376/6588 (2022), S. 44–53.

Obermeyer, Ziad: »A machine-learning algorithm to target COVID testing of travellers«, in: *Nature* 599 (2021), S. 34–36.

Obermeyer, Ziad; et al.: »Dissecting racial bias in an algorithm used to manage the health of populations«, in: *Science* 366 (2019), S. 447–453.

Ong, J. Y.: »ChatGPT Failed a Basic ›Coffee Test‹. Here's Why It's Not As Smart As We Think«, in: *The Chainsaw*, 9. März 2023, <https://thechainsaw.com/business/industry/chatgpt-failed-a-basic-coffee/;>, letzter Zugriff am 16. April 2025.

Peplow, M.: »Organic synthesis: The robo-chemist«, in: *Nature* 512 (2014), S. 20–22.

Perlis, R.; Collins, N.: »Study Finds People Prefer AI Over Clinician Responses to Questions in the Electronic Medical Record«, in: *JAMA* 333 (2025), S. 738–740.

Pérez Ortega, Rodrigo: »Half of Amcricans anticipate a U. S. civil war soon, survey finds«, in: *Science* 377 (2022), S. 357.

Pividori, M.; Greene, C. S.: »A publishing infrastructure for AI-assisted academic authoring«, in: *bioRxiv* [Reprint], 23. Januar 2023, <https://www.biorxiv.org/content/10.1101/2023.01.21.525030v1>, letzter Zugriff am 16. April 2025.

Poe, Edgar Allen: *Maelzel's chess player*, North Charleston: CreateSpace Independent Publishing Platform, 2014[1835].

Powell, A.: »Buying crucial time in climate change fight«, in: *The Harvard Gazette*, 24. März 2023, <https://news.harvard.edu/gazette/story/2023/03/methane-tracking-satellite-may-be-fastest-way-to-slow-climate-change/;>, letzter Zugriff am 9. Juli 2023.

Prinzhofer, A.; et al.: »Discovery of a large accumulation of natural hydrogen in Bourakebougou (Mali)«, in: *International Journal of Hydrogen Energy* 43 (2018), S. 19315–19326.

Prinzhofer, A.; et al.: »Natural hydrogen continuous emission from sedimentary basins: The example of a Brazilian H2-emitting structure«, in: *International Journal of Hydrogen Energy* 44 (2019), S. 5676–5685.

Pryke, L.: »The recovery of cuneiform, the world's oldest known writing«, in: *The Conversation*, 5. Oktober 2017, <https://theconversation.com/friday-essay-the-recovery-of-cuneiform-the-worlds-oldest-known-writing-82639>, letzter Zugriff am 29. Januar 2023.

ders.: »Hidden women of history: Enheduanna, princess, priestess and the world's first known author«, in: *The Conversation,* 12. Februar 2019, <https://theconversation.com/hidden-women-of-history-enheduanna-princess-priestess-and-the-worlds-first-known-author109185>, letzter Zugriff am 29. Januar 2023.

Puech, Alban; Read, Jesse: »An Improved Yaw Control Algorithm for Wind Turbines via Reinforcement Learning«, in: arXiv: 2305.01299v1 [cs.LG], 02. Mai 2023, <https://doi.org/10.48550/arXiv.2305.01299>; letzter Zugriff am 3. Juli 2023.

Quiroga, Rodrigo Q.; et al.: »Invariant visual representations by single neurons in the human brain«, in: *Nature* 435 (2005), S. 1102–1107.

Rajpurkar, Pranav; et al.: »AI in health and medicine«, in: *Nature Medicine* 28 (2022), S. 31–38.

Ramanah, Doogesh K.; et al.: »AI-driven spatio-temporal engine for finding gravitationally lensed supernovae«, in: *arXiv,* 26. Juli 2021, <arXiv:2107. 12399 [astro-ph.IM] version 1>, letzter Zugriff am 26. Juli 2021.

Raya-Povedano, José L.; et al.: »AI-based strategies to reduce workload in breast cancer screening with mammography and tomosynthesis: a retrospective evaluation«, in: *Radiology* 300 (2021), S. 57–65.

Reardon, Sara: »Rise of Robot Radiologists«, in: *Nature* 576 (2019), S. 55–58.

Regis, Ed: *Einstein, Gödel & Co.,* übersetzt von A. Ehlers, Schweiz: Birkhäuser, 1989.

Rehm, A.: »P. Rediadis, Der Astrolabos von Antikythera«, übersetzt von W. Barth, Abdruck aus J. Svoranos: »Das Athener Nationalmuseum«, Athen: Beck und Barth, 1903, in: *Philologische Wochenschrift* 15, 13. April 1907, Spalten 467–470.

Repici, Alessandro; et al.: »Efficacy of Real-Time Computer-Aided Detection of Colorectal Neoplasia in a Randomized Trial«, in: *Gastroenterology* 159 (2020) 2, S. 512–520.

Richardson, John: »Deconstructing A2AD«, in: *The National Interest,* 3. Oktober 2016, <https://nationalinterest.org/feature/chief-naval-operations-adm-john-richardson-deconstructing-17918>, letzter Zugriff am 16. April 2025.

Rid, Thomas: *Maschinendämmerung. Eine kurze Geschichte der Kybernetik,* Berlin: Propyläen, 2016.

Riedl, René; et al.: »Do patients prefer a human doctor, artificial intelligence, or a blend, and is this preference dependent on medical discipline?«, in: *Frontiers in Psychology* 15 (2024), S. 1422177.

Rieger, Théodore: *Das Straßburger Münster und seine astronomische Uhr*

(= 8. vermehrte Auflage), Strasbourg: Édition des Dernières Nouvelles, 1966.

Robinson, E. J.; et al.: »Physician vs. AI-generated messages in urology: evaluation of accuracy, completeness, and preference by patients and physicians«, in: *World Journal of Urology* 43 (2024), S. 48.

Robinson, Tim; Bridgewater, Stephen: »Highlights from the RAeS Future Combat Air & Space Capabilities Summit«, in: *Royal Aeronautical Society*, London, May 23–24, 26. Mai 2023, <https://www.aerosociety.com/news/highlights-from-the-raes-future-combat-air-space-capabilities-summit/>, letzter Zugriff am 11. Juni 2023.

Roper, Will: »The Air Force Flew an AI Copilot on a U-2. Now, the Algorithm Has a New Mission«, in: *Popular Mechanics*, 19. Januar 2021, <https://www.popularmechanics.com/military/research/a35252840/air-force-ai-u2-spy-plane-algorithm-next-mission/>, letzter Zugriff am 11. Juni 2023.

Rose, Janus: »OpenAI's New Chatbot Will Tell You How to Shoplift And Make Explosives«, in: *Vice*, 1. Dezember 2022, <https://www.vice.com/en/article/openais-new-chatbot-will-tell-you-how-to-shoplift-and-make-explosives/>, letzter Zugriff am 16. April 2025.

Rosenberg, Matthew; et al.: »How Trump consultants exploited the Facebook data of Millions», in: *The New York Times*, 17. März 2018, <https://www.nytimes.com/2018/03/17/us/politics/cambridge-analytica-trump-campaign.html>, letzter Zugriff am 27. März 2018.

Rosenberg, Matthew; Frenkel, Sheera: »Facebook's role in data misuse sets off storms on two continents», in: *The New York Times*, 18. März 2018, <https://www.nytimes.com/2018/03/18/us/cambridge-analytica-facebook-privacy-data.html>, letzter Zugriff am 27. März 2018.

Roueché, Charlotte: »Mind the gap as AI guesses at lost Greek inscriptions«, in: *Nature* 603 (2022), S. 235–236.

Rubiera, Carlos O.: »Machine Learning, Protein Folding, Protein Structure, Proteins, Public Outreach«, in: *Oxford Protein Informatics Group*, 3. Dezember 2020, <https://www.blopig.com/blog/2020/12/casp14-what-google-deepminds-alphafold-2-really-achieved-and-what-it-means-for-protein-folding-biology-and-bioinformatics/; letzter Zugriff am 31. Mai 2023.

Ruffolo, Jeffrey A.; et al.: »Fast, accurate antibody structure prediction from deep learning on massive set of natural antibodies«, in: *Nature Communications* 14/1/2389, 25. April 2023, <https://pubmed.ncbi.nlm.nih.gov/37185622/>, letzter Zugriff am 16. April 2025.

Rumelhart David E., McClelland James L., PDP Research Group (Hrsg.):

Parallel Distributed Processing: Explorations in the microstructure of cognition, Bände I & II., Cambridge: MIT Press, 1986.
Rutledge, Robert: »Injury severity and probability of survival assessment in trauma patients using a predictive hierarchical network model derived from IDC-9 codes«, in: *The Journal of Trauma: Injury, Infection, and Critical Care* 38 (1995), S. 590–601.
Sætra, Henrik S.: »First, They Came for the Old and Demented: Care and Relations in the Age of Artificial Intelligence and Social Robots«, in: *Human Arenas,* 4. Juli 2020, <https://doi.org/10.1007/s42087-020-00125-7>.
Salfellner, Harald (Hrsg.): *Der Prager Golem. Jüdische Sagen aus dem Ghetto,* Europäische Union: Vitalis, 2019.
Saunois, Marielle; et al.: »The Global Methane Budget 2000–2017«, in: *Earth System Science Data* 12/3 (2020), S. 1561–1623.
Schander, Alex: »Top 10 Länder nach Ihrem (sic!) Kaffeekonsum weltweit – Deutschland hat es 2022 knapp nicht geschafft!«, in: *Bögl, Privatrösterei,* 29. Novemeber 2022, <https://boegl-kaffee.de/2022/11/29/top-10-laender-nach-ihrem-kaffeekonsum/>, letzter Zugriff am 22. Mai 2025.
Scherer, Klaus: »Vocal communication of emotion: A review of research paradigms«, in: *Speech Communication* 40 (2003), S. 1–2, 227–256.
Schnelle, Josef: »Auf höchstem Niveau«, in: *Süddeutsche Zeitung,* 22. April 2016, <https://www.sueddeutsche.de/leben/dem-geheimnis-auf-der spur-auf-hoechstem-niveau-1.2959197?print=true>, letzter Zugriff am 16. Mai 2023.
Schreurs, Mathieu; et al.: »Predicting and improving complex beer flavor through machine learning«, in: *Nature Communications* 15 (2024), S. 2368.
Schrittwieser, Julian: »Mastering Atari, Go, chess and shogi by planning with a learned model«, in: *Nature* 588 (2020), S. 604–609.
Schuchter, Bernd: *Herr Maschine oder vom wunderlichen Leben und Sterben des Julien Offray de La Mettrie,* Wien: Braumüller, 2018.
Schuit, Berend J.; et al.: »Automated detection and monitoring of methane super-emitters using satellite data«, in: *Atmospheric Chemistry and Physics Discussion* [Preprint], 2023 <https://doi.org/10.5194/acp-2022-862>, letzter Zugriff am 9. Juli 2023.
Schultz, Martin G.; et al.: »Can deep learning beat numerical weather prediction?«, in: *Philosophy Transactions of the Royal Society A 379: 20200097,* 15. Februar 2021, <doi.org/10.1098/rsta.2020.0097>, letzter Zugriff am 16. April 2025.

Sejnowsky, Terrence J.: *The Deep Learning Revolution*, Cambridge, MA: MIT Press, 2018.

Senior, Andrew W.; et al.: »Protein structure prediction using multiple deep neural networks in the 13th Critical Assessment of Protein Structure Prediction (CASP13)«, in: *Proteins* 87/12 (2019), S. 1141–1148.

Servan-Schreiber; et al.: »A network model of catecholamine effects: Gain, signal-to-noise ratio, and behavior«, in: *Science* 249/4971 (1990), S. 892–895.

Service, Robert F.: »Protein structures for all«, in: *Science* 374/6574 (2021), S. 1426–1427.

ders. (2023a): »AI-driven robotics lab joins the hunt for materials breakthroughs«, in: *Science* 380/6642 (2023), S. 230.

ders. (2023b): »Benchtop DNA printers are coming soon – and biosecurity experts are worried«, in: *Science* 380 (2023), S. 677.

ders. (2023c): »Could chatbots help devise the next pandemic virus?«, in: *Science* 380/6651 (2023c), S. 1211.

Sharma, Nisha; et al.: »Multi-vendor evaluation of artificial intelligence as an independent reader for double reading in breast cancer screening on 275 900 mammograms«, in: *BMC Cancer* 23 (2023) 460, 19. Mai 2023, <doi: 10.1186/s12885-023-10890-7>, letzter Zugriff am 16. April 2025.

Siemens Healthineers: »Schneller durchs MRT mit KI«, in: *Medical Design News*, 13. Juli 2022, <https://www.medical-design.news/trendsund-innovationen/ausruestung/schneller-durchs-mrt-mit-ki.197486.html>, letzter Zugriff am 1. Mai 2023.

Silver, David; et al.: »Mastering the game of Go with deep neural networks and tree search«, in: *Nature* 529 (2016), S. 484–489.

Silver, David; et al.: »A general reinforcement learning algorithm that masters chess, shogi, and Go through self-play«, in: *Science* 362/6419 (2018), S. 1140–1144.

Silver, David; et al.: »Mastering the game of Go without human knowledge«, in: *Nature* 550 (2017), S. 345–359.

Singhal, Karan; et al.: »Large Language Models Encode Clinical Knowledge«, in: *arXiv:2212.13138v1* [cs.CL], August 2023, <https://doi.org/10.48550/arXiv.2212.13138>, letzter Zugriff am 23. Januar 2024.

Sjoding, Michael W.; et al.: »Racial Bias in Pulse Oximetry Measurement», in: *New England Journal of Medicine* 383/25 (2020), S. 2477–2478.

Skirry, Justin: »René Descartes (1596–1650)«, auf *Internet Encyclopedia of Philosophy, IEP*, URL: <https://iep.utm.edu/rene-descartes/#:~:text=

Ren%C3%A9%20Descartes%20(1596%E2%80%941650),of%20the%20new%2C%20mechanistic%20sciences>, letzter Zugriff am 16. April 2025.

Slonim, Noam; et al.: »An autonomous debating system«, in: *Nature* 591 (2021), S. 379–384.

Soice, Emily H.; et al.: »Can large language models democratize access to dual-use biotechnology?«, in: *arXiv:2306.03809,* 6. Juni 2023, <https://doi.org/10.48550/arXiv.2306.03809>, letzter Zugriff am 15. Juni 2023.

Solon, Olivia: »Man 1, machine 1: landmark debate between AI and humans ends in draw«, in: *The Guardian,* 19. Juni 2019, <https://www.theguardian.com/technology/2018/jun/18/artificial-intelligence-ibm-debate-project-debater>, letzter Zugriff am 7. Mai 2023.

Soriano, André: *Mechanische Spielfiguren aus vergangenen Zeiten,* Genf: Sauret, 1985.

Southern, Keiran: »Man beats machine at Go thanks to AI opponent's fatal flaw«, in: *The Sunday Times,* 18. Februar 2023, <https://www.thetimes.co.uk/article/man-beats-machine-at-go-thanks-to-ai-opponents-fatal-flawnc9vqmrvf>, letzter Zugriff am 28. Mai 2023.

Sparkes, Matthew (2021a): »An AI has disproved five mathematical conjectures with no human help», in: *New Scientist* 3336, 29. Mai 2021, <https://www.newscientist.com/article/2278276-an-ai-has-disproved-five-mathematical-conjectures-with-no-human-help/#ixzz7EAPVUi1r>, letzter Zugriff am 5. Dezember 2021.

ders. (2021b): »DeepMind's AI uncovers structure of 98.5 per cent of human proteins», in: *New Scientist* 3345, 31. Juli 2021, <https://www.newscientist.com/article/2284733-deepminds-ai-uncovers-structure-of-98-5-per-cent-of-human-proteins/>, letzter Zugriff am 4. Dezember 2021.

ders. (2021c): »Google is using AI to design processors that run AI more efficiently«, in: *New Scientist* 3339, 19. Juni 2021, <https://www.newscientist.com/article/2280321-google-is-using-ai-to-design-processors-that-run-ai-more-efficiently/>, letzter Zugriff am 1. Juli 2021.

ders.: »Is DeepMind's Gato AI really a human-level intelligence breakthrough?«, in: *New Scientist,* 19. Mai 2022, <https://www.newscientist.com/article/2320823-is-deepminds-gato-ai-really-a-humanlevel-intelligence-breakthrough/>, letzter Zugriff am 20. Juli 2023.

ders. (2023a): »Ukraine is building an AI to help triage shrapnel injuries«, in: *New Scientist,* 3. April 2023, <https://www.newscientist.com/

article/2366784-ukraine-is-building-an-ai-to-help-triage-shrapnel-injuries/?utm_source=nsday&utm_medium=email&utm_campaign=nsday_040423&utm_term=Newsletter%20NSDAY_Daily>, letzter Zugriff am 4. April 2023.

ders. (2023b): »Software update for world's wind farms could power millions more homes«, in: *New Scientist,* 21. Mai 2023, <https://www.newscientist.com/article/2373614-software-update-for-worlds-wind-farms-could-power-millions-more-homes/; letzter Zugriff am 3. Juli 2023.

ders.: »Resurrecting loved ones as AI ›ghosts‹ could harm your mental health«, in: *New Scientist*, 26. Februar 2024, <https://www.newscientist.com/article/2416079-resurrecting-loved-ones-as-ai-ghosts-could-harm-your-mental-health/>, letzter Zugriff am 22. Mai 2025.

Spitzer, Manfred: »A Neurocomputational Approach to Delusions«, in: *Comprehensive Psychiatry* 36 (1995), S. 83–105.

ders.: *Geist im Netz. Modelle für Denken, Lernen und Handeln,* Heidelberg, Berlin: Spektrum Akademischer Verlag, 1996.

ders.: »A Cognitive Neuroscience View of Schizophrenic Thought Disorder«, in: *Schizophrenia Bulletin* 23 (1997), S. 29–50.

ders.: *Vorsicht Bildschirm!,* Stuttgart: Klett, 2005

ders.: *Gott-Gen und Großmutterneuron,* Stuttgart: Schattauer, 2006.

ders.: *Digitale Demenz,* München: Droemer, 2012.

ders.: *Cyberkrank,* München: Droemer, 2015.

ders.: *Die Smartphone-Epidemie,* Stuttgart: Klett-Cotta, 2018.

ders.: »www (WeltWeite Werbung) und die Folgen. Radikalisierung, Spionage, Vertrauens- und Wahrheitsverlust«, in: *Nervenheilkunde* 37 (2018), S. 303–311.

ders.: »Grade der Evidenz«, in: *Nervenheilkunde* 38 (2019), S. 7–9.

ders.: *Digitales Unbehagen,* München: mvg Verlag, 2020.

ders.: »Keilschrift, Kant und Kaufverträge«, in: *Nervenheilkunde* 39 (2020), S. 198–205.

ders.: »Psychiatrie im dritten Jahrzehnt des 21. Jahrhunderts«, in: *Nervenheilkunde* 40 (2021a), S. 6–12.

ders.: »Digital, automatisch – unbehaglich, gefährlich«, in: *Nervenheilkunde* 40 (2021b), S. 588–597.

ders.: »Künstliche Intelligenz«, in: *Nervenheilkunde* 41 (2022), S. 63–72.

ders.: »Von der Akademie zur Künstlichen Intelligenz. Wie Wissenschaft betrieben und kommuniziert wird«, in: *Nervenheilkunde* 44 (2025), S. 263–278.

ders.; et al.: »A Neural Network Model of Phantom Limbs«, in: *Biological Cybernetics* 72 (1995a), S. 197–206.

ders.; et al.: »Categoty-specific brain activation in fMRI during picture naming«, in: *Neuroreport* 6/16 (1995b), S. 2109–2112.

Srivastava, Aarohi; et al.: »Beyond the Imitation Game: Quantifying and extrapolating the capabilities of language models«, in: *arXiv: 2206.04615v3,* 12. Juni 2023, <doi.org/10.48550/arXiv.2206.04615>, letzter Zugriff am 3. Juli 2023.

Statista (2023): »Anzahl der Smartphone-Nutzer weltweit von 2016 bis 2020 und Prognose bis 2024 (Anzahl der Smartphone-Nutzer weltweit von 2016 bis 2020 und Prognose bis 2024«, letzter Zugriff am 1. Mai 2023.

Statista (2023a): »Share of ad-selling companies in digital advertising revenue in the United States from 2020 to 2025«, <https://www.statista.com/statistics/242549/digital-ad-market-share-of-major-ad-selling companies-in-the-us-by-revenue/>, letzter Zugriff am 26. Juni 2023.

Statista (2023b): »Digital advertising spending worldwide from 2021 to 2026«, Juni 2023, <https://www.statista.com/statistics/237974/online-advertising-spending-worldwide/>, letzter Zugriff am 26. Juni 2023.

Statista (2023c): »Produktion und Verwendungen von Wasserstoff weltweit im Jahr 2019«, <https://de.statista.com/statistik/daten/studie/1195241/umfrage/produktion-und-verwendung-von-wasserstoff-weltweit/>, letzter Zugriff am 10. Juli 2023.

Steinkellner, Georg; et al.: »AlphaFold 3 is great – but it still needs human help to get chemistry right (Correspondence)«, in: *Nature* 637 (2025), S. 548.

Stokel-Walker, Chris: »Ancient Mesopotamian cuneiform tablets could be decoded by an AI«, in: *New Scientist* 3353, 25. September 2021, <https://www.newscientist.com/article/2290324-ancient-mesopotamian-cuneiform-tablets-could-be-decoded-by-an-ai/>, letzter Zugriff am 29. Januar 2023.

Stokel-Walker, Chris; Van Noorden, Richard: »The Promise and Peril of Generative AI«, in: *Nature* 614 (2023), S. 214–216.

Stokes, Jonathan M.; et al.: »A Deep Learning Approach to Antibiotic Discovery«, in: *Cell* 180 (2020), S. 688–702.

Strandh, Sigvard: *Die Maschine. Geschichte – Elemente – Funktion,* Augsburg: Weltbild Verlag, 1992.

Streck, Michael P.: »Akkadisch, die Sprache der Babylonier und Assyrer«, in: *Antike Welt* 6 (2019), S. 6–7.

Stump Christian: »AI aids intuition in mathematical discovery«, in: *Nature* 600/7887 (2021), S. 44–45.

Sutton, Richard S.; Barto, Andrew G.: *Reinforcement Learning: An Intro-*

duction (=second edition), Cambridge, MA, London, England: MIT Press, 2020.

Szymkuć, Sara; et al.: »Computer-Assisted Synthetic Planning: The End of the Beginning«, in: *Angewandte Chemie* 55 (2016), S. 5904–5937.

Tagesschau: »Italien sperrt ChatGPT«, in: *Tagesschau*, 31. März 2023, <https://www.tagesschau.de/ausland/europa/italien-chatgpt-ki-101.html>, letzter Zugriff am 6. Mai 2023.

Talmadge, Caitlin: »Emerging technology and intra-war escalation risks: Evidence from the Cold War, implications for today«, in: *Journal of Strategic Studies* 42 (2019), S. 864–887.

Tang, Jerry; et al.: »Semantic reconstruction of continuous language from non-invasive brain recordings«, in: *Nature Neuroscience* 26 (2023) S. 858–866.

Taylor, C. R.; et al.: »Artificial Intelligence Applications in Breast Imaging: Current Status and Future Directions«, in: *Diagnostics (Basel)* 13: 2041, 13. Juni 2023, <doi: 10.3390/ diagnostics13122041>, letzter Zugriff am 16. April 2025.

Thiery, Wim; et al.: »Intergenerational inequities in exposure to climate extremes«, in: *Science* 374 (2021) 6564, S. 158–160.

Thorp, Holden H.: »Proteins, proteins everywhere«, in: *Science* 374 (2021) 6574, 1415.

Tomppo, E.; et al.: *Designing and conducting a forest inventory – case: 9th national forest inventory of Finland*, Dordrecht, Netherlands: Springer, 2011.

Truche, Laurent; et al.: »Hydrogen generation during hydrothermal alteration of peralkaline granite«, in: *Geochimica et Cosmochimica Acta* 308 (2019), S. 42–59.

Tsega, Surafel; Cho, Hyung J.: »Prediction and Prevention Using Deep Learning«, in: *JAMA Netw Open 2* (2019) 7, e197447 <doi:10.1001/jamanetworkopen.2019.7447>.

Tucker, Patrick: »The Air Force Used AI to Operate the Radar on a U-2 Spy Plane«, in: *Defense One*, 16. Dezember 2020, <https://www.defenseone.com/technology/2020/12/air-force-used-ai-operate-radar-u-2-spy-plane/170813/>, letzter Zugriff am 9. Juni 2023.

Tufekci, Zeynep: »YouTube, the great redicalizer», in: *The New York Times*, S. 1 f., 15, 12. März 2018, <https://www.nytimes.com/2018/03/10/opinion/sunday/youtube-politics-radical.html>, letzter Zugriff am 14. März 2018.

Turing, Alan M.: »Computing machinery and intelligence«, in *Mind* 59 (1950) S. 433–460.

Turk, Victoria: »How we fell in love with our voice-activated home assistants«, in: *New Scientist* 3104, 16. Dezember 2016, <https://www.newscientist.com/article/mg23231045-700-how-we-fell-in-love-with-our-voiceactivated-home-assistants/>, letzter Zugriff am 1. Oktober 2017.

Ulmer Museum (Hrsg.): *The Return of the Lion Man*, Ostfildern: Thorbecke, 2013.

UN Security Council: Report S/2021/229, »Final report of the Panel of Experts on Libya established pursuant to Security Council resolution 1973 (2011)«, S. 1–548 <https://undocs.org/S/2021/229>, letzter Zugriff am 3. Juli 2021.

Urbina, Fabio; et al.: »Dual Use of Artificial Intelligence-powered Drug Discovery«, in: *Nature Machine Intelligence* 4 (2022), S. 189–191.

Urbina, Fabio; et al.: »Preventing AI From Creating Biochemical Threats«, in: *Journal of Chemical Information and Modeling* 63 (2023) 3, S. 691–694.

Urbina, Fabio; et al.: »AI in drug discovery: A wake-up call«, in: *Drug Discov Today* 28 (2023) 1, S. 103410.

US State Department: »Political Declaration on Responsible Military Use of Artificial Intelligence and Autonomy«, in: U. S. Department of State, 16. Februar 2023, <https://www.state.gov/political-declaration-on-responsible-military-use-of-artificialintelligence-and-autonomy/#:~:text=Use%20of%20AI%20in%20 armed,chain%20of%20command%20and%20control>, letzter Zugriff am 5. Juni 2023.

USGS (2023), »United States Geological Survey. Historic Earthquakes«, Haicheng, China, <https://web.archive.org/web/20090909212938/http://earthquake.usgs.gov/regional/world/events/1975_02_04.php>, letzter Zugriff am 9. Juli 2023.

Vahid-Moghtada, N.: »Wenn Tote durch Avatare ersetzt werden. KI in der Trauerarbeit«, in: *Tagesschau*, 11. Januar 2025, <https://www.tagesschau.de/wissen/technologie/ki-trauer-100.html>, letzter Zugriff am 28. Mai 2025.

Valencia, Alfonso: »Expert reaction to Meta's language model for predicting protein structure«, in: *Science Media Centre*, 16. März 2023, https://www.sciencemediacentre.org/expert-reaction-to-metas-language-model-forpredicting-protein-structure/>, letzter Zugriff am 28. Mai 2023.

Vaswani, Ashish; et al.: »Attention Is All You Need«, in: *arXiv*, 17. Juni 2023, <https://doi.org/10.48550/arXiv.1706.03762>, letzter Zugriff am 16. April 2025.

Veldhuis, Niek: »Cuneiform. Changes and developments«, in: Houston,

S. D. (Hrsg): »The shape of Script. How and why writing systems change«, Santa Fe: SAR Press, 2012, S. 3–23.
Venkatasatish, R.; Dhanamjayulu, Chittathuru: »Reinforcement learning based energy management systems and hydrogen refuelling stations for fuel cell electric vehicles: An overview«, in: *International Journal of Hydrogen Energy* 47/64 (2022), S. 27646–27670.
Venkatasubramanian, Venkat; Mann, Vipul: »Artificial intelligence in reaction prediction and chemical synthesis«, in: *Current Opinion in Chemical Engineering* 36 (2022), S. 100749.
Von Neumann, John: *Die Rechenmaschine und das Gehirn*, übersetzt von Ch. und H. Gumin, München: Oldenburg Verlag, 1960.
Voosen, Paul: »Global alarm system watches for methane«, in: *Science* 379 (2023), S. 528.
Vosoughi, Soroush; et al.: »The spread of true and false news online«, in: *Science* 359/6380 (2018), S. 1146–1151.
Wachsmuth, Ipke: *Menschen, Tiere und Max*, Berlin, Heidelberg: Springer Spektrum, 2013.
Walz, Guido: *Lexikon der Mathematik* (= 2. Auflage), Berlin: Springer, 2017.
Wagner, Adam Zsolt: »Constructions in combinatorics via neural networks», in: *arXiv:2104.14516*, 29.4.2021, <https://arxiv.org/pdf/2104.14516.pdf>, letzter Zugriff am 5. Dezember 2021.
Wang Zongqiang; et al.: »Bioinformatic prospecting and synthesis of a bifunctional lipopeptide antibiotic that evades resistance«, in: *Science* 376/6596 (2022), S. 991–996.
Waters, Richard: »Man beats machine at Go in human victory over AI. Amateur Kellin Pelrine exploited weakness in systems that have otherwise dominated board game's grandmasters«, in: *Financial Times*, 17. Februar 2023, <https://arstechnica.com/information-technology/2023/02/man-beats-machine-at-go-in-human-victory-over-ai/>, letzter Zugriff am 28. Mai 2023.
Watson, Richard A.: »René Descartes«, in: *Britannica Online Encyclopedia, Encyclopaedia Britannica, Inc.*, 27. März 2023, <https://www.britannica.comhttps://www.britannica.com/biography/Rene-Descartes>, letzter Zugriff am 8. April 2023.
Wawrzyn, Lienhard: *Der Automatenmensch. ETA Hoffmanns Erzählung vom Sandmann*, Berlin: Klaus Wagenbach Verlag, 1980.
Weaver, Matthew: »Cambridge Analytica: ex-director says firm pitched detailed strategy to Leave.EU«, in: *The Guardian*, 17. April 2018, <https://www.theguardian.com/uk-news/2018/apr/17/cambridge-

analytica-brittany-kaiser-leave-eu-brexit>, letzter Zugriff am 23. April 2018.

Weizenbaum, Joseph: »ELIZA – A computer program for the study of natural language communication between Man and machine«, in: *Communications of the ACM* 9 (1966), S. 35–45.

Westover, M. B.; Westover, A. M.: »General AI May Revolutionize Neurology – Or It Might Be Bad«, in: *JAMA Neurology* (2025).

WHO, World Health Organization (2022): The WHO AWaRe (Access, Watch, Reserve) antibiotic book. WHO, Genf (Licence: CC BY-NC-SA 3.0 IGO).

Williams, Matthew L.; et al.: »Hate in the machine: Anti-Black and anti-muslim social media posts as predictors of off-line racially and religiously aggravated crime«, in: *Bristish journal of Criminology* 60 (2020) 1, S. 93–117.

Williams, Rhiannon: »AI could make better beer. Here's how«, in: *MIT Technology Review*, 26. März 2024, <https://www.technologyreview.com/2024/03/26/1090156/ai-could-make-better-beer-heres-how/>, letzter Zugriff am 22. Mai 2025.

Wilson, Robin: *Four Colors Suffice: How the Map Problem Was Solved*, Princeton NJ: Princeton Science Library, Princeton University Press, 2013.

Winfield, Alan F. T.: »Experiments in Artificial Theory of Mind: From Safety to Story-Telling«, in: *Front Robot AI* 5: 75 (2018), 26. Juni 2020, <https://www.frontiersin.org/journals/robotics-and-ai/articles/10.3389/frobt.2018.00075/full>, letzter Zugriff am 15. April 2025.

Wnuk, Alexis: »How does consciousness arise? A 25-year-old bet has now been decided«, in: *New Scientist*, 26. Juni 2023, <https://www.newscientist.com/article/2379809-how-does-consciousness-arise-a-25-year-old-bethas-now-been-decided/>, letzter Zugriff am 20. Juli 2023.

Woodside, T.: »Examples of AI Improving AI«, in: *Center for AI Safety*, 2. Oktober 2023, <https://ai-improving-ai.safe.ai>, letzter Zugriff am 26. Mai 2023.

Yang, Yi; et al.: »Unlocking the Power of Voice for Financial Risk Prediction: A Theory-Driven Deep Learning Design Approach«, in: *MIS Quarterly Forthcoming* 47 (2022) 1, S. 63–96.

Ye, Weirui; et al.: »Mastering Atari Games with Limited Data«, Publ. online 11. Dezember 2021, <arXiv:2111.00210>, letzter Zugriff am 8. Juni 2023.

Yilmaz, Eren B.; et al: »Towards fracture risk assessment by deep-learningbased classification of prevalent vertebral fractures«, in: *Proc SPIE* 12465, Medical Imaging 2023: Computer-Aided Diagnosis, 124651D, 7. April 2023, <https://doi.org/10.1117/12.2653526>, letzter Zugriff am 9. Mai 2023.

Youyou Wu; et al.: »Computer-based personality judgments are more accurate than those made by humans«, in: *PNAS* 112 (2015), S. 1036–1040.

Zablocky, P.: »System-of-Systems Enhanced Small Unit (SESU)«, in: *Defense Advanced Research Projects Agency (DARPA)* <https://www.darpa.mil/program/system-of-systems-enhanced-small-unit#:~:text=-SESU%20seeks%20to%20deliver%20system, joint%20and%20coalition%20multi%2Ddomain>, letzter Zugriff am 4. Juli 2021.

Zakrzewski, C.; et al.: »OpenAI and other tech titans worked on Stargate deal months before Trump won«, in: *The Washington Post*, 24. Januar 2025, <https://www.washingtonpost.com/politics/2025/01/24/stargate-trump-ai-altman-musk/>, letzter Zugriff am 26. Mai 2025.

Zastrow, Mark (2016a): »Google victory at Go stokes AI fear in Korea«, in: *New Scientist* 3065 (2016), S. 9.

ders. (2016b): »Machine outsmarts man in battle of the decade«, in: *New Scientist* 3065/21 (2016).

ders. (2016c): »How victory for Google's Go AI is stoking fear in South Korea«, in: *New Scientist* 3065 (2016).

ders. (2016d): »I'm in shock!« How an AI beat the world's best human at Go«, in: *New Scientist Daily News*, 9. März 2016, <www.newscientist.com/article/2079871-im-in-shock-how-an-ai-beat-theworlds-best-human-at-go>, letzter Zugriff am 7. Juli 2023.

Zgonnik, Vichaeslav: »The occurrence and geoscience of natural hydrogen: A comprehensive review«, in: *Earth Science Rev* 203:103140, April 2020, <https://doi.org/10.1016/j.earscirev.2020.103140>, letzter Zugriff am 10. Juli 2023.

Zhang, Yuchen; et al.: »Skillful nowcasting of extreme precipitation with NowcastNet«, in: *Nature* 619 (2023), S. 526–532.

Zhang, Yuzhong; et al.: »Quantifying methane emissions from the largest oil-producing basin in the United States from space«, in: *Science Adv* 6(17), 22. April 2020, eaaz5120 <doi:10.1126/sciadv.aaz5120>, letzter Zugriff am 9. Juli 2023.

Zitser, Joshua: »A rogue killer drone ›hunted down‹ a human target without being instructed to, UN report says«, in: *Business Insider* 30. Mai 2021, <https://www.yahoo.com/news/rogue-killer-drone-

hunted-down110624193.html?guce_referrer=aHR0cHM6Ly93d3cuZ29vZ2xlLmNvbS8&guce_%E2%80%A6%201/6&guccounter=2>, letzter Zugriff am 1. Juli 2021.

Zuse, Konrad: *Der Computer – Mein Lebenswerk*, Heidelberg, New York: Springer, 2010.

Bildnachweis

Abb. 1.1: le-tex publishing services GmbH nach Heider & Simmel, Die Heider-Simmel-Studie, 1944, S. 244
Abb. 2.1: picture alliance / dpa
Abb. 2.2: picture alliance / AP Photo
Abb. 2.3: AFP / Getty Images
Abb. 2.4: Nature Communications – Khoshouei M., Radjainia M., Baumeister W., Danev R. (2017) Cryo-EM structure of haemoglobin at 3.2 A determined with the Volta phase plate. Nat Commun 8: 16099 doi: 10.1038/ncomms16099
Abb. 3.1: picture alliance / Bildagentur-online / Sunny Celeste
Abb. 3.2: mago images / Tobias Wölki
Abb. 3.3: picture-alliance / dpa
Abb. 3.4: dieKLEINERT.de / Rudolf Schuppler
Abb. 3.5: mauritius images / Science Source
Abb. 3.6: imago images / KHARBINE-TAPABOR
Abb. 3.7: le-tex publishing services GmbH nach Archiv Manfred Spitzer
Abb. 4.1: le-tex publishing services GmbH nach Archiv Manfred Spitzer
Abb. 4.2: le-tex publishing services GmbH nach Archiv Manfred Spitzer
Abb. 4.3: le-tex publishing services GmbH nach Archiv Manfred Spitzer
Abb. 4.4: le-tex publishing services GmbH nach Archiv Manfred Spitzer
Abb. 4.5: le-tex publishing services GmbH nach Archiv Manfred Spitzer
Abb. 4.6: le-tex publishing services GmbH nach Archiv Manfred Spitzer
Abb. 4.7: picture alliance / ap photo
Abb. 5.1: seamuss / Shutterstock.com
Abb. 5.2: Manfred Spitzer (1996) Geist im Netz, Spektrum Akademischer Verlag
Abb. 5.3: Manfred Spitzer (1996) Geist im Netz, Spektrum Akademischer Verlag
Abb. 5.4: mauritius images / NASA Image Collection / Alamy / Alamy Stock Photos
Abb. 5.5: Chemical Network Algorithms for the Risk Assessment and Management of Chemical Threats**Patrick E. Fuller, Chris M. Gothard, Nosheen A. Gothard, Alex Weckiewicz, Bartosz A. Grzybowski*, S. 7933, DOI: 10.1002/anie.201202210
Abb. 5.6: Klucznik T., Mikulak-Klucznik B., McCormack M.P., Lima H., Szymku S., Bhowmick M., Molga K., Zhou Y., Rickershauser L., Gajewska

E.P., Toutchkine A., Dittwald P., Startek M.P., Kirkovits G.L., Roszak R., Adamski A., Sieredzinska B., Mrksich M., Trice S.L.J., Grzybowski B.A. (2018) Efficient Syntheses of Diverse, Medicinally Relevant Targets Planned by Computer and Executed in the Laboratory. Chem 4: 522–532

Abb. 6.1: Wikipedia.de / Sommerstoffel

Abb. 7.1: INTERFOTO / UIG / PHAS

Abb. 7.2: picture alliance / ullstein bild

Abb. 7.3: Assael Y., Sommerschield T., Shillingford B., Bordbar M., Pavlopoulos J., Chatzipanagiotou M., Androutsopoulos I., Prag J., de Freitas N. Restoring and attributing ancient texts using deep neural networks. Nature 2022; 603: 280–283

Abb. 7.4: Manfred Spitzer (1996) Geist im Netz, Spektrum Akademischer Verlag

Abb. 8.1: Amin M.S., Ahn H. (2023) FabNet: A Features Agglomeration-Based Convolutional Neural Network for Multiscale Breast Cancer Histopathology Images Classification. Cancers: 1013; https://doi.org/10.3390/cancers15041013

Abb. 8.2: Siemens Healthineers 2022

Abb. 8.3: le-tex publishing services GmbH nach Lu M.T., Ivanov A., Mayrhofer T., Hosny A., Aerts H.J.W.L., Hoffmann U. (2019) Deep Learning to Assess Long-term Mortality. From Chest Radiographs JAMA Network Open 2: e197416; doi:10.1001/jamanetwork-open.2019.7416

Abb. 8.4: Lu M.T., Ivanov A., Mayrhofer T., Hosny A., Aerts H.J.W.L., Hoffmann U. (2019) Deep Learning to Assess Longterm Mortality. From Chest Radiographs JAMA Network Open 2: e197416; doi:10.1001/jamanetworkopen.2019.7416

Abb. 9.1: picture alliance / dpa / Oleg Kuchar

Abb. 9.2: INTERFOTO / Sammlung Rauch

Abb. 10.1: Norori N., Hu Q., Aellen F.M., Faraci F.D., Tzovara A. (2021) Addressing bias in big data and AI for health care: A call for open science. Patterns 2: 100347; doi: 10.1016/j.patter.2021.100347

Abb. 12.1: Li S., Brandt M., Fensholt R., Kariryaa A., Igel C., Gieseke F., Nord-Larsen T., Oehmcke S., Carlsen A.H., Junttila S., Tong X., d'Aspremont A., Ciais P. (2023) Deep learning enables image-based tree counting, crown segmentation, and height prediction at national scale. PNAS Nexus 2: pgad076; doi: 10.1093/pnasnexus/pgad076

Abb. 12.2: Image created using High Resolution Topographic Model (HRTM) by Michael Davias rendered from LiDAR elevation data. Credit: Viacheslav Zgonnik

Register

Manfred Spitzer

EINSAMKEIT

Die unerkannte Krankheit

Das Lebensrisiko Nummer eins

Einsamkeit kann jeden befallen: Jung und Alt, Mann und Frau, Arm und Reich. Und wer einsam ist, erkrankt häufiger als andere an Krebs, Herzinfarkt, Schlaganfall, Depressionen und Demenz – zu diesem Ergebnis kommen zahlreiche wissenschaftliche Studien. Sie alle sagen: Einsamkeit ist tödlich!

Manfred Spitzer hat die neuesten Forschungsergebnisse ausgewertet und beschreibt, wie Einsamkeit heute aussieht und welchen gravierenden Einfluss sie auf Körper und Seele hat. Sein Buch ist ein überfälliger Weckruf an eine Gesellschaft, in der die Vereinzelung des Menschen immer weiter voranschreitet.

»Noch nie hat jemand die schleichenden Gefahren
unserer Gesellschaft so klar untersucht und beschrieben.«
abenteuer philosophie

DROEMER

Manfred Spitzer

DIGITALE DEMENZ

Wie wir uns und unsere Kinder um den Verstand bringen

Die Risiken der digitalen Medien

Ohne Computer, Smartphone und Navi geht heute gar nichts. Das birgt immense Gefahren, denn bei intensiver Nutzung digitaler Medien baut unser Gehirn ab. Kinder und Jugendliche sind oft kaum noch lernfähig. Die Symptome: Aufmerksamkeitsstörungen und Realitätsverlust, Stress, Depressionen und zunehmende Gewaltbereitschaft.

Der renommierte Gehirnforscher Manfred Spitzer zeigt die besorgniserregende Entwicklung und fordert Eltern entschieden auf, den digitalen Zeitvertreib ihrer Kinder zu begrenzen.

DROEMER

Manfred Spitzer

CYBERKRANK!

Wie das digitalisierte Leben unsere Gesundheit ruiniert

Die neue Zivilisationskrankheit

Die Digitalisierung des Alltags schreitet immer weiter voran – mit fatalen Auswirkungen für unsere Gesundheit. Anhand neuer wissenschaftlicher Studien zeigt der renommierte Gehirnforscher Manfred Spitzer, dass diese Entwicklung jeden von uns bedroht. Wir werden cyberkrank, wenn wir den digitalen Medien die Kontrolle aller Lebensbereiche überantworten, stundenlang Online-Games spielen oder in sozialen Netzwerken unterwegs sind.
Bestsellerautor Manfred Spitzer warnt vor den Gesundheitsgefahren der digitalen Technik und erklärt, wie wir uns schützen können.

DROEMER